國學經典譯注叢書

莊子译注

杨柳桥 撰

上海古籍出版社

图书在版编目（CIP）数据

庄子译注/杨柳桥撰. —上海：上海古籍出版社，2012.8（2023.2重印）
（国学经典译注丛书）
ISBN 978-7-5325-6397-5

Ⅰ.①庄… Ⅱ.①杨… Ⅲ.①道家②庄子—译文③庄子—注释 Ⅳ.①B223.5

中国版本图书馆CIP数据核字(2012)第047111号

国学经典译注丛书
庄子译注
杨柳桥 撰
上海古籍出版社出版发行
（上海市闵行区号景路159弄1-5号A座5F 邮政编码201101）
（1）网址：www.guji.com.cn
（2）E-mail：gujil@guji.com.cn
（3）易文网网址：www.ewen.co
常熟市人民印刷有限公司印刷
开本700×1000 1/16 印张22.75 插页2 字数317,000
2012年8月第1版 2023年2月第10次印刷
印数：17,501-18,800
ISBN 978-7-5325-6397-5
K·1559 定价：56.00元
如有质量问题，请与承印公司联系

庄子“三言”试论(代序)

《庄子》这部古典文献的出现,它明显而突出地标志着:在我国战国时代,我们祖国的哲学思想和文学语言已经发展到非常玄远、高深的水平。庄子,他不但是我国哲学史上一位著名的思想家,同时也是我国文学史上一位杰出的文学家。无论在哲学思想方面还是文学语言方面,他都给予了我国历代的思想家和文学家以深刻的、巨大的影响。在哲学思想方面,它无疑地是起了一定的消极作用;而在文学语言方面,它却起了无可比拟的积极作用。他的文学造诣是可以同当代屈原的“骚赋”分庭抗礼的。明末金圣叹把《庄子》和《离骚》列为我国“才子书”的前茅,应该说是没有什么夸大的嫌疑的。

现在的《庄子》通行本,共有三十三篇,分为“内篇”七篇,“外篇”十五篇,“杂篇”十一篇,乃是晋代郭象的注释本。根据《汉书·艺文志》,《庄子》原为五十二篇,比现代的通行本多十九篇;陆德明《经典释文》以为这就是晋代司马彪和孟氏(孟康?)的注释本,分为“内篇”七篇,“外篇”二十八篇,“杂篇”十四篇,“解说”三篇。这种本子比较完备,可惜早已亡佚了。陆德明又说:“庄子……依老氏之旨,著书十余万言。……后人增足,渐失其真。故郭子玄(象)云:‘一曲之才,妄窜奇说,著《阏变》、《意脩》之言,《卮言》、《游凫》、《子胥》之篇,诸凡杂巧,十有其三。’言多诡诞,或似《山海经》,或似《占梦书》,故注者以意去取。‘内篇’众家并同,自外或有‘外’而无‘杂’。”各家的本子,除了“内篇”都是七篇而外,“外”、“杂”两篇的区分和篇数,都不一致。据《经典释文》所录,崔譔本为二十七篇,没有“杂篇”;向秀本为二十六篇(一作二十七篇,一作二十八篇),也没有“杂篇”;李颐本为三十篇(一作三十五篇),并没有标出“内”、“外”、“杂”的细目,大概是没有这种区分的。并且,《经典释文》在《齐物论》篇“夫道未始有封”句下,引有崔譔的话:“《齐物》七章,此连上章,班固说在‘外篇’。”由此看来,历来《庄子》的“内”、“外”、“杂”这种篇目的划分,原本是没有什么严格界限的,而且是“注者以意去取”、“后人增足,渐失其真”,因而它的变动是非常之大的。

根据以上的情形,历来一般只承认《庄子》的“内篇”是出自庄子的手笔,而“外篇”和“杂篇”完全出自庄子后徒和后人的伪托的传统说法,也是存在着问题的。不过,比较说来,“内篇”七篇比“外”、“杂”两篇可靠性强,而“外”、“杂”两篇极为驳杂,不但夹杂了为数很大的庄子后徒的作品,而且还夹杂了一些别家文章(如《说剑》篇),倒是事实。

《史记·老庄申韩列传》说:“庄子……作《渔父》、《盗跖》、《胠箧》,以诋訾孔子之徒,以明老子之术。”(刘歆可能改窜过)今本《庄子》的《胠箧》篇在“外篇”,《渔父》、《盗跖》两篇在“杂篇”,司马迁(刘歆?)不但对这几篇没有表示怀疑,而且还颠倒了“外”、“杂”篇目的顺序;大概他所见到的本子是没有“内”、“外”、“杂”这种篇目的区分的。并且,今本《庄子》的《渔父》、《胠箧》两篇都是孤立的两章,而《盗跖》一篇却附有“子张问于满苟得”、“无足问于知和”两章;在司马迁(刘歆?)所见的本子中,可能是没有的,因为这两章都没有“诋訾孔子之徒”的内容。从这些地方,我们也可以看出,今本《庄子》的“内”、“外”、“杂”等篇目的区分以及每篇的章数,都已经失去了原来的面目。

我们试以“内篇”的《养生主》一篇为例:“公文轩见右师而惊”一章,很和《德充符》篇各章的主题相同;“老聃死,秦佚吊之”章,却和“养生”的主题不伦不类;而最后“指穷于为薪”一章,它和本篇的主题并没有任何有机联系(历来注释家对这章的申说都是相当牵强的)。我认为它不像庄子的言论,倒有几分像《天下》篇中惠施学说部分的错简。

又如,“外篇”中《秋水》篇的“秋水”这一大章、“杂篇”中《庚桑楚》的“庚桑楚”这一大章,都和庄子的思想和笔调非常接近,并不像是伪托之作。

再有,在《庄子》各篇中,还有这一章和那一章内容大体相同,与《墨子》各篇有很多互相雷同的章节现象相仿佛。例如,《齐物论》篇中的“罔两问景”一章,和《寓言》篇中的“众罔两问乎景”一章内容基本相同,只是详略各异;《徐无鬼》篇中“徐无鬼因女商见魏武侯”和“徐无鬼见武侯”两章,会见的情况相同,而问答的内容却不一致;《让王》篇也有“尧以天下……让于子州支父”和“尧让天下于子州支伯”两章,内容几乎完全相同。从这些现象里,我们也不难看出《庄子》原书已经掺杂了庄子后徒的传闻异说,或经过了整理《庄子》的后学的厘定和改窜。

由此可见,我们在探讨《庄子》的具体内容的时候,是不应该拘守从前所谓“内”、“外”、“杂”这种篇目的界限的。但是,应当以“内篇”七篇、特别是

《逍遥游》和《齐物论》这两篇为主,这是可以肯定的,因为历来很少有人对它们怀疑过。

历来有很多人认为“杂篇”中的《天下》一篇是《庄子》的自序,这种说法,我认为是不能成立的。因为,第一,《天下》篇的作者,是把“邹鲁之士、搢绅先生”修订的“五经”看作是可以“见天下之纯、古人之大体”的正统学派,而把“百家之学”看作是“天下大乱,贤圣不明,道德不一,天下多得一察焉以自好”、“往而不返”、“道术将为天下裂”的“不该不遍”的流派;第二,他对于庄子学说的评价,是完全站在第三者的立场来论述的。不过,《天下》篇这篇文章,的确是我国战国末期或秦汉之际的一篇有关研究先秦诸子百家中主要学派的极为重要的资料。在这篇文章里,它不但给我们保存了我国久已散佚的各家学派的昆山片玉,而且为我们遗留下了我国各家学派的原始评价。

我们还是只谈《庄子》吧。《天下》篇对于庄子道术的评介,是这样说的:

> 寂寞无形,变化无常。死与?生与?天地并与?神明往与?芒乎,何之?忽乎,何适?万物毕罗,莫足以归。古之道术有在于是者。庄周闻其风而悦之。以谬悠之说、荒唐之言、无端崖之辞,时恣纵而不傥,不以觭见之也。以天下为沈浊,不可与庄语,以卮言为曼衍,以重言为真,以寓言为广。独与天地精神往来,而不敖倪于万物,不谴是非,以与世俗处。其书虽瓌玮,而连犿无伤也;其辞虽参差,而諔诡可观。彼其充实,不可以已。上与造物者游,而下与外死生、无终始者为友。其于本也,宏大而辟,深闳而肆;其于宗也,可谓调适而上遂者矣。虽然,其应于化而解于物也,其理不竭,其来不蜕,芒乎昧乎,未之尽者。

在这一段短简的评介中,它对《庄子》的思想内容和语言形式,都作了深刻的揭露。庄子是通过它的“三言”——“卮言”、“重言”、“寓言”——的语言形式来表达他的思想内容的。它在这里所提到的这“三言”,全都和本书《寓言》篇中第一章的说法完全是一致的。

根据这种情况,《天下》篇的作者应该是袭取了《寓言》篇的说法,而不是相反。《天下》篇并不是《庄子》的自序,我们如果把《寓言》篇的第一章看作是《庄子》的自序(王闿运就是这样说),倒是说得过去的。因为,在《寓言》篇第一章里所论述的仅限于《庄子》,而且所揭示的《庄子》思想内容,也较《天下》篇深切、详尽、具体得多。当然,这样说,并不意味着《寓言》篇第一章就是出自庄子的手笔,很有可能它是整理庄子学说的庄子后徒所作的。

《寓言》篇第一章,我认为它应该是庄子的嫡派学者揭示《庄子》哲学思想和文学语言的第一篇著作,同时也是为我们配备好了的探索《庄子》哲学思想和文学语言的唯一的一把钥匙。我们要想探讨《庄子》中的一切问题,应该首先从《寓言》篇第一章以及《天下》篇有关评介庄子学说的部分入手。它们已经给我们指示出了一条尚论古人不偏不倚的捷径。

让我们再玩味一下《寓言》篇第一章的全文吧:

> 寓言十九,重言十七,卮言日出,和以天倪。
>
> 寓言十九,藉外论之。亲父不为其子媒。亲父誉之,不若非其父者也。非吾罪也,人之罪也。与己同,则应;不与己同,则反。同于己,为是之;异于己,为非之。
>
> 重言十七,所以已言也,是为耆艾。年先矣,而无经纬本末以期年耆者,是非先也。人而无以先人,无人道也。人而无人道,是之谓陈人。
>
> 卮言日出,和以天倪,因以曼衍,所以穷年。不言则齐。齐与言不齐,言与齐不齐也,故曰无言。言,无言。终身言,未尝言;终身不言,未尝不言。有自也而可,有自也而不可;有自也而然,有自也而不然。恶乎然?然于然。恶乎不然?不然于不然。恶乎可?可于可。恶乎不可?不可于不可。物固有所然,物固有所可。无物不然,无物不可。非卮言日出,和以天倪,孰得其久?
>
> 万物,皆种也,以不同形相禅,始卒若环,莫得其伦,是谓天均。——天均者,天倪也。

庄子的嫡派学者用“三言”——“寓言”、“重言”、“卮言”——的形式来划分《庄子》的文学语言,实际上也就把《庄子》哲学思想的基本内容揭示得概括无遗了。

什么叫作“寓言”?凡是出自虚构、别有寄托的语言,无论是禽言兽语,无论是离奇故事,无论是素不相及的历史人物海阔天空的对话,都属于“寓言”之列。什么叫作“重言”?凡是重复——也就是援引或摘录——前贤或古人的谈话或言论,都属于“重言”之列。什么叫作“卮言”?“卮言”就是“支言”,就是支离诡诞、不顾定理、强违世俗、故耸听闻的语言。

在《庄子》全书里面,这“三言”并不是截然分开的,而是浑然一体的。在每一篇里,有的某一章就是“寓言”,某一章就是“重言”,某一章就是“卮言”;在每一章里,有的某一节就是“寓言”,某一节就是“重言”,某一节就是“卮言”;也有的某一章在文字形式上是“寓言”或“重言”,而在思想内容上却是“卮言”。例如,《逍遥游》篇,“北冥有鱼”一章,从整体上看,它属于“寓言”形式;而其中所援引的《齐谐》之言和夏革回答殷汤的话,就属于“重言”,同时也是“寓言”;而“至人无己,神人无功,圣人无名”这个结论,便是“卮言”。又如,《齐物论》篇中“罔两问景”一章,《应帝王》篇最末“南海之帝”一章,它们只是“寓言”;《则阳》篇中“容成子曰”以下八个字短短的一章,它只是“重言”;又如,《知北游》、《庚桑楚》、《徐无鬼》等篇后面的零金碎玉、佶屈聱牙的短章,大概也都属于“重言”之类;而《齐物论》篇“大知闲闲”以后至“此之谓葆光”以前几章,都是“卮言”。又如,《应帝王》篇“天根问于无名人”一章,《秋水》篇河伯和北海若问答一章,《知北游》篇知问于无为谓、狂屈、黄帝一章,在文字形式上都是“寓言”,而在思想内容上乃是“卮言”。又如,《逍遥游》篇中“尧让天下于许由”、“肩吾问于连叔”两章,在文字形式上都属于“重言”,而同时也是“寓言”。

由此可见,《庄子》全书,“寓言”是它文章的基本形式,“卮言”是它思想学说的具体内容,而“重言”乃是它借以申明它的思想学说的一些往古佐证。所以《天下》篇说:“以卮言为曼衍,以重言为真,以寓言为广。”《寓言》篇把“寓言”放在第一位,它是从《庄子》文章的主要形式说起的;而《天下》篇把“卮言”放在第一位,它是从《庄子》思想的具体内容说起的;两者各有所属,并没有任何矛盾。那么,《庄子》的思想学说,主要的是表现在它的“卮言”和“寓言”两种形式里面,它主要的是通过“寓言”的文章形式来表达它的“卮言”的思想内容的。“卮言”和“寓言”是统一的,而“重言”又是统一在“寓言”和“卮言”之中的。“卮言”和“寓言”,也就是《天下》篇所谓“谬悠之说,荒唐之言,无端崖之辞”。可见,在《庄子》全书中,“寓言”的文章形式占着绝大的比重,用来表达它的“卮言”形式的思想内容;而借重于别人的话来佐证自己的见解的“重言”,占的比重是比较少的。所以《寓言》说:“寓言十九,重言十七,卮言日出,和以天倪。”

庄子表达“卮言”的思想学说基本内容的,集中在“内篇”最前的《逍遥游》、《齐物论》这两篇里面。这最前的两篇,可以说是庄子学说的代表作。其他各篇都是围绕着这两篇的主题思想来发挥的。《逍遥游》这一篇是表达他的人生哲学“无为”主义的,《齐物论》这一篇是表达他的天道观(宇宙观)和认识论“天倪”说或“天钧(均)”说的。所以,《寓言》篇在评介庄子思想学说的时候,不但把《齐物论》篇中“和之以天倪,因之以曼衍,所以穷年”这几句话作了必要的、简括的解释,而且还扼要地摘录了这篇中“可乎可,不可乎不可。……恶乎然?然于然。恶乎不然?不然于不然。物固有所然,物固有所可。无物不然,无物不可”这些话;而《天下》篇的评介,除了具有《齐物论》的观点(“寂寞无形,变化无常;死与?生与?天地并与?神明往与?芒乎何之?忽乎何适?万物毕罗,莫足以归”)而外,还具有《逍遥游》的内容(“独与天地精神往来,而不傲倪于物,不谴是非,以与世俗处”)。所以,历来很多研究《庄子》的学者,都把《逍遥游》和《齐物论》这两篇看得非常重要,是有一定的道理的。陆德明《经典释文》说:“时人尚游说,庄生独高尚其事,优游自得,依老氏之旨,著书十余万言,以逍遥、自然、无为、齐物而已。”他正是接受了《寓言》和《天下》两篇关于《庄子》的评介而这样说的。近人李泰棻先生在《庄子研究》里,不但把这两篇看得非常重要,而且认为它们是具有有机的联系的。他说:“逍遥自在,归本于无为(《天运》篇云:“逍遥,无为也。”);因应无方,归本于齐物。然又必须深悟齐物,始能彻底无为;也必须作到无为,始能真正齐物。而齐物重思想,无为重实践,又皆归本于自然,都是为‘道’服务的。这是庄子‘内圣外王’的理论体系。”他这种说法,我认为是捉住了庄子学说的本质的。

一般都承认,庄子的思想学说是从老子的思想学说发展起来的,无疑地是完全正确的。老子谈“道”和“天道”,庄子也谈“道”和“天道”;老子谈“无为”,庄子也谈“无为”。不过,庄子把“天道”发展为“天倪”或“天钧(均)”说,并且把老子的“无为”的下半截“而无不为”予以抛除,这就和老子的本旨大不相同了。

庄子在《齐物论》篇中所提出的“天倪”或“天钧(均)”说,便是他思想学说的精髓所在。这是老子“天道”说的转变与升华。《齐物论》的论点认为,天地之间,无所谓彼此、是非等等的对立现象,人的语言是根本又不能够表达天地之间变幻无穷的种种现象的。它说:“化声之相待,若其不相待;和之以天倪,因之以曼衍,所以穷年也。”根据《寓言》篇的解释,“天钧(天均)”和“天倪”,涵义完全相同。(“天倪”,班固作“天研”。“研”也写作“硯”,《说文》“研”训“礦”,就是“碾磨”的“磨”。“均”或“钧”,就是制作陶器所用的转轮。“倪”和“均”或“钧”,都是比喻旋转循环的。)它是表明万物以不同的形态向前进展,终始相续,轮转不已,人是不可能摸索出它们的真实情况的。因而,天地之间的彼此、是非以及其他一切对立现象,用人的语言(化声)是不可能把它们划分清楚的。人只要休止在“天钧(均)”或“天倪”的境界,把这些彼此、是非等等的对立现象,都看作是浑然一体(和)的,是模棱两可(“两行”)的,就可以一生受用不尽了。它又说:“是(此)亦彼也,彼亦是(此)也;彼亦一是非,此亦一是非。果且有彼是(此)乎哉?果且无彼是(此)乎哉?彼是(此)莫得其偶,谓之道枢。枢始得其环中,以应无穷。是亦一无穷也,非亦一无穷也。”“天倪”或“天钧”,意思本是指的“循环的天道”。“彼是(此)莫得其偶”的“道枢”,也就是“天倪”或“天钧”的中枢。“道枢”站在这个“天倪”或“天钧的圆环的中心环中”,就可以运转自如地应付天地之间变幻无穷的现实事物。人如果站在这个“天倪”或“天钧”的圆环的中心,来观察天地之间的一切事物,这些事物只是往复循环,转瞬即逝,忽忽悠悠,永无固定,还有什么谁彼谁此、谁是谁非之可言呢?他这种“天倪”说或“天钧”说,是不折不扣的循环论,是属于形而上学的思想体系的。他这种抹杀真理、不分彼此是非的“两行”主义,是地地道道的相对主义,是属于不可知论的,是属于客观唯心主义的思想体系的。较之老子,可以说它又向前迈进了一大步。

庄子在《逍遥游》篇中曾经提出了“乘天地之正,而御六气之辩,以游无穷”,“将磅礴(混同)万物以为一,世蕲乎乱,孰弊弊焉以天下为事”的理想人生,并且他要惠施把“无用”的“大树”“树于无何有之乡、广漠之野,彷徨乎无为其侧,逍遥乎寝卧其下”,这便是他全篇主旨之所在。所以本书《天运》篇说:“古之至人,假道乎仁,托宿乎义,以游逍遥之虚,食于苟简之田,立乎不贷之圃。——逍遥,无为也;苟简,易养也;不贷,无出也。——古者谓之采真之游。”在这里,他们明明确确地把“逍遥”解释为“无为”,把“逍遥游”解释为“采真之游”。《大宗师》篇也说:“与造物者为人,而游乎天地之一气……反复终始,不知端倪,茫然,彷徨乎尘埃之外,逍遥乎无为之业(本)。”《应帝王》篇也说:“游心于淡,合气于漠,顺物自然,而无容私焉,而天下治矣。”这都是有关《逍遥游》篇思想内容的恰当注脚。《庄子》的“无为”主义,也可以叫作“逍遥”主义,这是一种虚无主义的“超世”思想,这是一种消极的“无为”主义。它是和老子的积极的“无为”主义既有血缘的关系,又有本质的区分。对于这一点,我们应该具有足够的认识。

庄子这种“无为”主义和“两行”主义,我们可以充分看出他是代表着战国时期一种没落士大夫阶级的陈腐思想的。庄子这种陈腐思想,是由于他在当时不敢正视阶级斗争和逃避社会现实而产生的。这是他精通世故、练达人情的思想的“结晶”。有人说,《人间世》篇的思想,和庄子的思想不相称,因而怀疑这篇不是庄子的著作，这是一种错觉。其实，正是由于庄子悟解到了“人间世”中这些迂曲、复杂的人与人的关系，他才臆想出了一种“逍遥”世外的消极思想。我们试读一下《山木》篇“庄周游乎雕陵之樊”这一章，他对于蝉、螳螂、异鹊的“相累”关系以及虞人对他的疑辱这些生活现象，观察得是多么精微而深刻啊！

在这里，我还顺便明确一个问题。“外篇”中《天道》篇也谈到了“无为”，它说：“夫帝王之德，以天地为宗，以道德为主，以无为为常。无为也，则用天下而有余；有为也，则为天下用而不足。故古之人贵夫无为也。上无为也，下亦无为也，是下与上同德，下与上同德，则不臣；下有为也，上亦有为也，是上与下同道，上与下同道，则不主。上必无为，而用天下；下必有为，而为天下用。此不易之道也。”这不但不同于庄子的“逍遥”主义的“无为”，而且也不同于老子的“无为而无不为”的“无为”，乃是儒家所谓大舜“恭己正南面”的“无为而治”的“无为”（《论语·卫灵公》）。从这些地方，我们也可以看出，在《庄子》书中，确乎是掺杂上了一些鱼目混珠的伪托之作的。

谈到《庄子》这部古典文献的文学语言问题，它不愧为我国文学史上有关散文典范的一部承先启后的杰出作品：它的词汇是丰富多彩的，它的声调是铿锵动听的，它的气势是奔放豪迈的，它的结构是起伏不平的。《天下》篇所谓“其书虽瓌玮，而连犿无伤也；其辞虽参差，而諔诡可观”，正是指着它的文学语言的艺术性而言的。《史记·老庄申韩列传》也说庄子“善属书离辞，指事类情……其言洸洋自恣以适己”，也是称说他的文辞藻丽、气势昂扬的。后世古文家如韩愈、柳宗元、苏轼等人的文章都受到了庄子的影响，就用不着在这里饶舌了。

总的说来，我们在探讨《庄子》这部古典文献的时候，应该循着“以庄解庄”的路线，应该打破从前所谓“内”、“外”、“杂”等篇目的界限，依据它本身所揭示的“三言”表现形式，进行具体分析。《逍遥游》、《齐物论》两篇是它的代表作。它主要的思想学说是所谓“天倪”说或“天钧”说。它的文学语言的艺术性是有高深造诣的。

一九六一年，四月，初稿；

一九六二年，四月，修订；

一九七九年，一月，整理。

目　录

杂 篇

一、逍　遥　游(五章)

北冥[1]有鱼,其名为鲲:鲲之大,不知其几千里也;化而为鸟,其名为鹏[2];鹏之背,不知其几千里也;怒[3]而飞,其翼若垂天之云[4]。是鸟也,海运[5],则将徙于南冥。——南冥者,天池也[6]。

《齐谐》者[7],志怪者也。《谐》之言曰:"鹏之徙于南冥也,水击三千里,抟扶摇而上者九万里[8],去以六月息[9]者也。"

野马也,尘埃也[10],生物之以息相吹也[11]。天之苍苍,其[12]正色邪?其远而无所[13]至极邪?其视下也,亦若是则[14]已矣。

且夫水之积也不厚,则其负大舟也无力;——覆杯水于坳堂[15]之上,则芥[16]为之舟;置杯焉,则胶[17];水浅而舟大也。——风之积也不厚,则其负大翼也无力。故九万里,则风斯[18]在下矣;而后乃今培风[19],背负青天,莫之夭阏[20]者;而后乃今将图南。

蜩与学鸠[21]笑之曰:"我决起[22]而飞,枪榆枋[23],时则不至,而控[24]于地而已矣。奚以之[25]九万里而南为?"

适莽苍[26]者,三飡[27]而反,腹犹果然[28];适百里者,宿[29]舂粮;适千里者,三月聚粮。之[30]二虫,又何知?——小知不及大知,小年不及大年。

奚以知其然[31]也?

朝菌不知晦朔[32],惠蛄不知春秋[33]:此小年也。楚之南,有冥灵者,以五百岁为春,五百岁为秋;上古有大椿者,以八千岁为春,八千岁为秋[34];而彭祖乃今以久特闻[35]。众人匹[36]之,不亦悲乎?

汤之问棘[37]也,是已:穷发之北[38],有冥海者,天池也,有鱼焉,其广数千里,未有知其修[39]者,其名为鲲;有鸟焉,其名为鹏,背若太山,翼若垂天之云，抟扶摇羊角而上[40]者九万里，绝云气，负青天，然后图南，且[41]适南冥也。斥鴳[42]笑之曰："彼且奚适也？我腾跃而上，不过数仞[43]而下，翱翔蓬蒿之间，此亦飞之至也。而彼且奚适也？"

——此亦小大之辩也。

故夫知效一官，行比一乡，德合一君，而[44]徵一国者，其自视也，亦若此矣。而宋荣子[45]犹然[46]笑之。

且举世而誉之，而不加劝；举世而非之，而不加沮[47]，定乎内外之分，辩乎荣辱之境；斯已矣。彼其于世，未数数然[48]也。虽然，犹有未树[49]也。

夫列子御风而行[50]，泠然善也[51]，旬有五日而后反。彼于致福者，未数数然也。此虽免于行，犹有所待者也。若夫乘天地之正，而御六气之辩[52]，以游无穷者，彼且恶乎待哉？

故曰：至人无己，神人无功，圣人无名[53]。

【注释】

①冥，谓南、北极也。去日月远，故以冥为名也。　②鲲、鹏，乃庄子借大鱼、神鸟以寄意，非实物也。　③怒，鼓怒翅翼。　④垂，犹边也；其大如天一面云也。　⑤海运，谓海水震荡也。　⑥海，天池也。盖言海水浩大，上与天接也。　⑦《齐谐》，书名也，齐国有此俳谐之书也。　⑧抟，飞而上也。上行风谓之扶摇。　⑨大鸟一去，半岁，至天池而息。《太平御览》九四四引此"息"上有"一"字。李白《大鹏赋》："然后六月一息。"　⑩野马，天地间气如野马驰也。尘埃，天地间气蓊郁似尘埃扬也。　⑪天地之间，生物气息，更相吹动，以举于鹏者也。　⑫其，犹岂也。　⑬所，犹可也。　⑭则，犹而也。⑮坳，污陷也；谓堂庭坳陷之地也。　⑯芥，小草也。　⑰胶，黏也。　⑱斯，犹乃也。　⑲培风，谓积蓄风势。承上文"风之积也不厚，则其负大翼也无力"而言。　⑳夭，折也。阏，止也。　㉑蜩，寒蝉也。学鸠，小鸠也。　㉒决，疾貌。　㉓枪，突也。枋，檀木也。　㉔控，投也。　㉕奚，何也。之，适也。　㉖莽苍，近郊之色也。　㉗飡，为"餐"之或体。　㉘果然，饱貌。㉙宿，读为"夙"。　㉚之，犹此也。　㉛然，如此也。　㉜月终谓之晦，月旦谓之朔。　㉝惠蛄，寒蝉也，一名蝭蟧，春生夏死，夏生秋死。惠，本亦作"蟪"。　㉞冥灵，木名也，江南生，以叶生为春，叶落为秋。大椿，木槿也，以万六千岁为一年，一名蕣椿。冥灵、大椿，皆假托之词，与鲲、鹏同意，并非实有其物。㉟彭祖，名铿，尧臣，封于彭城，历虞、夏至商，年七百岁，故以久寿见闻。久，寿也。

特,独也。　㊱匹,比匹。　㊲棘,汤时贤人。　㊳发,犹毛也。穷发,北极之下、无毛之地也。　㊴修,长也。　㊵风曲上行,若羊角。　㊶且,将也。㊷斥,小泽也。　㊸八尺曰仞。　㊹而,当读为"能"。能、而,古声音近,通用也。"官"、"乡"、"君"、"国"相对,"知"、"仁"、"德"、"能"亦相对。　㊺宋荣子,即宋钘,宋之贤人也。　㊻犹然,笑貌。　㊼沮,怨也。　㊽数数,迫切意也。　㊾树,立也。　㊿列子,郑人,名御寇,得风仙,乘风而行。与郑穆公同时。　51泠然,轻妙之貌。　52六气,阴,阳,风、雨、晦、明也。辩,变也。53至,言其体;神,言其用;圣,言其名;其实一也。诣于灵极,故谓之至;阴阳不测,故谓之神;正名百物,故谓之圣也。

【译文】

北极有一条大鱼,它的名字叫作鲲;这条鲲鱼大得不知道究竟有几千里长;它变作了一只大鸟,名字叫作鹏。这只鹏鸟的脊背,也不知道究竟有几千里长;它展开翅膀,鼓足气力,向高处飞去,翅膀的幅员,好像天边的云朵。这只大鸟,大海一荡动,便是它要向南极迁移的信号。——南极,乃是通天的渊池。

《齐谐》,是一部记述奇异故事的书。这部书说:"鹏鸟将要迁往南极的时候,海水被它的翅膀扇动得三千里以内都震荡起来,卷起暴风,直冲到高空九万里以外;这一去就得经历六个月的时间才得到休息。"

天地间的游气啊,飞尘啊,都是由于生物的气息相互吹动而掀起的。天空中那种青幽幽的景象,难道就是它真正的颜色吗?难道是由于它和人距离太远而不能够穷究它的尽头吗?它(鹏鸟)如果是从高空往下看,也不过是和这个一样罢了。

况且,水如果积蓄得不厚实,这就没有力量背负起大船来;——譬如,把一杯水倒在堂道洼陷的地方,就可以把草儿当作船在上面行驶;如果放上一个杯子,就会胶着在地面上;这是由于水浅而船大的关系。——风如果积蓄得不厚实,它就没有力量背负起大翅膀来。所以,鹏鸟飞到九万里以上,那风就落在它翅膀的下面了;然后它这才积蓄起风势,背负着青天,什么也就伤害不着它,阻当不着它了;然后它这才打算向南极飞去。

蝉儿和斑鸠就嘲笑这只鹏鸟说:"我们很快地起飞,就可以超过高大的树林,有时飞不到那么高,就只好投到地面来休息休息。又何必高高地升腾到九万里以上这才向南飞去呢?"

到野外郊游的人,在路上吃三顿饭,回来,肚子还是饱饱的;到百里以外去的人,老早就得捣米作准备;到千里以外去的人,就得积聚三个月的粮。〔走得越远,积聚的粮就得越多;飞得越高,积聚的风就得越厚实。〕这两个小动物,它们又知道什么呢？——见识小的不如见识大的知道得多，年龄小的不如年龄大的经历的多。

为什么知道是这样的呢？

朝蟒不知道三十、初一，寒蝉不知道春季、秋季，这都是由于它们寿命太短的缘故。在楚国的南方，有一棵冥灵树，它把五百年当作一次春季，把五百年当作一次秋季；在上古时代，有一棵大椿树，它把八千年当作一次春季，把八千年当作一次秋季；而彭祖独独以长寿的声名流传后世。一般的人如果和他来比寿命，不也太可怜了吗？

殷汤问过夏棘，夏棘是这样说的：北方不毛之地以北，有一片迷迷茫茫的大海，乃是通天的渊池；那里有一条大鱼，它的宽度有好几千里，没有人知道它究竟有多长，它的名字叫作鲲。还有一只大鸟，它的名字叫作鹏；它的脊背好像泰山那么高，它的翅膀好像天边的云朵那么大，卷起狂暴的旋风，直冲到高空九万里以外；它超过了云气，背负着青天，然后打算向南飞，准备到南极去。池塘边上的鹦雀就嘲笑它说："它究竟要往哪里去呢？我升腾起来向上飞，也不过几丈高就得下来，在丛草里面飞来飞去，这也就算飞得很可以的了。可是它究竟往哪里去呢？"

——这也就是见识有大有小的区别啊。

所以，有的人他的智慧配作一个官员，行为可作全乡的表率；有的人他的德行适合作一国君主，能力足为全国所钦佩；他们看看自己，大概也和这个相仿佛吧。所以宋荣子就嗤笑这种人。

还有这样的人，全世界人都赞扬他，可是他并不格外奋勉；全世界人都指责他，可是他并不格外恼丧；他判定了自己和外物的区别，辨清了光荣和污辱的界限；他认为这样就算可以了。他对于世界上的一切事物，可以说是没有什么迫切要求的了。虽然如此，他还不能够独立存在啊。

那列子驾驭着风在天空中游行，轻轻妙妙地很舒适，十五天才返转回来。他对于追求人世间的享受，可以说是没有什么迫切要求的了。他虽然免去了走路的劳累，但是还得凭藉着风来帮他的忙呢。至于像那乘坐着天地的正道，驱驭着六气的变化，而游行在广漠无穷的境界的人，他又有什么凭藉的呢？

所以说：至人不知道什么是自己，神人不知道什么是功绩，圣人不知道什么是声名。

尧让天下于许由[①]，曰："日月出矣，而爝火[②]不息；其于光也，不亦难乎？时雨降矣，而犹浸灌，其于泽也，不亦劳乎？夫子立而天下治，而我犹尸[③]之！吾自视缺然[④]。请致[⑤]天下。"

许由曰:"子治天下,天下既已治也,而我犹代子?吾将为名乎?——名者,实之宾也。——吾将为宾乎?鹪鹩[6]巢于深林,不过一枝;偃鼠[7]饮河,不过满腹。归休乎,君!予无所用天下为!庖人虽不治庖,尸祝不越樽俎而代之矣[8]。"

【注释】

①许由,隐人也,隐于箕山。 ②爝,然(燃)也。 ③尸,主也。 ④缺然,不足。 ⑤致,与也。请,与"情"通。 ⑥鹪鹩,小鸟也。 ⑦偃鼠,今称地鼠。 ⑧庖人,掌厨人也。传鬼神辞曰祝。尸者,太庙中神主也。执祭版,对尸而祝之,故曰尸祝也。樽,酒器也。俎,肉器也。庖人、尸祝,各有司存;膳夫不肯治庖,尸祝之人终不越局滥职而代之。

【译文】

帝尧要把天下让给许由,他对许由说:"太阳和月亮都已经出来了,可是有的人还点起火来没个完,点火的光亮,和太阳、月亮相比,不也太难了吗?好雨已经下起来了,可是有的人还浇水灌田,浇水的滋润土地,和好雨相比,不也太劳累了吗?先生立在这里,而天下已经太平了,可是我还在这里主持天下!我自己看看自己,感到太不满意了。我情愿把天下交给您执掌。"

许由说:"您治理天下,天下已经太平了,可是还教我来代替您!难道我是为了虚名吗?——虚名是实际的宾从。——难道我要作宾从吗?鹪鹩在深林里搭窝,只不过是占一个枝儿;地鼠在大河里喝水,只不过是装满了肚皮。回去休息休息吧,先生!我对于天下是感到没有什么用处的!〔在祭祀的时候,〕厨师虽然不肯治办祭品,可是捧主接神的人也不会跑到厨房的酒具和肉案子那边去代劳的啊!"

肩吾问于连叔[1]曰:"吾闻言于接舆[2],大而无当[3],往而不返,吾惊怖其言,犹河、汉而无极也,大有径庭[4],不近人情焉。"

连叔曰:"其言谓何哉?"

曰:"藐姑射之山[5],有神人居焉,肌肤若冰雪,绰约若处子[6];不食五谷,吸风、饮露;乘云气,御飞龙,而游乎四海之外;其神凝,使物不疵疠[7],而年谷熟。——吾以是狂而不信[8]也。"

连叔曰:"然。瞽者无以与乎文章之观,聋者无以与乎钟鼓之声。岂惟形骸有聋瞽[9]哉?夫知亦有之。是其言也,犹时女也[10]!之人也,之德也,将旁礴万物以为一[11],世蕲乎乱[12],孰弊弊焉[13]以天下为事？之人也，物莫之伤：大浸，稽天而不溺[14]；大旱，金石流、土山焦而不热。是其尘垢秕糠[15]将犹陶铸尧、舜也。孰肯以物为事？宋人资章甫而适诸越[16]，越人断发文身，无所用之。尧治天下之民，平海内之政，往见四子[17]藐姑射之山、汾水之阳[18]，窅然丧其天下焉。"

【注释】

①肩吾、连叔，并古之怀道人也。 ②接舆者，楚之贤人，隐者也，与孔子同时，而佯狂不仕。 ③无当，无实也。 ④极，崖也；言广若河、汉，无有崖也。 ⑤藐，远也。 ⑥绰约，柔弱貌。处子，犹处女也。 ⑦疵，毁也。疠，恶病也。 ⑧狂，与"诳"同。肩吾以其言为欺诳，而不信也。 ⑨"聋瞽"本作"聋盲"，与上文不相承。《庄子阙误》云："天台山方瀛观古本'盲'作'瞽'。"今据改。 ⑩时，是也。女，汝也。谓知有聋盲，即汝之狂而不信者是也。时，借为"之"。女，读为"汝"，谓肩吾也。是其言也，谓上文"岂惟形骸有聋瞽乎哉？夫知亦有之"之语。犹之汝也，之，为助词；谓是言乃似汝也。 ⑪旁礴，犹混同也。 ⑫蕲，求也。 ⑬弊弊，经营貌。 ⑭稽，至也。大浸，洪水为患也。 ⑮谷不熟为秕。 ⑯资，货也；章甫，殷冠也；以冠为货。 ⑰四子，王倪、啮缺、被衣、许由。 ⑱汾水，出自太原，西入于河。水北曰阳。

【译文】

肩吾问连叔说："我听了接舆的话之后，感到他夸大不实，去而不返。我非常惊讶他的话，就好像银河一般，漫溢得无边无际，大大地超过了事实，不近人情。"

连叔说："他的话是怎么说的呢？"

肩吾说："他说：在遥远的姑射山上，住着一位神人，他的肉皮儿像冰雪那么洁白，柔弱得好像处女一般；不吃五谷杂粮，只是吸清风，喝露水；驾着白云，驶着飞龙，游行在四海之外。他的神情是凝静的，能够使万物不受到灾病，而且年年五谷丰登。——我所以感到疑惑，而不相信他。"

连叔说："是的。瞎子无法和别人一同欣赏文采的华丽，聋子无法和别人一同欣赏音乐的奥妙。岂止是在形体上有瞎子、聋子呢？在智慧上也是有的。这些话嘛，正是说的你啊！像那样的人，像那样的德行，他将要和万物混同一体，人间自然就会达到太平无事，谁还去劳劳碌碌地把经营天下当作件事情呢？像那样的人，什么都伤害不着他：闹大水，水大得漫过天，也淹不着他；闹大旱，金石都熔化了，土山都炙焦了，也热不着他。可见尘埃、秕糠这些东西，也都要给尧、舜划定出行动的规范来。谁肯把平治万物当作件事情呢？譬如，宋国人贩殷代的冠冕到越国去卖，可是越国的风俗，头上不留毛发，身上刻画花纹，用不着戴冠冕。〔神人的用不着天下，就是如此。〕帝尧治理天下的人民，布施天下的政令，可是他前往遥远的姑射山去,见到那四位隐士以后,汾水以北(尧的都城)就迷迷茫茫地好像是丧失了它的天下一样。〔遥远的姑射山上有这样的隐士,可见接舆对你说的那样的神人,也用不着大惊小怪的。〕”

惠子[①]谓庄子曰:“魏王[②]贻我大瓠[③]之种,我树[④]之,成,而实五石[⑤];以盛水浆,其坚不能自举也;剖之以为瓢,则瓠落[⑥]无所容。非不呺然大[⑦]也,吾为其无用,而掊[⑧]之。”

庄子曰:“夫子固拙于用大矣。宋人有善为不龟手之药[⑨]者,世世以洴澼絖[⑩]为事。客闻之,请买其方,百金[⑪]。聚族而谋曰:‘我世世为洴澼絖,不过数金;今一朝而鬻技[⑫]百金,请与之。’客得之,以说吴王。越有难,吴王使之将,冬,与越人水战,大败越人。裂地而封之。——能不龟手,一也,或以封,或不免于洴澼絖;则所用之异也。今子有五石之瓠,何不虑以为大樽,而浮游于江湖?而忧其瓠落无所容?则夫子犹有蓬之心[⑬]也夫!”

【注释】

①惠子,姓惠,名施,为梁相。　②魏王,梁惠王也。　③瓠,匏之类也,即今葫芦瓜。　④树者,艺植之谓也。　⑤实者,子也。　⑥瓠落,犹廓落也。　⑦呺,本亦作“号”。　⑧掊,击破也。　⑨“龟”为“皲”之假借。不龟手,犹言不皲手。　⑩絖,絮也。洴澼絖者,漂絮于水上。　⑪金方寸重一斤,为一金。百金,百斤也。　⑫鬻,卖也。　⑬蓬,草名,拳曲不直也。

【译文】

惠施对庄子说:“魏王赠给了我一种大葫芦的种子,我就把它种上了,葫芦长成之后,里面的种子,足足有五石(六百斤);用它盛水,它沉实得不能自己堆立起来;把它剖开作瓢用,我就觉得它旷大得没有什么东西可盛。它不能说不是又空又大了,但是因为它没有什么用处,我就把它打破了。”

庄子说:“先生原来对于利用大的东西太拙笨了啊。〔从前,〕宋国人有善于制作不裂手的药的,他家世辈以漂洗旧棉絮为职业。有一个外乡人听到这件事情,请求拿一百斤金币买他的药方。宋国人就招集他们全家在一起商议:‘我们世辈漂洗旧棉絮,一年也不过挣几斤金币;现在,一天的工夫就可以把咱们的技术卖得一百斤金币。我想把药方卖给他。’这个外乡人得到这种药方后,就到吴王那里去献策。这时正赶上越国有战事,吴王就教他挂帅,在冬季里,和越国作起水战来。〔由于吴国利用了不裂手的药的关系,〕把越国打了个落花流水。吴王就划给了他一块土地,还封了他的官。——〔这种药〕能使手不开裂,效果是一样的。可是,有的因为它而封了官,有的还是摆脱不了漂洗旧棉絮的劳累;这是由于使用的场合不同。现在,您有能容纳五石的这么一个大葫芦,为什么不计划着把它作成一个大酒樽,坐着它漂流在江湖之上?你却发愁它旷大得没有什么东西可盛呢?足见先生还是有蓬蒿〔拳曲不畅〕的心情啊!"

惠子谓庄子曰:"吾有大树,人谓之樗①;其大本拥肿②,而不中绳墨;其小枝卷曲③,而不中规矩;立之涂④,匠者不顾。——今子之言,大而无用,众所同去⑤也。"

庄子曰:"子独不见狸狌⑥乎?卑身而伏,以候敖者⑦,东西跳梁⑧,不辟⑨高下,中于机辟⑩,死于网罟。今夫斄牛⑪,其大若垂天之云;此能为大矣,而不能执鼠。今子有大树,患其无用;何不树之无何有之乡、广莫⑫之野?彷徨乎无为其侧,逍遥乎寝卧其下。不夭斤斧,物无害者。无所可用,安所困苦哉?"

【注释】

①樗,栲、漆之类,嗅之甚臭,恶木者也。 ②拥肿,犹盘瘿。拥,当作"痈"。今通作"臃"。 ③卷,本又作"拳",同音"权"。 ④涂,道也。 ⑤去,犹言弃而不取。 ⑥狌,野猫也。狸,本字作"貍"。 ⑦音"遨"。谓伺遨翔之物而食之,鸡鼠之属也。 ⑧跳梁,犹走掷。 ⑨辟,音"避",今本多作"避"。 ⑩辟,谓机关之类也。 ⑪斄牛,旄牛。 ⑫莫,大也。

【译文】

惠施对庄子说:"我有一棵大树,人们把它叫作樗树;它的大身干,疙疙瘩瘩的,上不得墨线;它的小枝杈,曲曲弯弯的,上不得圆规和曲尺;把它竖立在大路旁边,木匠们都不睬它。——现在您所发表的言论,浮夸张大,没有什么用处。一般人是不会相信您的。"

庄子说:"您难道没有见过那狸子和野猫吗?它们缩着身子伏在一旁,等候着捉拿那过往的禽兽;它们到处窜窜跳跳,不管地方是高是低,也毫不躲避;终于触到了机关,死在网罗之中。还有那种旄牛,大得像天边的云朵;它称得起很大的了,可是它不能捉老鼠。现在,您有这么一棵大树,却担忧它没有什么用处;您为什么不把它栽植在一无所有的地域、广漠无边的原野?您天天在它旁边徘徊,清闲无事;在它下边躺着,自在逍遥。它不会死在斧头之下,什么也伤害不着它。没有用得着它的地方,哪里还会遭到什么困苦呢?"

二、齐 物 论(十三章)

南郭子綦[①]隐机[②]而坐,仰天而嘘[③],荅焉[④]似丧其耦[⑤]。颜成子游[⑥]立侍乎前,曰:"何居[⑦]乎?形固可使如槁木,而心固可使如死灰乎?今之隐机者,非昔之隐机者也。"

子綦曰:"偃,不亦善乎,而问[⑧]之也?今者,吾丧我,汝知之乎?汝闻人籁,而未闻地籁;汝闻地籁,而未闻天籁[⑨]夫!"

子游曰:"敢问其方[⑩]。"

子綦曰:"夫大块噫气[⑪],其名为风;是唯无作[⑫],作,则万窍怒呺[⑬];而独不闻之翏翏[⑭]乎?——山林之畏隹[⑮],大木十围[⑯]之窍穴,似鼻,似口,似耳,似枅[⑰],似圈[⑱],似臼,似洼者,似污者[⑲];激者[⑳],謞者[㉑],叱者,吸者[㉒],叫者,譹者[㉓],宎者[㉔],咬者;前者唱于,而随者唱喁;泠风则小和,飘风则大和[㉕];厉风济[㉖],则众窍为虚。——而独不见之调调、之刀刀[㉗]乎?"

子游曰:"地籁则众窍是已,人籁则比竹是已。敢问天籁。"

子綦曰:"夫吹万不同,而使其自已也,咸其自取,怒者其谁耶[㉘]?"

【注释】

①南郭子綦,居南郭,因为号。 ②隐,冯(凭)也。机,李本作"几"。 ③嘘,叹也。 ④荅,本又作"嗒",解体貌。 ⑤耦,身也。 ⑥颜成子游,子綦弟子也。姓颜,名偃,谥成,字子游。 ⑦居,读为"故"。 ⑧而,犹汝也。 ⑨籁,箫也。夫箫管参差,宫商异律,故有短长、高下、万殊之声。庄子以籁喻音律,更以喻语言。人籁,喻分辨是非之语言;地籁,喻不存是非之语言;天籁,喻不言之言或无声之言也,即其所谓"天倪"或"天钧"之化育也。此章乃全篇引言与纲领。南郭子綦心存是非,欲言而不言,是以"仰天而嘘"也。"仰天而

嘘”,自比于“天籁”也。 ⑩方,道术也。 ⑪大块,地也。 ⑫作,起也。 ⑬怒呺,鼓怒呺叫。怒,读作“努”。 ⑭翏翏,长风之声。 ⑮畏佳,大风之所扇动也。○畏佳,林木摇动之貌。 ⑯十围,言木之大也。两手相拿曰围。 ⑰枅,又音“肩”。枅,通作“钘”。 ⑱圈,郭音“权”,杯圈也。 ⑲洼,深池也。污为小池。 ⑳激,声若激唤也。激,读为“嗷”,实借为“讠"”。 ㉑謞,读为“嚣”。 ㉒吸,若嘘吸声。 ㉓譹,读为“号”,今写作“嚎”。 ㉔谪,为“笑”之讹字。笑,或省作“关”,“关”与“笑”形相近也。 ㉕泠风,小风也。飘风,疾风也。 ㉖厉风,大风。济,止也。 ㉗调调,刀刀,皆动摇貌。调,音“条”。刀刀,俗作“刁刁”。 ㉘物皆自得之耳,谁主怒之使然哉? 此重明天籁也。

【译文】

南郭子綦趴在桌上坐着,仰着脸向天叹气,无精打采地好像丢掉了躯壳似的。他的学生颜成子游在前面陪着他立着,就问他说:“为什么这个样子呢? 难道人的形体可以使它像枯槁的木头一样,而心灵可以使它像死灭的灰烬一样吗? 今天趴着桌子的人,已经不是昨天趴着桌子的人了!”

南郭子綦说:“颜偃啊,你问的这些话,好极了! 今天我丢掉了自己,你知道吗? 你只懂得人的音律,而不懂地的音律,只懂得地的音律,而不懂得天的音律啊!”

颜成子游说:“我请教这里面的道理。”

南郭子綦说:“大地一出长气,就叫作风。这风除非是不起,一起,地上所有的孔窍就都努着劲地号叫起来。你难道没有听到过那呼呼的声音吗? ——那山林里面的大风扇动起来,十围粗大树的窟窿,有的像鼻子,有的像嘴,有的像耳朵,有的像瓶子,有的像脸盆,有的像石臼,有的像深水池,有的像小水池;〔它们所发出的声音,〕有的像呼唤,有的像喧嚣,有的像呵叱,有的像吸气,有的像吼叫,有的像嚎哭,有的像嬉笑,有的像怪调;前面唱出于于的声音,而随着的唱出喁喁的声音;细风就用小的声音相应和,暴风就用大的声音相应和。狂风一停,所有的孔窍立刻就都寂静下来。——你难道没有见过那一切摆摇、震撼的景况吗?”

颜成子游说:“地的音律就是所有的孔窍了,人的音律就是排比起来的竹管儿了。我请教什么是天的音律。”

南郭子綦说:“那风吹动着所有不同的孔窍,而使它们自己发出种种不同的声音,那都是由于他们自己所取得的;可是那使它们努动起来的又是什么呢? 〔那不就是天的音律吗?〕”

大知闲闲[①]，小知閒閒[②]；大言淡淡，小言詹詹[③]。

其寐也魂交[④]，其觉也形开。

与接为构[⑤]，日以心斗：缦者[⑥]，窖者[⑦]，密者[⑧]。

小恐惴惴[⑨]，大恐缦缦[⑩]。

其发若机栝[⑪]，其司是非[⑫]之谓也；其留[⑬]如诅盟[⑭]，其守胜之谓也；其杀[⑮]若秋冬，以言其日消也；其溺之所为之，不可使复之也。其厌也如缄，以言其老洫[⑯]也；近死之心，莫使复阳[⑰]也。

喜、怒、哀、乐、虑、叹、变[⑱]、慹[⑲]、姚[⑳]、佚，启态。

乐出虚，蒸成菌；日夜相代乎前，而莫知其所萌。

已乎！已乎！旦暮得此，其所由以生乎？

【注释】

①闲闲，广博之貌。 ②閒閒，分别也。 ③詹，多言也。 ④交，定也。 ⑤与接为构，人道交接，构结欢爱也。 ⑥缦，宽心也。 ⑦窖，深也。 ⑧密，隐也。 ⑨惴惴，怵惕也。 ⑩缦缦，沮丧也。 ⑪机，弩牙；栝，箭栝。 ⑫司，主也。 ⑬发、留，盖动、止之异。留，不发。 ⑭诅，祝也。盟，誓也。 ⑮杀，衰杀。 ⑯洫，借为“侐”。 ⑰阳，谓生也。 ⑱变，反复。 ⑲慹，怖也。 ⑳姚，借为“佻”。

【译文】

见识大的，眼界开朗；见识小的，斤斤较量。大的言论，平平淡淡；小的言论，唠唠叨叨。

人在睡眠的时候，精神静定；人在觉醒的时候，形体开朗。

同别人互相交接，天天要钩心斗智；有的心地宽敞，有的心思深沉，有的心情隐秘。

小的恐惧，心怀拘谨；大的恐惧，神志沮丧。

有的一行动就像搭在弓上的箭一般，这表明他对于是非有一定的主见；有的静默得像面临盟誓一般，这表明他操守着必胜的信念。有的衰颓得像秋冬的景色，这表明他精力一天比一天地在消损；有的已经陷溺住了，可是还要去那样作，是不可以再让他去的。有的伏藏得像捆缚着的一般，这表明是年纪衰迈而神情凝静；有的心灵都快死去了，是不可能再使他还阳的。

喜欢、恼怒、悲哀、快乐、忧虑、伤叹、诡变、恐怖、轻佻、放荡，都会表露出种种不同的神态。

［这些心理现象，就如同］由于器物的空虚而发生出音乐来，由于大气的蒸发

而发生出菌类来;黑天白日地总是在人的面前过来过去的,可是谁也不知道这都是怎样发生的。

算了吧!算了吧!人们在一早一晚所遇到的这些现象,难道这就是人们的心理形成的原因吗?

非彼[1],无我;非我,无所取[2]。是亦近矣,而不知其所为使;若有真宰,而特不得其眹;可行、已信,而不见其形。——有情而无形。

百骸、九窍[3]、六藏[4],赅[5]而存焉。吾谁与为亲?汝皆说[6]之乎?其有私焉?如是皆有[7]为臣妾[8]乎,其臣妾不足以相治也;其递相为君臣乎,其有真君[9]存焉。

如求得其情与不得,无益损乎其真;一受其成形,不亡以待尽。

与物相刃相靡[10]。其行尽如驰,而莫之能止。不亦悲乎!

终身役役,而不见其成功;苶然[11]疲役,而不知其所归。可不哀邪?

人谓之不死,奚益?其形化,其心与之然[12]。可不谓大哀乎?

人之生也,固若是芒[13]乎!其我独芒,而人亦有不芒者乎?

夫随其成心[14]而师之,谁独且无师乎?奚必知代而自取者有之?愚者亦有焉。未成乎心,而有是非,是"今日适越而昔至"也。是以"无有"为"有"。"无有"为"有",虽有神禹,且不能知,吾独且奈何哉?

【注释】

①彼,谓外界。 ②所取,犹所用也。 ③百骸,百骨节也。九窍,谓眼、耳、鼻、口及下二漏也。 ④藏,亦作"脏"。 ⑤赅,备也。 ⑥说,音"悦",今本多即作"悦"字。 ⑦有,与"以"同。 ⑧臣妾,士女之贱职也。 ⑨真君,即前之真宰也。 ⑩刃,谓残伤;靡,谓依附。 ⑪苶,疲病困之状。 ⑫然,犹如此也。 ⑬芒,芒昧也。 ⑭成心,谓人心之所至,便有成见在胸中,牢不可破。

【译文】

如果没有外界的存在,也就不会有我的存在;如果没有我的存在,外界也就没有什么取义。我们和外界总算是很接近的了,但是也不知道究竟是谁使我们和它们有这种关系。在这里好像是有个真正的主宰,但是总也找不到它的踪迹;我们可以按着已经征信的认识去行动,但是却又看不到它的形象。——〔这个真正的主宰〕有它的情实,可是并没有它的形体。

身上所有的骨骸、孔窍、内脏,都很完备地存在着。我究竟和哪一部分相亲密呢?你都欢喜它们吗?还是也怀着偏心眼儿呢?如果都把它们当作我的奴仆呢,这些奴仆是不能够互相节制的;是不是要教它们替换着作主仆呢?这里大概是有个真正的统帅存在着吧。

如果穷究到外界的情状,或是穷究不到外界的情状,这对于它们的本身的真实,是无益无损的;只要它们一禀受了造化而成为形象,直到它们的尽头,永远是不会消失的。

人和万物,既是互相残伤,又是互相依附。人的行动完全像奔驰一样,永远也得不到休息。这不也太可怜了吗?

自己苦干一辈子,也看不出有什么成就来;劳累得筋疲力尽,也不知道将来落得个什么归宿。能够不令人感到悲哀吗?

〔在天地之间,〕人们都说你没有死,这又有什么益处呢?你的形体一有变化,你的心灵也就随着它变化。这能说不是最大的悲哀吗?

人的一生,原来就是这样渺渺茫茫的啊!难道只有我独独这样渺渺茫茫?可是又有谁不是这样渺渺茫茫的呢?

人如果都随着自己定了形的心意(主见)而把它作为自己的导师,那谁又独独地没有个导师呢?难道必定是懂得循环交替的道理而且自己知道去追求的人才有这种导师?愚蠢的人也是有的。如果在自己的心意中还没有定形,可是就已经有了是非的见解,这就等于说"今天往越国去,可是昨天就到了"的话是一样。这便是把"无有"当作"有"。把"无有"当作"有",纵然有神圣的大禹,也不可能领会。我们又独独地能够怎么样呢?

夫言,非吹也。言者有言,其所言特未定也,果有言邪?其未尝有言邪?其以为异于鷇音[①],亦[②]有辩乎?其无辩乎?

道恶乎隐而有真伪?言恶乎隐而有是非?道恶乎往而不存?言恶乎存而不可?——道隐于小成[③],言隐于荣华[④]。

故有儒、墨之是非,以是其所非,而非其所是。

欲是其所非,而非其所是,则莫若以明。

物无非彼,物无非是[⑤]。自彼,则不见;自知,则知之。故曰:彼出于是,是亦因彼[⑥]。

彼是,方生之说也。虽然,方生方死,方死方生。方可方不可,方不可方可。因是因非,因非因是。是以圣人不由,而照之于天,亦因是也。

是亦彼也,彼亦是也;彼亦一是非,此亦一是非;果且有彼是乎哉?果且无彼是乎哉?

彼是莫得其偶⑦,谓之道枢,枢,始得其环中⑧,以应无穷。是亦一无穷,非亦一无穷也。故曰:莫若以明。

【注释】

①鷇,鸟子欲出者也。 ②亦,犹果也。 ③小道而有所成得者,谓之小成也。 ④荣华者,谓浮辩之辞,华美之言也。 ⑤是,此也。 ⑥彼是,相因而生者也。 ⑦偶,对也。彼是相对,而圣人两顺之。 ⑧环中,空矣。今以是非为环,而得其中者,无是无非也。无是无非,故能应夫是非。

【译文】

人的说话,并不等于吹风。说话的人有话说,只是他要说的话还没有确定,他究竟是有话呢?还是没有话呢?如果以为这并不同于小鸟初出蛋皮的声音,究竟是有区别呢?还是没有区别呢?

"道",被什么所障蔽就有了真假呢?语言,被什么所障蔽就有了是非呢?"道",流行到什么境界才没有它的存在了呢?语言,存在到什么境界才不适宜了呢?——"道"是被一知半解所障蔽的,语言是被华而不实所障蔽的。

所以,这才有了儒家、墨家不同的是非,他们都以对方所非者为是,以对方所是者为非。

与其把对方所非者为是,把对方所是者为非,还不如用〔事物〕本来的面目来显示它。

世间的一切事物,没有哪一件不是彼,也没有哪一件不是此。如果站在外界的角度上来看,就什么都看不出来;如果站在知道的角度来看,就什么都知道。所以说:彼即发生于此,此也依从于彼。

彼和此,乃是正在生成中的一种说法。虽然如此,正在生成,同时也是正在死亡;正在死亡,同时也是正在生成。正在适可,同时也是正在不适可;正在不适可,同时也是正在适可。依从着是,同时也是依从着非;依从着非,同时也是依从着是。所以圣人不遵从〔是非的道路〕,而是用天道来照明事理,也就是因为这个缘故。

此也是彼,彼也是此;彼也是一种是非,此也是一种是非;究竟是有彼此的区别呢?究竟是没有彼此的区别呢?

彼此双方都找不到它的对立面,这就是“道”的枢纽。这个枢纽首先得到了“道”的圆环中心,来应付世间一切没有穷尽的事理。是也是一种没有穷尽的,非也是一种没有穷尽的。所以说:还不如用〔事物〕本来的面目来显示它。

以指喻指之非指,不若以非指喻指之非指也;以马喻马之非马,不若以非马喻马之非马也。——天地,一指也;万物,一马也。

可乎可,不可乎不可。道①,行之而成;物,谓之而然。恶乎然?然于然;恶乎不然?不然于不然。物固有所然,物固有所可;无物不然,无物不可。

故为是举:莛与楹②,厉与西施③,恢、恑、憰、怪④,道通为一。

其分也,成也;其成也,毁也。凡物无成与毁,复通为一。唯达者知通为一。为是不用,而寓诸庸⑤。——庸也者,用也;用也者,通也;通也者,得也。适得,而幾⑥矣。

因是已已,而不知其然,谓之道⑦。

劳神明⑧为一,而不知其同也,谓之“朝三”。

何谓“朝三”?

狙公⑨赋芧⑩曰:“朝三而暮四。”众狙皆怒。曰:“然则朝四而暮三⑪。”众狙皆悦。——名实未亏,而喜怒为用,亦因是也。

是以圣人和之以是非,而休乎天钧⑫。是之谓两行⑬。

【注释】

①道,路也。　②楹,屋柱也。“莛”与“筳”通。是古言莛者,谓其小也。莛、楹,以大小言;厉、西施,以好丑言。　③厉,病丑人也。　④恢者,宽大之名;恑者,奇变之称;憰者,矫诈之心;怪者,妖异之物。　⑤不用,不用己是也。⑥幾,尽也。　⑦言依从天地间既已如此之规律,而不知其如此之由,乃谓之道也。　⑧神明,犹精神也。　⑨狙,猕猴。　⑩芧,橡子也。芧,借为“柔”。赋,付与也。　⑪朝三暮四,朝三升,暮四升也。　⑫天钧,谓天之钧陶,以喻循环运转之天道也。　⑬两行,即上文“因是因非,因非因是”,不分是非,两无不可也。

【译文】

用手指头来比喻手指头不是手指头,就不如用不是手指头的东西来比喻手指头不是手指头;用马来比喻马不是马,就不如用不是马的东西来比喻马不是马。——天地〔虽然广大无边,〕实际上就如同一个手指头一样;万物〔虽然纷杂不同,〕实际上就如同一匹马一样。

适可就是由于适可,不适可就是由于不适可。道路,是由于走它而形成的;万物,是由于称呼它而如此的。为什么如此?如此就是由于如此;为什么不如此?不如此就是由于不如此。事物原来就有它所以如此的原因,万物原来就有它所以适可的道理;没有一种事物不如此,没有一种事物不适可。

为了这个道理,可以举出下列的事例:草茎和梁柱,丑人和西施,以及宽大、诡变、狡诈、妖异这些概念,站在"道"的角度来看,是可以贯通一体的。

事物的分散,也就是它们的成全;事物的成全,也就是它们的毁灭。所有事物的成全和毁灭,还是可以贯通一体的。只有通达事理的人才懂得这个贯通一体的道理。圣人不在事理之中追求自己所认为是的,而是把一切是非寄托在寻常事理之中。——寻常,就是适用;适用,就是贯通;贯通,就是获得。达到获得,天地间的事物就算穷尽了。

依从着天地间既然如此的现象,可是并不知道它为什么如此,这就叫作"道"。

如果劳役自己的精神,来求得事理的一贯,可是并不懂得其中相同的道理,这就叫作"朝三"。

什么叫作"朝三"呢?

养猴子的人在给猴子们橡子吃的时候,对它们说:"早晨给你们三升,晚上给你们四升。"所有的猴子都恼怒了。养猴子的人就换了一种说法:"那么,就早晨给你们四升,晚上给你们三升。"所有的猴子们都喜欢了。——名义和实际两方面都没有亏损,可是就有了喜欢和恼怒的不同,也是因为这个(不懂得其中相同的)道理。

所以,圣人对于天下的事理,是用是非和同它们,〔而不是区别它们,〕把它们都安放在"天均"(循环的天道)之上。这就叫作并行不悖(因是因非,因非因是)。

古之人,其知有所至①矣。

恶乎至?

有以为未始②有物者。至矣,尽矣,不可以加矣。其次以为有物矣,未始有封③也。其次以为有封矣,而未始有是非也。

是非之彰也,道之所以亏也;道之所以亏,爱④之所以成。果且有成与亏乎哉？果且无成与亏乎哉？有成与亏，故昭文[5]之鼓琴也；无成与亏，故昭文之不鼓琴也。

昭文之鼓琴也，师旷之枝策[6]也，惠子之据梧[7]也，三子之知，幾[8]乎！皆其盛者也，故载之末年[9]。

唯其好之也，以异于彼；其好之也，欲以明之彼。非所明而明之，故以"坚白"之昧终；而其子又以文之纶终，终身无成[10]。

若是，而可谓成乎，虽我亦成也；若是，而不可谓成乎，物与我无成也。

是故滑疑[11]之耀，圣人之所图[12]也。——为是不用，而寓诸庸，此之谓以明。

【注释】

①至，造极之名也。　②未始，犹未曾。　③封，界域也。未始有封，尚无彼此之界。　④爱，隐也，障翳也。爱，借为"薆"。　⑤昭文，古善琴者。⑥枝，柱也。策，应为"筝"，形近而误。　⑦据梧，当作"据语"，涉《德充符》篇"据槁梧而瞑"而误。据语者，持论也，引论也，谓掌握理论或发抒理论也。⑧幾，尽也。　⑨载，事也；末，终也；言从事于此，以至尽年也。　⑩纶，绪也。　⑪滑，乱也。　⑫图，为"鄙"之误字。

【译文】

古代的人，他们的认识是有相当的造诣的。

他们的造诣到了什么样的程度呢？

有的，以为天地间是并没有什么万物的。这样的认识，可说是最高明的了，达到极点了，不可能再超过他了。其次的，以为天地间是有万物的，但是它们并没有什么彼此的界限。再其次的，以为万物是有彼此的界限的，但是它们并没有什么是非的区别。

是非的表彰，便是"道"的所以亏损的由来；"道"的所以亏损，便是一切障蔽的所以成就的由来。究竟是有成就和亏损呢？还是没有成就和亏损呢？有成就和亏损，这就如同昭文的弹琴(表彰声音，反而丢掉了声音)一样；没有成就和亏损，这就如同昭文的不弹琴(不表彰声音，反而保全了声音)一样。

昭文的弹琴，师旷的调节音律，惠施的发抒辩论，这三个人的智慧，都可以说是了不起的了！这都是他们伟大的造诣，所以他们对自己的事业直搞了一生。

因为他(惠施)有所爱好，便对别人标奇立异；他总想把自己所爱好的，向别人表露。不应当表露而表露，所以他就终于死守在"坚白"的暗昧之论上；并且他的儿子也死守在他所遗留下的文字上，一辈子也没有什么成就。

像这样，如果也叫作是有成就的话，那么我也得算是有成就的；像这样，如果不叫作有成就的话，那么万物和我就都没有什么成就。

因此，惑乱人心的炫耀之论，便是圣人所鄙弃的。——不在事理之中追求自己所认为是的，而是把一切是非都寄托在寻常事理之中，这就叫作运用〔天道的〕光明。

今且有言于此，不知其与是类乎？其与是不类乎？类与不类，相与为类，则与彼无以异矣。

虽然，请尝①言之。

有始也者，有未始有始也者，有未始有夫未始有始也者。

有"有"也者，有"无"也者，有未始有"无"也者，有未始有夫未始有"无"也者。

俄而有"无"矣，而未知有"无"之果孰"有"孰"无"也。

今我则已有谓②矣，而未知吾所谓之其果有谓乎？其果无谓乎？

天下莫大于秋毫之末③，而大山为小；莫寿于殇子④，而彭祖为夭。

天地与我并生，而万物与我为一。

既已为一矣，且得有言乎？既已谓之一矣，且得无言乎？

一与言为二，二与一为三；自此以往，巧历不能得，而况其凡乎？

自"无"适"有"，以至于三；而况自"有"适"有"乎？

无适焉，因是⑤已。

【注释】

①尝，试也。　②谓，言也。　③秋时兽生豪毛，其末甚微，故谓秋毫之末也。　④殇子，短命者也。　⑤是，此也。指自然而言。

【译文】

现在如果有一种说法在这里，也不知道它是和〔我〕这里的说法是一类呢？还是和〔我〕这里的说法不是一类呢？是一类和不是一类，互相把它们看作一类，这就和它没有什么区别了。

虽然如此，我也想尝试谈一谈。

〔在天地之间，〕有元始的，有不曾有元始的，有连不曾有元始都没有的。

有“有”的,有“无”的,有不曾有“无”的,有连不曾有“无”都没有的。

一旦间在不曾有“无”的当中有了“无”了,可是也不知道有了“无”究竟哪个是“有”、哪个是“无”。

现在,我已经有话说了,但是也不知道我所说的,究竟是有话说呢?还是没有话说呢?

天下的事物,没有比秋毫再大的了,而泰山应该算是小的;没有比夭折再长寿的了,而彭祖应该算是短命的。

天地和我同时生存,而万物和我共为一体。

既然共为一体了,那还能有话可说吗?既然把它叫作“一”了,那还算没有话可说吗?

这个“一”和说出来的那个“一”相提并论,就成为“二”,“二”和“一”相提并论,就又成为“三”;从此发展下去,即使是精巧的术数家也得不到终结,何况是一般的人呢?

从“无”向“有”发展,因而就达到“三”;何况是从“有”向“有”发展呢?

如果不向前发展,也就依从自然而已。

夫道,未始有封;言,未始有常。为是而有畛①也。

请言其畛。

有左,有右②,有论,有议,有分,有辩,有竞,有争③,此之谓八德。

六合④之外,圣人存而不论;六合之内,圣人论而不议;春秋经世先王之志⑤,圣人议而不辩。

故分也者,有不分也;辩也者,有不辩也。

曰:何也?

圣人怀之,众人辩之,以相示也。故曰:辩也者,有不见也。

夫大“道”不称,大辩不言,大仁不仁,大廉不嗛⑥,大勇不忮⑦。

道,昭而不道;言,辩而不及;仁,常而不周⑧;廉,清而不信;勇,忮而不成;五者园而幾向方矣。

故知止其所不知,至矣。

孰知不言之辩,不道之道?若有能知,此之谓天府⑨:注焉而不满,酌焉而不竭,而不知其所由来。——此之谓葆光⑩。

【注释】

①畛,界畔也。 ②相背曰左,相助曰右。 ③并逐曰竞,对辩曰争。

④六合，谓天地四方也。 ⑤春秋，时代也。志，记也。 ⑥嗛，徐音“谦”。⑦忮，健也。 ⑧周，本作“成”。 ⑨天府，自然之府藏。 ⑩葆，韬藏也。光芒蕴蓄不露。葆，借为“包”。

【译文】

“道”，并没有什么范围；语言，并没有什么固定。因为这个（语言）没有固定，所以“道”就有了区别。

请让我谈谈它的区别。

有的反对，有的赞同，有的谈说，有的指责，有的分析，有的辩论，有的强辞，有的力争，这就叫作谈论“道”的八种表象。

宇宙以外的事物，圣人听任它，而不谈说它；宇宙以内的事物，圣人谈说它，而不指责它。经历了许多世代的那些先王的史迹，圣人议论它，而不辩驳它。

所以，所谓分析，有的就分析不到；所谓辩论，有的就辩论不到。

有的就问，这是什么意思呢？

〔关于是非问题，〕圣人藏在心里，一般人则提出辩论，藉以互相表示意见。所以说：辩论，就是由于有见不到的地方。

大“道”，用不着称扬；大辩论，用不着说话；大仁慈，显不出仁慈；大廉洁，显不出谦让；大勇敢，显不出倔强。

“道”，炫耀了，就不足称扬；说话，辩论起来，就有达不到的地方；仁慈，经常了，就不容易普遍；廉洁，清白了，就不容易取信于人；勇敢，倔强了，就不容易成事；这五项完全做到，差不多就接近道术了。

所以，懂得终止在自己所不知道的境界，可以说是最高明的了。

谁懂得不用言辞的辩论、不足称扬的“道”呢？如果有人懂得这些道理，那就叫作天然的府库：向它里面注入，永远注不满；从它里面向外倾倒，永远倒不干，也不知道它是从哪里来的。——这就是蕴藏光明。

故昔[①]者，尧问于舜曰：“我欲伐宗、脍、胥敖[②]，南面[③]而不释然[④]。其故何也？”

舜曰：“夫三子者[⑤]，犹存蓬艾之间[⑥]。若[⑦]不释然，何哉？昔者，十日并出，万物皆照。而况德之进乎日者乎[⑧]？”

【注释】

①故昔，犹言古昔。 ②宗、脍、胥敖，三国名。 ③南面，君位也。④释然，怡悦貌也。释，通“怿”。 ⑤三子，即三国之君也。 ⑥蓬艾，贱草，斥鴳足以逍遥。 ⑦若，汝也。 ⑧进，过也。

【译文】

在古代,帝尧问大舜说:"我打算讨伐宗、脍、胥敖三国,在临朝的时候,我心里总觉得不大愉快。这是什么缘故呢?"

大舜说:"那三位国君,还存在于草莽之中。你总感到不愉快,这是为什么呢?在古代,十个太阳同时出来,万物都被它的光辉照耀着。何况那德业超过太阳的人呢?"

齧缺[1]问乎王倪曰:"子知物之所同是乎?"

曰:"吾恶乎知之?"

曰:"子知子之所不知邪?"

曰:"吾恶乎知之?"

"然则物无知邪?"

曰:"吾恶乎知之?——虽然,尝试论之。庸讵[2]知吾所谓知之非不知邪?庸讵知吾所谓不知之非知邪?且吾尝试问乎汝:民湿寝,则腰疾偏死[3];鳝[4]然乎哉?木处,则惴慄恂惧[5],猨猴然乎哉?三者孰知正处?民食刍豢[6],麋鹿食荐[7],蝍且[8]甘带[9],鸱[10]鸦耆[11]鼠,四者孰知正味?猨,猵狙[12]以为雌;麋与鹿交;鳝与鱼游;毛嫱[13]、西施[14],人之所美也,鱼见之深入,鸟见之高飞,麋鹿见之决骤[15];四者孰知天下之正色哉?自我视之,仁义之端,是非之涂,樊然淆乱[16]。吾恶能知其辩?"

齧缺曰:"子不知利害,则至人固不知利害乎?"

王倪曰:"至人,神矣!大泽焚,而不能热;河汉沍[17],而不能寒;疾雷破山,飘风振海[18],而不能惊。若然者,乘云气,骑日月,而游乎四海之外;死生无变于己,而况利害之端乎?"

【注释】

①齧缺,许由之师。 ②讵,何也。"庸"与"讵"同意,故亦称"庸讵"。 ③偏死,偏枯死也。 ④鳝,泥鳝。 ⑤惴、慄、恂、惧,是恐迫之别名。 ⑥牛羊曰刍,犬豕曰豢。 ⑦荐,美草也。 ⑧且,字或作"蛆"。 ⑨带,小蛇也。 ⑩鸱,鸢。 ⑪耆,或作"嗜"。 ⑫猵狙,似猿而狗头,喜与雌猿交也。 ⑬毛嫱,古美人。 ⑭西施,各本作"丽姬"。 ⑮决,当作"趹"。《说文》:"趹,马行也。" ⑯樊然,纷然也。 ⑰沍,冻也。 ⑱"风"上本无"飘"字。

【译文】

齧缺问他的老师王倪说:"您知道事物共同为是的所在吗?"

王倪说:"我怎么能够知道呢?"

齧缺又问:"您知道您所以不知道的原因吗?"

王倪又说:"我怎么能够知道呢?"

齧缺又问:"那么万物没有知觉吗?"

王倪又说:"我怎么能够知道呢?——虽然如此,我还是尝试着谈一谈吧:我怎么能够知道我所谓知道的不是不知道呢?我怎么能够知道我所不知道的不是知道呢?我且问你:人在潮湿的地方睡眠,就会患腰疼病或半身不遂;泥鳝是这样的吗?人在树上居住,就感到恐惧不安;猴子是这样的吗?这三种物类,哪一种懂得真正的住处呢?人吃肉食,獐子和鹿吃野草,蜈蚣食蛇,鸱鹰、乌鸦吃老鼠;这四种物类,哪一种懂得真正的味道呢?今猵狙和母猿猴相交配;獐子和鹿相交配;泥鳝和鱼在一起游水;毛嫱、西施,人们认为她们最美丽,可是鱼看见她们就向水底沉没,鸟儿看见她们就向高处飞去,獐子和鹿看见她们就很快地跑开:这四种物类,哪一种懂得真正的容色呢?在我看来,仁义的事端,是非的道路,真是纷纷扰扰,淆乱不清。我怎么能够知道它们的区别呢?"

齧缺又问:"您不懂得什么叫作利害,难道至人本来就不知道什么叫作利害吗?"

王倪说:"那至人,可神通极了!草泽中起了大火,他也感不到热;长江大河中冻了冰,他也感不到冷;劈雷击破了高山,暴风震荡了大海,他也感不到惊恐。像这样的人,驾起云雾,骑着日月,而周行在四海之外;死亡和生存,对他是无动于衷;何况是世间那些利害的事端呢?"

瞿鹊子问于长梧子[①]曰:"吾闻诸夫子[②]:'圣人不从事于务,不就利,不违害,不喜求,不缘道[③],无谓有谓,有谓无谓[④],而游乎尘埃之外。'——夫子以为孟浪之言[⑤],而我独以为妙道之行[⑥]也。吾子以为奚若?"

长梧子曰:"是黄帝之所听荧[⑦]也,而丘也何足以知之?且汝亦大早计[⑧]:见卵而求时夜[⑨],见弹而求鸮炙[⑩]。

"予尝为汝妄言之,汝以妄听之。奚?

"旁日月,挟宇宙[⑪],为其脗合[⑫],置其滑涽[⑬],以隶相尊[⑭]。众人役役,圣人愚芚[⑮];参万岁而一成纯[⑯]。万物尽然,而以是相蕴[⑰]。

"予恶乎知说生之非惑邪?予恶乎知恶死之非弱丧而不知归者[18]邪?

"丽之姬,艾封人之子也[19]。晋国始得之也,涕泣沾襟;及其至于王所,与王同筐床[20],食刍豢,而后悔其泣也。

"予恶乎知夫死者不悔其始之蕲生乎?

"梦饮酒者,旦而哭泣;梦哭泣者,旦而田猎。

"方其梦也,不知其梦也,梦之中又占梦焉,觉而后知其梦也。

"且有大觉,而后知此其大梦也。而愚者自以为觉,窃窃然[21]知之。君乎?牧乎?固哉[22]!

"丘也与汝,皆梦也;予谓汝梦,亦梦也。是其言也,其名为吊诡[23]。万世之后,而一遇大圣;知其解者,是旦暮遇之也。

"既使我与若辩矣:若胜我,我不若胜;若果是也,我果非也邪?我胜若,若不吾胜;我果是也,而[24]果非也邪?其或是也、其或非也邪?其俱是也、其俱非也邪?我与若不能相知也。则人固受其黮暗[25]。吾谁使正之?

"使同乎若者正之;既与若同矣,恶能正之?使同乎我者正之;既同乎我矣,恶能正之?使异乎我与若者正之;既异乎我与若矣,恶能正之?使同乎我与若者正之;既同乎我与若矣,恶能正之?然则,我与若与人,俱不能相知也,而待彼也哉?

"化声之相待,若其不相待[26]。和之以天倪[27],因之以曼衍[28],所以穷年也[29]。"

"何谓'和之以天倪'?"

曰:"是,不是;然,不然。是若果是也,则是之异乎不是也,亦无辩;然若果然也,则然之异乎不然也,亦无辩。忘年,忘义[30],振于无竞[31],故寓诸无竟。"

【注释】

①长梧子,居长梧,因以为名。 ②夫子,孔丘也。 ③缘,攀缘。 ④无谓有谓,未尝不言也;有谓无谓,未尝有言也。 ⑤孟浪,不著实也。 ⑥妙道之行,即见道之言也,与"孟浪之言"相对。 ⑦听荧,疑惑也。 ⑧大,音"太"。方闻言,遽以为妙道之行。 ⑨时夜,司夜,谓鸡也。 ⑩鸮,小鸠,

可炙。⑪旁,依也。⑫脗合,若两唇之相合也。⑬滑,乱也。涽,暗也。置其滑涽,不求辩论之明。⑭隶,贱称。以隶相尊,一于贵贱也。⑮役役,驰骛于是非之境也。愚芚,芚然无知而直往之貌。⑯成纯,犹言大一也,天地元始之谓也。⑰蕴,蕴藉也。亦作"温藉","酝藉"。⑱少年失其故居,故曰弱丧。夫弱丧者,遂安于所在,而不知归于故乡也。⑲昔秦穆公与晋献公伐丽戎之国,得美女一,玉环二。秦取玉环,而晋取女。即丽戎艾地守封疆人之女也。丽,亦作"骊"。⑳筐,方也;一云:筐床,正床也。㉑窃窃,犹察察也。㉒君,贵;牧,贱。分贵分贱,何其滞也?㉓吊,音"的",至也。诡,异也。㉔若,而,皆汝也。㉕黮暗,不明貌。㉖化声,谓语言也。㉗天倪,天研。"天均"本篇前文作"天钧"。天研者,天磨也,喻循环运转之天道也,与"天均"或"天钧"相类。"和之以天倪",亦即前文"和之以是非,而休乎天钧"之义也。㉘曼衍,犹推衍也。㉙穷年,尽吾言而后已。㉚义者,裁于是非也。㉛竟,穷也。

【译文】

瞿鹊子请问长梧子说:"我听到我的老师(孔子)说过:[有人说]'圣人不处理事务,不趋就利益,不回避危害,不喜欢追求,不攀缘大道;不说话也就是说话,说话也就是不说话;他是游行在尘世之外。'——我的老师以为这是虚诞之言,可是我却以为这是见道之言。您以为怎么样呢?"

长梧子说:"这种言论,就是黄帝听了,也会感到迷惑的,像孔丘他怎么能够懂得呢?并且,你的结论也下得太早一点儿了:这就等于看见鸡蛋就想得到鸡,看见弹弓就想得到烤斑鸠。

"我尝试着对你随便谈一谈,你就暂且随便听一听。怎么样?

"与日月并依存,和宇宙为一体;施行同人吻合的事务,放弃混乱不明的是非;对尊贵和卑贱一视同仁。一般人都是诡计多端,圣人却像是蒙昧无知。他和万年共往来,和太一相和同。万物总是如此,而圣人就这样地和它们互相含容。

"我怎么知道喜欢生存不是一种迷惑呢?我怎么知道憎恶死亡不和自幼流亡而不知道归还故乡的人一样呢?

"丽姬本来是艾邑国境看守人的女儿;晋国当初得到她的时候,她啼哭得泪流满襟;等到把她献到国王那里去,她和国王一同卧着方床,吃着山珍海味的时候,她这才懊悔自己当初不应当啼哭。

"我怎么知道那死去的人不懊悔他自己当初的企求生存呢?

"作梦喝酒的人,早晨起来却啼哭起来;作梦啼哭的人,早晨起来却出去行围打猎。

“当他在作梦的时候,并不知道自己是在作梦,在梦里他又用自己的梦去占卜吉凶,觉醒之后,这才知道方才自己是在作梦。

“人必须是有了大的觉悟,然后才知道自己的一生就是一场大梦。可是,愚蠢的人自以为自己是在清醒着,并且认为自己什么都是知道得清清楚楚:谁谁是君王啊,谁谁是马夫啊。简直是顽固不化!

“孔丘和你,都是在作梦;我说你在作梦,其实我也是在作梦。可见他说的那些话,就叫作标奇立异。千年万载之后,才能够遇见一个大圣人,〔能够懂得他所说的那些话;〕如果现在就有人懂得,那便是在一半天内就遇见圣人了。

“既然使我和您争辩起来了:如果你胜过我,我胜不过你;你就果然是对的、我就果然是不对的吗?如果我胜过你,你胜不过我;我就果然是对的、你就果然是不对的吗?还是有的对、有的不对呢?还是都对、都不对呢?我和你都是不能够互相知道的。即便是别人也必然感到糊里糊涂。我又让谁来纠正呢?

“让和你的见解相同的人来纠正;既然他和你的见解相同了,他怎么能够纠正呢?让和我的见解相同的人来纠正;既然他和我的见解相同了,他怎么能够纠正呢?让和我和你的见解都不相同的人来纠正;既然他和我和你的见解都不相同了,他怎么能够纠正呢?让和我和你的见解都相同的人来纠正;既然他和我和你的见解都相同了,他怎么能够纠正呢?那么,我和你和别人,都不能够互相知道,难道还得凭藉其他的人来解决吗?

“如果凭借着随物变化的声音(语言)〔来分辨是非〕,就和不凭借它一样。只有用‘天倪’(循环的天道)来和同是非,凭借它来推衍事理,这才可以安安稳稳地度过自己的一生。”

瞿鹊子问:“什么叫作用‘天倪’来和同是非呢?”

长梧子说:“是,同时也是不是;如此,同时也是不如此。是,果然是的,即便它和不是的不相同,也不需要分辨。如此,果然是如此的,即便它和不如此的不相同,也不需要分辨。忘掉岁月,忘掉正义,超拔于广漠无穷的境界,就可以寄托于广漠无穷的境界。”

罔两问景①曰:“曩②子行,今子止;曩子坐,今子立。何其无特操与?”

景曰:“吾有待而然者邪?吾所待又有待而然者邪③?吾待蛇蚹④、蜩翼邪?恶识所以然?恶识所以不然?”

【注释】

①罔两,景之景也。景,作“影”。 ②曩,昔也。 ③影之所待,形也;形

待造物,造物复何待乎? ④蛇蚹,谓蛇腹下龃龉可以行者也。

【译文】

阴影的阴影问阴影说:“从前您走着,现在您站着;从前您坐着,现在您立着。怎么您连点儿独特的把握都没有呢?”

阴影说:“我是有所凭借而这样的吗?我所凭借的又是有所凭借而这样的吗?我要凭借着蛇肚皮下的横鳞〔只会爬〕、蝉儿的翅膀〔只会飞〕吗?我又怎么知道所以是这样,怎么知道所以不是这样呢?”

昔者,庄周梦为胡蝶,栩栩然[①]胡蝶也;自喻[②]适志与[③],不知周也。俄然觉,则蘧蘧然[④]周也。不知周之梦为胡蝶与?胡蝶之梦为周与?周与胡蝶,则必有分矣。——此之谓物化。

【注释】

①栩栩,喜貌。栩,当借为“忎”。《说文》:“忎,喜也。” ②喻,快也。③与,哉。 ④蘧蘧,有形貌。

【译文】

前几天,庄周作梦变成了一只蝴蝶,欢欣鼓舞地是一只蝴蝶;自己快乐得称心如意的,不知道自己是庄周了。一忽儿,醒过来,就又形迹开朗地是庄周了。也不知道是庄周作梦变成蝴蝶了呢?还是蝴蝶作梦变成庄周了呢?庄周和蝴蝶,必然是有所区别的。——这就叫作事物的幻化。

三、养 生 主[①]（六章）

吾生也有涯，而知也无涯；以有涯而随无涯，殆[②]已。已而为知者，殆而已矣。

为善，无近名；为恶，无近刑。缘督以为经[③]，可以保身，可以全生，可以养亲，可以尽年。

【注释】

①养生以此为主也。主，犹本也。　②殆，疲困之谓。　③缘，顺也。经，常也。

【译文】

我的生命是有限的，而天地间的知识是无限的；用有限的生命去追求无限的知识，是会遭到疲困的。那追求知识的人，只有取得疲困。

作好事，并不一定取得现时的名誉；作坏事，并不一定遭到现时的惩罚。把遵循自然之理作为常法，就可以捍卫身体，可以保全生命，可以奉养父母，可以享尽天年。

庖丁[①]为文惠君[②]解牛[③]，手之所触，肩之所倚，足之所履，膝之所踦[④]，砉然[⑤]向[⑥]；奏[⑦]刀，騞然莫不中音[⑧]：合于《桑林》[⑨]之舞，乃中《狸首》[⑩]之会[⑪]。

文惠君曰："嘻[⑫]！善哉！技盖[⑬]至此乎？"

庖丁释刀，对曰："臣之所好者，道也，进乎技矣[⑭]。始，臣之解牛之时，所见无非牛者；三年之后，未尝见全牛[⑮]也。方今之时，臣以神遇，而不以目视[⑯]；官知止而神欲行；依乎天理[⑰]，批大郤[⑱]，道大窾[⑲]，因其固然；技经肯綮之未尝[⑳]，而况大軱[㉑]乎？良庖，岁更刀，割也；族庖[㉒]，月更刀，折[㉓]也。今臣之刀十九年矣，所解数千牛矣，而刀刃若新发于硎[24]。彼节者有间,而刀刃者无厚;以无厚入有间,恢恢乎[25]其于游刃[26],必有馀地矣。是以十九年而刀刃若新发于硎。虽然,每至于族[27],吾见其难为,怵然为戒:视为止,行为迟,动刀甚微,謋然[28]已解,如土委地。提刀而立,为之四顾,为之踌躇满志,善刀[29]而藏之。”

文惠君曰:“善哉!吾闻庖丁之言,得养生焉。”

【注释】

①庖丁,庖人;丁,其名也。 ②文惠君,梁惠王也。 ③解,宰割之也。 ④踦,刺也。 ⑤砉然,皮骨相离声。 ⑥“向”下本有“然”字。本或无“然”字。“砉然向”,与下文“騞然莫不中音”相对,不应有“然”字。“然”字涉上下文“然”字而衍,今据删。 ⑦奏,进奏。 ⑧騞,音近“获”,声大于砉也。砉、騞,实一字。 ⑨桑林,汤乐名。 ⑩狸,本作“经”。 ⑪会,节也。 ⑫嘻,叹声也。 ⑬盖,借为“曷”。 ⑭进,过也。 ⑮所见无非牛,未见其理、间(腠理、间郤);未尝见全牛,但见其理、间也。 ⑯暗与理会。 ⑰天理,天然之腠理。 ⑱郤,间也。大郤,间郤交际之处。郤,通“隙”。 ⑲窾,空也。大窾,骨节空处。道,音“导”。 ⑳綮,犹结处也。肯,着骨肉也。肯綮,肉着骨处也。言我技精妙,肉骨连着处,吾刀未尝一经也。 ㉑軱,盘结骨。軱,軱戾,大骨也。軱,即“柧”之或体。 ㉒族,众也。 ㉓折,谓折骨。《左传·哀公元年》曰:“无折骨。” ㉔硎,磨石也。 ㉕恢恢,宽大。 ㉖游刃,即用刃也。 ㉗交错聚结为族。 ㉘謋然,骨肉离之声也。 ㉙郭象:善刀,拭刀。善刀,整好其刀。

【译文】

庖丁为文惠君宰牛,他的手所触到的地方,肩膀所倚到的地方,脚所踩到的地方,膝盖所挤到的地方,皮肉和骨骼哧嚓哧嚓地很快地分离开;运用刀来肢解的时候,卡赤卡赤地没有一处不谐调声律:它既合乎祷歌《桑林》的舞蹈,也合乎射歌《狸首》的节奏。

文惠君说:“哈哈!好啊!你的技术怎么妙到这般地步呢?”

庖丁把刀一丢,回答文惠君说:“奴才所喜好的是宰牛的道理,那是要超过我宰牛的技术的。当初,奴才在学习宰牛的时候,眼睛所见到的,没有一头不是完完整整的牛〔看不见它的腠理和间郤〕;三年之后,就看不到一头完完整整的牛〔只看到它的腠理和间郤〕了。到了现在,奴才是用精神来和牛相接触,而不是用眼睛来观察;官能的知觉休止了,可是精神的嗜欲却在活动;按着肌肉的自然文理,批开骨肉的缝隙,引导到大骨节的空处,都依顺着它本来的结构;我用刀的技术并没有经过骨肉联结的地方,何况是盘盘棱棱的骨头呢?好的庖人,一年更换一次刀割肉；一般的庖人，一个月更换一次刀砍骨头。现在奴才的刀已经用了十九年了，所宰的牛已经有几千头了，可是锋刃还像新在磨刀石上磨出来的一样。那牛的骨节有空隙，可是刀的锋刃没有厚度；把没有厚度的东西放进有空隙的东西里面，这对于使用刀刃，必然是会有余间的地步的。所以我十九年的工夫，刀的锋刃还像新在磨刀石上磨出来的一样。虽然如此，每逢到筋骨交结的地方，我看到事情很难办，自己就越加警惕：眼神也凝定了，行动也迟缓了，用刀非常轻微，可是这些筋骨却哗啦地一下子解脱了，就像土块落地的一样。我就提着刀站起来，不禁向四下张望，感到心满意足，整理整理我的刀，就把它封藏起来了。”

文惠君说：“好啊！我听了庖丁宰牛的这番话，却得到了养生的道理。”

公文轩见右师[①]而惊。曰：“是何人也？恶乎介[②]也？天与？其人与？”

曰：“天也，非人也；天之生是使独[③]也。人之貌，有与也。以是，知其天地，非人也。”

【注释】

①公文轩，姓公文氏，名轩，宋人也。右师，宋人也。　②介，特也，谓一足。③一足曰独。

【译文】

公文轩见到右师，立刻就大吃一惊。他说：“这是个什么人啊！为什么一只脚呢？是天生的呢？还是人为的呢？”

右师说：“我是天生的，不是人为的啊。这是天生就使它一只的。人的形貌，必然有个赐予者。因此，我知道这是天生的，而不是人为的啊。”

泽雉，十步一啄，百步一饮，不蕲畜乎樊中[①]。神虽王[②]，不善也。

【注释】

①樊，藩也，所以笼雉也。言虽饮啄之艰如此，不求樊中之养。　②王，音“旺”，畅旺。

【译文】

池泽边上的野鸡，走十步，才啄一次食；走一百步，才喝一次水；它并不希望被人畜养在樊笼之中。〔在樊笼之中，〕精神虽然饱满，可是并不舒适啊。

老聃死，秦失[①]吊之，三号而出。

弟子曰:"非夫子之友邪?"

曰:"然。"

"然则吊焉若此,可乎?"

曰:"然。始也,吾以为其人也,而今,非也。向,吾入而吊焉,有老者哭之,如哭其子;少者哭之,如哭其母。彼其所以会之,必有不蕲言而言[2],不蕲哭而哭者:是遁天[3]、倍情[4],忘其所受。古者谓之遁天之刑。适来,夫子时也;适去,夫子顺也。安时而处顺,哀乐不能入也。古者谓是帝之县解[5]。"

【注释】

①失,本又作"佚",皆音"逸"。 ②言,悲悼悼词。 ③遁天,失其天然。 ④倍,本又作"背"。 ⑤以生为县,以死为解。帝者,天也。帝之县解,天然之解脱。

【译文】

老聃死了,秦失去哀悼他,哭了三声就出来了。

秦失的学生问他说:"老聃不是老师的朋友吗?"

秦失说:"是的。"

学生又问:"那么,你这样哀悼法儿,对吗?"

秦失说:"对的。起初,我认为他是一般的人;可是现在,我认为他不是一般的人了。方才,我进去吊唁的时候,有年老的哭他,好像是哭他的儿子;有年轻的人哭他,好像是哭他的母亲。他们所亲身体会的,必然有不求着悲伤而悲伤的,有不求着啼哭而啼哭的。这都是违失了自然,背反了本性,忘掉了他们的切身感受。古来对这个叫作违失自然法则。当来的时候,他老先生就应时而来;当去的时候,他老先生就顺理而去。安于应时,处于顺理,悲哀快乐的情感是不能够参与到里面的。古来对这个就叫作天然的解脱。"

指穷于为薪[1];火传也,不知其尽也[2]。

【注释】

①穷,尽也。指,应为"栺"之误字或借字,即"楷"之省文。 ②传,延也。疑此文为《天下》篇之错简。

【译文】

用木柱作烧柴,能够把它烧完;可是火要延续起来,是不知道它的尽头的。

四、人　间　世[①]（八章）

颜回见仲尼[②]，请行。

曰："奚之？"

曰："将之卫。"

曰："奚为焉？"

曰："回闻卫君[③]，其年壮，其行独；轻用其国，而不见其过；轻用民死，死者以国，量乎泽，若蕉[④]；民其无如[⑤]矣。回尝闻之夫子曰：'治国去之，乱国就之。'医门多疾。愿以所闻思其则[⑥]。庶几其国有瘳[⑦]乎？"

仲尼曰："嘻[⑧]！若殆往而刑耳！夫道，不欲杂；杂则多，多则扰，扰则忧，忧而不救。古之至人，先存诸己，而后存诸人[⑨]；所存于己者未定，何暇至于暴人之所行？

"且若亦知夫德之所荡，而知之所为出乎哉？德荡乎名，知出乎争。名也者，相札也；知也者，争之器也；二者凶器，非所以尽行也。且德厚、信矼[⑩]，未达人气；名闻、不争，未达人心；而强以仁义绳墨之言术[⑪]暴人之前者，是以人恶育其美[⑫]也，命之曰菑人[⑬]。菑人者，人必反菑之。若殆为人菑夫！

"且苟为悦贤而恶不肖，恶用而求有以异？若唯[⑭]无詔，王公必将乘人而斗其捷；而目将荧之[⑮]，而色将平之，口将营之；容将形之，心且成之；是以火救火，以水救水，名之曰益多。顺始无穷。若殆不信厚言，必死于暴人之前矣。

"且昔者，桀杀关龙逢，纣杀王子比干[⑯]，是皆修其身以[⑰]伛拊[⑱]

人之民,以下拂[19]其上者也;故其君因其修以挤[20]之;是好名者也。昔者,尧攻丛枝、胥敖,禹攻有扈[21],国为虚厉[22],身为刑戮;其用兵不止,其求实无已;是皆求名实者也。而独不闻之乎?名实者,圣人之所不能胜也。而况若乎?

"虽然,若必有以也。尝以语我来?"

颜回曰:"端而虚,勉而一,则可乎?"

曰:"恶!恶可[23]!夫以阳为充,孔扬[24],采色不定[25],常人之所不违。因案人之所感,以求容与其心[26],名之曰日渐之德[27],不成,而况大德乎?将执而不化,外合而内不訾[28],其庸讵可乎?"

"然则,我内直而外曲,成而上比。——内直者,与天为徒。与天为徒者,知天子之与己皆天之所子,而独以己言蕲乎而人善之,蕲乎而人[29]不善之邪?若然者,人谓之童子:是之谓与天为徒。外曲者,与人之为徒也。擎、跽、曲拳[30],人臣之礼也;人皆为之,吾敢不为邪?为人之所为者,人亦无疵焉:是之谓与人为徒。成而上比者,与古为徒。其言虽教,谪[31]之实也;古之有也,非吾有也;若然者,虽直不为病:是之谓与古为徒。——若是,则可乎?"

仲尼曰:"恶!恶可!大[32]多政法[33]而不谍[34],虽固,亦无罪。虽然,止是耳矣,夫胡可以及化?犹师心者也。"

颜回曰:"吾无以进矣。敢闻其方。"

仲尼曰:"斋,吾将语若。有心[35]而为之,其易邪?易之者,皞天不宜[36]。"

颜回曰:"回之家,贫,唯不饮酒、不茹荤[37]者,数月矣。如此,可以为斋乎?"

曰:"是祭祀之斋,非心斋也。"

回曰:"敢闻心斋。"

仲尼曰:"若一志:无听之以耳,而听之以心;无听之以心,而听之以气。耳止于听[38],心止于符[39];气也者,虚而待物者也。唯道集虚。虚者,心斋也。"

颜回曰:"回之未始得使,实有[40]回也;得使之也,未始有回也。可谓虚乎?"

夫子曰:“尽矣!吾语若:若能入游其樊,而无感其名。入则鸣,不入则止。无门,无毒,一宅[41],而寓于不得已。则几[42]矣。绝迹,易;无行地,难[43]。为人使,易以伪;为天使,难以伪。闻以有翼飞者矣,未闻以无翼飞者也;闻以有知知者矣,未闻以无知知者也。瞻彼阕者[44],虚室生白[45],吉祥止止[46]。夫且不止,是之谓坐驰。夫徇[47]耳目内通,而外于心知,鬼神将来舍,而况人乎?是[48]万物之化也,禹、舜之所纽[49]也,伏羲、几蘧[50]之所行终,而况散[51]焉者乎?”

【注释】

①本篇庄子言处世之道。彼主张虚以待物,静以养神,以无用为用,以不材为材,仅明哲保身之术耳。然则庄子所玄想之“逍遥游”,实不能实现于“人间世”者也。　②假托孔子之徒以立言也。　③卫君,托词以指时王靡乱其民者。④蕉,草芥也。　⑤无如,无所归依。　⑥则,法也。思其则,思救之法。⑦瘳,愈也。　⑧嘻,怪笑声也。　⑨存,察也。　⑩砿,悫实貌。　⑪术暴君之前,犹言述暴君之前也。　⑫育,本作“有”。　⑬菑,害也。　⑭若,汝也。唯,系“虽”误。　⑮其人辩捷,使人眼眩也。荧,惑也。　⑯关龙逢,夏桀之贤臣。王子比干,殷纣之叔父。　⑰“以”下本有“下”字。　⑱伛拊,犹怜爱也。　⑲拂,违也。　⑳挤,陷也。挤,排也。　㉑丛枝、胥敖、有扈,并是国名。　㉒厉,借为“迾”。虚厉,谓丘墟之土围也。　㉓上“恶”,叹辞;下“恶可”,不可也。　㉔言卫君亢阳之性充张于内,而甚扬于外,强御之至也。阳,刚猛也。孔,甚也。　㉕喜怒无常。　㉖案,抑也。容与,犹放纵也。㉗日渐之德,日将渐渍之德。　㉘訾,毁也。　㉙而人,犹言其人、彼人也。㉚跽,长跪也。擎手、跽足,磬折曲躬,俯仰拜伏。擎,执笏;曲拳,鞠躬。　㉛谪,责也。　㉜大,音“太”。　㉝政法,正常之法度也。　㉞谍,借为“讋”。“讋”,亦作“喋”。　㉟“有”下本无“心”字。　㊱暤天,自然也。　㊲茹,食也。　㊳“耳止于听”本作“听止于耳”。　㊴符,合也。心起缘虑,必与境合。　㊵“有”本作“自”。　㊶宅,居处也。处心至一之道。　㊷几,尽也。应物,理尽于斯也。　㊸不行,则易;行而不践地,不可能也。　㊹按:《说文》:“阕,事已闭门也。”《毛诗传》:“阕,息也。”　㊺白者,日光所照也。㊻下“止”字,当作“之”。止、之,篆形相似,易误。　㊼徇,使也。　㊽是,指前心斋等法。　㊾纽,本也。　㊿几蘧,当是“遂人”。“遂”讹为“蘧”,“人”讹为“几”,又误倒其文,因为“几蘧”耳。遂人,即燧人。　(51)散,放也。散人,凡鄙疏散之人。

【译文】

颜回去见孔子,向孔子辞行。

孔子问颜回说:"你打算往哪里去呢?"

颜回说:"我打算到卫国去。"

孔子又问他:"你到那里去作什么呢?"

颜回说:"我听说卫国之君,他年华少壮,行为孤僻,轻于动用国家的权威,可是看不见自己的过错;他轻于教人民为他卖命,为国家而死的人民,填满了池泽,就像横七竖八的乱草一般。人民简直被逼得没有生路了。我尝听到老师说过:'太平的国家,就应该离开它;昏乱的国家,就应该投奔它。'医生门前病人多。我愿意从我所听到的道理中想出一些解救的办法来。可能这个国家还会有救啊!"

孔子说:"唉呀!你往那里去,大概要遭到刑罚的。关于道术,不希求驳杂;驳杂了,就头绪繁多;头绪繁多了,就内心烦乱;内心烦乱了,就顾虑重重;顾虑重重,就不可救药。古代的至人,先要省察自己,然后再去省察别人;所省察自己方面的还没有确定,哪里有工夫去省察凶暴之人的行为呢?

"况且,你也知道人的德行之所以败坏和智慧之所以表露的原因吗?德行是由于声名而败坏的,智慧是由于争竞而表露的。声名,就是互相倾害;智慧,就是争竞的工具。这两种凶器,是不能够用它来穷尽人的行为的。况且,自己德行纯厚,信用坚实,可是并不通达人的气质;自己不争求声名,可是并不通达人的心理;却勉勉强强地利用仁义、准则一类的话,陈述在凶暴之人的面前,这便是利用别人的劣迹,来炫耀自己的美名:这就叫作伤害别人的人,别人必定也反过来伤害自己。你大概要遭到别人的伤害啊!

"况且,假如卫国的国君是一个爱慕贤人而憎恶坏人的人,又何必用你去求他作出与众不同的表现呢?你纵然在他的面前不违抗他,他必然要藉着别人进言的机会,而争取他的胜利;〔在这时候,〕你的眼神将要被他所炫惑,你的气色将要平定下来,你的嘴将要营救自己,你的容貌将要露出顺从的表情,你的内心并且要成全他的说法:这就是用火救火,用水救水,这就叫作多上加多。从开始就顺从人意,将来会发展到不可想像的地步。你如果不听从我的忠告,必定要死在凶暴之人的面前!

"况且,在古代,夏桀杀过关龙逄,殷纣杀过王子比干;他们都是自己修治自己的身心,来抚爱国君的人民,都是以臣下而触犯了君上的人;所以他们的君上就因为他们自己修治自己的身心而排挤他们。他们都是爱好声名的人啊。在古代,帝尧讨伐丛枝和胥敖,大禹讨伐有扈,城郭都变成了废墟,人民都遭到了杀戮;可是他们还不肯休止干戈,还是追求财宝没个完。他们都是追求声名和财宝的人啊。你难道没有听说过吗?声名和财宝,即便圣人也是不能够克服的。何况是你呢?

"虽然如此,你必然是有说词的。你能够对我试谈一谈吗?"

颜回说:"我要抱着严肃而又谦虚、勉励而又纯一的态度,那可以不可以呢?"

孔子说:"咳!那怎么可以呢?〔那卫国的国君,〕内心充满着刚愎之气,而且尽情地向外发作,他的神色没有一定,一般的人是不敢违犯他的。他压制别人对他的规劝,藉着这个来满足他放肆的心志,即便把它叫作一天一天熏陶渐染成的德行,也够不上,何况是大的德行呢?你如果固执己见,而不知道变化,外貌和他相投,而内心却不敢对他提出指责,那怎么可以呢?"

颜回说:"那么,我就内心正直,而外貌曲从,善于上比古人。——内心正直,就是和天交友。和天交友的人,他知道天子和自己都是天所爱护的;何尝是把自己所说的话求着别人赞成或是求着别人不赞成呢?像这样的人,人们都把他叫作天真的儿童。这就叫作和天交友。外貌曲从,就是和人交友。拱手、下跪、鞠躬、磕头,这都是为臣下的礼节;别人都这样作,我敢不这样作吗?作别人所作过的事情,别人是不会责难他的。这就叫作和人交友。善于上比古人,这就叫作和古代交友。当时所陈述的话,纵然都是一些教条,同时也有指责的实际;这是古来就有的,并不是我所独有的;像这样作,纵然是直率一点,也不会发生什么过错。这就叫作和古代交友。——如果这样作,可以不可以呢?"

孔子说:"咳!那怎么可以呢?正常的法度太多,而不絮絮烦烦,纵然固执一些,也不致获得罪名。虽然如此,也仅仅是停留在这里,又怎么能够谈得上可以感化别人呢?这还是把自己的内心作为自己的导师的办法啊!"

颜回说:"我再也不能够前进一步了。我要请问一下对付这三种人的办法。"

孔子说:"你斋戒了以后,我是要告诉给你的。你有了成心去那样作,那事情还容易成功吗?如果以为容易成功,那是不合乎自然法则的。"

颜回说:"我的家境贫寒,已经有几个月没有喝过酒、吃过荤了。这样,可不可以算是斋戒了呢?"

孔子说:"你说的那是关于祭祀的斋戒,而不是内心的斋戒啊。"

颜回说:"我请问什么叫作内心的斋戒。"

孔子说:"你要纯一你的内心:〔对于一切事物,〕不是用耳朵去听,而是用心去听;不是用心去听,而是用气去听。耳朵只限于听取事物,心只限于符合事物;只有气,才是用虚无淡漠来对待事物的主宰。'道'是完全集结在虚无淡漠之中的。虚无淡漠,就是内心的斋戒。"

颜回说:"在我还没有得以使用心的时候,我感到实实在在地有我这个人;在我已经得以使用心的时候,我却感到并没有我这个人了。这个可不可以叫作虚无淡漠呢?"

孔子说："你对于内心斋戒的道理，可以说是完全领悟透了。我告诉你：你如果能够进入而游行在他的范围以内，不要被他的声名所惊动。他如果听得进去，你就说话；他如果听不进去，你就停止。自己既不要固闭，也不要暴躁。居心纯一，如同把自己寄托在不得不如此的境界。这就是把道理说尽了。不走路，很容易，走路不踏地面，却很难。被人指使，容易虚伪；被天指使，难以虚伪。我听说过用翅膀飞的物类，没有听说过用没有翅膀飞的物类；听说过用心智去求得知识，没有听说过不用心智而可以求得知识。看那劳动完了以后关起门来休息的人，在他虚静的内室里面，总像是生出了光明，一切吉祥如意的事情都拥向他的心头。如果在这种时候，心神还不能够静止，这就叫坐着奔驰。如果使外形的耳目和心相通，把内心的智慧排除在形体之外；即便是鬼神也要来到这里停息，何况是人呢？——这种心斋的道术，万物也要随着它变化，这便是大禹、大舜应付万物之所本；就是伏羲、燧人也要终身施行这种道术，何况那不知道约束自己的人呢？"

叶公子高①将使于齐，问于仲尼。曰："王使诸梁也，甚重。齐之待使者，盖将甚敬而不急②。匹夫犹未可动也，而况诸侯乎？吾甚慄之。子常语诸梁也，曰：'凡事，若小若大，寡不道以欢成③。事若不成，则必有人道之患④；事若成，则必有阴阳之患⑤。若成，若不成，而后无患者，唯有德者能之。'吾食也，执粗而不臧⑥，爨无欲清之人⑦，今吾朝受命而夕饮冰，吾其内热与？吾未至乎事之情，而既有阴阳之患矣；事若不成，必有人道之患。是两也，为人臣者不足以任之。子其有以语我来？"

仲尼曰："天下有大戒二⑧：其一，命也；其一，义也。子之爱亲，命也，不可解于心；臣之事君，义也，无适而非君也，无所逃于天地之间。是之谓大戒。是以，夫事亲者，不择地而安之，孝之至也；夫事君者，不择事而安之，忠之盛也。自事其心者，哀乐不易施⑨乎前，知其不可奈何，而安之若命，德之至也。为人臣子者，固有所不得已；行事之情⑩，而忘其身，何暇至于悦生而恶死？夫子其行可矣。

"丘请复以所闻：

"凡交，近，则必相靡⑪以信；远，则必忠之以言。言，必或传之。夫传两喜、两怒之言，天下之难者也。夫两喜，必多溢美之言；两怒，必多溢恶之言⑫。凡溢之类，妄；妄，则其信之也莫⑬；莫，则传言者

殃。故法言[14]曰:‘传其常情,无传其溢言,则几乎全。’

“且以巧斗力者,始乎阳,常卒乎阴[15];大至[16],则多奇巧。以礼饮酒者,始乎治,常卒乎乱[17];大至,则多奇乐。凡事亦然,始乎谅,常卒乎鄙[18];其作始也简,其将毕也必巨。

“夫言,风波也;行者,实丧也[19]。风波,易以动;实丧,易以危。故忿设,无由巧言偏辞[20]。兽死不择音,气息茀然[21],于是并生心厉[22]。克核大至[23],则必有不肖之心应之,不知其然也。苟不知其然也,孰知其所终?故法言曰:‘无迁令,无劝成。’过度,益也[24]。迁令,劝成,殆事。美成,在久;恶成,不及改。可不慎与?

“且夫,乘物以游心,托不得已以养中,至矣。何作为报也?莫若为致命。此其难者!”

【注释】

①叶公子高,楚大夫,为叶县尹,僭称公;姓沈,名诸梁,字子高。 ②不急,不肯急应其求也。 ③言事无大小,少有不言以成欢者耳。 ④夫以成为欢者,不成则怒矣。此楚王之所不成免也。 ⑤人患虽去,然喜怒战于胸中,固已结冰炭于五藏矣。 ⑥臧,善也。 ⑦对火而不思凉,明其所馔俭薄也。清,凉也。 ⑧戒,法也。 ⑨施,移也。 ⑩情,实也。 ⑪靡,“縻”通,维系也。 ⑫溢,过也。 ⑬信之也莫,犹言信之不笃也。 ⑭法言,先圣之格言。 ⑮本共好戏,欲胜情至,潜兴害彼者也。 ⑯大,音“泰”,本亦作“泰”。 ⑰治,尊卑有别,旅酬有次;乱,湛湎淫液也。 ⑱言凡事始用理智,终用粗野也。 ⑲因此风波之言,而行喜怒者,则丧于实理者也。 ⑳由,用也。偏,借为“諞”。 ㉑茀,李音“怫”。茀、怫,皆有积塞之意。 ㉒厉,恶也。㉓克切责核,逼迫太甚。 ㉔益,当读为“溢”。言过其度,则溢矣。即上文“溢美”、“溢恶”之义。

【译文】

叶公子高不久就要奉命出使齐国,他来请教孔子。说:“我们的国王命令我出使齐国,责任非常重大。齐国招待使者,大都是礼貌很周到,不过对于外国的请求,却不大关心。一个老百姓都不可以随便惊动,何况是一国之君呢?我对这项任务感到很可怕。您从前曾经告诉过我:‘一切任务,无论是小是大,很少说是不欢喜它而达到成功的。任务如果不完成,必然要遭到人事的灾患(刑罚);任务如果完成,必然要遭到阴阳的灾患(疾病)。无论是完成还是不完成,后果都不遭到什么灾患,只有有道德的人才能够做到。’我家的饭食,又粗糙,又简单,烧饭的人用不着找清凉的地方〔因为火烟很小〕。现在,我早晨接受了出使的命令,晚上就吃起冰来了。难道我是心里发烧吗?我还没有接触到任务的真实,就已经遭到阴阳的灾患了;如果完不成任务,必然又要遭到人事的灾患。这两种灾患,作臣仆的人是受不住的。您能够告诉给我个办法吗?”

孔子说:“天下有两种大的法条:一种是天性的本然,一种是事理的当然。儿女的喜爱父母,这是天性的本然,在自己内心是没法儿理解的;臣仆的事奉君上,这是事理的当然,走到什么地方都离不开君上,只要是在天地之间,就永远不可能逃脱开。这就是大的法条。所以,那事奉自己的父母的,并不选择环境来安慰对方,这便是最大的孝道;那事奉自己的君上的,不选择事务来安慰对方,这便是最大的忠心。自己事奉自己身心的人,不为当前的悲哀或快乐的事物所移动,知道没有什么办法,就安于如此的任命,这便是最高的德行。作臣仆或儿子的人,本来就有不得已的时候;如实地执行任务,而且要忘掉自己的身躯,哪里还有工夫贪生怕死呢?先生是可以接受这项任务的。

“我还愿意连我从前所听到过的道理告诉您:

“凡是两国互相友好,距离近的,必然要以信用相互维系;距离远的,必然要以辞令相互忠告。这些辞令,必然要由某一个人去传达。那传达双方都喜欢或是双方都烦恼的辞令,是天下最难处理的事务。如果双方都喜欢,必然要有很多过分善美的辞令;如果双方都烦恼,必然要有很多过分恶劣的辞令。凡是过分的事物,都是虚妄的;虚妄,就难以使人相信;难以使人相信,传达辞令的人就要遭殃。所以古来的格言说:‘要传达正常的事实,不要传达过分的辞令,才可以获得保全。’

“并且,凭借技巧一起摔跤的人,起首总是用明招儿,经常是到后来就用暗招儿;到了极点,就用尽更多奇异的技巧。按宾主之礼一起吃酒的人,起首总是有序有节,经常是到后来就失礼酗饮了;到了极点,就放佚狂欢了。一般的事情都是如此,起首总是斗智慧,经常是到后来就耍起粗野来。事情在起首的时候都比较简单,到将要终了的时候,就必然要扩大起来。

“人的言语,就如同风波一样;人的行动,是会失掉真实的。如同风波,就容易掀起荡动;失掉真实,就容易发生危险。如果愤怒一摆出来,就用不着那些花言巧语了。譬如,兽类在将要被逼死的时候,号叫得不成个声音,气息都梗塞住了,因而它就又生出狠心(抓人咬人)。苛求过甚,就必然会有坏心眼儿来对付,也不知道为什么就这样。假如连自己都不知道为什么这样,谁还能够知道它最终会达到个什么程度呢?所以古代的格言说:‘不要变更命令,不要奖劝成功。’超过了限度,就是过分。变更命令,奖劝成功,就要坏事。完美的成功,在于它能长久;坏事作成了,就再也不能够挽回。对事情不谨慎行吗?

"况且,寄情于事物的态势来悠游心志,假托不得已来培养中和之道,这是最好不过的。怎样去作才算是报答君上呢?不如拼着命地为他效力。这是一件最难处理的事情啊!"

颜阖[1]将傅卫灵公太子[2],而问于蘧伯玉[3]。曰:"有人于此,其德天杀:与之为无方,则危吾国;与之为有方[4],则危吾身。其知,适足以知人之过,而不知其所以过。若然者,吾奈之何?"

蘧伯玉曰:"善哉问乎!戒之!慎之!正汝身也哉!形莫若就,心莫若和。虽然,之二者,有患。就不欲入,和不欲出[5]。形就而入,且为颠,为灭,为崩,为蹶[6];心和而出,且为声,为名,为妖,为孽[7]。彼且为婴儿,亦与之为婴儿;彼且为无町畦[8],亦与之为无町畦;彼且为无崖,亦与之为无崖[9]。达之,入于无疵。

"汝不知夫螳螂乎?怒其臂[10]以当车辙,不知其不胜任也,是其才之美者也。戒之!慎之!积伐[11]而美者以犯之,几[12]矣!

"汝不知夫养虎者乎?不敢以生物与之,为其杀之之[13]怒也;不敢以全物与之,为其决[14]之之怒也。时[15]其饥饱,达其怒心。虎之与人异类,而媚养己者,顺也。故其杀者,逆也。

"夫爱马者,以筐盛矢,以蜄盛溺[16]。适有蚊虻仆缘[17],而拊之不时,则缺衔[18],毁首,碎胸。意有所至,而爱有所亡[19]。可不慎邪?"

【注释】

①颜阖,鲁之贤人,隐者。 ②太子,蒯聩也。 ③蘧伯玉,名瑗,卫大夫。 ④方,道也。 ⑤就者,形顺;入者,遂与同。和者,以义济;出者,自显伐也。 ⑥颠,覆也。灭,绝也,崩,坏也,蹶,败也。 ⑦变物为妖。孽,灾也。 ⑧町畦,畔埒也。无畔埒,无威仪也。 ⑨无崖,不顾法也。 ⑩怒,鼓怒。怒,读为"努"。 ⑪伐,夸功也。 ⑫几,危殆。 ⑬至,通"致"。 ⑭决,啮分之。 ⑮时,通"待"。 ⑯溺,借为"尿"。 ⑰言蚊虻附缘于马体也。 ⑱拊,拍也。衔,勒也。 ⑲亡,犹失也。

【译文】

颜阖不久要就任卫灵公太子蒯聩的太傅,他来请教蘧伯玉。说:"假如这里有这么一个人,他的德行是天生的衰薄:和他一同作不正当的事情,就危害了我的国家;和他一同作正当的事情,就危害了我的身躯。他的聪明,能够知道别人的过错,可是不知道自己为什么要犯过错。我对这种人,得怎么办呢?”

蘧伯玉说:“你问得好极了!警惕着!谨慎着!要端正你自己的态度啊!外貌没有比迁就他再好的了,内心没有比与他和而不同再好的了。纵然如此,这两种办法还是有危险的。迁就可不要过分,和而不同可不要显露。外貌迁就他,而且太过分,自己就要遭到颠覆、灭绝,遭到崩溃、失败;内心和顺他,而且显露出来,自己可能获得许多声名,也可能遭到大灾大难。他如果耍孩子脾气,你也就和他一同耍孩子脾气;他如果作没有分寸的事情,你也就和他一同作没有分寸的事情;他如果作没有理性的事情,你也就和他一同作没有理性的事情。明通了这个道理,就能够达到不出毛病的境界。

“你不知道那螳螂吗?它努力举起两只胳膊来挡着车辙,并不知道自己不能够胜任,自己以为自己的才力是很强的。警惕着!谨慎着!经常夸耀自己的优点来冒犯他,那是非常危险的。

“你不知道那养虎的人吗?他不敢拿活的东西给它,因为它一捕杀活物就要引起它的怒气;不敢拿整个儿的东西给它,因为它一撕裂活物就要引起它的怒气。要窥探它的饥饱的时机,要懂得它发怒的心理。老虎本来和人不是同类,但是它知道爱媚饲养它的人,就是因为人顺着它的本性。至于那被老虎伤害的人,就是由于他不顺着它的本性啊。

“那喜爱马的人,用竹筐给它盛粪,用漆器给它盛尿。如果恰好有个蚊虫或虻虫落到马身上,喜爱它的人扑打它扑打得不是时机,这马就惊吓得毁断笼头跑了,把头也撞伤了,把胸口也撞破了。扑打它的用意是善良的,可是喜爱它的实质却失掉了。由此看来,对事物不谨慎行吗?”

匠石[①]之齐,至于曲辕[②],见栎社树[③];其大,蔽数千牛,絜[④]之百围[⑤];其高,临山十仞,而后有枝;其可为舟者,旁十数。观者如市。匠石[⑥]不顾,遂行不辍。

弟子厌观[⑦]之,走及匠石,曰:“吾自执斧斤以随夫子,未尝见材如此其美也。先生不肯观,行不辍,何邪?”

曰:“已矣,勿言之矣!散木也。以为舟,则沈;以为棺椁,则速腐;以为器,则速毁;以为门户,则液樠[⑧];以为柱,则蠹[⑨];是不材之木也,无所可用,故能若是之寿也。”

匠石归,栎社见梦。曰:“汝将恶乎比予哉?若将比予于文木邪?夫柤、梨、橘、柚、果、蓏[⑩]之属,实熟,则剥;剥,则辱,大枝折,小枝泄[11];此以其能苦其生者也,故不能终其天年,而中道夭。自掊击于世俗者也。物莫不若是。且予求无所可用,久矣,幾死。今乃得之,为予大用。使予也而有用,且得有此大也邪?且也,若与予也,皆物也,奈何哉其相物也?而幾死之散人,又恶知散木?"

匠石觉,而诊[12]其梦。

弟子曰:"趣[13]取无用,则为社,何邪?"

曰:"密,若无言[14]!彼亦直寄焉,以为不知己者诟厉[15]也;不为社者,且幾有翦[16]乎!且也,彼其所保与众异;以义誉[17]之,不亦远乎?"

【注释】

①石,匠人名。 ②曲辕,道名。 ③社,土神也;祀封土曰社。 ④絜,匝也。 ⑤径尺为围,盖十丈也。 ⑥石,本作"伯"。 ⑦厌观,饱观也。 ⑧液,读为"殬";樠,读为"漫"。液樠,二字同义,皆朽败之意。 ⑨蠹,木内虫也。 ⑩在树曰果,柤、梨之英:在地曰蓏,瓜、瓠之徒。 ⑪泄,当读为"抴"。 ⑫诊,当读为"畛"。此谓匠觉而告其梦于弟子。 ⑬趣,意趣。 ⑭密,借为"谧"。 ⑮诟,辱也。厉,病也。 ⑯翦,伐也。 ⑰义,常理。誉,有称述、言说之意。

【译文】

木匠石往齐国去,走到曲辕这段路上,看见土神庙坛上长着一棵栎树;它的面积,树荫足够遮蔽住几千头牛,量量它的周身,有一百尺粗;它的高度,靠着山坡十来丈以上才有树枝;这些树枝可以造船的,大约有十几根。参观的人就像赶集的一般。木匠石经过这里,连头都不回,只管向前走去,并不停步。

他徒弟看了很长时间,赶上木匠石,就问:"自从我拿着斧头跟着师傅出来,从来没有见过像这么好的木材。可是师傅你连看都不肯看,走着不肯停步。这是为什么呢?"

木匠石说:"算了吧,不要说它了!那是棵松散的木材啊。用它作船,就会沉没;用它作棺椁,就会早早地腐朽;用它作家具,就会早早地毁损;用它作门窗,就会糟烂;用它作梁柱,就会生蛀虫;这是棵不成材的树木,没有什么用处,所以它才这样长寿啊。"

木匠石到了家的晚上,土神庙坛上的栎树向它来托梦。说:"你将要怎样来比方我呢?你将要用美好的木材比方我吗?那山楂树、梨树、橘子树、柚子树,以及所有的树上结果和蔓上结瓜的植物,果实熟了,就有人来摘;有人来摘,就得受委屈,大枝子被折断了,小枝子被扯歪了。这都是由于它们能够在它们一生之中吃苦，所以不能够得到善终，半路上就都死掉了。这是它们自己招来的世俗的打击啊！事物没有一件不是这样的。并且，我企求着没有用处，时期已经很久了，差不多也要遭到死亡。现在我才得到一种道术，作为我最大的用处。假如我要有用处，还能够长到这么大吗？况且，你和我，都是物类，你为什么只把我作为物类相看呢？你这么一个差不多就要死的松散人，又怎么能够懂得松散木的妙用呢？"

木匠石睡醒之后，就把他作的这个梦告诉给了他的徒弟。

徒弟就问他说："它总想着取得没有用处，那么它替土神助威，又是为了什么呢？"

木匠石说："你要冷静一下，不要再说下去了！它也只是寄托在那里，藉着这个来被那些不知道它的人辱骂它；它如果不替土神助威，那老早就被人砍伐掉了！况且，他保护自己的道术，是与众不同的；如果用正常的见解来谈论它，那就越谈越远了。"

南伯子綦[①]游乎商之丘[②]，见大木焉，有异，结驷千乘[③]，隐，将芘其所藾[④]。子綦曰："此何木也哉？此必有异材夫！"

仰而视其细枝，则拳曲[⑤]而不可为栋梁；俯而见其大根[⑥]，则轴解[⑦]而不可为棺椁；咶其叶，则口烂而为伤；嗅之，使人狂酲[⑧]三日而不已。子綦曰："此果不材之木也，以至于此其大也！嗟夫！神人以此不材！"

【注释】

①南伯，即南郭也。 ②商之丘，今梁国睢阳县。 ③驷马曰乘。 ④芘，荫也。藾，荫也。 ⑤拳，本亦作"卷"，音"权"。 ⑥大根，谓大干。 ⑦轴，当读为"抽"。 ⑧狂酲，狂如酲也。病酒曰酲。

【译文】

南伯子綦到商丘去游览，见到一棵大树，长得很特殊；集结一千辆四匹马的兵车，如果把它们隐蔽在这棵树下面，它的枝叶能够把所有这些车马都笼罩过来。南伯子綦说："这是棵什么树呢？他必然有特殊的用途啊！"

他仰起头看看他的枝杈，却是弯弯曲曲的，不可以作梁柱；低下头看看它的身干，却是破裂肢解的，不可以作棺椁；用舌头舔舔它的叶子，就能够把嘴烧烂；用鼻子闻闻它，就能够使人狂醉三天都清醒不过来。南伯子綦说："这真是棵不成材的树木，因而它才长到这样大啊！哈哈！神人就这样以此不材而成其异材啊！"

宋有荆氏[①]者，宜楸、柏、桑，其拱把[②]而上者，求狙猴之杙[③]者斩之;三围、四围,求高名之丽者[4]斩之;七围、八围,贵人、富商之家求椫傍者斩之;故未终其天年,而中道已夭于斧斤。此材之患也。

故解之以牛之白颡者、与豚之亢鼻者、与人有痔病者,不可以适河[5]。此皆巫祝以[6]知之矣,所以为不祥也。——此乃神人之所以为大祥也。

【注释】

①荆氏,地名。 ②两手曰拱,一手曰把。 ③杙,橜也,亦杆也。 ④丽,屋欐(栋)也。名,大也。谓求高大之丽者用三围四围之木也。 ⑤颡,额也。亢,仰也。额折,故鼻高。适河,谓沈人于河祭也。 ⑥以,读为"已"。

【译文】

宋国有荆氏这么个地方,适合栽种楸树、柏树、桑树;这些树木,两手粗或一手粗以上的,就被寻求耍猴儿用的木杆儿的人砍了去;三、四尺粗的,就被寻求高大梁柱的人砍了去;七、八尺粗的,就被贵官、富商之家寻求独料棺材的人砍了去;所以它们都没有得到善终,在中年就伤损在斧头之下。这就是成材的灾祸啊!

所以,在为解除水灾而祭河神的时候,凡是白额角的牛、仰鼻子的猪和有痔疮的人,都不可以当祭品而投到河里。这些情形都是接神的人预先就懂得的,所以认为它(他)们都是不吉祥的。——这正是神人所认为最大的吉祥啊!

支离疏者[1],颐隐于脐,肩高于顶,会撮指天[2],五管在上[3],两髀为胁[4];挫鍼[5]、治繲[6],足以糊口;鼓筴、播精[7],足以食[8]十人。上徵武士,则支离攘臂[9]而游于其间;上有大役,则支离以有常疾不受功[10];上与病者粟,则受三钟[11]、与十束薪。

夫支离其形者,犹足以养其身,以终天年,又况支离其德者乎?

【注释】

①支离,今言畸形。疏:其名也。 ②会撮,髻也。古者,髻在项中,脊曲头低,故髻指天也。 ③管,谓脊管。五管,谓五节脊椎骨。 ④两髀为胁,脊曲、髀竖,故与胁并也。偻人腹在髀里也。 ⑤挫,案也。鍼,同针。 ⑥繲,当为"线"之别体。《集韵》即以"繲"为"线"字。 ⑦鼓筴,揲蓍钻龟也。播精,卜卦占兆也。鼓筴、播精,言卖卜。 ⑧食,养。 ⑨攘,借为"纕"。 ⑩不受功,不任工作。 ⑪六斛四斗曰钟。

【译文】

有一个名叫疏的畸形人,他的两腮贴近肚脐,肩膀比头顶还高,发髻指着天,有五节脊椎骨高出头顶之上，两条大腿紧靠着两肋骨。他作针线活儿，足以养活自己；给人算卦，得的精米足以养活十口人。国王征兵的时候，这个畸形人就在人群里捋着胳膊，摆来摆去；国王大肆强迫劳役的时候，这个畸形人就因为常年有病，接受不着任何工作；国王赈济病人，他可以得到三钟米，和十捆柴禾。

这种畸形人还可以养活自己的身体，活到寿终正寝，又何况是德性畸形的人呢？

孔子适楚，楚狂接舆游其门，曰："凤兮！凤兮！何如德之衰也？来世不可待，往世不可追也。天下有道，圣人成焉；天下无道，圣人生焉。方今之时，仅免刑焉。福轻于羽，莫之知载；祸重于地，莫之知避。已乎！已乎！临人以德？殆乎！殆乎！画地而趋！迷阳！迷阳[①]！无伤吾行！吾行却曲[②]，无伤吾足！"

【注释】

①阳，明也。　②却，字书作"迟"。《广雅》云："迟，曲也。"《说文》："迟，曲行也。""却曲"即"迟曲"。

【译文】

孔子来到楚国，楚国的狂士接舆在孔子的门前经过，唱着歌说："凤鸟啊！凤鸟啊！你的德行怎么这样落魄啊！未来的世界是不可以等待的，过去的世界是不可以追回的。天下太平了，圣人就得以成名；天下大乱了，圣人就应运而生。在现今这个时代，仅只求着免掉受刑就可以了。幸福比羽毛还要轻，你也不能够扛起它；灾祸比大地还要重，你也不能够回避它。算了吧！算了吧！对待人哪里还有用道德的呢？危险啊！危险啊！要在地上画着界线走路啊！迷失了光明了！迷失了光明了！不要妨碍了我们自己的行程！我们自己的行程是迂曲的，不要伤损了我们自己的脚！"

山木，自寇也；膏火，自煎也[①]。桂可食，故伐之；漆可用，故割之。人皆知有用之用，而莫知无用之用也。

【注释】

①木生斧柄，还自伐；膏起火，不自消。

【译文】

山陵的树木，是自己劫取自己；膏油的火焰，是自己煎熬自己。桂树的皮可以吃，所以人们砍伐它；漆树的汁可以用，所以人们割裂它。人们都知道有用的作用，而不知道没有用的作用啊。

五、德　充　符[①]（六章）

鲁有兀者[②]王骀[③]，从之游者，与仲尼相若。

常季[④]问于仲尼曰："王骀，兀者也，从之游者，与夫子中分鲁。立不教，坐不议，虚而往，实而归。固有不言之教、无形而心成者邪？是何人也？"

仲尼曰："夫子，圣人也。丘也直后而未往耳。丘将以为师，而况不如丘者乎？奚假[⑤]鲁国？丘将引天下而与从之。"

常季曰："彼，兀者也，而王[⑥]先生，其与庸[⑦]亦远矣。若然者，其用心也，独若之何？"

仲尼曰："死生亦大矣，而不得与之变。虽天地覆坠，亦将不与之遗。审乎无假[⑧]，而不与物迁，命[⑨]物之化，而守其宗也。"

常季曰："何谓也？"

仲尼曰："自其异者视之，肝胆楚越也；自其同者视之，万物皆一也。夫若然者，且不知耳之所宜，而游心乎德之和；物，视其所一，而不见其所丧；视丧其足犹遗土也。"

常季曰："彼为己[⑩]，以其知，得其心；以其心，得其常心。物何为最[⑪]之哉？"

仲尼曰："人莫鉴[⑫]于流水，而鉴于止水。唯止，能止众止。受命于地，唯松柏独也正[⑬]，冬夏青青；受命于天，唯尧舜[⑭]独也正，幸能正生，以正众生。夫保始之徵，不惧之实。勇士，一人雄入于九军[⑮]。将求名而能自要者，而犹若是，而况官天地、府万物[⑯]，直寓六骸，象耳目[⑰]，一知之所知，而心未尝死者乎？彼且择日而登假[⑱]，人则从是也。彼且何肯以物为事乎？"

【注释】

①本篇大旨德充于内,即符合天道,至于形全与否,所不计也。 ②刖足曰兀。 ③王骀,人姓名也。 ④常季,或云孔子弟子。 ⑤假,当借为"仅",双声通借字。 ⑥王,胜也。 ⑦庸,常人也。 ⑧假,借为"暇"。无假,承上文"天地"而言,与下文"物"对文。 ⑨命,当借为"明"。 ⑩为己,修己。 ⑪冣,聚也。 ⑫鉴,明也。 ⑬正,本作"在"。 ⑭尧舜,本只作"舜"。 ⑮天子六军,诸侯三军,通为九军也。 ⑯纲维二仪,曰官天地;苞藏宇宙,曰府万物。 ⑰六骸,手、足、首、身也。寓,寄也。象,似也。⑱登假,登升。

【译文】

鲁国有个砍断脚的人,名字叫王骀,跟从他学习的人数,同跟从孔子学习的人数差不多。

常季问孔子说:"王骀是个砍断脚的人。从他学习的人数,同先生在鲁国平分秋色。他站起来也不教学,坐下来也不议论;学生们去的时候是空空的,回来都是满满的。难道有不用说话的教学,不见形迹而内心却有所成就的事情吗?他是怎样的一个人呢?"

孔子说:"那位先生,他是圣人啊。我是相见恨晚,还没有往那里去向他学习罢了。我不久就要拜他为师,何况是不如我的人呢?岂止是鲁国人,我将要引导着天下所有的人都随从他去学习。"

常季说:"他是个砍断脚的人,可是他胜过了先生,当然他比平常人好多了。像这样,他的用心,究竟是怎样的呢?"

孔子说:"人的生死也是一件大事了,可是他却不随着这个而有所变化。纵然天塌地陷了,他也不会随着它们遗失掉。他审透了天地的运行不息,可是他并不随着万物有所移动;他明察万物的变化无穷,因而遵守着自己的本元。"

常季说:"这是什么道理呢?"

孔子说:"从事物不同的角度来观察,人体的肝和胆就好比楚、越两国距离得那么远;从事物混同的角度来观察,万物都是一体的。那么,像这样的人,他并不知道耳目所适合的事物,而是把自己的心灵遨游在德性的和谐之中;对于一切事物,他只看到它们同一的地方,而看不到它们丧失的地方;他看着丧失了脚,就好像丢掉了手里的土块一般。"

常季说:"他修治自己,是用自己的明智,获得了自己的心灵;用自己的心灵,获得了自己永恒的心灵。可是人们为什么都会聚到他那里去呢?"

孔子说:"人没有在流动的水里照自己的,而是在静止的水里去照。只有本身是静止的,才能够静止住来寻求静止的人。禀受性命于地的,只有松柏独得性命之正,因而它们冬夏常青;禀受性命于天的,只有尧舜独得性命之正,因而他们希望能够端正自己的一生,来端正众人的一生。那能够保全本始的人,要用不知畏惧的事实去考验。譬如勇士,他们敢独身一人闯进敌人的大军之中。为了获取功名而要求自己的人,还是这样;何况那执掌天地、包容万物、直把形体寄托在天地之间,把耳目当作虚假摆设,把自己用智慧所知道的事物统一起来,而且心灵并没有死去的人呢?他不久就要选择一个日期,升上天去,人们都要随从着他走的。他又怎么肯把万物当回事呢?"

申徒嘉①,兀者也,而与郑子产②同师于伯昏无人③。

子产谓申徒嘉曰:"我先出,则子止;子先出,则我止。"

其明日,又与合堂同席而坐。子产谓申徒嘉曰:"我先出,则子止;子先出,则我止。今我先出,子可以止乎?——其未邪?且子见执政而不违④,子齐执政乎?"

申徒嘉曰:"先生之门,固有执政焉如此哉?子而⑤说子之执政而后人者也。闻之曰:'鉴明⑥,则尘垢不止;止,则不明也。久与贤人处,则不过。'今子之所取大者,先生也;而犹出言若是,不亦过乎?"

子产曰:"子既若是矣,犹与尧争善;计子之德,不足以自反邪?"

申徒嘉曰:"自状⑦其过,以不当亡者众;不状其过,以不当存者寡。知不可奈何,而安之若命,惟有德者能之。游于羿⑧之彀中⑨,中央者,中地也;然而不中者,命也。人以其全足,笑吾不全足者,多矣。我怫然而怒,而适先生之所,则废然而反。不知先生之洗我以善邪?吾与夫子游,十九年矣,而未尝知吾兀者也。今子与我游于形骸之内,而子索我于形骸之外⑩,不亦过乎?"

子产蹵然⑪改容更貌,曰:"子无乃称⑫!"

【注释】

①申徒,氏;嘉,名。 ②子产,姓公孙,名侨,字子产,郑之贤大夫。 ③无人,《杂篇》作"瞀人"。 ④违,避也。 ⑤而,读为"乃"。 ⑥鉴,镜也。 ⑦状,犹显白也。 ⑧羿,古之善射者。 ⑨弓矢所及为彀中。 ⑩形骸,外矣;其德,内也。 ⑪蹵然,惊惭貌也。 ⑫乃者,犹言如此。

【译文】

申徒嘉是个砍断脚的人,他和郑国首相子产一同在伯昏无人门下学习。

子产对申徒嘉说:“我如果先走,你就暂且别动身;你如果先走,我就暂且别动身。”

第二天,子产又和申徒嘉同堂同席而坐。子产又对申徒嘉说:“我如果先走,你就暂且别动身;你如果先走,我就暂且别动身。现在我就要走了,你可以暂且不动身吗?——难道不对吗?况且,你见了执掌国政的人并不回避,你想向执掌国政的人看齐吗?”

申徒嘉说:“在咱们老师的门下,哪里有执掌国政的人就像你这样的呢?你是喜欢你的执掌国政而把别人抛在后面的。我听到说过:‘镜子如果光明,灰尘就在上面停留不住;停留住灰尘,镜子就不光明。经常和贤人相处,就不会犯错误。’现在,你之所以取得这样显贵,是由于老师的原因;可是你还说出这样的话来,不也有些过分吗?”

子产说:“你既然是这种样子,可是还要和帝尧比美;你估量估量你那个德行,还不足以自己反省一番吗?”

申徒嘉说:“愿意表白自己过错的人,总以为自己不应当没有的东西缺得很多;不愿意表白自己过错的人,总以为自己不应当有的东西很少。知道自己无可奈何,而能够安于认命的,只有有德的人才能够作到。行动在羿的弓箭威力所及范围之内的人,站在中央,便是被弓箭命中之地;然而并没有被命中,那是天命。人们用自己腿脚齐全来嗤笑我腿脚不齐全,我经历得太多了。我总是心情不安地向他们发怒之后,就跑到咱们老师这里来,可是我马上就消除了从前的怒气而恢复了正常。我不知道是不是咱们老师用善道把我洗了一下呢?我和咱们老师相处,已经十九年了,可是他还不知道我是个砍断脚的人。现在,您和我是在内形方面相交游,可是您却在外形方面相寻求,不也有些太过分了吗?”

子产又惊悚又惭愧地改变了面色,说:“请您不要这样说了!”

鲁有兀者叔山无趾①,踵见仲尼②。

仲尼曰:“子不谨,前既犯患若是矣,虽今来,何及矣?”

无趾曰:“吾唯不知务,而轻用吾身,吾是以亡足。今吾来也,犹有尊足者存,吾是以务全之也。夫天无不覆,地无不载。吾以夫子为天地,安知夫子之犹若是也?”

孔子曰:“丘则陋矣。夫子胡不入乎?请讲以所闻。”

无趾出。

孔子曰："弟子勉之！夫无趾，兀者也，犹务学以复补前行之恶，而况全德之人乎？"

无趾语老聃曰："孔丘之于至人，其未邪？彼何宾宾[3]以学子[4]为？彼且蕲以諔诡[5]、幻怪之名闻，而不知至人之以是为己桎梏[6]邪！"

老聃曰："胡不直使彼以死生为一条、以可不可为一贯者，解是桎梏？其可乎？"

无趾曰："天刑之，安可解？"

【注释】

①叔山，氏；无足趾。 ②无跟，故踵行。足后曰跟，又谓之踵。 ③宾宾，犹频频也。 ④学子，从学弟子也。 ⑤諔诡，当读为"吊诡"。 ⑥在手曰桎，在足曰梏，即今之杻械也。

【译文】

鲁国有个断了脚趾的人，名字叫叔山无趾，他用脚后跟走着去拜访孔子。

孔子问他说："您自己谨慎，从前既然遭到这种祸患，如今您纵然到我这里来，还能来得及吗？"

叔山无趾说："由于我不通达世务，而轻于使用自己的身体，因而丧失了自己的脚。如今我到这里来，还有比脚更贵重的东西存在着，我所以企求着要保全它。天没有笼罩不着的，地没有负载不着的。我本来把先生看作天地一样，哪知道先生还是这样的呢？"

孔子说："我见识太浅陋了。您为什么不进屋呢？请您讲讲您从前所听到的道理。"

叔山无趾走了。

孔子对学生们说："同学们，勉励着吧！那叔山无趾本是个砍断脚趾的人，可是他还要用学习来补救以往所犯的过错，何况是德性齐全的人呢？"

叔山无趾告诉老聃说："孔丘和至人相比，大概他还够不上吧？他又何必屡屡不休地传授学生呢？他总企求着以稀奇虚幻的声誉名闻天下，而不知道至人是把这个看作是自己的枷锁啊！"

老聃说："那你何不直然用那把死生当作一回事情、把可以和不可以当作是一样的道理，让他把这个枷锁解除掉呢？这样可以吗？"

叔山无趾说："这是上天给他的刑罚，他怎么能够解除得掉呢？"

鲁哀公问于仲尼曰:“卫有恶人[①]焉,曰哀骀它[②]。丈夫与之处者,思而不能去[③]也;妇人见之,请于父母曰‘与为人妻,宁为夫子妾’者,十数而未止也。未尝闻有其唱者也,常和人而已矣。无君人之位以济乎人之死,无聚禄[④]以望人之腹[⑤];又以恶骇天下;和而不唱,知不出乎四域;且而雌雄合乎前。是必有异乎人者也。寡人召而观之,果以恶骇天下。与寡人处,不至以月数,而寡人有意乎其为人也;不至乎期年[⑥],而寡人信之。国无宰,寡人传国焉。闷然[⑦]而后应,氾然[⑧]而若辞。寡人丑乎[⑨],卒授之国。无几何[⑩]也,去寡人而行。寡人卹[⑪]焉,若有亡也,若无与乐是国也。——是何人也?”

仲尼曰:“丘也尝游[⑫]于楚矣。适见㹠子[⑬]食于其死母,少焉,眴若[⑭],皆弃之而走;不见己焉尔,不得类焉尔。所爱其母者,非爱其形也,爱使其形者也。战而死者,其人之葬也,不以翣资[⑮];刖者之屦,无为爱之:皆无其本矣。为天子之诸御,不爪翦,不穿耳;取妻者,止于外,不得复使[⑯];形全,犹足以为尔,而况全德之人乎?今哀骀它未言而信,无功而亲,使人授己国,唯恐其不受也。是必才全而德不形者也。”

哀公曰:“何谓‘才全’?”

仲尼曰:“死生、存亡、穷达、贫富、贤与不肖、毁誉、饥渴、寒暑,是事之变、命之行也;日夜相代乎前,而知不能规乎其始者也。故不足以滑和[⑰],不可入于灵府[⑱];使之和豫通,而不失于兑;使日夜无郤[⑲],而与物为春。是接而生时于心者也[⑳]。是之谓才全。”

“何谓‘德不形’?”

曰:“平者,水停之盛也;其可以为法也,内保之而外不荡也。德者,成和之脩[㉑]也。德不形者,物不能离也。”

哀公异日[㉒]以告闵子[㉓],曰:“始也,吾以南面而君天下,执民之纪,而忧其死,吾自以为至通矣。今吾闻至人之言,恐吾无其实;轻用吾身,而亡其国。吾与孔丘,非君臣也,德友而已矣。”

【注释】

①恶,丑也。　②哀骀,丑貌。它,其名。　③思,读为“司”。　④聚禄,储积仓廪。　⑤望腹,饱腹。　⑥期年,一年。　⑦闷然,不觉貌。

⑧氾,不系也。"氾"下本无"然"字,与上句"闷然而无应"不相对,当为脱文,今以意补。 ⑨丑,谓怪异。 ⑩几何,俄顷也。 ⑪卹,忧也。 ⑫游,本作"使"。 ⑬㹠,本又作"豚"。 ⑭眴若,惊貌。 ⑮资,送也。翣,扇也。 ⑯帝王宫闱,拣择御女,穿耳、翦爪,恐伤其形;匹夫取妻,停于外务,使役驱驰,虑亏其色。不翦爪,不穿耳,谓不加修饰,而后本质见;止于外,不复使,谓不交涉他事,而后精神专一。 ⑰滑,乱也。 ⑱灵府者,精神之宅也。 ⑲郤,间也。 ⑳接至道,而和气在心者也。 ㉑成和,犹太和也。 ㉒异日,他日也。 ㉓闵子,孔子弟子闵子骞也。

【译文】

鲁哀公问孔子说:"卫国有个形貌丑陋的人,名字叫哀骀它。男子和他相处的,就都伴守着他不肯离开;妇人见了他,就都向父母请求说'与其作别人的正妻,不如作这位先生的偏妾'的,十几个人还不止。也没有听到说过什么事情是他倡导的,他只不过是经常应和别人罢了。他既没有君位来救济人民的死亡,也没有积粮来充实人们的肚皮;他那副丑陋的形貌,真是天下人见了都害怕。他只能够应和,而不能够倡导,他的知识并不能超过他周围的人;可是男女们都围拢在他的身边。他必然是有与众不同的地方。寡人把他召唤来看了看,果然是个天下无双的丑陋人。寡人和他相处,不到一个月的光景,寡人对他就有些意思了;不到一年的光景,寡人就相信他了。国家还没有宰相,寡人打算把国家政权交给他。他烦闷了阵子才答应了,但是他又毫无牵挂地好像要推辞。寡人感到惊奇,终于把国家政权交给了他。可是没待多久,他就离开寡人走了。寡人为这件事情感到发愁,就好像丢掉了什么东西似的,好像没有人和寡人一同享受这个国家似的。——他究竟是怎么样的一个人呢?"

孔子回答说:"我曾经往楚国游历过。在路上,我恰好见到一群小猪儿在它们已经死了的母亲身上吃奶。不一会儿,它们都惊惊乍乍地跑开了:因为它们的母亲不再看顾它们了,不能够和它们一模一样了。凡是爱自己的母亲的,并不是爱它的外貌,而是爱它主宰形体的精神。在葬埋阵亡将士的时候,不送给他们翣扇;断了脚的人的鞋子,用不着再爱惜它:因为它们都是丧失了本元。作为天子的御女,不翦指甲,不穿耳孔;快要娶妻的人,停止外面的重工作,不要再劳累他;为了保持形体的全真,尚且如此,何况是保全德性的人呢?如今哀骀它没有说过什么话,可是人们都相信他;没有作出什么功绩,可是人们都愿意接近他;他能够使别人情愿把国家政权交给他,还唯恐他不接受。他必然是个才质全真而德行不形于外的人啊。"

鲁哀公又问:"什么叫作'才质全真'呢?"

孔子说:"生死、存亡、贵贱、贫富、有才和无才、毁谤和赞誉、饥渴、冷热,这都是人事的变动、天命的运行；这些现象日夜在人们面前循环交替，可是人们的智慧是不能够在这些现象未显之初就预先规划的。所以，〔了解了这点〕人们就不致被它混乱自己的自然之性，不致让它浸入自己的心灵；使自己的心灵和乐畅通，而不失掉自己耳目的功能；使自己的心灵日夜流转不息，而和万物共同享受阳春之气。这便是接应万物而能够从心灵里应顺四时的人。这就叫作‘才质全真’。”

鲁哀公又问：“什么叫作‘德行不形于外’呢？”

孔子说：“平衡的现象，没有超过静止的水的；人可以利用静止的水作为取平的水准器，水准器的内部保持平衡，而外部是不许动荡的。德行，是太和之气的行动。德行不形于外的人，万物是不会离开他的。”

后来，鲁哀公把这件事情告诉孔子的学生闵子骞，说：“当初，我南面正坐，作为天下的君主，执掌着治理人民的法令，并且担忧人民的死亡，自以为是很通达事理的了。可是，现在，我听到圣人说的这些话，恐怕我没有实绩；我不免要轻于使用我的身体，以至于亡失我的国家。我和孔丘，并不是什么君臣关系，而是道德上的朋友啊。”

闉跂①、支离、无脤②说卫灵公，灵公说之，而视全人，其脰肩肩③；瓮㼜大瘿④说齐桓公，桓公说之，而视全人，其脰肩肩。

故德有所长，而形有所忘。人不忘其所忘，而忘其所不忘，此谓诚忘。

故圣人有所游，而知为孽，约为胶⑤，德为接⑥，工为商⑦。圣人不谋，恶用知？不斫⑧，恶用胶？无丧，恶用德？不货，恶用商？四者，天鬻⑨也；天鬻者，天食⑩也。既受食于天，又恶用人？有人之形，无人之情。有人之形，而群于人；无人之情，故是非不得于身。眇乎小哉，所以属于人也；謷也乎大哉⑪！独成其天。

【注释】

①闉，曲也。跂，行也。闉跂，脚常曲行。 ②脤，臀也。 ③脰，颈也。肩肩，细长之貌。 ④㼜，盆。瘿，瘤也。 ⑤知为孽，知慧生妖孽。约为胶，约束而后有如胶漆。 ⑥德，借为“㝵”，今通用“得”字。下文“德”、“丧”对文，可见。椄，续木也。即嫁接树木也。 ⑦工为商，工巧而商贾起。 ⑧斫，雕斫。 ⑨鬻，养也。 ⑩食，禀也。 ⑪眇，眇小。謷，高大貌也。

【译文】

撇裂脚、畸形、没有屁股的人来和卫灵公谈道，卫灵公喜欢他们，反而见到形貌齐全的人却感到脖颈太长了;大瘤子长得像盆瓮大的人来和齐桓公谈道,齐桓公喜欢他们,反而见到形貌齐全的人却感到脖颈太长了。

所以,长于德行的人,才能够忘却自己的形貌。人不忘却自己所容易忘却的〔德行〕,而忘却自己所不容易忘却的〔形貌〕,这才叫作真正的忘却。

所以,圣人有他遨游的所在,而把智慧看作和妖孽一般,把受约束看作和胶漆一般,把获得看作和嫁接树木一般,把工巧看作和作买卖一般。圣人不谋虑什么,哪里还用得着智慧呢?不雕斫什么,哪里还用得着胶漆呢?丧失不了什么,哪里还用得着获得呢?不谋利,哪里还用得着作买卖呢?圣人这四种表现,是天生的;天生的,便是天赋予的。圣人既然受到天的赋予,哪能还用得着人为呢?圣人具有人的形貌,可是没有人的情欲。因为他具有人的形貌,所以他经常和人在一起;因为他没有人的情欲,所以一切是非都揽不到他的身上。〔具有形貌〕太渺小了,所以它是属于人的;〔没有情欲〕太远大了,所以他独独地保全了自己的本性。

惠子谓庄子曰:"人故无情乎?"

庄子曰:"然。"

惠子曰:"人而无情,何以谓之人?"

庄子曰:"道与之貌,天与之形,恶得不谓之人?"

惠子曰:"既谓之人,恶得无情?"

庄子曰:"是非吾所谓情也。吾所谓无情者,言人之不以好恶内伤其身,常因自然,而不益生也。"

惠子曰:"不益生,何以有其身?"

庄子曰:"道与之貌,天与之形,无以好恶内伤其身。今子外乎子之神,劳乎子之精,倚树而吟,据槁梧而瞑①,天选子之形,子以'坚白'鸣。"

【注释】

①槁梧,枯槁之邪柱也。依树而吟,据槁梧而瞑,以言惠子钻研之精神纯专也。

【译文】

惠施问庄子说:"人本来就没有情欲的吗?"

庄子说:"是的。"

惠施又问:"人如果没有情欲,怎么能叫作人呢?"

庄子说:"'道'给了他容貌,上天给了他形体,怎么能不把他叫作人呢?"

惠施又问："既然叫作人，他哪能没有情欲呢？"

庄子说："您所说的情欲，不是我所说的情欲啊。我所说的没有情欲，是说人们不用内心的喜爱和憎恶来伤害自己的身体，经常是顺从自然，并不希求增进生命。"

惠施又问："不增进生命，怎么能够保有自己的身体呢？"

庄子说："'道'给了人容貌，上天给了人形体，不因为喜爱和憎恶使自己的身体受到内伤。如今，您消耗着自己的神智，劳累着自己的精力，倚在树木旁边吟咏，伏在枯朽的邪柱上睡觉；原来上天就是选择了您这个形体，让您用'坚白'之论来和人们争辩啊。"

六、大 宗 师[1]（九章）

知天之所为、知人之所为者，至矣。

知天之所为者，天而生也。知人之所为者，以其知之所知，以养其知之所不知，终其天年，而不中道夭者，是知之盛也。

虽然，有患。夫知，有所待而后当；其所待者，特未定也。庸讵知吾所谓天之非人乎？所谓人之非天乎？且有真人而后有真知。

何谓真人？

古之真人，不逆寡，不雄成，不谟士[2]。若然者，过而弗悔，当而不自得也。若然者，登高不慄，入水不濡，入火不热。是知之能登假于道者也，若此。

古之真人，其寝不梦，其觉无忧，其食不甘，其息深深。真人之息以踵，众人之息以喉。屈服者其嗌言若哇[3]。其耆欲深者，其天机[4]浅。

古之真人，不知说生，不知恶死；其出不䜣，其入不距[5]；翛然而往，翛然[6]而来而已矣。不忘其所始，不求其所终；受而喜之，忘而复之：是之谓不以心捐道[7]，不以人助天：是之谓真人。若然者，其心志[8]，其容寂，其颡頯，凄然似秋，暖然似春，喜怒通四时；与物有宜，而莫知其极。故圣人之用兵也，亡国，而不失人心；利泽施乎万世，不为爱人。故乐通物，非圣人也；有亲，非仁也；时天，非贤也[9]；利害不通，非君子也；行名失己，非士也；亡身不真，非役人也。若狐不偕[10]、务光[11]、伯夷、叔齐[12]、箕子、胥餘[13]、纪他、申徒狄[14]，是役人之役，适人之适，而不自适其适者也。

古之真人，其状：义而不朋，若不足而不承，与乎其坚而不觚[15]

也，张乎[16]其虚而不华也，邴邴乎[17]其似喜乎，崔乎[18]其不得已乎，滀乎[19]其进我色也，与乎止我德也，厉乎其似世乎，謷乎[20]其未可制也，连乎[21]其似好闭[22]也，悗乎忘其言也[23]。以刑为体，以礼为翼，以知为时，以德为循。——以刑为体者，绰乎其杀[24]也；以礼为翼者，所以行于世也；以知为时者，不得已于事也；以德为循者，言其与有足者至于丘也。——而真人以为勤行者也。故其好之也，一；其弗好之也，一。其一也，一；其不一也，一。其一，与天为徒；其不一，与人为徒。天与人，不相胜也。是之谓真人。

死生，命也；其有夜旦之常，天也；人之有所不得与，皆物之情也。彼特以天为父，而身犹爱之，而况其卓乎？人特以有君为愈乎己，而身犹死之，而况其真乎？

泉涸，鱼相处于陆，相呴以湿，相濡以沫，不如相忘于江湖。与其誉尧而非桀也，不如两忘，而化其道。

夫大块，载我以形，劳我以生，佚我以老，息我以死。故善吾生者，乃所以善吾死也。

夫藏舟于壑，藏山于泽，谓之固矣；然而夜半有力者负之而走。昧者不知也。藏小大有宜，犹有所遁。若夫藏天下于天下，而不得所遁，是恒物之大情也。

特犯人[25]之形，而犹喜之。若人之形者，万化而未始有极者也，其为乐可胜计邪？故圣人将游于物之所不得遁而皆存。

善夭、善老，善始、善终，人犹效之，而况万物之所系，而一化之所待乎？

【注释】

①大宗师，犹言师大宗也，谓以大宗为师也。大宗者，“明于天地之德”之谓也。天地之德，“虚静、恬淡、寂寞、无为”者也。以天地之德为师，故曰大宗师。　②不谟士者，不谋事也。　③嗌，厄咽喉也。哇，呕也。　④天机，天然机神。　⑤䜣，音“欣”。距，本又作“拒”。　⑥翛然，自然无心而自尔之谓。翛然，不系貌也。　⑦捐，借为“掾”。　⑧其心志，谓心藏而不露也。　⑨时天，本作“天时”。　⑩狐不偕，尧时贤人，不受尧让，投河而死。　⑪务光，夏时人，汤让天下，不受，自负石沉于蓼水。　⑫伯夷、叔齐，孤竹君之二子。　⑬箕子、胥馀，漆身为厉，被发佯狂。　⑭纪他、申徒狄，殷时人。　⑮“坚而不

觚”,本作“觚而不坚”。　⑯张,广大貌。　⑰邴邴,明貌。　⑱崔,动貌。⑲滀,聚也。　⑳謷,志远貌。謷,高迈于俗也。　㉑连,借为“缓”。㉒“好闲”,本作“好闭”。　㉓悗,无心貌。　㉔绰,宽也。　㉕犯,借为“笵”。《说文》曰:“笵,法也。”犯人之形,谓模笵人之形也。故下文以“大冶铸金”与“犯人之形”对举。

【译文】

知道天之所为、知道人之所为的人,是最高明的。

知道天之所为的人,是天然生就的。知道人之所为的人,用他的明智所知道的,来培养他的明智所不知道的,能够获得善终,而不至中年死亡,这便是达到了知识的极点。

虽然如此,还是有顾虑的。所谓知识,必然要有所依据,然后才能够掌握住;不过所依据的东西,只是还不能固定罢了。可是怎么能够知道我所谓属于天的不是属于人的、我所谓属于人的不是属于天的呢?必然要有真人然后才能够有真知识。

怎样才叫作真人呢?

古来的真人,他不违反少数人的意志,不以自己的成功而自豪,不计谋任何事务。像这样的人,有了过失,也不懊悔;作得适当,也不自鸣得意。像这样的人,登到高处,并不害怕;跳到水里,并不沾湿;投到火里,并不觉热。掌握了知识,而升到“道”的高峰的人,就是如此。

古来的真人,他在睡眠之中,并不作梦;在清醒之后,没有忧虑;他吃食物,不求香甜;他的呼吸,非常深透。真人的呼吸用脚跟,常人的呼吸用喉咙。屈服于别人的人,他厄着喉咙说话,好像是呕吐一般。凡是嗜欲深厚的人,他的天机就浅薄。

古代的真人,不知道喜欢生存,不知道憎恶死亡;他对出生并不感到高兴,他对入土并不知道抗拒;只不过是顺其自然地逝去、顺其自然地归来罢了。不忘掉自己的元始,不究问自己的结局;凡是接触到的事物就喜欢,凡是忘却的事物就把它反还到本元;这就叫作不以心灵攀缘“道”,不以人为帮助天。这就叫作真人。像这样的人,他的心思是沉默的,他的容色是寂静的,他的额角是宽阔的;他爽朗得像秋天,温和得像春天;他喜悦和恼怒的心绪,和四时相连通;他和万物相适应,但是人们并捉摸不着它的边际。所以,圣人在用兵的时候,虽然灭了别人的国家,并不会失掉人心;他的德泽万代流传,并看不出他怎样慈爱人民。所以,乐于通畅万物,算不得是圣人;有所亲厚,算不得是仁慈;等候天时来成事,算不得贤明;不通达利害,算不得是君子;为了名誉,而失掉身份,算不得是儒士;丧失了自身,并不合乎实情,算不得是能够指使别人。像狐不偕、务光、伯夷、叔齐、箕子、胥餘、纪他、申徒狄这般人,只是指使别人所指使的,快活别人所快活的,而不是快活自己所快活的啊。

古代的真人,他的表现是:适应事物,而不偏私;顺应困乏,而不接受补救;和和乐乐的,坚强不屈,而不感到孤独;宽宽敞敞的,保持虚静,而不表现浮夸;明明朗朗的,好像是和颜悦色;忙忙碌碌的,好像是出于不得已;厚厚实实的,振奋着自己的容色;安安稳稳的,休养着自己的德性;严严肃肃的,好像是态度傲慢;豪豪爽爽的,志趣简直是不可制止;舒舒缓缓的,好像喜欢闲静;芒芒昧昧的,好像忘掉说话。他把刑罚作为主体,把礼节作为辅助;把明智作为适应时机,把道德作为行动依据。——把刑罚作为主体,是尽量地减省刑罚;把礼节作为辅助,是要把它施行在世俗之中;把明智作为适应时机,是由于应付事务而不得不如此;把道德作为行动的根据,就是说他要和天下所有有脚的人都一同登上丘陵〔崇高地位〕。——因而人们都真以为他是勤于行动的人。所以,他对于事物的爱好,是同一的;他对于事物的不爱好,也是同一的;他的同一,是同一的;不同一,也是同一的。他的同一,是和天相交友;他的不同一,是和人相交友。天和人,并不是互相克制的。这就叫作真人。

人的死生,这是命运;人世间昼夜的永恒不变,这是自然;人对于这些都不可能参与任何力量,这都是事物的实情。万物独独把天当作父亲,而且本身都非常爱戴它,何况是那卓越的〔真人〕呢?一般人独独把君上看作是比自己优越,而且还亲身为他卖命,何况是那全真的〔真人〕呢?

江湖的水源枯竭了,所有的鱼一同居住在陆地上,它们用湿气互相吹嘘,用涶沫互相滋润,〔这样相依为命,〕还不如它们在江湖之中互相忘却的好。与其称赞唐尧而非难夏桀,不如把它们双方统统忘却,而和"道"相融和。

这大地,首先赋予我形体,它又用生存来劳累我,用衰老来安佚我,用死亡来休息我。所以,让我生存得好的,就是要让我死亡得好。

把船藏在山沟里面,把山藏在水泽里面,可以说是够牢固的了;然而,到了半夜里,有力量的物类却把它们都背走了。昏昏迷迷的人还没有察觉。把大大小小的东西都藏得很好,有时还会丢失掉。至于把天下藏在天下之中,使所有的一切都找不到丢失的所在,这才是永恒事物的最大真实。

仅仅是个用模子作的人形,人们还都喜爱它。像这真正的人形,千变万化神妙无穷,其中的乐趣还能够计算得过来吗?所以圣人将要遨游在万物都不会丢失的所在,而和它们共同存在。

对于死亡、衰老、开始、终结这些现象,快然于心,毫不介意的人,人们还要效法他,又何况是为万物所维系、为一元造化所依据的〔"道"〕呢?

夫道,有情[1]、有信,无为、无形;可传而不可受,可得而不可见。自本、自根,未有天地,自古以固存。神鬼、神帝,生天生地。在太极之上,而不为高;在六极[2]之下,而不为深;先天地生,而不为久;长于上古,而不为老。狶韦氏[3]得之,以挈[4]天地;伏羲氏得之,以袭气母[5];维斗[6]得之,终古不忒[7];日月得之,终古不息;堪坏[8]得之,以袭[9]昆仑;冯夷得之,以游大川[10];肩吾得之,以处大山[11];黄帝得之,以登云天;颛顼得之,以处玄宫[12];禺强得之,立乎北极;西山母得之,坐乎少广[13],莫知其始,莫知其终;彭祖得之,上及有虞,下及五伯[14];傅说得之,以相武丁,奄有天下,乘东维,骑箕尾,而比于列星[15]。

【注释】

①明鉴洞照,有情也;趣机若响,有信也。 ②六极,六合也。 ③狶韦氏,上古帝王名。 ④挈,提挈。 ⑤气母,元气之母也。气母,即太极、太一是也。 ⑥维斗,北斗,所以为天下纲维。 ⑦忒,差也。 ⑧堪坏,神名,人面兽形。 ⑨袭,入也。 ⑩大川,黄河也。 ⑪肩吾,山神,不死,至孔子时。 ⑫颛顼,高阳氏。玄宫,北方宫也。 ⑬少广,山名。 ⑭五伯,夏伯,昆吾;殷,大彭、豕韦;周,齐桓、晋文。 ⑮傅说,殷相也。武丁,殷王高宗也。东维,箕、斗之间,天汉之东维也。

【译文】

那"道",有感触,有征验,没有行动,没有形体;它可以被人所传授,但是谁也不可能接受它;它可以被人所获得,但是谁也不可能看见它。它以自身为本元,以自身为根底;在没有天地之先,它早就是永恒存在的。它能够引出鬼神和上帝,能够生出苍天和大地。把它放在大地未分之先,也显不出它的高;把它放在天地四方之下,也显不出它的深;它生在天地之先,也显不出来它的长久;它长在上古时代,也显不出它的衰老。狶韦氏得到了它,就可以执掌天地;伏羲氏得到了它,就可以混同太一;斗星得到了它,就可以永无偏差;日月得到了它,就可以永远运行;堪坏得到了它,就可以进入昆仑;冯夷得到了它,就可以遨游黄河;肩吾得到了它,就可以稳居泰山;黄帝得到了它,就可以登上云天;颛顼得到了它,就可以高临玄宫;禺强得到了它,就可以立定北极;西王母得到了它,就可以安坐少广,既不知道她的开始,也不知道她的结局;彭祖得到了它,他的寿命往上可以推到虞舜时代,往下可以推到五霸时代;傅说得到了它,就可以辅佐殷高宗,安抚天下,后来还升上东方天柱，骑着箕星和尾星，参与群星之列。

南伯子葵问乎女偊[①]曰："子之年长矣，而色若孺子，何也？"

曰："吾闻道矣。"

南伯子葵曰："道可得学邪？"

曰："恶！恶可？子非其人也！夫卜梁倚[②]有圣人之才，而无圣人之道；我有圣人之道，而无圣人之才。吾欲以教之，庶几其果为圣人乎！不然。以圣人之道，告圣人之才，亦易矣；吾犹守而告之，参日[③]，而后能外天下[④]；已外天下矣，吾又守之，七日，而后能外物；已外物矣，吾又守之，九日，而后能外生。已外生矣，而后能朝彻[⑤]；朝彻，而后能见独[⑥]；见独，而后能无古今；无古今，而后能入于不死不生。——杀生者不死，生生者不生。其为物，无不将[⑦]也，无不迎也，无不毁也，无不成也；其名为撄宁[⑧]。——撄宁也者，撄而后成者也。"

南伯子葵曰："子独恶乎闻之？"

曰："闻诸副墨之子[⑨]。副墨之子闻诸洛诵之孙[⑩]。洛诵之孙闻之瞻明[⑪]。瞻明闻之聂许[⑫]。聂许闻之需役[⑬]。需役闻之於讴[⑭]。於讴闻之玄冥[⑮]。玄冥闻之参寥[⑯]。参寥闻之疑始。"

【注释】

①南伯子葵，犹《人间世》篇南郭子綦也。女偊，古之怀道人也。　②卜梁，姓；倚，名。　③参，音"三"。　④外，犹遗也。　⑤朝彻，犹明彻也。⑥独，即一也。　⑦将，送也。　⑧撄，扰动也。宁，寂静也。道济苍生，妙无本名，动而常静，故撄而宁者也。　⑨副墨之子，书籍文字也。文字是翰墨为之。然文字，非道也，不过传道之助耳，故谓之副墨。又对初作之文字言之，则后之文字，皆其孳生者，故曰副墨之子也。　⑩洛，当读为"咯"。咯诵，犹言语也。文字本于语言，语言辗转相授，故曰洛诵之孙。　⑪创造语言，本于所见所闻。所见为直接感受，所闻为间接感受。故观察在先，而听闻在后。瞻彻，谓观察明彻也。　⑫见得彻，须听之聪。聂，附耳小语也。　⑬听之聪，又须行之动。需，待也。役，行也。待行之，始为实也。以上言：文学书籍之创作，原于语言，而语言又原于观察、听闻与行动也。亦即载"道"之文字书籍，乃原于人之视、听、言、动，亦即记载人之视、听、言、动也。而视、听、言、动又为发展语言之先决条

件也。　⑭讴,煦也,欲化之貌。於,当读为"菸"或"郁"。於讴,犹菸煦、郁煦也,即天地间上蒸之气、大化之气或元气也。万物禀元气而生,人之视、听、言、动,亦元气之所予。故曰需役闻之於讴也。　⑮玄冥者,所以名无而非无也。强名曰玄,视之冥然。　⑯参,高也。高邈寥旷,不可名也。

【译文】

南伯子葵问女偊说:"您的年纪高了,可是面色还像婴孩一样,这是什么原因呢?"

女偊说:"我接受过'道'了啊。"

南伯子葵又问:"'道'可以学到吗?"

女偊说:"咳!那怎么可以呢?您不是那样的人啊。那卜梁倚拥有圣人之才,而没有圣人之'道';我拥有圣人之'道',而没有圣人之才。我愿意把我的'道'教给他,大概他就可以成为圣人了!事实并不一定如此。以我这拥有圣人之'道'的人,告诉给他那拥有圣人之才的人,这也容易;我还得等待时机,教导他,三天,然后他才能够把天下置之度外;已经把天下置之度外之后,我又等待时机,七天,然后他才能够把万物置之度外;已经把万物置之度外之后,我又等待时机,九天,然后他才能够把生存置之度外。已经把生存置之度外,然后才能够明通事理;明通事理,然后才能够见到同一;见到同一,然后才能够不分古今;不分古今,然后才能够进入不死不生的("道")的境界。——杀灭万物的,它本身不会死亡;生长万物的,它本身不会生长。这种不死不生的现象,〔它对于万物,〕没有不遣送的,没有不迎接的,没有不摧毁的,没有不成全的。它的名字就叫作'撄宁'(动静)。——撄宁(动静),就是宇宙万物由动而后静的意思。"

南伯子葵说:"但是您从什么地方听到这些道理的呢?"

女偊说:"我是听到副墨(文字)的儿子说的。副墨的儿子是听到洛诵(语言)的孙子说的。洛诵的孙子是听到瞻明(观察)说的。瞻明是听到聂许(听闻)说的。聂许是听到需役(行动)说的。需役是听到於讴(元气)说的。於讴是听到玄冥(幽隐)说的。玄冥是听到参寥(空旷)说的。参寥是听到疑始(似始非始)说的。"

子祀、子舆、子犁、子来四人[①]相与语曰:"孰能以无为首,以生为脊,以死为尻[②],孰知死生、存亡之一体者,吾与之为友矣。"四人相视而笑,莫逆于心,遂相与为友。

俄而子舆有病,子祀往问之。

曰:"伟哉!夫造物者将以予为此拘拘[③]也!"曲偻发背[④],上有五管,颐隐于齐[⑤],肩高于顶,句赘指天[⑥];阴阳之气,有沴其心[⑦],间而无事,跰𨇤[⑧]而鉴于井。曰:"嗟乎!夫造物者又将以予为此拘拘也!"

子祀曰:"汝恶之乎?"

曰:"亡[⑨],予何恶?浸假[⑩]而化予之左臂以为卵,予因之以求时夜[⑪];浸假而化予之右臂以为弹,予因之以求鸮炙;浸假而化予之尻以为轮,以神为马,予因乘之,岂更驾哉?且夫,得者,时也;失者,顺也;安时而处顺,哀乐不能入也。此古之所谓县解也。而不能自解者,物有结之。且夫,物不胜天,久矣。吾又何恶焉?"

俄而子来有病,喘喘然[⑫]将死。其妻、子环而泣之。子犁往问之。

曰:"叱[⑬]!避!无怛化[⑭]!"

倚其户,与之语,曰:"伟哉!造化又将奚以汝为?将奚以汝适?以汝为鼠肝乎?以汝为虫臂[⑮]乎?"

子来曰:"子于父母[⑯],东西南北,唯命之从。阴阳于人,不翅[⑰]于父母。彼近我死,而我不听,我则悍矣,彼何罪焉?夫大块,载我以形,劳我以生,佚我以老,息我以死。故善吾生焉,乃所以善吾死也。今之大冶铸金,金踊跃曰:'我且必为镆铘[⑱]。'大冶必以为不祥之金。今一犯人之形,而曰:'人耳!人耳!'夫造化者必以为不祥之人。今一以天地为大炉,以造化为大冶,恶乎往而不可哉?"

成然寐,蘧然觉。

【注释】

①四人并方外之士。 ②尻,臀也。 ③拘拘,体拘挛也。 ④伛偻曲腰,背骨发露。 ⑤齐,《人间世》篇作"脐",此借字。 ⑥句赘,即《人间世》:"会撮",一作"括撮",言括撮其发句曲如附赘也。 ⑦沴,本作"沴"。沴,满也。沴,即"沵"之别体。 ⑧跰𨇤,曳疾貌。 ⑨亡,无也。 ⑩浸,渐也。假,假令。假而,犹假如也。 ⑪卵,本作"鸡"。 ⑫喘喘,气息急也。⑬叱,诃声也。 ⑭怛,惊也。 ⑮鼠肝、虫臂,取微蔑至贱。 ⑯"子于父母",旧作"父母于子"。 ⑰不翅,即"不啻",音同,有不但、不只、不亚之意。⑱镆铘,古之良剑也。古书多作"莫邪",此后出字。

【译文】

子祀、子舆、子犁、子来四个人在一起互相谈论,说:"谁能够把虚无当作头,把生存当作脊骨,把死亡当作屁股,谁能够懂得生死、存亡一体的道理,我们就同他们作朋友。”四个人互相你看看我,我看看你,就笑了起来,他们心心相印,便互相成为朋友。

不久,子舆得了病,子祀去慰问他。

子舆对子祀说:“真伟大啊!这造物者就要把我变化成这样弯曲不伸的形状啊!”他背部佝偻,有五节脊椎露出在头顶之上,下巴紧贴肚脐,肩膀比头顶还高,发髻指着天;可是阴阳造化之气却充满了他的内心。他感到清闲无事,就蹁蹁跹跹地走到井边,往井里去照。他对着自己的影子说:“唉呀!这造物者又要把我造成这样弯曲不伸的形状啊!”

子祀就问他说:“你讨厌它吗?”

子舆说:“不,我有什么讨厌的呢?假如慢慢地把我的左胳膊变成了蛋,我就凭着它来寻求鸡;假如慢慢地把我的右胳膊变成了弹弓,我就凭着它来寻求斑鸠;假如慢慢地把我的屁股变成了车轮,我就把我的精神当作马,骑上它,还用得着再套车吗?况且,获得就是应时,丢失就是顺理,悲哀、快乐的情感是不能够参加到里面去的。这便是古来所谓悬系的解脱。可是那不能够自己解脱的人,事物就会来束缚他。况且,万物都不可能胜过自然,古来就是如此,我又有什么讨厌的呢?”

不久,子来也得了病,喘喘嘘嘘地快要死了。他的妻子儿女都围着他哭。子犁去慰问他。

子来〔正对着妻子儿女〕说:“去!躲开!不要惊动了造化!”

子犁倚着房门,对子来说:“真伟大啊!这造物者又要把你造成什么呢?把你放到哪里去呢?把你造成老鼠肝吗?把你造成昆虫胳膊吗?”

子来说:“子女对于父母,无论在哪一方面,只有听从命令。阴阳之气对于人,并不亚于人的父母。它让我接近死亡,可是我却不听从它;这是由于我太蛮横无理了,它又有什么罪过呢?这大地,首先赋予我形体,它又用生存来劳累我,用衰老来安佚我,用死亡来休息我。所以,让我生存得好的,就是要让我死亡得好。假如锻冶工人在熔铸金器的时候,金器就跳起来说:‘我必定要成为镆铘剑!’那锻冶工人必定把它当作不祥的金属。假如有一个用模子作的人形,他能够说:‘我是人!我是人!’那造物者也必定把它当作不祥之人。现在我们已经把天地当作大炉,把造物者当作锻冶工人,又有什么不适宜的地方呢?”

〔说着说着,〕子来安安静静地睡着了,一会儿又形迹开朗地醒过来了。

子桑户、孟子反、子琴张[①]相与友。曰:“孰能相与于无相与,相为于无相为?孰能登天游雾,挠挑无极[②],相忘以生,无所终穷[③]?”三人相视而笑，莫逆于心，遂相与友，莫然[4]。

有间[5]，而子桑户死。未葬，孔子闻之，使子贡往侍事焉。

或编曲，或鼓琴，相和而歌。歌曰："嗟来！桑户乎！嗟来，桑户乎！而已反其真，而我犹为人猗[6]！"

子贡趋而进，曰："敢问：临尸而歌，礼乎？"

二人相视而笑。曰："是恶知礼意？"

子贡反，以告孔子，曰："彼何人者邪？修行无有，而外其形骸；临尸而歌，颜色不变。无以命[7]之。彼何人者邪？"

孔子曰："彼，游方之外[8]者也；而丘，游方之内者也。内外不相及。而丘使汝往吊之，丘则陋矣。彼方与造物者为人，而游乎天地之一气。彼以生为附赘县疣，以死为决疣[9]溃痈[10]。夫若然者，又恶知死生、先后之所在？假于异物，托于同体；忘其肝胆，遗其耳目；反覆终始，不知端倪[11]；芒然，彷徨乎尘埃之外，逍遥乎无为之业。彼又恶能愦愦然[12]为世俗之礼，以观众人之耳目哉？"

子贡曰："然则，夫子何方之依？"

孔子曰："丘，天之戮民也！虽然，吾与汝共之。"

子贡曰："敢问其方。"

孔子曰："鱼相造[13]乎水，人相造乎道。——相造乎水者，穿池而养给；相造乎道者，无事而生定。故曰：鱼相忘乎江湖，人相忘乎道术。"

子贡曰："敢问畸人[14]。"

曰："畸人者，畸于人而侔于天。故曰：天之小人，人之君子；天之君子，人之小人[15]也。"

【注释】

①三人，并方外之士。 ②挠挑，犹宛转也。宛转玄旷之中。 ③终穷，死也。 ④莫，定也。 ⑤间，顷也。 ⑥猗，辞也。 ⑦命，名也。 ⑧方，区域也。方之外，寰宇之外。 ⑨疣，当依《辅仁记》引作"肒"。《说文》："肒，搔生疮也。" ⑩浮热为疽，不通为痈。 ⑪倪，音"崖"。端，始也。倪，畔也。 ⑫愦愦，犹烦乱也。 ⑬造，借为"遭"。 ⑭畸，不偶也。不偶于人，谓阙于礼教也。畸人，方外而不偶于俗者。 ⑮"天之君子，人之小人"，本作"人之君子，天之小人"。

【译文】

子桑户、孟子反、子琴张三个人是好朋友。他们说:“谁能够在不互相亲近之中互相亲近、在不互相帮助之中互相帮助呢?谁能够升上天去,驾起云雾,回旋在广漠无穷的境界之中,把生命完全忘却,可是也没有个死亡呢?”三个人互相你看看我,我看看你,就笑起来了,他们心心相印,于是就互相友好起来,是一种淡如水的君子之交。

不久,子桑户死了。还没有葬埋,孔子听到这件事,就派子贡到那里去帮着料理丧事。

他们有的在编歌曲,有的在弹琴,互相应和地歌唱起来。唱道:“唉呀!子桑户啊!唉呀!子桑户啊!你已经反还到本真,可是我们还是人啊!”

子贡赶紧走到前面,问他们:“我请问:面临着死人来歌唱,这合乎礼吗?”

孟子反、子琴张两个人互相你看看我,我看看你,就笑起来了。他们说:“这样的人怎么会懂得礼的意思呢?”

子贡回去,把这种情形告诉孔子,说:“他们究竟是什么人呢?他们不懂得什么是道德,而把形体置之度外;面临着死人歌唱,面不改色。我不能够给他们起个名字。他们究竟是什么人呢?”

孔子说:“他们是游行在人世之外的人,而我,是游行在人世之内的人啊。人世之外和人世之内是毫不相干的。可是我却教你去吊唁他们,我太浅陋了。他们正在要和造物者交友,而遨游在天地浑然一气之中。他们把生存当作是多余的赘瘤,把死亡当作是脓疮的自然溃疡。像这样的人,他们又哪知道生、死和先、后的所在呢?他们假借着不同的物类,寄托着相同的形体;忘掉了自己的肝胆,忘掉了自己的耳目,把始终都颠倒过来,也不知道人世间的头绪和边缘;迷迷茫茫的,他们徘徊在浑浊人世之外,逍遥在清静无为之始。他们又哪能够烦烦乱乱地施行世俗的礼制,来显示给一般人听和看呢?”

子贡就问孔子说:“那么,老师您依从哪一个人世呢?”

孔子说:“我是上天的罪人啊!虽然如此,我还是希望和你一同游行在人世之外。”

子贡又问:“我请问那游行在人世之外的方术。”

孔子说:“鱼和鱼要在水里相遇,人和人要在‘道’上相遇。——在水里相遇的,要挖掘池塘来养活它们;在‘道’上相遇的,要居处清闲,生活静定。所以说:鱼要在江湖之中互相忘却,人要在道术之中互相忘却。”

子贡又问:“我请问和世俗不同的人是什么样子的。”

孔子说:“和世俗不同的人,他们和人不相同,而和天相同。所以说:天上的小人,便是人世的君子;天上的君子,便是人间的小人。”

颜回问仲尼曰:“孟孙才[①]其母死,哭而无涕,中心不戚,居丧不哀。无是三者,以善处丧盖鲁国。固有无其实而得其名者乎?回壹怪之。”

仲尼曰:“夫孟孙氏尽之矣,进于知矣。唯简之而不得。夫已有所简矣。孟孙氏不知所以生,不知所以死;不知孰先,不知孰后。若化为物以待其所不知之化已乎?且方将化,恶知不化哉?方将不化,恶知已化哉?吾特与汝其梦未始觉者邪?且彼有骇形而无损心[②],有旦宅[③]而无耗精[④]。孟孙氏特觉人哭亦哭,是自其所以乃[⑤]。且也,相与吾之耳矣。庸讵知吾所谓吾之乎?且汝梦为鸟,而厉乎天,梦为鱼,而没于渊。不识今之言者,其觉者乎?其梦者乎?造适[⑥]不及笑,献笑[⑦]不及排[⑧];安排而去化,乃入于寥天一。”

【注释】

①孟孙才,鲁之贤人。 ②骇,骇动。 ③旦,日新也。宅者,神之舍也。 ④耗精,本作“情死”。 ⑤乃,犹言如此。 ⑥造,至也。 ⑦献,当借为“显”。 ⑧排,谓排除俗虑,即消遣之意。

【译文】

颜回问孔子说:“孟孙才的母亲死了,他啼哭不流泪,内心不悲伤,临丧不哀痛。他没有流泪、悲伤、哀痛这三种表现,可是他以善于居丧的声名盖过整个鲁国。难道有这种没有实际行为、却能够获得声名的人吗?我就感到奇怪。”

孔子说:“那孟孙氏可以说是达到极点了,他已经超过一般知道〔丧礼〕的人了。他只不过是要简略于事,而感到不可能。可是他终于有所简略了。孟孙氏不知道人为什么要出生,不知道人为什么要死亡;不知道什么叫作占先,不知道什么叫作落后。他好像是化生为物类来等待着他所不能够知道的化生之理吧?并且,正在要化生,怎么能够知道不化生呢?正在不化生,又怎么知道已经化生了呢?我和你都是在作梦而还没有清醒过来吧?况且,他有变动的形体,而没有消损的心灵;有传代的躯壳,而没有耗灭的精神。孟孙氏只是感到别人哭,自己也就哭;这便是他所以如此的原因。况且,人们只是在相互之间自己把自己叫作我罢了,可是人们怎么会知道我所谓把自己叫作我的内情呢?况且,你作梦变作一只鸟,就飞上天去;作梦变作一条鱼,就沉在水里。也不知道现在说话的人,他究竟是醒着呢?还是在作梦呢?达到适意,并不一定达到欢笑;形于欢笑,并不一定达到消遣;安于消遣之乐,而且达到领会造化之妙,这才能够进入空虚、自然、浑元的境界。”

意而子[①]见许由。许由曰:“尧何以资汝[②]?”

意而子曰:“尧谓我:‘汝必躬服仁义[③],而明言是非。’”

许由曰:“而奚来为轵[④]?夫尧既黥汝以仁义,而劓汝以是非[⑤]矣,汝将何以游夫遥荡、恣睢、转徙[⑥]之涂乎?”

意而子曰:“虽然,吾愿游于其藩[⑦]。”

许由曰:“不然。夫盲者无以与乎眉目颜色之好,瞽者无以与乎青黄黼黻之观[⑧]。”

意而子曰:“夫无庄之失其美[⑨],据梁之失其力[⑩],黄帝之亡其知,皆在炉锤之间[⑪]耳。庸讵知夫造物者之不息我黥、而补我劓,使我乘成以随先生邪?”

许由曰:“噫!未可知也!我为汝言其大略:吾师乎!吾师乎[⑫]!整万物[⑬],而不为义;泽及万世,而不为仁;长于上古,而不为老;覆载天地,刻雕众形,而不为巧。此所游已!”

【注释】

①意而子,贤士也。 ②资,借为“咨”。 ③服,行。 ④轵,借为“只”。而,通“尔”。 ⑤黥,凿额也。劓,割鼻也。 ⑥转徙,变化也。 ⑦藩,域也。 ⑧盲者,有眼睛而不见物;瞽者,眼无眹缝如鼓皮也。 ⑨无庄,古之美人。 ⑩据梁,古之多力人。 ⑪锤,鸱头,颇口,句铁以吹火也。 ⑫吾师者,至道也。 ⑬整,当读为“济”。

【译文】

意而子去见许由。许由问他说:“帝尧对你说什么了?”

意而子说:“帝尧对我说:‘你必须要亲行仁义,而明谈是非。’”

许由问意而子:“你打算怎么办呢?那帝尧既然已经用仁义在你脸上刺了字,用是非割掉了你的鼻子,你将来凭什么去遨游在逍遥、放任、变化无穷的境界呢?”

意而子说:“虽然如此,我还是愿意遨游在它的范围之中啊。”

许由说:“不行的。那没有眼珠的人,他是没有办法和别人共同观看目眉容色的美丽的;眼皮没有缝的人,他是没有办法和别人共同鉴赏五彩文章的辉煌的。”

意而子说:“那毛嫱失掉了她的美貌,杞梁失掉了他的力气,黄帝失掉了他的明智,都决定于造物者的洪炉之中。怎么能知道那造物者不给我消除脸上所刺的字,而且给我补上被割去的鼻子,使我凭藉它的成就来跟随着先生走呢?"

许由说:"哈哈!也未可知啊!我给你说说它的大概情形吧:我们的师长(道)啊!我们的师长(道)啊!它调济万物,并显不出它怎么正义;它恩及万代,并显不出它怎么仁慈;它生长在上古时代,并显不出它怎么衰老;它笼罩着天,负载着地,能够雕刻出各式各样的物象,并显不出它怎么工巧。这便是我们所要遨游的所在啊!"

颜回曰:"回益矣。"

仲尼曰:"何谓也?"

曰:"回忘仁义矣。"

曰:"可矣,犹未也。"

它日,复见。曰:"回益矣。"

曰:"何谓也。"

曰:"回忘礼乐矣。"

曰:"可矣,犹未也。"

它日,复见。曰:"回益矣。"

曰:"何谓也。"

曰:"回坐忘①矣。"

仲尼蹴然曰:"何谓'坐忘'?"

颜回曰:"堕肢体,黜聪明②,离形,去知,同于大通③,此谓'坐忘'。"

仲尼曰:"同,则无好也;化,则无常也。而果其贤乎!丘也请从而后也。"

【注释】

①坐忘,坐而自忘其身。 ②堕,毁废也。黜,退除也。 ③大通,犹大道也。道能通生万物,故谓道为大通也。

【译文】

颜回对孔子说:"我现在进步了。"

孔子问他:"你这是指着什么说的呢?"

颜回说:"我忘掉什么是仁义了。"

孔子说:"可以了,但是还不到程度。"

过了些日子,颜回又去见孔子。他又对孔子说:“我现在进步了。”

孔子又问:“你这是指着什么说的呢?”

颜回说:“我忘掉什么是礼乐了。”

孔子说:“可以了,但是还不到程度。”

又待了些日子,颜回又去见孔子。他又对孔子说:“我现在进步了。”

孔子又问:“你这是指着什么说的呢?”

颜回说:“我能够坐着忘掉自己了。”

孔子很惊异地问他说:“什么叫作‘坐着忘掉自己’呢?”

颜回说:“废弃肢体,减退聪明,脱离形貌,去掉智慧,与‘大道’相和同,这就叫作‘坐着忘掉自己’。”

孔子说:“与‘大道’相和同,就没有什么爱好的了;随着‘大道’变化,就没有什么永恒的了。你真是个贤明的人啊!我情愿追随在你的后面。”

子舆与子桑友。而霖雨十日,子舆曰:“子桑殆病矣!”裹饭而往食之。

至子桑之门,则若歌若哭,鼓琴。曰:“父邪!母邪!天乎!人乎!”有①不任其声而趋举其诗②焉。

子舆入,曰:“子之歌诗,何故若是?”

曰:“吾思夫使我至此极者,而弗得也!父母岂欲吾贫哉?天无私覆,地无私载。天地岂私贫我哉?求其为之者而不得也。然而至此极者,命也夫!”

【注释】

①有,犹如也。　②任,堪也。趋,卒(猝)疾也。不任其声,惫也;趋举其诗,无音曲也。

【译文】

子舆和子桑两人很友好。因为下了十天大雨,子舆〔想起了子桑〕说:“子桑大概饿坏了!”他包着饭就给他送去了。

子舆走到子桑的门口,听到里面好像在唱歌,又好像在啼哭,弹着琴。说道:“父亲啊!母亲啊!天啊!人啊!”好像是发不出声音,可是又急于要把他的诗辞表达出来似的。

子舆走进门去,就问子桑说:“您唱的诗辞,为什么是那么一种声调呢?”

子桑说:“我是寻思那使我受到这般困窘的原因,而没有寻思到啊!父母难道愿意我受贫穷吗？天笼罩万物没有偏私，地负载万物没有偏私。天地难道偏偏地让我受贫穷吗？我是寻思那个主使者而没有寻思到啊！然而我所以受到这般困窘的，乃是命该如此啊！”

七、应　帝　王[①]（七章）

啮缺问于王倪，四问而四不知。

啮缺因跃而大喜。行以告蒲衣子[②]。

蒲衣子曰："而乃今知之乎？有虞氏[③]不及泰氏[④]。有虞氏其犹藏仁以要人[⑤]，亦得人矣，而未始出于非人[⑥]。泰氏其卧徐徐，其觉于于[⑦]，一以己为马，一以己为牛[⑧]；其知情信，其德甚真[⑨]，而未始入于非人。"

【注释】

①应，和也。应帝王，谓"处无为之事，行不言之教"，足以上应帝王之道也。　②蒲衣，即被衣，王倪之师也。　③有虞，舜也。　④泰氏，即太昊伏羲也。　⑤藏仁以要人，怀仁以结人也。　⑥非人，言人之非也。　⑦徐徐，安稳貌。于于，无所知貌。　⑧夫如是，又奚是人非人之有哉？可谓出于非人之域。　⑨任其所知，故情信；任其自得，故无伪。

【译文】

啮缺去请教老师王倪，问了四个问题，四个问题都说不知道。

啮缺高兴得跳了起来。他回去把这件事情告诉了他老师的老师蒲衣子。

蒲衣子说："你这才知道吗？〔古来的帝王，〕有虞氏就不如泰氏〔契合自然〕。有虞氏，他好像是怀着仁慈之心去结交别人；他虽然也得到了人心，但是他并没有超出非议别人的境界。泰氏，他躺下来，是安安稳稳的，醒过来，是迷迷糊糊的；他有时把自己当作一匹马，有时把自己当作一头牛；他的认识，自以为实在可信；他的德行，自以为非常纯真；但是他并没有进入非议别人的境界。"

肩吾见狂接舆。狂接舆曰："日中始[①]何以语女？"

肩吾曰："告我：'君人者，以己出经式义度[②]，人孰敢不听而化诸?'"

狂接舆曰:"是欺德也!其于治天下也,犹涉海凿河、而使蚊负山也。夫圣人之治也,治外乎?正,而后行确乎能其事者而已矣。且鸟高飞,以避矰弋[3]之害;鼷鼠深穴乎神丘之下[4],以避熏凿之患。而曾二虫之无知?"

【注释】

①日中始,人姓名,贤者也。 ②经、式、仪、度,皆谓法度也。 ③弋,以绳系箭而射之也。 ④鼷鼠,小鼠也。神丘,社坛也。郊牛,郊祭用牛也。是鼷鼠恒潜伏于神坛之下也。

【译文】

肩吾去见狂接舆。狂接舆问肩吾说:"日中始是怎样告诉你的?"

肩吾说:"他告诉我:'作为人民君上的,凭着自己定出的种种法度,人民哪个敢不听从而归化呢?'"

狂接舆说:"这是骗人的行为啊!他对于治理天下,就好比趟着海水去挖河、使蚊虫背山一样。那圣人治理天下,是治理外表吗?只不过是先端正了自己,然后去施行确乎是人民所作得到的事情罢了。况且,那鸟儿飞得高高的,是为了躲避弓箭的杀伤;鼷鼠深藏在神坛下的窟窿里,是为了躲避烟熏和挖掘的灾祸。你怎么连这两种动物的本能都一无所知呢?"

天根游于殷阳,至蓼水之上[1],适遭无名人[2]而问焉。曰:"请问为天下。"

无名人曰:"去!汝,鄙人也!何问之不豫[3]也?予方将与造物者为人:厌[4],则又乘夫莽眇[5]之鸟,以出六极[6]之外,而游乎无何有之乡,以处圹埌[7]之野。汝又何为[8]以治天下感予之心为?"

又复问。

无名人曰:"汝游心于淡,合气于漠,顺物自然,而无容私焉,而天下治矣。"

【注释】

①殷阳,地名。蓼,水名也。皆寓托之名也。 ②天根、无名,并为姓字,寓言问答也。 ③不豫,嫌不渐豫,太仓促也。 ④厌,足也。 ⑤莽眇,轻虚之状也。 ⑥六极,犹六合也。 ⑦圹埌,犹旷荡也。 ⑧为,本作"帠"。

【译文】

天根往殷阳去闲游,走到蓼水旁边,恰好遇见了无名人,就向他请教。说:"我请问治理天下的道术。"

无名人说:"去!你是个粗俗鄙浅的人啊!你的问话怎么也不加考虑呢?我正在要和造物者交友:我高兴了,就又驾驶起轻捷虚无的鸟儿,超出天地四方之外,而遨游在一无所有的境界,居住在寥廓无边的原野。你为什么用治理天下的事情来触动我的心呢?"

天根还是问。

无名人说:"你把心神遨游在虚静恬淡之内,把形气融和在寂寞无为之中,顺从万物的自然,而不怀藏半点儿私心,天下自然就会太平的啊!"

阳子居①见老聃,曰:"有人于此,向疾②强梁③,物彻疏明,学道不倦④。如是者,可比明王乎?"

老聃曰:"是于圣人也,胥易、技系、劳形、怵心⑤者也!且也,虎豹之文,来田⑥;猨狙之便、执斄之狗,来藉⑦。如是者,可比明王乎?"

阳子居蹴然曰:"敢问明王之治。"

老聃曰:"明王之治,功盖天下,而似不自己;化贷⑧万物,而民弗恃;有,莫举名;使物自喜;立乎不测⑨,而游于无有者也。"

【注释】

①阳子居,居,名也;子,男子通称。 ②向疾,敏疾如向也。 ③强梁,强干果决。 ④陆德明《礼记》释文:"倦,本又作'勑'。"《说文》作"券"。⑤胥,当为"谞"之借字。《说文》:"谞,知也。"易,当借为"役",同音通借字。胥易,被知慧所役使也;技系,被技术所拘系也。 ⑥虎豹以皮有文章见猎也。田,猎也。 ⑦藉,绳也。由捷见结缚也。藉,系也。 ⑧贷,施也。 ⑨居变化之涂,日新而无方者也。

【译文】

阳子居去见老聃,他对老聃说:"现在有这么一个人,他行动敏捷,强干果决,洞察事理,性情开朗,并且学习道义不知疲倦。像这样的人,可不可以和明王相比呢?"

老聃说:"这样的人,在圣人看来,也只不过是为才智所驱使、为技术所拘系、劳累自己的形体、惊骇自己的心神的那种人啊!况且,虎豹由于身上有文彩,而招致猎人的捕捉;猿猴由于身体灵敏,狗由于能捉狸子,而招致人们的拴缚。这些东西，难道也可以和明王相比吗？”

阳子居惊悚地说道：“我请问明王治理天下的道术。”

老聃说：“明王的治理天下，他的功绩盖过天下，可是好像不是由于自己；他化施万物，可是人民并不需要依靠他；有他这么个人，可是人民却举不出他的名字；他能够使万物都快然自得；他是站立在变化不测的所在，而遨游在空虚无有的境界的人啊。”

郑有神巫曰季咸，知人之死生、存亡、祸福、寿夭，期以岁、月、旬、日，若神。郑人见之，皆弃而走；列子见之，而心醉。

归，以告壶子[①]，曰：“始，吾以夫子之道为至矣，则又有至焉者矣。”

壶子曰：“吾与[②]汝，既其文，未既其实[③]，而固得道与？众雌而无雄，而又奚卵焉？而以道与世亢，必信，夫故使人得而相汝。尝试与来，以予示之。”

明日，列子与之见壶子。出，而谓列子曰：“嘻！子之先生死矣！弗活矣！不以旬数矣！吾见怪焉！吾见湿灰焉！”

列子入，泣涕沾襟，以告壶子。壶子曰：“乡[④]，吾示之以‘地文’[⑤]：萌乎不震不正。是殆见吾杜德机[⑥]也。尝又与来。”

明日，又与之见壶子。出，而谓列子曰：“幸矣子之先生之遇我也！有瘳矣！全然有生矣，吾见其杜权矣。”

列子入，以告壶子。壶子曰：“乡，吾示之以‘天壤’[⑦]：名实不入，而机发于踵。是殆见吾善者机也。尝又与来。”

明日，又与之见壶子。出，而谓列子曰：“子之先生不齐，吾无得而相焉。试齐，且复相之。”

列子入，以告壶子。壶子曰：“吾乡示之以‘太冲莫胜’[⑧]。是殆见吾衡气机[⑨]也。鲵桓[⑩]之审为渊[⑪]，止水之审为渊，流水之审为渊。渊有九名，此处三焉[⑫]。尝又与来。”

明日，又与之见壶子。立未定，自失而走。壶子曰：“追之！”

列子追之，不及。反，以告壶子，曰：“已灭[⑬]矣，已失矣，吾弗及已！”

壶子曰:“乡,吾示之以‘未始出吾宗’。吾与之虚而委蛇[14],不知其谁何;因以为弟靡,因以为波随[15]。故逃也。”

然后,列子自以为未始学,而归。三年不出,为其妻爨。食豕如食人,于事无所亲;雕琢复朴,块然独以其形立;纷而封戎[16],一以是终。

【注释】

①壶子,名林,郑人,列子师。 ②与,授也。 ②既,尽也。 ④乡,本作“鄉”,亦作“向”,同。 ⑤文,犹理也。 ⑥德,谓本性也。杜德机,塞吾德之机也。 ⑦天壤,犹天象也。 ⑧朕,本作“胜”。 ⑨衡,平也。 ⑩桓,盘桓也。鲵,借为“研”,与“计倪”作“计研”、“天倪”作“天研”同例。 ⑪审,当读为“沈”。 ⑫渊者,静默之谓耳。 ⑬灭,不见也。 ⑭委蛇,至顺之貌。 ⑮波随,本作“波流”。 ⑯戎,本作“哉”。纷,乱貌。封戎,散乱也。

【译文】

郑国有个神通的巫人,名字叫季咸,他〔一观人的气色,就〕知道人的生死、存亡、祸福、寿数,他所算定的期限,无论是年数、月数、旬数、日数,就如同神仙那么应验。郑国人一见到他,都赶紧跑开。列子见到他,却被迷住了。

列子回去之后,就把这件事情告诉了他的老师壶子,说:“起初,我以为老师的道术是最高明的,原来还有更高明的人呢。”

壶子说:“我所教给你的东西,只是穷究了它的文辞,并没有穷究它的实际,你难道就算得到道术了吗?譬如,鸟儿只有一些雌性的,而没有雄性的,又怎么能够生卵呢?你拿着你所学到的那点儿道术和世俗相对抗,必然轻信别人,所以你就招得别人来给你相面。你试试明天和他一同来见我,把我的气色现示给他,让他给我相一相。”

第二天,列子陪着季咸来见壶子。出去之后,季咸对列子说:“唉呀!您的老师快要死了!活不成了!超不出十天了!我见到鬼了!我见到泼湿了的灰烬了!”

列子回到屋里,哭得涕泪沾襟,就把季咸对他所说的话告诉给了壶子。壶子说:“方才,我是用‘地文’现示给了他:我就像万物都在沉沉寂寂的,既不荡动,又不静止。他大概是见到我杜塞了本性的机能了。你试试明天再和他一同来见我。”

第二天,列子又陪着季咸来见壶子。出去之后,季咸对列子说:“幸亏您的老师遇到了我!他有救了!他大大地有生气了!我昨天是见到他杜塞了本性的机能了。”

列子回到屋里，又把季咸对他说的话告诉给了壶子。壶子说：“方才，我是用‘天象’现示给了他：我把声名和实际都没放在心里，我的机能是从脚根发出来的。他大概是见到我本性之善的机能了。你试试明天再和他一同来见我。”

第二天，列子又陪着季咸来见壶子。出去之后，季咸对列子说：“您的老师如果不斋戒一番，我是没有办法给他相面的。试试在斋戒之后，我再来给他相一相。”

列子回到屋里，又把季咸对他说的话告诉壶子。壶子说：“方才，我是用‘太虚无迹’现示给他。他大概是见到我平衡气息的机能了。回转盘旋的积水也叫作渊水，停滞不动的积水也叫作渊水，滚动不息的积水也叫作渊水；渊水有九种名称，我在这里只显示了三种。你试试明天再和他来一同见我。”

第二天，列子又陪着季咸来见壶子。季咸还没站稳，自己觉得没有存身之处，就逃跑了。壶子说：“追他！”

列子追他，没有追上。回来，把情形告诉给了壶子。说：“已经无影无踪了，已经不知去向了，我追不上他。”

壶子说：“方才，我是用‘不曾超出我的本元’现示给他：我虚无飘渺地应付他，我并不知道他究竟是什么样的人，我好像是对他低声下气，又好像是对他随波逐流。〔他对我无法观察，〕所以只好逃跑了。”

从此以后，列子才感觉到自己并没有什么道术，就回家去了。他三年也没有出过门，给他的妻子烧火作饭。他饲养猪就如同饲养人一样，对于一切事物都没有什么亲近的；他把浮华恢复为朴素，呆呆地独自站立在没有人的地方；他总感到人世间是纷纷扰扰的，就这样地结束了他的一生。

无为名尸①，无为谋府，无为事任，无为知主。体尽无穷，而游无朕，尽乎所受乎天，而无见得：亦虚而已。

至人之用心若镜：不将，不迎，应而不藏；故能胜物②而不伤。

【注释】

①尸，主也。　②胜，尽也。

【译文】

不作声名的首领，不作谋议的府库，不作事务的挑担，不作明智的主帅。体会尽广漠无穷的宇宙，而遨游在浑沌无形的境域；穷究尽禀受天命的道理，而不参与自己的见解：也只有抱守虚静而已。

至人的用心如同镜子一般：它不遣送走的，不迎接来的，应和物类，而毫不隐藏;所以他能够穷尽物类,而不为物类所伤害。

南海之帝为倏,北海之帝为忽,中央之帝为浑沌[①]。

倏与忽时相遇于浑沌之地,浑沌待之甚善。

倏与忽谋报浑沌之德,曰:"人皆有七窍,以视、听、食、息。此独无有。尝试凿之。"

日凿一窍,七日而浑沌死[②]。

【注释】

①倏,喻有象也;忽,喻无形也;浑沌,清浊未分也,此喻自然。　②言不顺自然,强开耳目也。

【译文】

南海的天神叫作倏,北海的天神叫作忽,中央的天神叫作浑沌。

倏和忽经常在浑沌那里会面,浑沌招待他们非常周到。

倏和忽商量着要报答浑沌的盛情,他们说:"人类都有七窍,用来看、听、吃饭、出气。可是这个人独独没有。我们试试给他凿出来。"

他们每天给他凿一窍,凿到七天,浑沌就死掉了。

外篇

一、骈　拇(一章)

骈拇[①]、枝指[②]，出乎性哉？而侈于德；附赘、县疣，出乎形哉？而侈[③]于性。多方乎仁义而用之者，列于五藏[④]哉？而非道德之正也。

是故骈于足者，连无用之肉也；枝于手者，树无用之指也；骈枝[⑤]于五藏之情者，淫僻于仁义之行，而多方于聪明之用也。

是故骈于明者，乱五色，淫文章，青黄黼黻之煌煌[⑥]，非乎？而离朱[⑦]是已。多于聪者，乱五声，淫六律，金、石、丝、竹，黄钟、大吕之声[⑧]，非乎？而师旷[⑨]是已。枝于仁者，擢德[⑩]、塞性[⑪]，以收名声，使天下簧鼓[⑫]，以奉不及之法，非乎？而曾、史[⑬]是已。骈于辩者，累丸[⑭]、结绳[⑮]，窜句[⑯]，游心于“坚白”、“异同”之间[⑰]，而敝跬誉[⑱]无用之言，非乎？而杨、墨[⑲]是已。故此皆多骈、旁枝之道，非天地之至正也。

被至正[⑳]者，不失其性命之情。故合者不为骈，而枝者不为跂[㉑]，长者不为有馀，短者不为不足。是故凫[㉒]胫虽短，续之则忧；鹤胫虽长，断之则悲。故性长非所断，性短非所续；无所去忧也。意仁义其非人情乎！彼仁人何其多忧也？

且夫，骈于拇者，决[㉓]之则泣；枝于手者，龁[㉔]之则啼；二者，或有馀于数，或不足于数，其于忧，一也。今世之仁人，蒿目而忧世之患；不仁之人，决性命之情[㉕]，而饕[㉖]富贵。故意仁义其非人情乎！自三代以下者，天下何其嚣嚣[㉗]也？

且夫，待钩、绳、规、矩[㉘]而正者，是削其性者也；待绳约、胶漆而固者，是侵[㉙]其德者也。屈折礼乐，呴俞仁义[㉚]，以慰天下之心者，此失其常然[㉛]也。天下有常然。常然者，曲者不以钩，直者不以绳，圆者不以规，方者不以矩，附离[32]不以胶漆，约束不以纆索[33]。故天下诱然皆生，而不知其所以生；同焉皆得，而不知其所以得。故古今不二，不可亏也。则仁义又奚连连如胶漆、纆索，而游乎道德之间为哉？——使天下惑也。

夫小惑易方，大惑易性。何以知其然邪？自虞氏招[34]仁义以挠[35]天下也，天下莫不奔命于仁义。是非以仁义易其性与？

故尝试论之：

自三代以下者，天下莫不以物易其性矣；小人则以身殉[36]利，士则以身殉名，大夫则以身殉家，圣人则以身殉天下。故此数子者，事业不同，名声异号，其于伤性，以身为殉，一也。

臧与穀[37]二人相与牧羊，而俱亡其羊。问臧奚事，则挟筴[38]读书；问穀奚事，则博塞[39]以游；二人事业不同，其于亡羊，均也。

伯夷死名于首阳之下，盗跖死利于东陵之上[40]；二人所死不同，其于残生伤性，均也。奚必伯夷之是而盗跖之非乎？

天下尽殉也。彼其所殉，仁义也，则俗谓之君子；其所殉，货财也，则俗谓之小人。其殉一也，则有君子焉，有小人焉。若其残生损性，则盗跖亦伯夷已，又恶取君子小人于其间哉？

且夫，属[41]其性乎仁义者，虽通如曾、史，非吾所谓臧[42]也；属其性乎五味者，虽通如俞儿[43]，非吾所谓臧也；属性乎五声，虽通如师旷，非吾所谓聪也；属其性乎五色，虽通如离朱，非吾所谓明也。

吾所谓臧者，非仁义之谓也，臧于其德而已矣；吾所谓臧者，非所谓仁义之谓也，任其性命之情而已矣；吾所谓聪者，非谓其闻彼也，自闻而已矣；吾所谓明者，非谓其见彼也，自见而已矣。

不自见而见彼、不自得而得彼者，是得人之得、而不自得其得者也，适人之适、而不自适其适者也。

夫适人之适、而不自适其适，虽盗跖与伯夷是同为淫僻也。

余愧乎道德，是以上不敢为仁义之操，而下不敢为淫僻之行也。

【注释】

①骈拇，谓是拇指连第二指也。　②枝指，手有六指也。　③侈，多也。　④藏，当为“凿”。五凿，谓耳、目、口、鼻及心之窍。　⑤“骈枝”上本有“多方”

二字，赘，当涉上下文而误衍，今以意删。 ⑥煌煌，眩目貌。 ⑦离朱，黄帝时人，百步见秋毫之末。 ⑧五声，谓宫、商、角、徵、羽也。六律，黄钟、大吕、姑洗、蕤宾、无射、夹钟之徒是也。六律，阳；六吕，阴；总十二也。金、石、丝、竹、匏、土、革、木，此八音也。 ⑨师旷，晋贤大夫也。善音律，能致鬼神。 ⑩擢，拔也。 ⑪搴，本作“塞”。塞，与“擢”义不相类，塞，当为“搴”。擢，搴，皆谓拔取之也。 ⑫簧鼓，喧攘。 ⑬曾、史，曾参、史鳍也。曾参，字子舆，仲尼之弟子。史鳍，字子鱼，卫灵公臣。此二人并禀性仁孝。 ⑭丸，本作“瓦”。⑮结绳，解难解之绳结，亦魔术之类也。 ⑯累丸，言其轻巧；结绳，言其纷乱；窜句，言其危险。 ⑰游，当读为“由”。游心，用心也。 ⑱跬，近也。誉，当读为“娱”。跬誉，谓近于游戏也。 ⑲杨、墨，杨朱、墨翟也。 ⑳至正，本作“正正”。 ㉑跂，即“歧”之本字。跂，是多指也。 ㉒凫，小鸭也。㉓决，离析也。 ㉔龁，齿断也。 ㉕决，有放任自流之意。 ㉖饕，贪也。㉗嚣嚣，犹讙聒也。 ㉘钩，曲线板；绳，墨线；规，圆规；矩，曲尺也。此皆匠工之具。 ㉙侵，伤也。 ㉚屈折礼乐，谓屈折身体为礼乐也。呴俞，谓呴喻颜色为仁义之貌。 ㉛常然，犹常态也。 ㉜离，依也。离，通“丽”。 ㉝纆，索也。 ㉞此文“招”字亦当训“举”，而读为“翘”。言举仁义以挠天下也。 ㉟挠，乱也。 ㊱殉，营也。 ㊲臧，縠，假托之人名也。 ㊳筴，竹简也，古以写书，长二尺四寸。 ㊴塞，博之类也。 ㊵东陵，谓泰山也。㊶属，徐音“烛”，著也。 ㊷臧，善也。 ㊸俞儿，古之善识味人也。“五味”下本无“者”字，今据上文“仁义者”补。

【译文】

脚的大趾和二趾相连并，一只手生六个指头，是出自本性吗？乃是超越了一般的肢体；附着或悬挂在身上的瘤子，是出自本形吗？乃是超越了一般的外貌。在本性之外附加的仁义之道，用来教化人民，是分配在五窍之中的吗？这并不是道德的正轨啊。

因此，脚趾相连并的，便是连上了没有用的肌肉；一只手生六个指头的，便是长上了没有用的指头；超越了五窍的真性的，便是淫邪于仁义之道，而是超越了一般耳力和目力的功能。

因此，超越了一般目力的人，他就会搅乱五色，混淆文采，弄得光怪陆离，眼花缭乱；不是吗？像离朱就是这样的人。超越了一般耳力的人，他就会搅乱五声，混淆六律，弄得八音浑浊，声调杂陈；不是吗？像师旷就是这样的人。超越了人道之常的人，他提高自己的德性，藉以博取声名，使得天下骚扰不安，来奉行作不到的礼法；不是吗？像曾参、史鳍就是这样的人。超越了辩论之正的人，他〔的言论〕

工巧得如同累弹丸、纷乱得如同结绳索,危险得如同钻刀山,他用心于“坚白”、“异同”之辩,而劳神于近似游戏、毫无实用的言论;不是吗?像杨朱、墨翟就是这样的人。所以,这都是些脚趾连并、手生六指的道术,而不是天下最正派的道术。

那最正派的道术,不失掉人类性命的真实。所以,原来就是相合的,不算是连并;原来就是枝杈的,不算是分歧;原来就是长的,不算是有余;原来就是短的,不算是不足。因此,野鸭的腿虽然短,如果给它接上一段,它就会痛苦;仙鹤的腿虽然长,如果给它截去一段,它就会悲伤。所以,天生就是长的,并不给他截短;天生就是短的,并不给它接长;就没有什么顾虑的了。我想仁义并不是人类的实情啊!那仁人怎么会有那么多的顾虑呢?

况且,脚趾连并的,割开它,他就得掉泪;手生六指的,咬掉它,他就得哭啼;这两种情形,有的比原数多,有的比原数少,可是他们受的痛苦是一样的。现在的仁人,望眼如穿地担忧世俗的患难;不仁之人,纵情任欲地去贪取富贵。所以,我想仁义并不是人类的实情啊!自从三代以后,天下怎么这么闹闹嚷嚷的啊!

况且,依靠曲线板、墨线、圆规、曲尺去矫正它的,是会削损它的天性的;依靠绳索捆绑、胶漆黏合去加固它的,是会损伤它的本质的。弯腰屈膝地去演习礼乐,和颜悦色地去施行仁义,藉以安慰天下人心的,这便是失掉了人类的常态。天下有常态。常态,弯的用不着曲线板,直的用不着墨线,圆的用不着圆规,方的用不着曲尺,合拢用不着胶漆,捆缚用不着绳索。所以天下万物都向前生长,可是并不知道为什么生长;都同一舒适,可是并不知道为什么舒适。所以古今没有什么两样,不可以对它们有所亏损。仁义这些东西,又为什么绵绵连连地像胶漆、绳索一样,而施行在道德之中呢?——这会使天下人受到迷惑的。

那小的迷惑,足以变失方向;大的迷惑,足以变失本性。为什么知道是这样的呢?自从大舜举出仁义来扰乱天下以后,天下人没有不是拼命地趋向于仁义的。这不就是用仁义来变失人类的本性吗?

所以,我就试谈一谈吧:

自从三代以后,天下的人没有不被外物的渐染而变失了本性的:百姓们拼着命地去追求财利,儒士们拼着命地去追求声名,大夫们拼着命地去保全封地,圣人们拼着命地去保全天下。所以,这些人,事业虽然不同,名声虽然不同,但是他们对于损伤本性,拼着命地去追求,却是都一样的。

臧儿和榖儿俩人在一起放羊,他们都把羊放丢了。问臧儿在干什么,他是抱着竹简读书了;问榖儿在干什么,他是玩五道棋了。他俩的事由虽然不同,但是他们对于放丢了羊这件事来说,却是一样的。

伯夷为了追求声名,死在首阳山下;盗跖为了追求财利,死在东陵之上。俩人死的原因虽然不同,但是就他们残害自己的生命和本性这种情况来说,却是一样的。何必一定以为伯夷是对的、而盗跖是不对的呢?

天下的人都是拼着命地去追求。他们所拼命追求的是仁义,世俗上就把他们叫作君子;他们所拼命追求的是财利,世俗上就把他们叫作小人。就拼命追求这一点讲,他们是一样的,可是有的就是君子,有的就是小人。如果按着他们的残害生命和本性来说,那么盗跖也就是伯夷。又为什么在这中间却取用了君子、小人这种不同的称呼呢?

况且,把自己的本性牵附在仁义之上的人,虽然精通得像曾参、史鳝一样,这并不是我所谓好的;把自己的本性牵附在五味之上的人,虽然精通得像俞儿一样,这并不是我所谓好的;把自己的本性牵附在五声之上的人,虽然精通得像师旷一样,这并不是我所谓耳力好的;把自己的本性牵附在五色之上的人,虽然精通得像离朱一样,这并不是我所谓目力好的。

我所谓好的,并不是说的仁义,只不过是好在他的道德上罢了;我所谓好的,并不是世俗上的所谓仁义,只不过是任着他的本性的真实罢了;我所谓耳力好的,并不是他能够听到外物,只不过是他自己能够听到自己罢了;我所谓目力好的,并不是他能够见到外物,只不过是他自己能够看到自己罢了。

那不能够见到自己、而见到外物,不能够得到自己、而得到外物的人,这便是得到别人所要得到的,而不能够得到自己所要得到的,向往别人所要向往的,而不能够向往自己所要向往的。

那向往别人所要向往的,而不能够向往自己所要向往的,虽然盗跖和伯夷不同,但是都是一样的淫邪了本性。

我对于体形道德感到很惭愧,因而,往上说我不敢作出仁义的德操,往下说我不敢作出淫邪的行为。

二、马　　蹄（一章）

马，蹄可以践霜雪，毛可以御风寒。龁草[①]，饮水，翘足而陆[②]，此马之真性也；虽有义台，路寝[③]，无所用之。

及至伯乐[④]，曰："我善治马。"烧之，剔之，刻之，雒之[⑤]，连之以羁馽[⑥]，编之以阜栈[⑦]，马之死者十二三矣；饥之，渴之，驰之，骤之，整之，齐之，前有橛饰[⑧]之患，而后有鞭筴[⑨]之威，而马之死者已过半矣。

陶者曰："我善治埴[⑩]。"圆者中规，方者中矩。匠人曰："我善治木。"曲者中钩，直者中绳。夫埴、木之性，岂中规矩、绳墨哉？

然且世世称之曰：伯乐善治马，而陶、匠善治埴、木。此亦治天下者之过也！吾意善治天下者不然。

彼民有常性：织而衣，耕而食，是谓同德；一而不党[⑪]，命曰天放。

故至德之世，其行填填，其视颠颠[⑫]。当是时也，山无蹊隧[⑬]，泽无舟梁；万物群生，连属其乡；禽兽成群，草木遂长。是故禽兽可系羁而游，乌鹊之巢可攀援而窥[⑭]。

夫至德之世，同与禽兽居，族与万物并，恶乎知君子小人哉？同乎无知，其德不离；同乎无欲，是谓素朴。素朴，而民性得矣。

及至圣人，蹩躠为仁，踶跂为义[⑮]，而天下始疑矣；澶漫为乐，摘辟为礼[⑯]，而天下始分矣。

故纯朴不残[⑰]，孰为牺尊？白玉不毁，孰为珪璋[⑱]？道德不废，安取仁义？性情不离，安用礼乐？五色不乱，孰为文采？五声不乱，孰应六律？夫残朴以为器，工匠之罪也；毁道德以为仁义，圣人之过也。

夫马，居[⑲]则食草饮水，喜则交颈相靡[⑳]，怒则分背相踶[㉑]，马知已此矣。夫加之以衡扼[㉒]，齐之以月题[㉓]，而马知介倪、闉扼、鸷曼、诡衔、窃辔[24]。故马之知而态[25]至盗者,伯乐之罪也。

夫赫胥氏[26]之时,民居不知所为,行不知所之,含哺而熙[27],鼓腹而游,民能以[28]此矣。及至圣人,屈折礼乐,以匡天下之形;县企仁义,以慰天下之心;而民乃始踶跂好知,争归于利,不可止也。此亦圣人之过也。

【注释】

①龁,啮也。 ②陆,跳也。翘,举也。 ③义台,犹灵台也。路寝,正寝也。 ④伯乐,姓孙,名阳,善驭马。 ⑤烧,谓烧铁以烁之。剔,谓翦其毛。刻,谓削其甲(蹄)。雒,谓即烙。 ⑥羁,勒也。馽,绊前两足也。 ⑦阜,枥也。栈,若檽床,施之湿地也。阜,马闲也。 ⑧橛,衔也。饰,排衔也,谓加饰于马镳也。 ⑨带皮曰鞭,无皮曰筴。 ⑩埴土,可以为陶器。 ⑪党,偏也。 ⑫填填,迟重也。颠颠,专一也。 ⑬蹊,径也。隧,道也。 ⑭窥,窥望。 ⑮蹩躠,用力之貌。踶跂,矜持之容。 ⑯澶漫,犹纵逸也。但曼,淫衍也。摘辟,多节。 ⑰纯朴,全木也。不残,未雕也。 ⑱珪、璋,皆器也。锐上方下曰珪,半珪曰璋。 ⑲"居"上本有"陆"字。 ⑳靡,摩也。 ㉑马之踶,必向后,故曰分背。踶,俗作"踼"。分背,谓臀尾相对也。 ㉒衡,辕前横木,缚轭者也。扼,叉马颈木也。扼,叉颈木也。 ㉓月题,马额上当颅如月形者也。 ㉔诡衔,吐出衔也。介,借为"輵";倪,借为"輗"。龂,齿相切也。輗,大车端持衡者也。闉,借为"迁";扼,借为"轭";谓移齿也。鸷,借为"折",曼,借为"輵"。介,当借为"扴"。诡,当借为"垝"。 ㉕态,本义当训巧艺多才也,即"才能"、"贤能"之"能",故从"心"。态,世德堂本作"能"。态,本字,能,借字,此皆古义之幸存者。 ㉖赫胥氏,上古帝王也。 ㉗熙,戏。熙,与"嬉"同。借为"嬉",即"娭"。 ㉘以,即"已"字。

【译文】

马,蹄子可以走霜雪,毛可以挡风寒。吃草,喝水,撒开腿就跑,这都是马的真性;纵然有高大的楼台,宽敞的宫寝,对它是没有用处的。

到后来有了伯乐,他说:"我善于治理马。"他就烫平它们的毛,剪齐它们的鬃,削齐它们的蹄子,在它们身上烙火印,用笼头和绊索把它们拴起来,用牢圈和栅栏把它们围起来;马因为这个而死掉的就有十分之二、三了。饿着它们,渴着它们,赶着它们飞驰、奔跑,教练它们步伐整齐,前面有衔木的苦痛,后面有鞭策的威胁;马因为这个而死掉的就已经超过一半了。

陶工说:"我善于调理黏土。"使得圆的符合圆规,方的符合曲尺。木匠说:"我善于整治木材。"使得弯的符合曲线板,直的符合墨线。那黏土和木材的本性，难道原来就符合圆规和曲尺、曲线板和墨线吗？

然而，人们世世代代都称赞他们说："伯乐善于治理马，陶工和木匠善于整治黏土和木材。"这也是治理天下的人的罪过啊！

我想善于治理天下的人并不是这样。

那人民有永恒的本性：织布来穿衣，种田来吃饭，这叫作共同的德性；禀赋纯一，而不偏私，这叫作天然的放任。

所以，在升平的世界，人民的行动是稳重的，眼神是专注的。在这种时代，山里没有小路和大道，水上没有船舶和桥梁；万物同共生长，乡庄相互连接，禽兽都成群结队，草木都茂密丛生。因此，禽兽可以拴起来同人一起遨游，鸟窝可以让人爬到树上窥探。

那升平的世界，人和禽兽一同居住，人和万物相互集聚，哪里知道什么君子、小人呢？人们都没有知识，他们的本性不会离失；人们都没有欲望，这就叫作纯素朴实。纯素朴实，这就能保住人民的本性。

到后来有了圣人，他们劳劳碌碌地施行仁德，兢兢业业地施行正义，因而天下就开始迷惑了；淫淫荡荡地学音乐，拳拳曲曲地学习礼节，因而天下开始分散了。

所以，完整的木材不受伤残，怎么能够成为雕饰华美的酒尊呢？洁白的玉石不受毁坏，怎么能够成为多式多样的玉器呢？道德不废弃，怎么能够用得着仁义呢？性情不离失，怎么能够用得着礼乐呢？五色不紊乱，怎么能够成为文彩呢？五声不紊乱，怎么能够应和六律呢？那伤残了完整的木材而作为器皿的，乃是工匠的罪过；毁破了道德而成为仁义的，乃是圣人的罪过。

那马，站立着，就吃草、喝水；高兴了，就伸着脖子互相摩蹭；发怒了，就对着屁股互相踢踏；马的智慧也就止于此了。那么，给它驾上车辕，戴上笼头，它就知道磨刮辕衡，移动套枷，折断车棚，毁坏衔木，咬断辔头。所以，马的智慧之所以能够变得像盗贼一样，乃是伯乐的罪过。

在上古赫胥氏时代，人民居家不知道作什么事，走路不知道往哪里去；嘴里嚼着食物玩耍，拍打着肚子遨游；人民的能力也就止于此了。到后来有了圣人，委屈着肢体去演习礼乐，来端正天下的形貌；高高地标出仁义行为，来安定天下的人心；因而人民才开始务为智巧，争求财利，闹得不可遏止。这也是圣人的罪过。

三、胠　箧(一章)

将为胠箧[①]、探囊、发匮之盗而为守备,则必摄缄縢[②]、固扃鐍[③],此世俗之所谓知也。然而巨盗至,则负匮、揭箧、担囊而趋,唯恐缄縢、扃鐍之不固也。然则乡[④]之所谓知者,不乃为大盗积者也?

故[⑤],尝试论之:世俗之所谓知者,有不为大盗积者乎?所谓圣者,有不为大盗守者乎?

何以知其然邪?

昔者,齐国,邻邑相望,鸡犬之音相闻;罔罟之所布,耒耨[⑥]之所刺,方二千馀里;阖四竟[⑦]之内,所以立宗庙、社稷,治邑、屋、州、闾、乡、曲[⑧]者,曷尝不法圣人哉?然而,田成子一旦杀齐君,而盗其国[⑨]。所盗者岂独其国邪?并其圣知之法而盗之。

故田成子有乎盗贼之名,而身处尧、舜之安,小国不敢非,大国不敢诛,世世有齐国[⑩]。则是不乃窃齐国并与其圣知之法、以守其盗贼之身乎?

尝试论之:世俗之所谓至知者,有不为大盗积者乎?所谓至圣者,有不为大盗守者乎?

何以知其然邪?

昔者,龙逢斩,比干剖[⑪],苌弘胣[⑫],子胥靡[⑬],故四子之贤,而身不免于戮。

故跖之徒问于跖曰:"盗亦有道乎?"跖曰:"何适而无有道邪?夫妄意[⑭]室中之藏,圣也;入先,勇也;出后,义也;知可否,知也;分均,仁也。五者不备,而能成大盗者,天下未之有也。"

由是观之,善人不得圣人之道,不立;跖不得圣人之盗,不行。天下之善人少,而不善人多,则圣人之利天下也少,而害天下也多。

故曰:唇竭则齿寒[15]。鲁酒薄,而邯郸围;圣人生,而大盗起。掊击圣人,纵舍盗贼,而天下治矣。

夫川竭而谷虚,丘夷而渊实;圣人已死,则大盗不起,天下平而无故矣。

圣人不死,大盗不止。虽重圣人而治天下,则是重利盗跖也。为之斗斛以量之,则并与斗斛而窃之;为之权衡[16]以称之,则并与权衡而窃之;为之符玺[17]而信之,则并与符玺而窃之;为之仁义以矫之,则并与仁义而窃之。

何以知其然邪?

彼窃钩[18]者诛,窃国者为诸侯。诸侯之门,而仁义存焉。则是非窃仁义、圣知邪?

故逐于大盗揭诸侯窃仁义并斗斛、权衡、符玺之利者,虽有轩冕[19]之赏弗能劝,斧钺之威弗能禁。此重利盗跖而使不可禁者,是乃圣人之过也。

故曰:"鱼不可脱于渊;国之利器不可以示人。"彼圣人者,天下之利器也,非所以明天下也。

故绝圣弃知,大盗乃止;擿玉毁珠[20],小盗不起;焚符破玺,而民朴鄙;剖斗折衡,而民不争。殚残[21]天下之圣法,而民始可与论议。

擢乱[22]六律,铄绝竽瑟[23],塞师旷之耳,而天下始人含其聪矣;灭文章,散五采,胶离朱之目,而天下始人含其明矣。毁绝钩绳,而弃规矩,攦工倕之指[24],而天下始人有其巧矣[25]。削曾、史之行,钳杨、墨之口,攘弃[26]仁义,而天下之德始玄同[27]矣。

彼人含其明,则天下不铄[28]矣;人含其聪,则天下不累矣;人含其知,则天下不惑矣;人含其德,则天下不僻矣。

彼曾、史、杨、墨、师旷、工倕、离朱者,皆外立其德而爚乱[29]天下者也,法之所无用也。

子独不知至德之世乎?昔者,容成氏、大庭氏、伯皇氏、中央氏、栗陆氏、骊畜氏、轩辕氏、赫胥氏、尊卢氏、祝融氏、伏羲氏、神农氏[30],当是时也,民结绳而用之,甘其食,美其服,乐其俗,安其居,邻国相望，鸡狗之音相闻，民至老死，而不相往来。若此之时，则至治已。今遂至使民延颈举踵曰："某所有贤者。"赢粮而趣之；则内弃其亲，而外去其主之事，足迹接乎诸侯之境，车轨结乎千里之外。则是上好知之过也。

上诚好知而无道，则天下大乱矣。

何以知其然邪？

夫弓弩、毕弋、机变[31]之知多，则鸟乱于上矣；钩饵、罔罟、罾笱[32]之知多，则鱼乱于水矣；削格、罗络、罝罘[33]之知多，则兽乱于泽矣；知诈[34]、渐毒[35]，颉滑[36]、"坚白"、解垢[37]、"同异"之变多，则俗惑于辩矣。故天下每每[38]大乱，罪在于好知。

故天下皆知求其所不知，而莫知求其所已知者；皆知非其所不善，而莫知非其所已善者。是以大乱。

故上悖[39]日月之明，下烁[40]山川之精，中堕[41]四时之施；惴耎之虫[42]，肖翘之物[43]，莫不失其性。甚矣夫，好知之乱天下也！

自三代以下者是已：舍夫种种之民[44]，而悦夫役役[45]之佞；释[46]夫恬淡无为，而悦夫哼哼[47]之意。哼哼，已乱天下矣！

【注释】

①胠，开也。箧，箱也。②摄，结也。③鐍，锁钥也。④乡，本又作"向"，亦作"鄉"。⑤故，今也。⑥耒，犁也；一云，耜柄也。耨，锄也；或云，以木为锄柄。⑦阖，合也。⑧二十五家为闾，二千五百家为州，万二千五百家为乡也。⑨田成子，齐大夫陈恒也。齐君，简公也；《春秋·哀公十四年》，陈恒杀之于舒州。⑩"世世有齐国"，本作"十二世有齐国"。⑪龙逢，姓关，夏桀之贤臣，为桀所杀。比干，王子也，谏纣，纣剖其心而视之。⑫胣，崔云，读若"拖"，或作"施"字。胣，裂也。⑬子胥，伍员也。谏夫差，夫差不从，赐之属镂（剑名）以死，投之于江也。靡，烂之于江也。⑭意，斟酌商度。⑮唇竭，俗称撅嘴。"竭"变作"噘"。⑯权，称锤；衡，称衡也。⑰符者，分为两片，合而成一，即今之金鱼木契也。玺者，玉印，握之以摄召天下也。⑱钩，带钩也。⑲轩，车也。冕，冠也。⑳擿，犹投弃之也。㉑殚，尽也。残，毁也。㉒擢，拔也。㉓铄绝，烧断之也。㉔工倕，尧时巧者也。攦，折断。㉕此下本有"故曰大巧若拙"六字。今以意删。㉖攘，却也。㉗玄，元也。玄同，谓与天地之本元相混同也。㉘铄，向音

"燿"。　㉙爚,借为"谿"。《广雅》:"谿,乱也。"　㉚此十二氏,皆古帝王。㉛兔网曰毕。缴射曰弋。弩牙曰机。　㉜罾,渔网也。　㉝削格,所以施罗网也。罝罘,兔网也。　㉞知诈,犹巧诈也。　㉟渐,疑借为"谗";毒,疑借为"侜"或"譸";皆叠韵通借字。渐毒,即谗侜,即忘诞也。　㊱颉滑,滑稽也。㊲解垢,谓背反常理也。　㊳每每,犹昏昏也。　㊴悖,乱也。　㊵烁,消也。　㊶堕,毁也。　㊷惴耎,蠉蝡,动虫也。　㊸肖翘,翾飞之属也。㊹种种,谨慤貌。一云,淳厚也。　㊺役役,鬼黠貌。　㊻释,废也。　㊼哼哼,以己诲人也。

【译文】

为了防备开箱柜、探包裹的小偷,就必然要结紧绳索,上好锁钥,这便是世俗所谓聪明人。然而大贼盗一来,就扛起箱柜、担起包裹,整个儿地弄走了,他还惟恐这绳索和锁钥不牢固呢。那么,方才的所谓聪明人,不正是为大贼盗而积蓄的人吗?

现在,我们就尝试着谈一谈吧。

世俗所谓的聪明人,有不为大贼盗而积蓄的人吗?所谓圣人,有不为大贼盗而守备的人吗?

怎么知道是这样的呢?

在古代,齐国和邻国的城乡互相望得见,鸡狗的声音互相听得见;可以捕鱼的池泽,可以耕种的田地,方圆有两千多里;所有四境之内,所建立的宗庙和神祠,设置的城市和乡庄,何尝不是效法圣人呢?然而,田成子一旦杀了齐简公,并盗取了齐国。他所盗取的岂止是别人的国家吗?连别人圣知的法制都盗取去了。

所以,田成子具有贼盗的名声,可是却身处在像尧、舜那样安全的地位,小国不敢议论他,大国不敢讨伐他,世世代代享有齐国。这不正是他盗窃了齐国和它圣知的法制,来保全他盗贼的身体吗?

我们就尝试着谈一谈吧。

世俗所谓最聪明的人,有不为大贼盗而积蓄的人吗?所谓最圣明人,有不为大贼盗而守备的人吗?

怎么知道是这样的呢?

在古代,关龙逢被夏桀杀了头,王子比干被殷纣挖了心,苌弘被周国分了尸,伍子胥被吴王夫差投在江里。以这四个人的贤明,可是却没能幸免杀戮之祸。

所以,盗跖的徒弟问盗跖说:"做贼盗也有道术吗?"盗跖说:"什么地方能没有道术呢?能凭空测度出屋里财物所藏的地方,便是圣明;争着先进去,便是勇敢;甘愿后出来,便是义气;知道什么可以做什么不可以做,便是明智;财物分得平均,便是仁爱。这五项如果不具备,而能够成为大盗,天下是没有这种事情的。”

由此看来,善人得不到圣人的道术,就没有成就;盗贼得不到圣人的道术,就行不通。天下好人少,而不好的人多,就是由于圣人对天下的好处少,对天下的危害多。

所以说:嘴唇噘起来,牙齿就受到风寒。鲁国献给楚王的酒味薄,赵国的都城就遭到围困;圣人降生,大贼盗就多起来。打倒了圣人,放任贼盗,天下就会太平了。

流水枯竭,山谷就要虚空;丘陵削平,池泽就会充实;圣人死了,大贼盗就起不来,天下就太平无事了。

圣人不死,大贼盗就不会止息。虽然重视圣人来治理天下,实际上这对盗跖是大大有利的。创制了升斗来量东西,可是盗贼连升斗都盗窃了去;创制了秤杆秤砣来称东西,可是盗贼连秤杆秤砣都盗窃了去;创制了符节和玉玺来作为凭信,可是盗贼连符节和玉玺都盗窃了去;创制了仁义来矫正过错,可是盗贼连仁义都盗窃了去。

怎么知道是这样的呢?

那盗窃带钩的人,会被杀掉;那盗窃了国家的人,却成为诸侯。诸侯之家,是存在着仁义的。这不就是盗窃了仁义和圣智吗?

所以,追随大贼盗,高居诸侯之位,盗窃了仁义和升斗、秤杆、秤砣、符节、玉玺之利的人,虽然有加官的赏赐,也不能够奖励他〔为善〕;虽然有杀戮的威刑,也不能够禁止他〔作恶〕。出现这种大大有利于盗跖而使天下不可禁止的情况,乃是圣人的罪过。

所以说:“鱼不可以脱离池泽,国家的威权不可以显示给别人。”那圣人便是天下的威权,并不是用他来明示给天下的。

所以,抛弃了圣明智巧,大贼盗就会止息;毁掉了珠宝玉器,小贼盗就没有了;焚毁了符节,摔碎了玉玺,人民就归于淳朴;折毁了升斗,折断了秤杆,人民就不会争夺。完全废除圣人的法制,人民才可以一同谈论天下大事。

拨乱六律,烧断竽瑟,塞住师旷的耳朵,天下人才能保全住耳力的通彻;消灭文采,分散五色,黏住离朱的眼睛,天下人才能保全住眼力的明亮;毁坏曲线板和墨线,丢弃圆规和曲尺,折断工倕的手指头,天下人才能保全住工艺的技巧;削除曾参、史鳝的行为,钳住杨朱、墨翟的嘴巴,扔掉仁义之道,天下的德性才能和天地的本元相混同。

那人人保全了眼力的明亮,天下就不会有被炫耀的;人人保全了耳力的通彻,天下就不会有被困累的;人人保全了自己的智慧,天下就不会有被迷惑的;人人保全了自己的德性,天下就不会有趋向邪僻的。

曾参、史鳍、杨朱、墨翟、师旷、工倕、离朱这般人,都是把自己的德性建立在外物之上而毅乱天下的,这都是常法(自然法则)所用不着的。

您难道不知道升平之世〔的情况〕吗?在上古时代,容成氏、大庭氏、伯皇氏、中央氏、栗陆氏、骊畜氏、轩辕氏、赫胥氏、尊卢氏、祝融氏、伏羲氏、神农氏,在那个时代,人民用结绳来记事情,他们觉得自己食品香甜,衣服华美,习俗可爱,居住安适,邻国互相望得见,鸡狗叫的声音互相听得见,人民直到老死,也不互相往来。像这样的时代,可说是非常太平了。现在,甚至于使人民伸长脖子,举起脚跟,说:"某地方有贤人。"担着口粮往那里去请教,因而,在家里离弃了自己的父母,在外边丢下了自己的主管事务,足迹跑遍了诸侯各国,车辙联结到千里之外。这便是君上崇尚智巧的罪过。

君上真地崇尚智巧,而不懂"道",天下就要大乱了。

怎么知道是这样的呢?

那制造各色各样的弓弹、鸟网的智巧一多,鸟类就在天空混乱起来了;制造各色各样的钓具、渔网的智巧一多,鱼类就在水塘混乱起来了;制造各色各样的鹿角、兽网的智巧一多,兽类就在薮泽混乱起来了。巧诈、妄诞、屈曲、"坚白"、乖离、"异同"的诡变多,世俗之人就会被这些诡辩迷惑起来。所以,天下昏昏大乱,罪过就在于崇尚智巧。

所以,天下都知道追求自己所不知道的,而不知道追求自己所已经知道的;都知道非难自己所不喜好的,而不知道非难自己所已经喜好的。所以天下就大乱了。

所以,在天上,扰乱了日月的光明;在地上,消损了山川的精气;在人世间,毁灭了四时的施化;蠕动的虫类,飞动的生物,没有不失掉它的本性的。崇尚智巧而昏乱天下,可以说是太厉害了!

自从三代以来,就是这样的:舍弃淳厚朴素的真实,而喜欢诡诈奸邪的巧辩;抛开恬淡无为,而喜欢喋喋不休的教化。喋喋不休地教诲别人,就是已经昏乱天下了!

四、在　宥(七章)

闻在宥[①]天下,不闻治天下也。在之者,恐天下之淫其性也;宥之者,恐天下之迁其德也。天下不淫其性,不迁其德,有治天下者哉?

昔,尧之治天下也,使天下欣欣焉人乐其性,是不恬[②]也;桀之治天下也,使天下瘁瘁焉[③]人苦其性,是不愉也。夫不恬、不愉,非德也。非德也,而可长久者,天下无之。

人大喜邪,毗于阳;大怒邪,毗于阴。阴阳并毗,四时不至,寒暑之和不成,其反伤人之形乎!

使人喜怒失位,居处无常,思虑不自得,中道不成章[④],于是乎天下始乔诘、卓鸷[⑤],而后有桀、跖[⑥]、曾、史之行。

故举天下以赏其善者,不足;举天下以罚其恶者,不给;故天下之大,不足以赏罚。自三代以下者,匈匈焉[⑦]终以赏罚为事。彼何暇安其性命之情哉?

而且,说明邪,是淫于色也;说聪邪,是淫于声也;说仁邪,是乱于德也;说义邪,是悖于理也;说礼邪,是相于技[⑧]也;说乐邪,是相于淫也;说圣邪,是相于艺也;说知邪,是相于疵也。

天下将安其性命之情,之八者,存可也,亡可也;天下将不安其性命之情,之八者,乃始脔卷[⑨],猞囊[⑩]而乱天下也;而天下乃始尊之、惜之。甚矣,天下之惑也!岂直过而去之邪!乃齐戒以言之,跪坐以进之,鼓歌以儛[⑪]之。吾若是何哉?

故君子不得已而临莅天下,莫若无为。无为也,而后安其性命之情。故"贵以身为天下,可以托天下;爱以身为天下,可以寄天下。"

故君子苟能无解其五藏,无擢其聪明,尸居而龙见,渊默而雷声,神动而天随;从容无为,而万物炊累[12]焉。吾又何暇治天下哉?

【注释】

①宥,宽也。 ②恬,静也。 ③瘁,病也。 ④成章,谓成就于内,表着于外也。 ⑤盖乔诘,迂曲之行也;卓鸷,敝败之行也。 ⑥桀跖,本作“盗跖”。 ⑦匈匈,讙哗也,竞逐之谓也。 ⑧相,助也。 ⑨脔卷,不申舒之状也。 ⑩遽之貌也。○按:獊,应为“抢”之误字。 ⑪僊,即“舞”之俗字。⑫炊累,犹动升也。

【译文】

只听说过抚恤和宽容天下,没听说过治理天下。抚恤他们,是恐怕天下淆乱了本性;宽容他们,是恐怕天下变改了德行。天下不淆乱本性,不变改德行,还用得着治理天下吗?

在古代,帝尧的治理天下,使天下欢欣鼓舞地畅快他们的本性,这便是不让他们安静;夏桀的治理天下,使天下疲劳憔悴地痛苦他们的本性,这便是不让他们愉快。不让安静,不让愉快,就不是施德于天下,不施德于天下,而能够保持长久的,天下是没有的。

人过于喜悦,就会侧重于阳气;过于愤怒,就会侧重于阴气。阴阳之气都侧重,四季就不能按时季到来,寒暑就不能布施均调;这会反过来伤害人民的形体的!

使人民喜怒失去正常,居处没有定所,思虑不能随心,正道不能养成,于是天下开始意志不平,行为不正,而后便出现了夏桀、盗跖和曾参、史鳍这些不同行为。

所以,要想把天下的好人都赏赐了,是赏赐不清的;要想把天下的坏人都处罚了,是处罚不完的。所以,天下这么大,用赏罚的办法是不够的。可是自从三代以下,总是闹闹嚷嚷地总是把赏罚当件事情来做。人民哪里还有时间安于他们性命的真情呢?

而且,喜欢眼力明亮吧,就会淆乱颜色;喜欢耳力通彻吧,就会淆乱声音;喜欢仁慈吧,就会淆乱德性;喜欢正义吧,就会悖乱天理;喜欢礼节吧,就会助长偏邪;喜欢音乐吧,就会助长淫荡;喜欢圣明吧,就会助长法制;喜欢智巧吧,就会助长灾患。

天下如果安于他们本性的真情,这八项,保存它也可以,丢掉它也可以;天下如果不安于他们本性的真情,这八项,便开始弄得天下拳曲不伸,纷扰不安,而搅乱了天下;可是天下却开始尊重这些行动,爱惜这些行动。天下真是太迷惑了!他们岂止是让这些行动一过去就算完了!却是斋戒之后才去谈论,用跪坐之礼实行,用歌乐去鼓舞人心。我对这些有什么办法呢?

所以,君子不得已而监临天下,没有比无为再好的了。做到无为,而后才可以安定人民本性的真情。所以"宝重身体去治理天下的人,才可以把天下委托给他;爱惜身体去治理天下的人,才可以把天下交付给它。"

所以,君子如果能不放纵自己的感官享乐,不提高自己的聪明;静处时如同神像,而显现时如同飞龙;沉默如同渊水,而行动如同雷电;精神起动,而天下随从;从容自在,清静无为,而万物都升腾活跃起来。我又哪里有时间去治理天下呢?

崔瞿[①]问于老聃曰:"不治天下,安臧人心?"

老聃曰:"女慎勿撄[②]人心。人心:排下而进上,上下囚杀[③];淖约柔乎刚强[④],廉刿雕琢;其热,焦火;其寒,凝冰;其疾,俛仰之间,而再抚四海之外:其居也,静而渊;其动也,县而天[⑤]。偾骄而不可系者,其唯人心乎!

"昔者,黄帝始以仁义撄人之心。尧、舜于是乎股无胈,胫无毛,以养天下之形;愁其五藏,以为仁义;矜其血气,以规法度。然犹有不胜也。尧于是乎放讙兜于崇山,投三苗于三危,流共工于幽都。此不胜天下也。

"夫施及[⑥]三王,而天下大骇矣。下有桀、跖,上有曾、史[⑦],而儒、墨毕起。于是乎喜怒相疑,愚知相欺,善否相非,诞信相讥,而天下衰矣。大德不同,而性命烂漫[⑧]矣;天下好知,而百姓求竭[⑨]矣。于是乎釿锯制焉,绳墨杀焉,椎凿决焉[⑩]。天下脊脊[⑪]大乱,罪在撄人心。故贤者伏处大山嵁岩[⑫]之下,而万乘之君忧慄乎庙堂之上。

"今世,殊死[⑬]者相枕也,桁杨[⑭]者相推也,形戮者相望也,而儒、墨乃始离跂、攘臂[⑮]乎桎梏之间。意[⑯]!甚矣哉,其无愧而不知耻也!甚矣,吾未知圣知之不为桁杨椄槢[⑰]也,仁义之不为桎梏凿枘[⑱]也!焉知曾、史之不为桀、跖嚆矢[⑲]也?

"故曰:绝圣弃知,而天下大治。"

【注释】

①崔瞿,人姓名也。 ②撄,挠。 ③囚,读为"遒"。 ④淖约,柔弱也。 ⑤按:静而渊,本作"渊而静",与下句"县而天"不相对,且失"渊"、"天"之韵。今以意改。县,当借为"玄"。静而渊,静默如渊也;县而天,玄远如天也。 ⑥施,延也。 ⑦桀、跖行小人之行,为下;曾、史行君子之行,为上。 ⑧烂

漫,散乱也。 ⑨求竭,即"胶隔"也,今作"纠葛"。 ⑩斤,本亦作"斤"。绳墨,正木之曲直;礼义,示人之隆杀;椎凿,穿木之孔窍;刑法,决人之身首;工匠运斤锯以残木,圣人用之以伤道。斤,俗"斤"字。 ⑪脊,音"藉"。脊脊,相残藉也。 ⑫嵁,借为"暂"。 ⑬殊,决也。一云,诛也。 ⑭崔譔:械夹颈及胫者,皆曰桁杨。 ⑮离跂,即举足之意。 ⑯意,同"噫"。 ⑰椙,械楔也。 ⑱枘,向本作"内",音同。《三苍》云:柱头枘也。 ⑲矫矢,本作"嚆矢"。

【译文】

崔瞿问老聃说:"不治理天下,怎么能够使人心向善呢?"

老聃说:"你千万不要搅扰人心。人心:排挤就往下降,推进就往上升,上下被外物所迫害;它柔弱足以克制刚强,尖锐足以雕琢器皿;它的热度如同着火,它的冷度如同结冰;它的速度,在一低头一仰头的时刻,就能够到四海之外巡行两周;它在静止的时候,就稳定得如同渊水一般;它在运动的时候,就玄远得如同天道一般。世间强健而不可拘系的东西,那只有人心才是这样的啊!

"在古代,黄帝开始用仁义搅扰人心。到了帝尧、大舜,就劳累得大腿上磨得没有小毛,小腿上磨得没有汗毛,来养活天下的形体;约束着五脏,去施行仁义;消损着精力,去制定法制。但是还是克制不了。帝尧于是把凶人讙兜充军到崇山,把凶人三苗充军到三峗,把凶人共工充军到幽都。这便是帝尧不能够克制的明证。

"延到三代时期,天下就大乱了。下等人有夏桀、盗跖,上等人有曾参、史鳍,而且儒家、墨家的学说都起来了。于是就喜悦的和愤怒的互相猜疑,愚昧的和明智的互相欺骗,善良的和凶恶的互相非难,虚诈的和诚信的互相讥诮,因而天下就衰微了。盛大的德化不能够齐同布施,因而人民的本性也就散乱了。天下都爱好知识,因而百姓们也就纠缠不清了。于是斧锯、墨线、锤头、凿子这些工具也就制造出来了。天下互相践踏,纷乱不堪,这种罪过就在于搅扰人心。所以,贤人都隐遁在大山岩穴之中,而大国之君都在朝廷上担惊受怕。

"当今之世,被处死刑的人互相枕藉,带刑具的人互相拥挤,被杀戮的人满眼皆是,因而儒家、墨家便开始在罪人中间指手画脚地宣传教化。哎呀!他们真是不知道惭愧和羞耻已经达到极点了!太难了,我真不知道圣智不是为木枷安楔儿、仁义不是为木梏凿眼儿啊!我又怎么知道曾参、史鳍不是为夏桀、盗跖修正弓箭呢?

"所以说:灭绝了圣明,废弃了智慧,天下就会太平。"

黄帝立为天子十九年，令行天下。闻广成子[①]在于空同[②]之上，故往见之。

曰："吾闻夫子达于至道，敢问至道之精。吾欲取天地之精，以佐五谷，以养民人；吾又欲官阴阳，以遂群生。为之奈何？"

广成子曰："而所欲问者，物之质也；而所欲官者，物之残也。自而治天下，云气不待族而雨，草木不待黄而落[③]；日月之光，益以荒矣。而佞人之心翦翦者，又奚足以语至道？"

黄帝捐天下，筑特室，席白茅，闲居三月，复往邀之。

广成子南首而卧，黄帝顺下风，膝行而进，再拜稽首而问曰："吾闻夫子达于至道，敢问治身奈何而可以长久？"

广成子蹶然[④]而起，曰："善哉，问乎！来！吾语女至道：至道之精，窈窈冥冥；至道之极，昏昏默默。无视无听，抱神以静，形将自正；必静必清，无劳女形，无摇女精，乃可以长生。目无所见，耳无所闻，心无所知，女神将守形，形乃长生。慎女内，闭女外，多知为败。我为女遂于大明之上矣，至彼至阳之原也；为女入于窈冥之门矣，至彼至阴之原也[⑤]。天地有官，阴阳有藏。慎守女身，物将自壮。我守其一，以处其和，故我修身千二百岁矣，吾形未尝衰。"

黄帝再拜稽首，曰："广成子之谓天矣。"

广成子曰："来，余语女！彼其物无穷，而人皆以为有终；彼其物无测[⑥]，而人皆以为有极。得吾道者，上为皇而下为王；失吾道者，上见兆[⑦]而下为土。今夫百昌[⑧]皆生于土，而反于土。故余将去女，入无穷之门，以游无极之野；吾与日月参光[⑨]，吾与天地为常。当我，缗乎；远我，昏乎。人皆尽死，而我独存乎！"

【注释】

①广成子，或云，即老子也。 ②空同，有浑同太虚之义，亦寓名也。 ③族，聚也。未聚而雨，言泽少；草木不待黄而落，言杀气多。 ④司马彪：蹶，疾起貌。 ⑤大明，至阳之原，指天而言；窈冥，至阴之原，指地而言。 ⑥无测，言无尽也。 ⑦兆，本作"光"，又不可通，当涉下文"光"字而形误。 ⑧百昌，犹百物也。 ⑨参，同也。

【译文】

黄帝立为天子已有十九年，教令施行于天下。他听说广成子住在空同山上，就往那里去拜见。

黄帝问广成子说:“我听说先生明通‘大道’,我请问什么是‘大道’的精华。我想取得天地的精华,来辅助五谷,来生养人民;我又想效法阴阳,来成长万物。得怎么办呢?”

广成子说:“你所想问的,只不过是事物的形质;你所想效法的,只不过是事物的残余。自从你治理天下以来,云气没等到聚结,雨就下来了;草木没等到发黄,叶子就落了;日月的光辉,离人们越来越远了。你是个用邪道诱引人心的见识短浅的人,又怎么可以把‘大道’告诉给你呢?”

〔此后,〕黄帝放弃了天下,修筑了独立房舍,用白茅草当作席,静居了三个月,又去求见广成子。

广成子头朝南躺着,黄帝顺着下风,跪着向前行进,深深地拜了两拜,问广成子说:“我听说先生明通‘大道’,我请问修治身心,怎样才可以保持长久呢?”

广成子赶紧站起来,对黄帝说:“你问得太好了!来!我把‘大道’告诉给你:‘大道’的精华,窈窈冥冥的(深远);‘大道’的边缘,昏昏默默的(暗昧)。不要探视,不要听取,用寂静来抱守精神,形体自然就会端正;一定要做到寂静和清明,不要劳累你的形体,不要摇动你的精神,就可以获得长生。眼睛什么也看不见,耳朵什么也听不见,内心什么也不知道,你的精神就会抱守形体,形体就会永远存在。静定住你的内心,关闭住你的外窍;知识多了,就会坏事。我为你升腾到光明的青天之上去,探到那盛阳的本元;我为你降下到幽暗的大地之中去,探到那盛阴的本元。天地各有职守,阴阳互相包容。缜密地保守着你的身躯,万物自然就会壮大。我抱守着天地的一元,来调理阴阳的和气,所以我修治身心一千二百年了,我的形体保持着长久不衰。”

黄帝深深地拜了两拜,说:“广成子可以说就是上天了。”

广成子说:“来,我告诉给你:天地间的万物是没有穷尽的,可是人们都以为有终结;天地间的万物是没有边缘的,可是人们都以为有极点。得到我的‘道’的,在上可以为皇帝;在下可以为君王。失掉我的‘道’的,在上就受到阻绝;在下就化为土壤。而今万物都生长在土壤,归还在土壤。所以,我将要离开你,进入那变化无穷的门户,而遨游在那广漠无边的原野;我和日月共光明,我和天地相永恒。万物接近我,我是迷迷茫茫的;万物离开我,我是昏昏昧昧的。人们都死亡掉,我还是独立存在的啊!”

云将[①]东游,过扶摇[②]之枝,而适遭鸿蒙[③]。鸿蒙方将拊髀[④]雀跃[⑤]而游。云将见之,倘然止,贽然立[⑥]。曰:“叟[⑦]何人邪?叟何为此?”

鸿蒙拊髀雀跃不辍,对云将曰:“游。”

云将曰:“朕愿有问也。”

鸿蒙仰而视云将曰:“吁!”

云将曰:“天气不和,地气郁结,六气不调,四时不节。今我愿合六气之精,以育群生。为之奈何?”

鸿蒙拊髀雀跃,掉头曰:“吾弗知!吾弗知!”

云将不得问。

又三年,东游,过有宋之野[⑧],而适遭鸿蒙。云将大喜,行趋而进,曰:“而忘朕邪?而忘朕邪[⑨]?”再拜稽首,愿闻于鸿蒙。

鸿蒙曰:“浮游,不知所求;猖狂,不知所往[⑩]。游者鞅掌[⑪],以观无妄。朕又何知?”

云将曰:“朕也自以为猖狂,而民随乎所往。朕也不得已于民。今则民之放[⑫]也。愿闻一言。”

鸿蒙曰:“乱天之经,逆物之情,玄天弗成[⑬];解兽之群,而鸟皆夜鸣,灾及草木,祸及昆虫[⑭]。意!治人之过也!”

云将曰:“然则吾奈何?”

鸿蒙曰:“意[⑮]!毒哉[⑯]!仙仙乎[⑰]归矣。”

云将曰:“吾遇天难。愿闻一言。”

鸿蒙曰:“意!心养!汝徒[⑱]处无为,而物自化。堕尔形体,吐尔聪明[⑲],伦[⑳]与物忘,大同乎涬溟[㉑]。解心释神,莫然[㉒]无魂,万物云云[㉓],各复其根。各复其根而不知,浑浑沌沌[㉔],终身不离。若彼知之,乃是离之。无问其名,无窥其情,物固自生。”

云将曰:“天降朕以德,示朕以默,躬身求之,乃今也得。”再拜稽首,起,辞而行。

【注释】

①云将,云师也。 ②扶摇,神木也,生东海。 ③鸿蒙,自然元气也。一云,海上气也。 ④拊,拍也。 ⑤雀,本又作“爵”,同。雀跃,如雀之跳跃也。 ⑥倘然,惊疑貌。贽然,不动貌。 ⑦叟,长者称。 ⑧宋,容也。 ⑨“而”字,本皆作“天”,非义,当为“而”字之形误。而,汝也。 ⑩浮游,犹飘

荡也。猖狂,疑犹惚恍也。 ⑪夫内足者,举目皆自正也。 ⑫放,依也。⑬玄天弗成,自然之化弗成也。 ⑭昆,本作“止”。 ⑮意,本又作“噫”。下皆同。 ⑯毒,当训“厚”。 ⑰仙仙,轻举之貌。 ⑱徒,但也。 ⑲堕形体,忘身也。吐,当作“杜”,言杜塞其聪明也。 ⑳伦,理也。 ㉑涬溟,自然气也。 ㉒莫然,无知。 ㉓云云,众多也。 ㉔浑沌,无知。

【译文】

云将往东方去游历,穿过扶摇树枝之下,恰好遇见了鸿蒙。鸿蒙正拍着大腿、跳跃着游玩。云将一见到他,便惊疑地停住了脚步,呆呆地站住了。他问鸿蒙说:“老先生是什么人呢?为什么这样子呢?”

鸿蒙拍着大腿,跳个不停,对云将说:“游玩呗。”

云将说:“我想请教你一下。”

鸿蒙抬起头来看了看云将,说:“啊!”

云将说:“天气不和,地气不通,六气不调,四时失节。现在我想会合起六气的精华,来养育万物,得怎么办呢?”

鸿蒙拍着大腿跳跃,摇摇头说:“我不知道!我不知道!”

云将没法儿再问了。

过了三年,云将又往东方去游历,经过包容万有的郊野,恰好又遇见了鸿蒙。云将高兴极了。急忙走到鸿蒙的面前,说:“你忘记我了吗?你忘记我了吗?”深深地拜了两拜,他还是要听听鸿蒙的言论。

鸿蒙说:“飘飘游游的,都不知道追求什么;迷迷茫茫的,都不知道往哪里去;来来往往的人都是怡然自得,来观察毫无虚妄的世界。我又知道什么呢?”

云将说:“我认为自己是迷迷茫茫的,可是人民却都随着我走。我对于人民乃是由于不得已。现在我只有依从人民了。我愿意听取您一句话。”

鸿蒙说:“紊乱天道的正常,违反万物的本性,自然的化育不能够完成;解散了兽类的群居,鸟类都在夜间乱叫,灾荒临到了草木,昆虫遭到了祸害。唉!这都是治理人民的罪过啊!”

云将说:“那么,我怎么办呢?”

鸿蒙说:“唉!要淳厚吧!你可以轻轻快快地回去了!”

云将说:“我遇到了天灾。我愿意听取您一句话。”

鸿蒙说:“唉!要养心啊!你只要做到无为,万物自然就会化生。毁掉你的形体,丢弃你的聪明,把事理和万物忘掉,要和元气相混同。要解放心神,要静定精气,万物纷纷扰扰的,都要归反到它们的本元。它们归反了本元,可是自己并不知道,浑浑沌沌的,终身也脱离不开;它们如果知道,便是脱离开本元了。不要追问它们的名字,不要窥探它们的情状,万物自然就会成长的。"

云将说:"上天把道德下放给我,把静默指示给我,我亲身追求它,现在总算得到〔养育万物的道理〕了。"他向鸿蒙深深地拜了两拜,起身,就向鸿蒙告辞了。

世俗之人,皆喜人之同乎己,而恶人之异乎己也。同于己而欲之,异于己而不欲者,以出乎众为心也。

夫以出乎众为心者,曷尝出乎众哉?因众以宁所闻,不如众技众矣,而欲为人之国者,此揽[①]乎三王之利,而不见其患者也。此以人之国侥[②]倖也。几何侥倖而不丧人之国乎?其存人之国也,无万分之一;而丧人之国也,一不成而万有馀丧矣。悲夫,有土者之不知也!

夫有土者,有大物也。有大物者,不可以物;物而不物,故能物物。明乎物物者之非物也,岂独治天下百姓而已哉!

出入六合,游乎九州,独往独来,是谓独有。独有之人,是之谓至矣。

【注释】

①揽,本亦作"览"。　②侥,要也;要求一身之幸会。

【译文】

世俗之人,都喜欢别人和自己相同,而憎恶别人和自己违异。和自己相同就高兴,和自己违异就不高兴的人,他的心意是要超出众人之上。

那心意要超出众人之上的人,他何尝能够超出众人之上呢?他依据着众人的见解,来稳定自己所听到的事物,他不如众人才能的地方太多了;可是他就想着去治理别人的国家。这是想总揽三王的利益,而没有看到他们的危害啊。这是利用别人的国家,来希图侥倖的。有几个希图侥倖的人而不丧失别人的国家呢?他们保存别人的国家,不到万分之一;而丧失别人的国家,一事不成,而万事丧尽。可怜那些拥有国家的人还不明白啊!

那拥有国家的人,是拥有大事物的人。拥有大事物的人,不可以把这种事物当作事物。是事物而不把它当作事物,所以才能够辨察事物。明白了辨察事物的道理,而不把这种事物当作事物,他岂止是能够治理天下百姓而已啊!

出入于天地之间,游行于九州之内,独往独来,这就叫做独自保有。独自保有的人,就叫做达到了最高境界。

大人[①]之教,若形之于影、声之于向[②]。有问而应之,尽其所怀,为天下配。

处乎无向,行乎无方。挈汝适复之挠挠,以游无端[③]。出入无旁,与日无始。颂论形躯,合乎大同[④]。

大同而无已。无已,恶乎得有“有”?睹“有”者,昔之君子;睹“无”者,天地之友。

【注释】

①大人,圣人也。　②向,本又作“响”。　③适复,犹往复也。挠挠,乱也。　④大同,与二仪大道合同。

【译文】

圣人的教化,如同形体对于影子、本声对于应声一样。有人问他,他就回答,把自己心里怀藏着的都告诉给别人,来和天下交往。

居处在没有音响的地方,行动在没有故常的所在。提挈着你那些来来往往闹闹嚷嚷的人,和他们一同遨游在没有边缘的大自然中。出来进去,无所凭藉;和太阳一样,也没有开端的时刻。称颂自己的形躯,和“大道”互相和同。

和“大道”相和同,而无所休止。无所休止,怎么能够保有“有”呢?观察到“有”的人,只是古来的君子;观察到“无”的人,才是天地的朋友。

贱而不可不任者,物也;卑而不可不因者,民也;匿而不可不为者,事也;粗而不可不陈者,法也;远而不可不居者,义也;亲而不可不广者,仁也;节而不可不积[①]者,礼也;中而不可不高者,德也;一而不可不易者,道也;神而不可不为者,天也。

故圣人,观于天而不助,成于德而不累,出于道而不谋,会于仁而不恃,薄[②]于义而不积,应于礼而不讳[③],接于事而不辞,齐于法而不乱,恃于民而不轻,因于物而不去。物者,莫足为也,而不可不为。

不明于天者,不纯于德;不通于道者,无自而可。不明于道者,悲夫!

何谓道?

有天道,有人道。无为而尊者,天道也;有为而累者,人道也。主者,天道也;臣者,人道也。天道之与人道也,相去远矣,不可不察也。

【注释】

①积,厚也。节,文也。　②薄,止也。　③讳,避也。

【译文】

体质微贱,可是不能不利用它们的,就是万物;地位卑下,可是不能不依靠他们的,就是人民;形迹隐匿,可是不能不操持它的,就是事务;功用粗劣,可是不能不陈施它的,就是法制;疏远于人,可是不能不执守它的,就是正义;交相亲爱,可是不能不推广它的,就是仁慈;富有文采,可是不能不存心敦厚的,就是礼节;居中处正,可是不能不高超出众的,就是“德”;纯一不杂,可是不能不随机应变的,就是“道”;神妙无穷,可是不能不有所作为的,就是天。

所以,圣人,观察于天,并不助长万物;成就于“德”,并不系累万物;本原于“道”,并不谋虑万物;会通仁慈,并不自恃其德;合乎正义,并不有所积蓄;适应礼节,并不有所避讳;接近事务,并不有所推辞;齐一法制,并不扰乱是非;信赖人民,并不有所轻视;依靠万物,并不有所离失。万物,没有什么可以作为的,可是又不能不有所作为。

不明了于天的人,他的“德”不会纯一;不通达于“道”的人,他什么都作不来。不明察于“道”的人,太可怜了!

什么叫做“道”?

有的叫做天道,有的叫做人道。无所作为而崇高无比的,是天道;有所作为而系累人心的,是人道。君上,属于天道;臣下,属于人道。天道和人道,二者距离是遥远的,这是不可以不观察明晰的。

五、天　　地（十六章）

天地虽大，其化均也；万物虽多，其治一也；人卒虽众，其主君也。君原于德，而成于天。故曰：玄古[①]之君，天下无为也，天德而已矣。

以道观言，而天下之君正；以道观分，而君臣之义明；以道观能，而天下之官治；以道泛观，而万物之应备。

故通于天者，道也；顺于地者，德也；行于万物者，义也[②]；上治人者，事也；能有所艺者，技也。技兼于事，事兼于义，义兼于德，德兼于道，道兼于天。

故曰：古之畜天下者，无欲而天下足，无为而万物化，渊静而百姓定。记[③]曰："通于一，而万事毕；无心得，而鬼神服。"

【注释】

①玄，远也。　②以上三句本作"通于天地者，德也；行于万物者，道也"二句。　③记，书名也。

【译文】

天地虽然广大，它们的施化是均平的；万物虽然繁杂，它们的条理是同一的；人民虽然众多，他们的首脑就是君上。君上的设置，本元于"德"，而决定于天。所以说：上古的君上，在天下是无所作为的，只不过是合乎"天德"罢了。

根据"道"来观察教令，因而天下的君位就端正了；根据"道"来观察名分，因而君臣之义就明确了；根据"道"来观察才能，因而天下的官职就整饬了；根据"道"来广泛地观察天下，因而万物的供应就齐全了。

所以，通达于天的，就是"道"；顺从于地的，就是"德"；施行于万物的，就是义（时宜）；君上统治人民的，就是事务；才能有所创造的，就是技术。技术包括在事务里面，事务包括在义（时宜）里面，义（时宜）包括在"德"里面，"德"包括在"道"里面，"道"包括在天（自然）里面。

所以说：古代包容天下的人，没有欲望，天下就会富足；无所作为，万物就会归化；抱守静默，百姓就会平定。古书说："明通一元之理，万事就会完成；做到没有思虑，鬼神也要服从。"

夫子①曰：夫道，覆载万物者也，洋洋乎，大哉！君子不可以不刳心②焉。

无为为之之谓天，无为言之之谓德，爱人利物之谓仁，不同同之之谓大，行不崖异③之谓宽，有万不同之谓富，故执④德之谓纪，德成之谓立，循于道之谓备，不以物挫志之谓完⑤。君子明于此十者，则韬乎⑥其事心⑦之大也，沛乎其为⑧万物逝也。

若然者，藏金于山，藏珠于渊；不利财货⑨，不近⑩富贵；不乐寿，不哀夭；不荣通，不丑穷；不拘一世之利⑪以为己私分，不以王天下为己处显。显则明，万物一府，死生同状。

【注释】

①夫子，庄子也。　②刳，当读为"夸"。刳心，谓开拓心志也。　③崖，借为"乖"。　④故，通"固"。故执，即固执。　⑤完，借为"院"。　⑥韬，包容也。　⑦事心，犹立心也；言其立心之大也。　⑧为，犹与也。　⑨财货，本作"货财"。　⑩近，借为"祈"。　⑪拘，与"钩"同。

【译文】

庄夫子说："道"，是笼罩、负载万物的，洋溢无边，真是广大极了！君子不可以不用"道"来开拓心志。

无所作为而有所作为，就叫做天；无所作为而有所言论，就叫做"德"；慈爱人民，利益万物，就叫做仁；把不同的物类同一起来，就叫做大；行为和万物没有乖异，就叫做宽；能够保有不同的物类，就叫做富；坚守德操，就叫做纪；德业完成，就叫做立；顺"道"而行，就叫做备；不因为外物而挫折意志，就叫做完。君子明了了这十项，他就无所不容地立心远大、无有止境地和万物共同前进。

像这样的人，把黄金藏到山里，把珠宝藏到水里，不追求财物，不祈求富贵，不羡慕高龄，不悲伤短命，不以显达为荣，不以穷困为丑，不攫取世间的福利来作为自己的私有，不以统御天下来显贵自己的地位。地位显贵，而明通事理，把万物视同一家，把生死看作一样。

夫子曰：夫道，渊乎其居也，漻乎其清也。金石不得，无以鸣。故金石有声，不考[1]不鸣。万物孰能定之？

夫王德[2]之人，素逝[3]，而耻通于事，立之本原，而知通于神；故其德广。其心之出，有物采之。

故形非道不生，生非德不明。存形，穷生，立德，明道，非王德者邪？荡荡乎[4]，忽然出，勃然动[5]，而万物从之乎。此之谓王德之人。

视乎冥冥，听乎无声。冥冥之中，独见晓焉；无声之中，独闻和焉。故深之又深，而能物焉；神之又神，而能精焉。故其与万物接也，至无而供其求，时骋[6]而要其宿。大小、长短，修远。

【注释】

①考，击也。　② 王德，犹盛德也。　③素逝，犹《中庸》所谓“素位而行”也。　④荡荡，宽平之名。　⑤忽、勃，皆无心而应之貌。动出无心，故万物从之。　⑥骋，纵也。

【译文】

庄夫子说：“道”，像静水似的那样安定，像深水似的那样清澈。金石得不到“道”，它就发不出声响，所以金石有声音，不敲，它就不响。对于万物，谁能够规定出它们的情状呢？

那盛德之人，依从着本性去行动，而以通达事物为可耻；站立在事物的本元，而智慧和神明相通；所以他的“德”广大无边。他的心思一出动，就有万物来采取他。

所以形体离开了“道”，就不能够化生；化生离开了“德”，就不能够明朗。保存形体，穷尽化生，树立“德”，彰明“道”，这不就是盛德之人吗？坦坦荡荡的，不知道为什么而出生，不知道为什么而动作，可是万物都随从着他。这就叫做盛德之人。

要在无形之中去观察，要在无声之中去听取。在无形之中，独独见到光明；在无声之中，独独听到和声。所以深而又深，就能够领会事物；神而又神，就能够领会本元。所以他和万物相接触的时候，非常虚静，可是能够供应它们的需求；无限放任，可是能够成为它们的归宿。无论它们是大的，是小的，是长的，是短的，都让它们永远存在。

黄帝游乎赤水[1]之北，登乎昆仑之丘，而南望；还归，遗其玄珠[2]。使知索之，而不得；使离朱索之，而不得；使喫诟索之，而不得也；乃使罔象[3]，罔象得之。黄帝曰：“异哉！罔象乃可以得之乎！”

【注释】

①赤水,出昆仑山下。 ②赤水,而假名玄珠,喻道也。 ③罔象,无心之谓。〇按:罔象,本作"象罔"。

【译文】

黄帝到赤水以北出游,登上了昆仑山顶,向南方瞭望;在回归的路上,把自己的玄珠("道")丢掉了。他派遣知(机智的人)去寻找,没有找到;派遣离朱(眼力好的人)去寻找,没有找到;派遣喫诟(善于拾取的人)去寻找,也没找到;于是派遣了个罔象(无心之人),罔象找到了。黄帝说:"奇怪呀!罔象倒可以找到啊!"

尧之师曰许由,许由之师曰齧缺、齧缺之师曰王倪,王倪之师曰被衣[①]。

尧问许由曰:"齧缺可以配天[②]乎?吾藉王倪以要[③]之。"

许由曰:"殆哉!圾乎[④]天下!齧缺之为人也,聪明睿知,给数以敏[⑤],其性过人,而又乃[⑥]以人受天;彼审乎禁过,而不知过之所由生。与之配天乎,彼方且乘人而无天[⑦],方且[⑧]本身而异形,方且尊知而从宂驰[⑨],方且为绪使,方且为物絯[⑩],方且四顾而物应,方且应众宜,方且与物化,而未始有恒。夫何足以配天乎?虽然,有族,有祖,可以为众父,而不可以为众父父[⑪]。治,乱之率也,北面之祸也,南面之贼也[⑫]!"

【注释】

①被,音"披"。 ②配,合也。配天,有合天位之德。 ③藉,因也。④圾,危也。 ⑤睿,圣也。给,捷也。敏,速也。 ⑥乃,犹能也。 ⑦无,疑当读为"啎"(俗作"忤"),谓违天也,与"配天"相反。 ⑧凡言方且者,言方将有所为也。"方且乘人"句本无"方"字,不协,今从下文皆有,补。 ⑨宂,本作"火"。 ⑩絯,碍也。 ⑪ 父,君也。 ⑫北面,谓臣也;南面,谓君也。

【译文】

帝尧的老师叫许由,许由的老师叫齧缺,齧缺的老师叫王倪,王倪的老师叫被衣。

帝尧问许由说:"齧缺可以配居天位了吧?我想通过王倪去邀请他。"

许由说:"危险啊!要危及到天下啊!齧缺的为人,聪明颖悟,疾速敏捷,天性过人,而且又能够以人而接受天命;他明审于禁止过错,但是不知道过错是怎样发生的。如果举他配居天位,他将要依靠人为,而违失天道;将要根据本身,而标奇立异;将要重视才智,而背道相驰;将要被事务所驱使;将要被外物所阻隔;将要照顾四方,而适应万物;将要迎合一切事宜;将要随着事物共同变化;但是他并不曾掌握到永恒。他怎么能够配居天位呢?虽然如此,他有群众的拥戴,有先王的借鉴,可以作为群众的首领(诸侯),而不可以作为群众的首领的首领(天子)。平治,乃是昏乱的先导,乃是臣仆的隐患,乃是帝王的贼寇!"

尧观乎华①。

华封人②曰:"嘻!圣人!请祝圣人,使圣人寿!"

尧曰:"辞!"

"使圣人富!"

尧曰:"辞!"

"使圣人多男子!"

尧曰:"辞!"

封人曰:"寿、富、多男子,人之所欲也;女独不欲,何邪?"

尧曰:"多男子,则多惧;富,则多事;寿,则多辱;是三者,非所以养德也。故辞。"

封人曰:"始也,我以女为圣人邪,今然君子也。天生万民,必授之职。多男子,而授之职,则何惧之有?富,而使人分之,则何事之有?夫圣人,鹑居③而鷇食④,鸟行而无彰⑤。天下有道,则与物皆昌;天下无道,则修德就闲;千岁厌世,去而上仙,乘彼白云,至于帝乡;三患⑥莫至,身常无殃。则何辱之有?"

封人去之。尧随之,曰:"请问……"

封人曰:"退已!"

【注释】

①华,今陕西华县境。　②封人,守封疆人也。　③鹑居,谓无常处也。④鷇者,鸟之子,食必仰母而足。　⑤彰,文迹也。鸟之飞行,无踪迹可见也。⑥三患,病、老、死也。

【译文】

帝尧到华邑出巡。

华邑的守边人见到帝尧说:"呀!圣人来了!我要为圣人祈祷,愿圣人长寿!"

帝尧说:"不要!"

守边人又说："我愿意圣人富有！"

帝尧说："不要！"

守边人又说："我愿意圣人男孩儿多！"

帝尧说："不要！"

守边人说："长寿、富有、男孩儿多，都是人们所愿意的；你却独独地不愿意，这是为什么呢？"

帝尧说："男孩儿多了，恐惧就多；富有了，事故就多；长寿了，污辱就多。这三项，都不能够藉以培养德性。所以我不要。"

守边人说："起初，我以为你是个圣人呢；现在，我才知道你只不过是个君子而已。天生下这些人来，必然要授予他们一定的职务。男孩儿多了，就都授予他们职务，这又有什么可恐惧的呢？富有了，就让人们分享，这又有什么事故可发生的呢？那圣人，居家和鹌鹑一样〔有住的就行〕，吃饭如同雏鸟一样〔有吃的就行〕；鸟儿的飞行，是留不下踪迹的。天下太平，他就和万物共同欢畅；天下大乱，他就进德修业，趋就清闲。千年之后，他厌倦了世界，就登上仙境，驾驶白云，飞向天宫。三种忧患〔疾病、衰老、死亡〕都临不到，身体永远遭受不到灾殃。这又有什么污辱的呢？"

守边人走开了。帝尧在后面跟着他，说："我请问……"

守边人说："你请回吧！"

尧治天下，伯成子高[①]立为诸侯；尧授舜，舜授禹，伯成子高辞为诸侯，而耕。

禹往见之，则耕在野。禹趋就下风立，而问焉，曰："昔，尧治天下，吾子立为诸侯；尧授舜，舜授予，而子辞为诸侯，而耕，敢问其故何也？"

子高曰："昔，尧治天下，不赏，而民劝；不罚，而民畏。今子赏罚，而民且不仁。德自此衰，刑自此立；后世之乱，自此始矣！夫子阖[②]行邪？无落[③]吾事！"

俋俋乎[④]耕而不顾。

【注释】

①伯成子高，盖有道之士。　②阖，本亦作"盖"。阖，何不也。　③《广雅》："阁，止也。"即今之"耽搁"字。　④俋俋，耕貌。一云，耕人行貌。俋，为

"伋"之或体。《说文》:"伋,急行也。"

【译文】

帝尧作天子的时候,伯成子高被封为诸侯;后来,帝尧把天下让给了大舜,大舜又让给了大禹,伯成子高就辞掉了诸侯,回家去种地。

大禹去访问伯成子高,伯成子高正在野外耕地。大禹赶紧走到下风站着,问伯成子高。说:"从前,帝尧作天子的时候,您被封为诸侯;后来,帝尧把天下让给了大舜,大舜又让给了我,可是您就辞掉了诸侯,回家来种地。请问这是什么原因呢?"

伯成子高说:"从前,帝尧作天子的时候,用不着奖赏,人们都知道劝勉;用不着惩罚,人们都知道畏惧。现在,你赏罚并用,可是人们都不懂得仁道了。道德从此衰落下去,刑罚从此建立起来;后世的昏乱,就从此开始了!老先生何不走开呢,不要耽误了我的工作!"

伯成子高放开脚步地耕起地来,并不回头看他一眼。

泰初有"无"①,无"有",无名;"一"之所起,有"一"而未形。

物得以生,谓之"德"②。未形者有分,且然无间③,谓之命。留动而生物④,物成生理,谓之形。形体保神,各有仪则,谓之性。性修,反"德";"德"至,同于初。

同,乃虚;虚,乃大,合喙鸣。喙鸣合,与天地为合⑤。其合缗缗⑥,若愚若昏,是谓"玄德",同乎大顺⑦。

【注释】

①泰,太;初,始也。　②德者,得也,谓得此也。　③且,当读为"庴"。《说文》:"庴,人相依庴也。""相依庴",即"无间"之意。　④留,借为"流"。⑤合喙鸣,浑合众口,盖忘言也。既忘言,则与天地一体矣。〇按:《说文》:"喙,口也。"《广雅》:"合,同也。"合喙鸣,谓众口同声,万物一体也。　⑥缗,合也。⑦大顺,即太初自然之理也。

【译文】

天地元始有个"无"的境界,它既没有"有"(形质),又没有名字;"一"就是由它发生出来的;它虽然包含着"一",但是这个"一"还没有形成(物象)。

万物得到"一"而生成,这就叫做"德"。没有形成的"一"又分离为二,两相依存,没有间隙,这就叫做生命。演变流通,而化生万物;万物生成,表现出文理来,这就叫做形体。形体保持着精神,而且各自都有一定的法则,这就叫做本性。修养本性，就可以返还到“德”；达到了“德”，就可以和天地的元始相和同。

和天地的元始相和同，就达到了虚静；达到虚静，就广大得无所不包，和天下众口同声；众口同声相合，便是与天地相互契合。这种契合，浑浑茫茫的，又好像是愚蠢，又好像是昏昧，这就叫作“玄德”，契同于大的条理。

夫子[①]问于老聃曰：“有人，治道若相方[②]：可，不可；然，不然。辩者有言曰：‘离坚白，若县寓[③]。’若是，则可谓圣人乎？”

老聃曰：“是胥易、技系[④]、劳形、怵心者也。执留之狗，成思；猿狙之便，自山林来。丘！予告若而[⑤]所不能闻与而所不能言：凡有首有趾、无心无耳者，众有形者，无形无状而皆存者，尽无。其动止也，其死生也，其废起也，此又非其所以也。有治在人。忘乎物，忘乎天，其名为忘己。忘己之人，是谓之入于天[⑥]。”

【注释】

①夫子，仲尼也。 ②方，本亦作“放”。 ③县，音“玄”。寓，音“宇”。④胥易、技系，解见《应帝王》篇。 ⑤若，而，皆汝也。 ⑥入，会也。

【译文】

孔子问老聃说：“有的人，他们研究道术，好像是自相矛盾：可以，又认为不可以；如此，又认为不如此。辩者们有这样的话：‘分析“坚白”之论，就像高悬的屋檐〔那样明显〕。’像这样的人，就可以称作圣人吗？”

老聃说：“这是被智慧所驱使、被技术所拘系、劳累形体、惊骇心神的人啊。被拴起来的狗，它会感到愁苦；灵巧的猴子，都是来自山林。〔它们都已经失去了性理之常〕。孔丘啊！我告诉给你你所不能听到的和不能谈到的道理吧：大凡是有头、有脚的，没心、没耳朵的，许多有形体的，没有形体可是实际都存在的东西，都是一无所有。它们的动静、死生、兴废，这又都不是它们的所以然。天下的有统治，都是人为的。忘掉万物、忘掉天然，这就叫做忘掉自己。忘掉自己的人，这就叫做返还天然。”

将闾葂见季彻[①]，曰：“鲁君谓葂也曰：‘请受教。’辞，不获命。既已告矣，未知中否。请尝荐[②]之。吾谓鲁君曰：‘必服恭俭，拔出公忠之属，而无阿私[③]。民孰敢不辑[④]？’”

季彻局局然[⑤]笑曰：“若夫子之言，于帝王之德，犹螳螂之怒臂以当车轶，则必不胜任矣。且若是，则其自为处危；其观台多物，将往投迹者众[6]。”

将闾葂覤覤然惊[7],曰:“葂也汒若[8]于夫子之所言矣。虽然,愿先生之言其风[9]也。”

季彻曰:“大圣之治天下也,摇荡[10]民心,使之成教易俗,举灭其贼心,而皆进其独志,若性之自为,而民不知其所由然。若然者,岂兄[11]尧舜之教民、溟涬然[12]弟之哉?欲同乎德,而心居[13]矣。”

【注释】

①将,一本作“蒋”。葂,亦作“莬”。将闾葂,人姓名也,一云,姓将闾,名葂;或姓蒋,名闾葂也。季彻,人姓名也,盖季氏之族。 ②尝荐,试陈也。 ③阿,曲也。 ④《尔雅》云:辑,和也。 ⑤陆德明:局局,大笑之貌。局,疑借为“欲”。 ⑥观台,君所居也。物,事也。言君自此多事。举足投迹者众,君且不胜其烦。非帝王修德安人之道。 ⑦覤覤,惊惧之貌。覤,为“虩”之误字。《说文》引《易》:“履虎尾,虩虩恐惧。” ⑧汒,本亦作“芒”。 ⑨言其风,犹曰言其略也。○风,当读为“凡”。犹云言其大凡也。 ⑩摇荡,犹言鼓舞。⑪兄,当读为“况”。谓比况也。 ⑫溟,借为“嫇”。 ⑬居,安定之谓也。

【译文】

将闾葂去拜访季彻,对季彻说:“鲁君对我说:‘我向你请教。’我推辞,他不允许。我已经告诉他了,不知道说得对不对。我要对你陈说一下。我当时对鲁君说:‘君王必定要实行谦恭、俭约,提拔公正、忠诚之人,不要有所偏私。人民哪个还敢不和顺呢?’”

季彻听了,便张嘴儿笑着说:“像先生这些话,对于帝王的德业来说,就如同螳螂举起两只胳膊来挡车辙一样,那必然是不能胜任的。况且,像这样,自己就要处于危险的境地;君王门前是非多,跑到君王那里去的人就要多起来。”

将闾葂畏畏缩缩地大吃一惊,说:“我对于先生所说的话真是感到茫然了。虽然如此,我还是愿意先生把大意对我讲一讲。”

季彻说:“大圣人的治理天下,鼓舞人民心志,使他们成全教化,改变风俗,完全灭绝他们的恶心,而且都加强了他们的个人意志,好像是出于他们的自然行动,可是人民并不知道自己为什么这样。像这样,哪能和尧、舜的教化人民相比,只是小心翼翼的顺从着他们呢?使人民的欲望和德性和同起来,民心就会安定的。”

子贡南游于楚,反于晋,过汉阴[1],见一丈人[2],方将为圃畦[3],凿隧而入井,抱瓮而出灌。搰搰然用力[4]甚多,而见功寡。

子贡曰："有械[5]于此，一日浸[6]百畦，用力甚寡，而见功多。夫子不欲乎？"

为圃者卬[7]而视之，曰："奈何？"

曰："凿木为机[8]，后重前轻，挈水若抽，数如泆汤[9]。其名为槔[10]。"

为圃者忿然作色，而笑曰："吾闻之吾师：'有机械者，必有机事；有机事者，必有机心。机心存于胸中，则纯白不备；纯白不备，则神生不定；神生不定者，道之所不载也。'吾非不知，羞而不为也！"

子贡瞒然惭[11]，俯而不对。

有间[12]，为圃者曰："子奚为者邪？"

曰："孔丘之徒也。"

为圃者曰："子非夫博学以拟圣，於于[13]以盖众，独弦哀歌，以卖名声于天下者乎？汝方将忘汝神气，堕[14]汝形骸，而庶几乎！而身之不能治，何暇治天下乎？子往矣！无乏[15]吾事！"

子贡卑陬失色，顼顼然不自得[16]，行三十里而后愈。

其弟子曰："向之人，何为者邪？夫子何故见之变容失色，终日不自反邪？"

曰："始，吾以为天下一人[17]耳，不知复有夫人也！吾闻之夫子：'事求可，功求成，用力少、见功多者，圣人之道。'今徒不然。执道者德全，德全者形全，形全者神全。神全者，圣人之道也。托生与民并行，而不知其所之，汒乎淳备[18]哉！功利机巧，必忘夫人之心。若夫人者，非其志不之，非其心不为；虽以天下誉之，得其所谓，謷然不顾；以天下非之，失其所谓，傥然不受[19]；天下之非誉，无损益焉。是谓全德之人哉！——我谓之风波之民。"

反于鲁，以告孔子。

孔子曰："彼假修浑沌氏之术[20]者也。识其一，不知其二[21]；治其内，而不治其外[22]。夫明白、入素、无为、复朴、体性，抱神以游世俗之间者，汝将固惊邪？且浑沌氏之术，予与汝何足以识之哉？"

【注释】

①水南曰阴。汉阴，汉水之阴。 ②丈人，长者之称也。 ③菜蔬曰圃。

埒中曰畦。菜圃划区培陇,以便浇水,今仍谓之畦。 ④搰搰,用力貌。 ⑤械,器械也。 ⑥浸,灌也。 ⑦卬,音“仰”,本亦作“仰”。 ⑧机,关也。⑨抽,引也。数如泆汤,疾速如汤沸溢也。挈,提挈。 ⑩槔,桔槔也。 ⑪瞒,惭貌。 ⑫有间,俄顷也。 ⑬於于,夸诞貌。 ⑭堕,堕坏。 ⑮乏,废也。 ⑯卑陬,愧惧貌;一云,颜色不自得也。顼顼,自失貌。 ⑰一人,谓孔丘也。 ⑱汒,芒昧。操行淳和,道德圆备。 ⑲謷,诞慢之容;傥,无心之貌。 ⑳浑沌者,无分别之谓也。 ㉑徒识修古抱灌之朴,而不知因时任物之易也。 ㉒抱道守素,治内也;不能随时应变,不治外也。

【译文】

子贡往南方楚国去游历,回到晋国,路过汉水的北岸,见到一位老人,正在菜园里整畦浇水,他挖通地道,进到井里,抱着水罐出来,把水浇到畦里。呼呼哧哧的,费力很多,可是效率很低。

子贡对老人说:“有一种机器,一天可以浇一百畦,费力很少,可是效率很高。先生不愿意试试吗?”

浇园的人抬起头来,看了看子贡,说:“那得怎么办呢?”

子贡说:“把一根木头,在中间凿出一个机关,后边重,前边轻,打水就像抽水,速度如同开水漫溢一般。它的名字叫桔槔。”

浇园的人忿怒地变了脸色,可又笑着说:“我听到我的老师说过:‘有机巧的器械的,必定有机巧的事务;有机巧的事务的,必定有机巧的心意。把机巧的心意存在胸怀里,本性的纯洁就不会完全;本性的纯洁不完全,神明的生气就不会稳定。神明的生气不稳定的人,他是不可能修成“道”的。’我并不是不知道用桔槔,而是以为可耻,因而才不那样作啊!”

子贡听了之后,感到非常惭愧,低下头,回答不上来。

待了一会儿,浇园的人问子贡说:“您是作什么的呢?”

子贡回答说:“我是孔丘的学生。”

浇园的人说:“您不就是那用博学多闻来拟像圣人,用浮夸妄诞来压倒群众,弹着单弦儿悲歌,来炫卖声名于天下的人吗?你正应该忘掉你的神气,废掉你的形体,或者还有希望啊!你连自己的身体都不能够治理,哪里还有工夫去治理天下呢?您走开吧!不要耽误我的事!”

子贡惭愧得变了脸色,晃晃悠悠的,精神很不愉快;走了三十里路,才恢复了常态。

子贡的学生问子贡说:“方才那个人,他是作什么的呢?老师为什么见了他就变貌失色的,一天也没有恢复过来呢?”

子贡说："起初，我以为天下只有孔夫子一个人，并不知道还有这样的人啊！我听到孔夫子说过：'事务要求着办妥当，功绩要求着有成就，费的力量要少，见的功绩要多，这才是圣人之道。'现在却不是这样。执守着'道'的人，他的'德'就十全；'德'十全的人，他的形体就十全；形体十全的人，他的精神就十全。精神十全，便是圣人之道。托生在天地之间，和人民在一起行动，可是并不知道走向何方，茫茫昧昧的，真是淳朴、百顺的啊！功利、械巧这些杂念，必然会在这样的人心里忘却。像这样的人，不合他的意志，他就不去；不合他的心思，他就不作；虽然天下都赞扬他，说得很对，他是孤高傲慢地不予理睬；虽然天下都非难他，说得不对，他是若无其事地不予接受；天下的非难和赞扬，对他是无加无损的。这就叫做全德之人啊！——我就叫做风波之人。"

回到鲁国之后，子贡把这件事情告诉给了孔子。

孔子说："他原来是个修治浑沌氏的道术的人啊。他只知道一种（泥古）道理而不知道另一种（变通）道理；他只知道修治内心，而不知道修治外物。那种神智清明、内心质素、清静无为、回复淳朴、体悟本性、抱守精神、而游行在世俗之间的人，你难道会感到惊奇吗？况且，浑沌氏这种道术，我和你怎么能够懂得呢？"

谆芒[①]将东之大壑[②]，适遇苑风[③]于东海之滨。

苑风曰："子将奚之？"

曰："将之大壑。"

曰："奚为焉？"

曰："大壑之为物也，注焉而不满，酌焉而不竭。吾将游焉。"

苑风曰："夫子无意于横目之民[④]乎？愿闻圣治。"

谆芒曰："圣治乎，官施而不失其宜，拔举而不失其能；毕见其情事，而行其所为。行言自为，而天下化；手挠[⑤]、颐指[⑥]，四方之民，莫不俱至。此之谓圣治。"

"愿闻德人。"

曰："德人者，居无思，行无虑；不藏是非、善恶。四海之内，共利之之谓悦，共给之之为安。怊乎若婴儿之失其母也，傥乎若行而失其道也。财用有馀，而不知其自来；饮食取足，而不知其所从。此谓德人之容。"

"愿闻神人。"

曰:"上神乘光[7],与形灭亡;此谓昭[8]旷。致命尽情,天地乐而万事销亡,万物复情,此之谓混冥。"

【注释】

①谆芒,望望谆谆,察察芒芒。 ②大壑,东海也。 ③苑风,小风也。谆芒、苑风,皆寓言也。 ④横目之民,横目,非义。目,疑为"𡈼"字之误。《说文》古文"良"字作"𡈼"。横良,犹康良也,安良也。 ⑤挠,动也。 ⑥颐,本作"顾"。颐指,谓举颐指挥也。 ⑦上神,犹言上升也。 ⑧昭,本作"照"。

【译文】

谆芒将要往东海外的深谷那里去游历,恰好在东海边上遇见了苑风。

苑风问谆芒说:"您要往哪里去?"

谆芒说:"我要到深谷那里去。"

苑风又问:"去干什么呢?"

谆芒说:"深谷那种东西,往它里面注水,注不满;从它里面向外泄水,泄不干。我要去游历。"

苑风又问:"先生对于善良的人民不感兴趣吗?我愿意听听圣人的政治。"

谆芒说:"圣人的政治嘛,布施教令,不失掉时宜;举拔人才,不失掉贤能;人民的心事,他都看得见;人民怎样作,他就怎样作;一切行动和教令,都依凭人民自动,天下就都归他;手一动,下巴一指,四方的人民,没有不来的。这就叫圣人的政治。"

苑风说:"我愿意听听有德之人。"

谆芒说:"有德之人,在休息中没有任何思念,在行动中没有任何顾虑;心里不存是非和善恶。天下四方,都受到利益,就叫做喜悦;都感到充足,就叫做安宁。孤独无依的,好像婴儿失去了母亲;徘徊不定的,好像行人失迷了路途。财用富裕,可是不知道是怎样来的;饮食充足,可是不知道是怎样得到的。这就叫做有德之人的具体表现。"

苑风说:"我愿意听听神人。"

谆芒说:"[神人]升上天去,驾驶晖光,见不到形迹,这就叫作昭明虚旷。禀受天命,穷尽情理,与天地同乐,而不为事物所累,万物各归其真,这就叫做混同玄冥。"

门无鬼与赤张满稽[1]观于武王之师[2]。

赤张满稽曰:"不及有虞氏乎!故离[3]此患也!"

门无鬼曰："天下均治[4]，而有虞氏治之邪？其乱而后治之邪？"

赤张满稽曰："天下均治之为愿，而何计以有虞氏为？有虞氏之药疡[5]也，秃而施髢[6]，病而求医。孝子操药以修慈父，其色燋然[7]。圣人羞之！"

【注释】

①门、赤张，氏也；无鬼、满稽，名也。　②师，众也。武王伐纣，兵渡孟津时，则二人共观。　③离，遭也。　④均，平也。天下均治，天下太平。⑤疡，头创（疮）也。言创以喻乱。求虞氏药治之。　⑥髢，髲也。今谓之假发。⑦燋然，憔悴貌。

【译文】

门无鬼和赤张满稽一同去参观周武王讨伐殷纣王的大军。

赤张满稽说："现在不及有虞氏时代了！所以人们才遭到这种灾祸啊！"

门无鬼说："是天下太平了，有虞氏就治理它呢？还是天下大乱了，然后才治理它呢？"

赤张满稽说："天下太平，乃是人民的希望，哪里还计划着用有虞氏来治理呢？有虞氏治疗头疮的方法，秃了，就给敷上假发；疮厉害了，就请求医生。孝子用药给慈父治病，他的面色是愁眉不展的。圣人以为这样作是可耻的啊！"

至德之世，不尚贤，不使能；上如标枝[1]，民如野鹿[2]。端正，而不知以为义；相爱，而不知以为仁；实，而不知以为忠；当，而不知以为信；蠢动[3]而相使，不以为赐[4]。是故行而无迹，事而无传。

【注释】

①标枝，言树杪之枝，无心在上也。　②野鹿，放而自得也。　③蠢，动也。　④赐，借为"㦒"。《说文》："㦒，侮也。"

【译文】

盛德之世，不崇尚贤明，不重用才能；君上如同树梢的小枝，人民如同原野的走鹿。行为端正，并不知道这就是义；互相亲爱，并不知道这就是仁；内心诚实，并不知道这就是忠；言行的当，并不知道这就是信；在工作中，互相指使，并不以为这就是轻慢。因此，道路走过去，没有踪迹；事情作过了，不见流传。

孝子不谀其亲，忠臣不谄其君[1]，臣子之盛也。

亲之所言而然，所行而善，则世俗谓之不肖子；君之所言而然，所行而善,则世俗谓之不肖臣。而未知此其必然邪?

世俗之所谓然而然之,所谓善而善之,则不谓之谄谀[2]之人也。然则俗故严于亲而尊于君邪?

谓己谄人,则勃然作色;谓己谀人,则怫然作色[3]。而终身谄人也,终身谀人也。

合譬[4],饰辞,聚众也;是始终本末不相坐。

垂衣裳,设采色,动容貌,以媚一世,而不自谓谄谀;与夫人之为徒,通是非,而不自谓众人。愚之至也。

知其愚者,非大愚也;知其惑者,非大惑也。大惑者终身不解,大愚者终身不灵[5]。

三人行,而一人惑,所适者犹可致也,惑者少也;二人惑,则劳而不至,惑者胜也。而今也,以天下惑予,虽有祈向[6],不可得也。不亦悲乎!

大声[7]不入于里耳,《折杨》、《皇荂》[8],则嗑然而笑[9]。

是故,高言不至于众人之心,至言不出[10]。俗言胜也。

以二跂踵惑,而所适不得矣[11]。而今也,以天下惑予,虽有祈向,其庸可得邪?

知其不可得也,而强之,又一惑也。故莫若释之而不推。不推,其谁比忧?

厉之人[12],夜半生其子,遽取火而视之,汲汲然[13]唯恐其似己也。

【注释】

①谀,伪也。谄,欺也。 ②谄谀,本皆作"道谀"。 ③勃、怫,皆嗔貌也。 ④合譬,谓设作譬喻也。 ⑤灵,晓也。 ⑥祈,当借为"昕",与"斤"借为"昕"同例。 ⑦大声,非委巷之所尚也。 ⑧《折杨》、《皇华》,皆古歌曲也。 ⑨嗑,笑声也。 ⑩出,显也。 ⑪跂踵,本作"缶锺"。 ⑫厉,恶癞也。 ⑬遽,速也。汲汲,匆迫貌。

【译文】

孝子不屈从自己的父母,忠臣不谄媚自己的君上,这是臣、子的典范。

自己父母听说的话,就以为是对的;自己父母所做的事,就以为是好的:世俗就把这种人叫做不肖之子;君上所说的话,就以为是对的;君上所做的事,就以为是好的:世俗就把这种人叫做不肖之臣。可是不知道这是不是必然的呢?

世俗上所谓对的，就以为是对；世俗上所谓好的，就以为是好：就不把这种人叫做谄媚曲从的人。那么，世俗上难道还有比父母和君上更尊贵的吗？

说自己是谄媚别人，就盛怒地翻了脸；说自己是屈从别人，就气恼地翻了脸。可是自己一生就是谄媚别人，屈从别人。

〔这种人〕利用譬喻，修饰辞令，用这个来聚集群众，因而他自始至终、从头到尾地受不到挫折。

衣冠楚楚，服饰文采，装模作样，藉以献媚当世，可是不承认自己谄媚别人、屈从别人；和群众在一起，是非认识相同，可是不承认自己一如众人。这是最愚蠢不过的。

知道自己愚蠢的，并不是最愚蠢的人；知道自己迷糊的，并不是最迷糊的人。最迷糊的人，一辈子也觉悟不过来；最愚蠢的人，一辈子也明白不过来。

三个人一起走路，如果一个人迷糊了方向，还可以达到目的地，这是因为迷糊的人少；如果两个人迷糊了方向，就是劳累也达不到目的地。这是因为迷糊的人多。可是现在，使天下的人都来迷糊我，我虽然有明确的方向，也达不到。不也令人感到悲伤吗？

典雅的古乐，乡里人听不入耳；但《折杨》、《皇荂》之类的通俗歌曲，一听就格格地笑出声来。

因此，高深的语言，放不进众人的心里；深奥的语言，显露不出它的意义。这是由于世俗语言占优势。

用两条岔路的足迹来迷惑人，就令人不知道走哪条路好。可是现在，使天下人都来迷惑我，我虽然有明确的方向，那怎么能够达到呢？

明知道达不到，可是还要勉强去作，这又是一种迷惑。所以，不如放下，而不去推求它。凡事都不去推求，怎么会遭到忧患呢？

生癞病的人，半夜里生了孩子，赶紧拿起火来照看，急急遑遑的，唯恐孩子长得和自己一样。

百年之木，破为牺尊，青黄而文之，其断在沟中；比牺尊于沟中之断，则美恶有间矣；其于失性，一也。

桀、跖[1]与曾、史，行义[2]有间矣，然其失性，均也。

且夫，失性有五：一曰，五色乱目，使目不明；二曰，五声乱耳，使耳不聪；三曰，五臭[3]薰鼻，困惾中颡[4]；四曰，五味浊口，使口厉爽[5]；五曰，趣舍滑心[6]，使性飞荡。此五者，皆生之害也。

而杨、墨乃始离跂[7]自以为得,非吾所谓得也。

夫得者困,可以为得乎,则鸠鸮之在笼也,亦可以为得矣。

且夫,趣舍、声色,以柴[8]其内;皮弁[9]、鹬冠[10]、搢笏[11]、修绅[12],以约其外;内支盈于柴栅,外重纆缴[13],睆睆然[14]在纆缴之中,而自以为得;则是罪人交臂[15]、历指[16],而虎豹在于囊槛,亦可以为得矣。

【注释】

①"跖"上本无"桀"字。 ②行义,犹行为也。义,借为"爲",实借为"伪"。 ③五臭,谓羶、薰、香、腥、腐。外书呼香为臭也。 ④成玄英:惾,塞也。言鼻耽五臭,故壅塞不通,而中伤颡额也。 ⑤厉,病也。爽,失也。⑥趣,取也。滑,乱也。 ⑦离跂,即离歧,不同于世俗之谓也。 ⑧柴,塞。⑨皮弁者,以皮为冠也。 ⑩鹬者,鸟名也,似鹜,绀色,出郁林,取其翠羽饰冠,故谓之鹬冠。此鸟,知天文者为之冠也。 ⑪搢,插也;笏,犹珪;谓插笏也。⑫修绅,本作"绅修"。修绅,长带也。 ⑬纆缴,绳也。 ⑭睆睆,穷视貌。⑮交臂,反缚也。 ⑯历,借为"枥"。

【译文】

把生长百年的木材破开,作成牺尊(雕刻华丽的酒杯),修饰上彩色的花纹,把截掉一部分木材抛在水沟里;拿牺尊和抛在水沟的那一部分相比,它们的华美和丑陋是有距离的;但是就它们的失掉本性来说,却是一样的。

夏桀、盗跖和曾参、史鳍,他们的行为是有距离的;但是就他们的失掉本性来说,却是相同的。

况且,失掉本性有五种情况:第一,五色能够搅乱人的眼睛,使眼睛不明亮;第二,五声能够搅乱人的耳朵,使耳朵不通彻;第三,五臭能够薰伤人的鼻孔,使鼻孔窒塞不通,而中伤了额角;第四,五味能够混浊人的口腔,使口腔受到病伤;第五,取舍能够混乱人的心神,使性情飞扬浮躁。这五种情况对生命都是有危害的。

可是,杨朱、墨翟之流就从此标奇立异,自以为得意,这并不是我所说的得意。

如果得意的人受到危困,可以算得意的话,那么,斑鸠困在樊笼里,也可以算得意的了。

况且,取舍和声色,梗塞了内心;朝服和朝帽,约束了外形;内心支架满了棍棒,外形重叠上绳索,眼巴巴地拘困在绳索之中,可是还自以为得意;那么,罪人被绳索把胳膊反绑起来,被椤子把手指枷起来,或者虎豹被装在布袋和木笼里,也可以叫作得意了。

六、天　　道(七章)

天道运,而无所积[1],故万物成;帝道运,而无所积,故天下归;圣道运,而无所积,故海内服。明于天、通于圣,六通四辟[2]于帝王之德者,其自为也,昧然无不静者矣。

圣人之静也,非曰静也善,故静也;万物无足以铙心[3]者,故静也。

水静,则明烛[4]须眉;平中准,大匠取法焉。

水静犹明,而况圣人之心[5]静乎?天地之鉴也,万物之镜也。

夫虚静、恬淡、寂漠、无为[6]者,天地之平,而道德之至。故帝王、圣人休[7]焉。

休则虚,虚则实,实者[8]伦[9]矣。虚则静,静则动,动则得矣。静则无为,无为也,则任事者责矣。无为则俞俞[10]。俞俞者,忧患不能处,年寿长矣。

夫虚静、恬淡、寂漠、无为者,万物之本也。明乎此以南乡,尧之为君也;明乎此以北面,舜之为臣也。以此处上,帝王、天子之德也;以此处下,玄圣、素王[11]之道也。以此退居而闲游,则江湖山林之士服;以此进为而抚世[12],则功大名显,而天下一也。

静而圣,动而王,无为也而尊,朴素而天下莫能与之争美。

夫明白于天地之德者,此之谓大本大宗,与天地和者也;所以均调天下,与人和者也。与人和者,谓之人乐;与天和者,谓之天乐。

庄子曰:吾师乎!吾师乎!齑万物[13],而不为戾;泽及万世,而不为仁;长于上古,而不为寿;覆载天地,刻雕众形,而不为巧。此之谓天乐。

故曰:知天乐者,其生也天行,其死也物化;静而与阴同德,动而与阳同波。故知天乐者,无天怨,无人非,无物累,无鬼责。

故曰:其动也天,其静也地;一心定,而王天下。其魄不祟,其魂不疲[14];一心定,而万物服。言以虚静推于天地,通于万物,此之谓天乐。天乐者,圣人之心以畜天下也。

夫帝王之德,以天地为宗,以道德为主,以无为为常。无为也,则用天下而有馀;有为也,则为天下用而不足。故古之人贵夫无为也。

上无为也,下亦无为也,是下与上同德;下与上同德,则不臣。下有为也,上亦有为也,是上与下同道;上与下同道,则不主。上必无为,而用天下;下必有为,为天下用。此不易之道也。

故,古之王天下者,知虽落天地[15],不自虑也;辩虽彫万物[16],不自说也;能虽穷四海,不自为也。

天不产,而万物化;地不长,而万物育;帝王无为,而天下功。故曰:莫神于天,莫富于地,莫大于帝王。故曰:帝王之德配天地。此乘天地、驰万物,而用人群之道也。

本在于上,末在于下[17];要在于主,详在于臣。

三军、五兵之运[18],德之末也;赏罚、利害[19]、五刑之辟[20],教之末也;礼法、数度、形名、比详[21],治之末也;钟鼓之声、羽旄之容[22],乐之末也;哭泣、衰绖隆杀之服[23],哀之末也。此五末者,须精神之运、心术之动,然后从之者也。末学者,古人有之,而非所以先也。

君先而臣从,父先而子从,兄先而弟从,长先而少从,男先而女从,夫先而妇从。夫尊卑、先后,天地之行也,故圣人取象焉。

天尊,地卑,神明之位也;春夏先,秋冬后,四时之序也;万物化作,萌区有状,盛衰之杀,变化之流也。夫天地至神,而有尊卑、先后之序,而况人道乎?

宗庙尚亲,朝廷尚尊,乡党尚齿,行事尚贤,大道之序也。

语道而非其序者,非其道也。语道而非其道者,安取道?

是故,古之明大道者,先明天,而道德次之;道德已明,而仁义次之;仁义已明,而分守次之;分守已明,而形名次之;形名已明,而因任[24]次之;因任已明,而原省次之;原省已明,而是非次之;是非已明,而赏罚次之;赏罚已明,而愚知处宜,贵贱履位,仁贤不肖袭情㉕,必分其能,必由其名。以此事上,以此畜下,以此治物,以此修身;知谋不用,必归其天。此之谓太平。治之至也。

故,书㉖曰:“有形,有名。”形名者,古人有之,而非所以先也。

古之语大道者,五变而形名可举也,九变而赏罚可言也。骤㉗而语形名,不知其本也;骤而语赏罚,不知其始也。

倒道而言,迕道㉘而说者,人之所治也。安能治人?

骤而语形名、赏罚,此有㉙知治之具,非知治之道,可用于天下,不足以用天下。此之谓辩士,一曲之人也。

礼法、数度、形名,比详,古人有之;此下之所以事上,非上之所以畜下也。

【注释】

①积,谓滞积不通也。 ②陆德明:四辟,谓四方开也。六通,四方上下也。六通四辟,犹言四通八达也。 ③铙,喧挠。 ④烛,照也。 ⑤“圣人之心”上本有“精神”二字。 ⑥虚静、恬淡、寂漠、无为,四者异名同实者也;叹无为之美,故具此四名。 ⑦休,未尝动也。 ⑧者,读为“则”。 ⑨伦,理也。 ⑩俞俞然,从容自得之貌。 ⑪圣人而幽处下位,故曰玄圣,与素王之意略同。 ⑫退居,谓晦迹隐处也。进为,谓显迹出仕也。 ⑬鳖,变而相杂。 ⑭魄,本作“鬼”。 ⑮落,与“络”同,谓包络。 ⑯彫,借为“周”。⑰本,天道;末,人道也。 ⑱五兵者,一弓、二殳、三矛、四戈、五戟也。运,动也。 ⑲赏者,轩冕荣华,故利也;罚者,诛残戮辱,故害也。 ⑳辟,法也。五刑者,一劓、二墨、三刖、四宫、五大辟。 ㉑数者,计算;度者,尺丈。形者,容仪;名者,字讳。比者,较当;详者,定审。 ㉒羽者,鸟羽;旄者,兽毛;言采鸟兽之羽毛,以饰其乐也。羽旄之容,指舞言。旄,通“毛”。 ㉓衰,丧服也。绖,麻冠,麻带也。 ㉔因任,因材任使也。 ㉕袭,因也;情,实也;各因其实。㉖书,古书也。 ㉗骤,数也,速也。 ㉘迕,逆也。 ㉙有,读为“为”。

【译文】

天道施行,而无所积滞,所以万物生成;帝道施行,而无所积滞,所以天下归顺;圣道施行,而无所积滞,所以天下信服。明白上天、通达圣哲,而且无所不通于帝王之德的人,他的自然行动,幽幽默默的,就没有不是静定的了。

圣人的静定,并不说静定好,所以才静定;而是万物都不能够搅扰他的内心,所以才静定。

水静定了,就清亮得照见人的须眉;它的平正适应法则,因而木匠就取法它而制作出水准器。

水静定了,还是清亮的,何况是圣人内心的静定呢?它是天地的明镜,它是万物的明镜。

这虚静、恬淡、寂漠、无为,便是天地的平正,道德的顶峰。所以帝王、圣人在天下是安息的。

安息,就能够虚无;虚无,就能够充实;充实,就顺乎理性。虚无,就能够静定;静定,就能够运动;运动,就得到本然。静定,就能够无为;无为,任事者就各有专责了。无为,就能够从容自得;从容自得的人,忧患就落不到身上,因而获得长寿。

这虚静、恬淡、寂漠、无为,便是万物的本元。明白了这个道理,而去南面临朝,便是帝尧一般的君上;明白了这个道理,而去北面朝君,便是大舜一般的臣下。用这个来居处上位,便是帝王、天子的德业;用这个来居处下位,便是玄圣(幽微的圣哲)、素王(无位的帝王)的道术。用这个来隐居闲游,江海山林之士就都宾服;用这个来居官治世,就功绩伟大,名声高显,而天下一统。

静处,就成为圣人;行动,就成为帝王;无为,就为天下所尊贵;朴素,天下就没有能够同他比美的。

那明白天地之德的人,就叫做大本大宗,是与天地相和同的;这是所以均调天下,而与人民相和同的。与人民相和同,就叫作人间的乐趣;与上天相和同,就叫做天上的乐趣。

庄子说:我要以这个(天上的乐趣)为师法啊!我要以这个(天上的乐趣)为师法啊!杂糅万物,并不觉得它暴戾;德泽流传万代,并不觉得它仁慈;生长在上古时代,并不觉得它长寿;笼罩上天,负载大地,雕刻出形形色色的物象,并不觉得它工巧。这就叫做天上的乐趣。

所以说:知道天上的乐趣的人,他的生存,顺天而行;他的死亡,随物而化;静定,就与阴气同德;行动,就与阳气同流。所以,知道天上的乐趣的人,受不着上天的怨恨,受不着人间的非难,受不着事物的系累,受不着鬼神的责谴。

所以说:他的行动,拟象于天;他的静定,取法于地;一心凝定,而天下归往。他的体魄,不受病苦;他的精神,不会疲倦;一心凝定,而万物悦服。这就是说,把虚静推行于天地之间,流通于万物之中,这就叫作天上的乐趣。天上的乐趣,便是用圣人的心来包容天下。

那帝王的德业,把天地作为本元,把道德作为宗主,把无为作为永恒。无为,就能够利用天下,而感到从容有余;有为,就被天下所利用,而感到急迫不足。所以古代帝王是崇尚无为之治的。

上位无为，下位也无为，这便是下位和上位德业相同；下位和上位德业相同，便不合乎臣道。下位有为，上位也有为，这便是上位和下位德业相同；上位和下位德业相同，便不合乎君道。上位必须无为，而利用天下；下位必须有为，而为天下所利用。这是不可移易的道理。

所以，古来为天下所归往的人，他的智慧虽然包络天地，并不考虑自己；他的明辩虽然周遍万物，并不称道自己；他的才能虽然穷究四海，并不顾待自己。

天不出产万物，而万物得以化生；地不长养万物，而万物得以发育；圣人清静无为，而天下得以安定。所以说：没有比天再神明的，没有比地再富有的，没有比帝王再伟大的。所以说：帝王的德业配天地。这便是统御天地、驱使万物、利用人群的道术。

根本（无为）在于上方，末节（有为）在于下方；政治要领在于君主，详密策略在于臣仆。

军队、武器的运用，这是德业的末节；赏罚、利害，五刑的制定，这是教化的末节；礼制法度、计算量度、物象名称，比较审定，这是政治的末节；钟鼓的声音，羽旄的形容，这是音乐的末节；哭泣的节度，孝服的等第，这是丧礼的末节。这五种末节，必须有精神的运用、心术的推动，然后才能够施行。这种末节之学，古人原本就有的，而不是首要的事物。

君主领先，而臣仆随后；父亲领先，而儿子随后；哥哥领先，而弟弟随后；男子领先，而妇女随后，丈夫领先，而妻子随后。这种尊卑、先后，乃是天地自然之道；所以圣人就取法这种现象。

天体尊高，地体卑下，这是神明的方位；春夏在先，秋冬在后，这是四时的秩序；万物化生，萌芽的情状，盛衰的差别，乃是变化的流行。这天地是最神明的，还有尊卑、先后的秩序，何况是人道呢？

宗庙之中，嫡亲居上；朝廷之内，尊贵居上；乡里之间，年长居上；行事作为，贤能为上：这便是“大道”的秩序。

谈论“道”而不合乎它的秩序，就不成为“道”。谈论“道”而不合乎“道”，又何必取法乎“道”呢？

因此，古来明通“大道”的人，首先要明通上天，而道德却在其次；道德已经明通，而仁义却在其次；仁义已经明通，而分位却在其次；分位已经明通，而物象名称却在其次；物象名称已经明通，而因材任事却在其次；因材任事已经明通，而原宥省察却在其次；原宥省察已经明通，而是非却在其次；是非已经明通，而赏罚却在其次；赏罚已经明通，而愚昧和明智的安置得当，尊贵和卑贱的履践本位，仁贤和不肖的符合实情，必定要区分他们的才能，必定要依据他们的名分。用这个来事奉君上,用这个来畜养下民,用这个来统治万物,用这个来修治身心;用不着智谋,必定要归之上天。这就叫做天下太平。这便是政治的盛迹。

所以,古书上说:“有物象,就有名称。”物象、名称,古人原本就有的,而不是首要的事物。

古来谈论“大道”的人,演变到五次,而物象名称就可以举出;演变到九次,而赏罚就可以谈论。贸然地谈论物象名称,便是不知道政治的根本;贸然地谈论赏罚,便是不知道政治的元始。

颠倒“道”的秩序来谈、不顺“道”的秩序来讲的人,乃是被人所治理的人,他怎么能够治理人呢?

贸然地谈论物象名称、赏罚,乃是只知道政治的工具,而不知道政治的道理的人;他可以被天下所利用,而不可以利用天下。这就叫做辨别事物一偏的人。

礼制法度、计算量度、物象名称、比较审定,古人原本就有的;这是下位事奉上位的事物,而不是上位畜养下位的事物。

昔者,舜问尧曰:“天王①之用心何如?”

尧曰:“吾不敖无告②,不废穷民,苦死者,嘉孺子,而哀③妇人。此吾所用心已。”

舜曰:“美则美矣,而未大也。”

尧曰:“然则何如?”

舜曰:“天德而土宁④,日月照而四时行,若昼夜之有经,云行而雨施矣。”

尧曰:“胶胶扰扰乎⑤!子,天之合也;我,人之合也。”

夫天地者,古之所以大也,而黄帝、尧、舜之所共美也。故古之王天下者,奚为哉!天地而已矣。

【注释】

①天王,犹天子也。　②敖,侮慢也。无告,谓顽愚之甚,无堪告示也。③哀,闵也。　④土,本作“出”。　⑤胶胶扰扰,动乱之貌。

【译文】

在古代,大舜问帝尧说:“天子的用心是怎样的呢?”

帝尧说:“我不侮慢愚顽,不废弃穷困,安息死亡,善待幼小,而怜恤妇人。这便是我用心的所在。”

大舜说:“好倒是好,但是还不够开朗。”

帝尧说："那怎么办呢？"

大舜说："要如同上天那样高显，如同大地那样宁静，如同日月那样照临，如同四时那样运行，如同昼夜那样经常，如同云气那样飞行，如同雨泽那样布施。"

帝尧说："这样的搅扰不宁啊！您是合于天道的，我是合于人道的。"

这天地，古来就认为它们是伟大的，而黄帝、帝尧、大舜都是赞美它们的。所以古来为天下所归往的人，究竟作了些什么呢？只不过是效法天地罢了。

孔子西藏书于周室[①]。

子路谋曰："由闻周之徵藏史[②]有老聃者，免[③]而归居。夫子欲藏书，则试往因焉。"

孔子曰："善。"

往见老聃，而老聃不许。于是繙十二经以说。

老聃中其说[④]，曰："大谩[⑤]，愿闻其要。"

孔子曰："要在仁义。"

老聃曰："请问：仁义，人之性邪？"

孔子曰："然。君子不仁，则不成；不义，则不生。仁义，真人之性也。又将奚为矣？"

老聃曰："请问：何谓仁义？"

孔子曰："中心物恺[⑥]，兼爱无私，此仁义之情也。"

老聃曰："意[⑦]！几乎后言！夫兼爱，不亦迂[⑧]乎？无私焉，乃私也。夫子若欲使天下无失其牧[⑨]乎，则天地固有常矣，日月固有明矣，星辰固有列矣，禽兽固有群矣，树木固有立矣。夫子亦放德而行，循道而趋，已至矣。又何偈偈乎[⑩]揭仁义，若击鼓而求亡子[⑪]焉？意！夫子乱人之性也！"

【注释】

①藏书，藏其所著书也。宣尼睹周德已衰，不可匡辅，故将已所修之书，欲藏于周之府藏，庶为将来君王治化之术。藏书，亦当包括古书。 ②徵藏史，犹今之秘书官，职典坟籍。 ③免，解免其官。 ④中其说，语未尽也。 ⑤谩，借为"蔓"。大谩者，嫌其繁谩太多，请简要之术也。 ⑥恺，乐也。物，本亦作"勿"。 ⑦意，通"噫"。 ⑧迂，当读为"夸"。 ⑨牧，养也。 ⑩偈偈，用力之貌。 ⑪亡子，逃人也。打击大鼓，而求觅亡子，鼓声愈大，而亡者愈

离。仁义弥彰,而去道弥远。

【译文】

孔子打算去西边把书籍藏到周家的国库里。

子路策划着说:"我听说周家掌管书库的史官有个叫老聃的,他已经退休回家。老师想把书籍藏起来,就试试找他帮忙。"

孔子说:"好吧。"

孔子去拜访老聃,老聃没有答应。孔子就把十二经摆出来和老聃讲论起来了。

老聃还没有等孔子把话说完,就对孔子说:"太繁琐了,我愿意听听其中的要领。"

孔子说:"要领就在于仁义之道。"

老聃问:"请问:仁义就是人的本性吗?"

孔子说:"是的。君子不讲仁,就不能够成事;不讲义,就不能够生存。仁义,的确是人的本性啊。除此之外,还有什么可作的呢?"

老聃又问:"请问:什么叫作仁义呢?"

孔子说:"悦乐之情,发自内心,兼爱万物,大公无私,这便是仁义的实情。"

老聃说:"哎呀!这近乎是后人的说法!这种兼爱万物的说法,不也有些夸张吗?所谓无私,实际就是自私。先生如果愿意天下都不失掉养育吧,可是天地本来就是有恒常的,日月本来就是有光明的,星辰本来就是有次序的,禽兽本来就是有类别的,树木本来就是有定位的。先生也只有依据着'德'去做事,遵循着'道'去行动,就算达到极点了。又何必卖尽气力地高举着仁义,就好像敲着鼓去寻找逃亡的儿子一样呢?〔这不是越追越远吗?〕哎呀!先生把人的本性都给搅乱了啊!"

士成绮①见老子,而问曰:"吾闻,夫子,圣人也,吾固②不辞远道而来,愿见;百舍③,重趼④,而不敢息。今观,夫子,非圣人也:鼠壤有馀蔬,而弃妹,不仁也⑤;生熟不尽于前,而积敛无崖⑥。"

老子漠然不应。

士成绮明日复见。曰:"昔者,吾有刺于子,今吾心正却⑦矣。何故也?"

老子曰:"夫巧知神圣之人,吾自以为脱焉。昔者,子呼我牛也,而谓之牛;呼我马也,而谓之马。苟有其实,人与之名而弗受,再受其殃。吾服也恒服,吾非以服有服[8]。"

士成绮雁行避影,履行[9],遂进,而问:"修身若何?"

老子曰:"而[10]容崖然[11],而目冲然[12],而颡頯然[13],而口阚然[14],而状义然[15],似系马而止也;动而持,发也机,察而审,知巧而睹于泰,凡以为不信。边竟有人焉,其名为窃。"

【注释】

①士成绮,人姓名也。 ②固,读为"故"。 ③百舍,三千里。 ④趼,胝也。 ⑤蔬,读曰"糈"。糈,粒也。 ⑥积敛无崖,犹贪取无已。 ⑦正却,犹平息也。 ⑧服,服从也。 ⑨雁行避影,形容其侧身之貌。履行,一步蹑一步也。 ⑩而,汝也。 ⑪崖,通作"厓"。 ⑫冲,直视。 ⑬頯然,高露发美之貌。 ⑭阚,借为"凵"。《说文》:"凵,张口也。"言口张如虎也。 ⑮义,当读为"㕒"。

【译文】

士成绮去拜访老子,向老子说:"我听说,先生是圣人,所以我不嫌路远而来,愿意同您会见。我走了三千里路,脚上都磨出了趼子,也不敢休息。现在一看,先生并不是圣人:您家的老鼠洞里都存有余粮(富裕),却遗弃了妹妹,这是不仁道。生熟的食物,在您身边总不断,却是贪取不休。"

老子态度淡然,没有回答。

第二天,士成绮又去见老子。士成绮说:"昨天,我对您有所讽刺,今天,我的心完全端正过来了。这是什么原因呢?"

老子说:"世俗上所谓巧智神圣的人,我自以为是已经摆脱掉了。昨天,您把我称作牛,我就承认是牛;您把我称作马,我就承认是马。如果自己有这种事实,别人给他这种称呼,可是不肯接受,他就会再一次受到惩罚。我的服从别人,是经常地服从,我并不是为了服从而服从。"

士成绮〔感到很惭愧,〕侧着身子,毕恭毕敬地追随在老子后面,走到老子面前,又问道:"修治身心得怎么办呢?"

老子说:"你的容貌端端方方,你的眼神直直正正,你的额角高高耸起,你的嘴张得很大,你的形体魁伟高大,好像把马拴起来而防止它奔驰一样;行动起来,兢兢业业;心思一动,相当机警;省察事物,相当明审;智慧技巧,看出来的傲慢;对于所有事物,都不肯相信。边境上有一种人,他的名字就叫作浅薄。"

夫子[1]曰:夫道,于大不终[2],于小不遗,故万物备。广广乎其无不容也,渊渊[3]乎其不可测也。

形德[4]、仁义,神之末也。非至人,孰能定之?

夫至人有世[5],不亦大乎?而不足以为累;天下奋棅[6],而不与之偕;审乎无假,而不与利迁。极物之真,能守其本。故外天地,遗万物,而神未尝有所困也。

通乎道,合乎德,退仁义,宾礼乐[7],至人之心有所定矣。

【注释】

①此夫子与《天地》篇同,指庄子。 ②终,借为"崇"。 ③"渊渊",本只作"渊"。 ④形德,犹形貌也。 ⑤有,有抚有、包容之义。 ⑥棅,威权也。 ⑦宾,读为"摈"。谓摈弃礼乐也。

【译文】

庄夫子说:这"道",对于大的事物不尊崇,对于小的事物不遗弃;所以天地之间万物具备。它广大得无所不包,它深远得不可测度。

形貌、仁义,乃是精神的糟粕。不是圣人,谁能够定止天下呢?

那圣人,包容世界,不也太伟大了吗?可是他并不为世界所系累;天下都争权夺利,可是他并不同他们搀和;他明通于天地的运行不息,可是他并不随同财利而有所迁移。他穷究万物的全真,而抱守万物的本元。所以,他忘却天地,忘却万物,而精神不曾有所困顿。

通达于"道",契合于"德",丢掉了仁义,放弃了礼乐,圣人的心就有所定止了。

世之所贵道者,书[1]也。书不过语。语有贵也。语之所贵者,意也。意有所随。意之所随者,不可以言传也。而世因贵言传书。

世虽贵之哉,犹不足贵也,为其贵非其贵也。

故,视而可见者,形与色也;听而可闻者,名与声也。悲夫!世人以形色、名声为足以得彼之情!夫形色、名声果不足以得彼之情,则"知者不言,言者不知",而世岂识之哉?

【注释】

①书者,文字。

【译文】

世俗上所以贵重道术的办法,就是用文字来记载。文字所记载的只不过是人的语言。语言有它贵重的所在。语言贵重的所在,便是人的意志。人的意志是有所追逐的。意志所追逐的内容,是不可以用语言传达的。可是世俗上由于贵重语言,而流传文字。

世俗上虽然贵重它吧,还是不足贵重的,因为他们所贵重的,并不是他们所应当贵重的东西。

所以,看就看得见的,是万物的形象和色彩;听就听得见的,是万物的名称和声音。可叹啊!世俗之人以为形体和色彩、名称和声音足以得到客观世界的真实!那形体和色彩、名称和声音果真不足以得到客观世界的真实,那么“知道的不说出,说出的不知道”的道理,世俗上又怎么能够懂得呢?

桓公①读书于堂上。轮扁斫轮②于堂下,释椎凿而上,问桓公曰:“敢问公之所读者何书③邪?”

公曰:“圣人之言也。”

曰:“圣人在乎?”

公曰:“已死矣。”

曰:“然则君之所读者,古人之糟魄④已夫!”

桓公曰:“寡人读书,轮人安得议之乎?有说,则可;无说,则死。”

轮扁曰:“臣也以臣之事观之:斫轮,徐,则甘而不固;疾,则苦而不入⑤;不徐、不疾,得之于手,而应之于心,口不能言,有数⑥存焉于其间。臣不能以喻⑦臣之子,臣之子亦不能受之于臣;是以行年七十,而老斫轮。古之人与其不可传也⑧,死矣。然则君之所读者,古人之糟魄已夫!”

【注释】

①桓公、齐桓公也,名小白。　②轮扁,斫轮人也,名扁。　③书,本作“言”。　④魄,本又作“粕”。粕,糟粕也。　⑤甘,滑也;苦,涩也。徐,宽也;疾,紧也。宽,则甘滑易入而不坚;紧,则苦涩而难入。要得不宽不紧,自有分寸于其间。　⑥数,谓大小、多少、长短、远近、轻重之事也。此指分寸而言。⑦喻,晓也。　⑧也,犹者。

【译文】

齐桓公在堂上读书。轮扁在堂下砍造车轮,他放下工具,走到堂上,问齐桓公说:“请问君王读的是什么书呢?”

齐桓公说:“圣人的言论。”

轮扁问:“那圣人还活着吗?”

齐桓公说:“已经死去了。”

轮扁说:“那么,君王所读的书,乃是古人的糟粕了!”

齐桓公说:“寡人在这里读书,你一个车轮工人怎么能够议论这个呢?说得对了,那还可以;说得不对,就治你死罪。”

轮扁说:“奴才就拿奴才的工作来看:在砍造车轮的时候,榫子做得松了,就会滑利地打进去,但不牢固;榫子做得紧了,就会感到滞涩,而打不进去。既不松,又不紧,把技巧得在手里,应在心里,嘴里说不出来,其中却有一定的分寸。我不能够把它明明白白地告诉给我的儿子,我的儿子也不能够明明白白地接受到我的教法;因此,奴才年纪已经七十岁了,只好老死在砍造车轮的手艺上。古人和他们不可传授的东西,都死去了。那么,君王所读的书,乃是古人的糟粕了!”

七、天　　运(八章)

天其运乎？地其处乎？日月其争於所乎？孰主张[①]是？孰纲维是？孰居[②]无事推[③]而行是？意者[④]其有机缄[⑤]而不得已邪？意者其运转而不能自止邪？

云者为雨乎？雨者为云乎？孰隆施[⑥]是？孰居无事淫乐而劝是[⑦]？

风起北方，一东一西，有[⑧]上彷徨。孰嘘吸是？孰居无事而披拂是[⑨]？

敢问何故？

巫[⑩]咸祒[⑪]曰："来！吾语汝：天有六极、五常[⑫]，帝王顺之，则治；逆之，则凶；九洛之事[⑬]，治成德备；监临下土，天下戴之。此谓上皇。"

【注释】

①主张，犹安排也。　②孰居，犹谁其。　③"推"，借为"惟"。　④意，以意亿度。　⑤机，关也。　⑥隆，指云；施，指雨。　⑦淫，借为"甚"。　⑧有，读为"又"。　⑨彷徨，回转之貌也。披拂，犹扇动也。　⑩巫咸，神巫也，为殷中宗相。　⑪祒，疑即"诏"字之异文。诏，告也。　⑫五常，谓五行。六极，六气也。六气，阴、阳、风、雨、晦、明也。　⑬九洛，九州也。洛，聚也。洛，与"落"，古字同。

【译文】

天是运行着的吗？地是静止着的吗？日月是争着交换自己的位置的吗？是谁安排这个的呢？是谁维系着这个的呢？是谁闲暇无事地计划着做这个的呢？

莫非是它有机关和绳索的推动和牵引而不得不如此吗？莫非是它运转起来自己就不能够停止了吗？

是掣起云彩的布施雨呢？还是布施雨的掣起云彩呢？是谁掣起和布施它们的呢？是谁闲暇无事、兴致勃勃地协助这个的呢？

风从北方刮起，忽而向东，忽而向西，又升上高空去打转。是谁吹吸着它的呢？是谁闲暇无事地扇动这个呢？

请问这是怎么回事呢？

巫咸告诉说："来！我说给你听：天有六气和五节，帝王顺从着它，天下就太平；不顺从着它，天下就荒乱；九州的事物，政治稳定，德业完备，上天昭临着下方，天下就全都拥戴它。它就叫做上帝。"

商太宰荡[1]问仁于庄子。

庄子曰："虎狼，仁也。"

曰："何谓也？"

庄子曰："父子相亲，何为不仁？"

曰："请问至仁。"

庄子曰："至仁无亲。"

太宰曰："荡闻之：'无亲，则不爱；不爱，则不孝。'谓'至仁不孝'，可乎？"

庄子曰："不然。夫至仁，尚矣；孝，固不足以言之。此非过孝之言也，不及孝之言也。夫南行者，至于郢[2]，北面而不见冥山[3]。是何也？则去之远也。

"故曰：以敬孝，易；以爱孝，难。以爱孝，易；而忘亲，难[4]。忘亲，易；使亲忘我，难。使亲忘我，易；兼忘天下，难。兼忘天下，易；使天下兼忘我，难。

"夫德，遗[5]尧、舜而不为也；利泽施于万世，天下莫知也；岂直太息[6]而言仁孝乎哉？夫孝悌、仁义、忠信、贞廉，此皆自勉以役其德者也，不足多也。

"故曰：至贵，国爵并[7]焉；至富，国财并焉；至显[8]，名誉并焉。是以道不渝[9]。"

【注释】

①宋承殷后，故商即宋国也。名盈，字荡。　②郢，楚邑也，在江陵北。③冥山，北海山名。　④而忘亲难，本作"以忘亲难"。　⑤遗，忘弃也。

⑥太息,犹言大声也。 ⑦并,借为“姘”。姘,除也。 ⑧显,本作“愿”。愿,为“显”讹。 ⑨渝,变也。

【译文】

宋国太宰荡请问庄子什么叫做仁道。

庄子说:“虎狼就合乎仁道。”

太宰说:“为什么这样说呢?”

庄子说:“父子相亲相爱,为什么不是仁道呢?”

太宰又问:“我请问最大的仁道。”

庄子说:“最大的仁道,没有亲昵。”

太宰说:“我听说过:‘没有亲昵,就不慈爱;不慈爱,就不孝顺。’如果说‘最高的仁道不孝顺’,可以吗?”

庄子说:“不行。那最大的仁道,高尚得多;孝道,当然不能和它相提并论。这并不是过于孝顺的说法,而是达不到孝顺的说法。譬如向南走的人,到了楚都郢城,回头向北,望不见北极的冥山。这是什么原因呢?因为距离得太远的缘故。

“所以说:用恭敬孝顺父母,容易;用亲爱孝顺父母,困难。用亲爱孝顺父母,容易;而忘掉父母,困难。忘掉父母,容易;使父母忘掉自己,困难。使父母忘掉自己,容易;一并忘掉天下,困难。一并忘掉天下,容易;使天下一并忘掉自己,困难。

“所谓‘德’,就是遗弃尧、舜的业绩而不去有所作为;恩泽流传万代,天下也没有人知道,哪能直然大嚷大叫地去谈仁道和孝道呢?所谓孝悌、仁义、忠信、贞廉,这都用来勉励自己而控制自己的德性的,是不足贵重的。

“所以说:最大的尊贵,把国家的爵位抛掉;最大的富有,把国家的财货抛掉;最大的显扬,把〔自己的〕名誉抛掉。所以,‘道’是永恒不变的。”

北门成①问于黄帝曰:“帝张《咸池》之乐②于洞庭之野③,吾始闻之,惧;复闻之,怠;卒闻之,惑;荡荡默默,乃不自得④。”

黄帝曰:“汝殆其然哉!吾奏之以人,徵之以天,行之以礼义,建之以大清⑤;四时迭起,万物循生⑥,一盛一衰,文武伦经⑦;一清一浊,阴阳调和,流光⑧其声,蛰虫始作,吾惊之以雷霆⑨。其卒无尾,其始无首,一死一生,一偾⑩一起,所常无穷,而一不可待⑪。汝故惧也。

“吾又奏之以阴阳之和,烛之以日月之明,其声,能短能长,能柔能刚,变化齐一,不主故常;在谷满谷,在阬满阬;涂郤⑫守神,以物为量;其声挥绰⑬,其名高明。是故,鬼神守其幽,日月星辰行其纪;吾止之于有穷,流之于无止。子欲虑之,而不能知也;望之,而不能见也;逐之,而不能及也;傥然[14]立于四虚之道[15],倚于槁梧而吟,目知穷乎所欲见,力屈乎所欲逐。吾既不及已夫!形充空虚,乃至委蛇。女委蛇,故怠。

"吾又奏之以无怠之声,调之以自然之命;故若混逐丛生[16],林乐而无形,布挥而不曳,幽昏而无声;动于无方,居于窈冥,或谓之死,或谓之生,或谓之实,或谓之荣,行流散徙,不主常声。世疑之,稽于圣人。圣也者,达于情而遂于命者也。天机不张,而五官皆备。此之谓天乐,无言而心说。故有焱氏[17]为之颂曰:'听之不闻其声,视之不见其形,充满天地,苞裹六极[18]。'女欲听之,而无接焉,故惑也。

"乐也者,始于惧;惧,故祟[19];吾又次之以怠,怠,故遁;卒之以惑,惑,故愚。愚,故道。道,可载而与之俱也。"

【注释】

①姓北门,名成,黄帝臣也。 ②《咸池》,乐名。张,施也。 ③洞庭之野,天地之间;非大湖之洞庭也。 ④荡荡,神不能定;默默,口不能言;不自得,失其常也。 ⑤大,音"泰"。 ⑥循,顺也;万物顺序而生。 ⑦伦经,犹言经纶。比和、分合,所谓经纶也。 ⑧光,读为"广"。 ⑨霆,电也。 ⑩偾,仆也。 ⑪一不可待者,皆不可待也。 ⑫涂,塞也。郤,孔也。谓塞其耳、目、口、鼻之孔窍也。 ⑬挥,动也。绰,宽也。 ⑭傥然,宏敞无偏之谓。 ⑮四虚,谓四方空;大道也。 ⑯混,同也。生,出也。混逐丛生,谓乐声混同而进、丛聚而出也。 ⑰焱,本作"猋"。焱氏,盖相传上古知音律之帝王也。 ⑱六极,六合也。 ⑲祟,借为"疷",疲病也。

【译文】

北门成问黄帝说:"帝王在广漠的原野演奏《咸池》这部乐章,我开始听了,感到惊惧;继续听下去,又感到疲倦;听到末尾,又感到迷糊,飘飘荡荡、沉沉默默的,就不自在起来。"

黄帝说:"你大概是应该这样的啊![关于这部乐章,]我是用人道来演奏它,用天道来徵应它,用礼义来贯彻它,用太清(无为)来扶植它;[这种声音]如同四时的交相更替,如同万物的顺序生成,巡回着盛衰之理,交织着文武之道,清浊错综,阴阳调理,声音流散广泛,如同蛰虫的开始生动,我就用雷声来惊震它们。它的终了,没有结尾;它的初始,没有开端;忽然声音中断了,忽然声音继续了,忽然声音低沉了,忽然声音高亢了,它永远是无穷无尽的,而且都是不可留止的。所以你就感到恐惧。

“我接着又用阴阳的冲和演奏它，用日月的光辉照耀它；它的声音，能够短促，能够曼长，能够柔和，能够刚强，变化齐一，不守恒常；临到山谷，就布满山谷；临到洼坑，就布满洼坑；它闭塞了人的耳目，抱守着人的神明；随着器物的容积，来施展它的音量；它的声音振动悠扬，它的名号崇高明朗。因此，鬼神抱守着它们的幽隐，日月星辰履行着它们的轨道；我把它们制止在有穷有尽之中，把它们流放在无休止之内。你愿意思量它，可是不能够知道；愿意瞻望它，可是不能够看见；愿意追逐它，可是不能够赶上；你呆呆地站立在四面虚静的道路上，倚着倾斜的柱子歌唱起来，眼睛和智慧被自己所愿意看到的东西穷困住，被自己所愿意追逐的东西屈服住。我也已经追赶不上它了！你的形体之内充满了空虚，乃至于随着它的音节动作起来。你随着它动作起来，所以就感到疲倦。

“我接着又用奔流不懈的声音演奏它，用自然时命的节奏调和它；所以它是混同而进，丛聚而出，悠扬悦耳，而无形色；余音飘渺，而不拖拉；意境昏沉，而无声响；它振动在迷迷茫茫之内，静止在窈窈冥冥之中；忽而好像中断了，忽而好像继续了；忽而好像结果了，忽而好像开花了；它的流行散布，没有固定的音响。世俗上怀疑这种声调，就向圣人去稽考。圣人，是通达情理而追逐天命的人。天机没有张设，可是五官具备，这就叫做天乐。不用语言传达，可是令人感到心情喜悦。所以有个〔精通音律的〕焱氏赞颂这种天乐说：‘听它，听不到它的声音；看它，看不到它的形象；可是它充满于天地之间，包裹于六合之内。’你愿意听它，可是接触不到它，所以你就感到迷糊。

“这种音乐，它开始于恐惧；恐惧，所以你感到疲病；我又接着用殆惰触动你，所以你要离去；最后我又用迷惑触动你，迷惑，所以你感到愚昧。愚昧，所以契合于‘道’。‘道’，它是可以负载着你和它同游共处的。”

孔子西游于卫。颜渊问师金曰：“以夫子之行为奚如[①]？”

师金曰：“惜乎！而夫子其穷哉！”

颜渊曰：“何也？”

师金曰：“夫刍狗[②]之未陈也，盛以箧衍[③]，巾以文绣，尸祝齐戒以将之[④]；及其已陈也，行者践其首脊，苏者取而爨之[⑤]而已；将复取而盛以箧衍，巾以文绣，游居寝卧其下，彼不得梦，必且数眯焉。今而夫子亦取先王已陈刍狗，聚弟子游居寝卧其下；故伐木于宋，削迹于卫[⑥]，穷于商、周[⑦]；是非其梦邪？困于陈、蔡之间，七日不火食，死生相与邻[8],是非其眯邪?

“夫水行莫若用舟,而陆行莫若用车。以舟之可行于水也,而求推之于陆,则没世不行寻常[9]。古、今,非水、陆与?周、鲁,非舟车与?今蕲行周于鲁,是犹推舟于陆也,劳而无功,身必有殃。彼未知夫无方之传[10],应物而不穷者也。

“且子独不见夫桔槔者乎?引之则俯,舍之则仰。彼人之所引,非引人也,故俯仰而不得罪于人。

“故,夫三皇、五帝之礼义、法度,不矜[11]于同,而矜于治。故,譬三皇、五帝之礼义、法度,其犹柤[12]、梨、橘、柚,其味相反,而皆可口。故礼义、法度者,应时而变者也。

“今取猿狙而衣以周公之服,彼必龁啮、挽裂,尽去而后慊[13]。观古今之异,犹猿狙之异乎周公也。

“故,西施病心,而矉其里;其里之丑人,见而美之;归,亦捧心而矉[14]其里。其里之富人见之,坚闭门而不出;贫人见之,挈妻子而去之走。彼知矉美,而不知矉之所以美。

“惜乎!而夫子其穷哉!”

【注释】

①师,鲁太师,金,其名也。夫子,谓孔子。 ②刍狗,草也;谓结草为狗,以解除也。 ③衍,笥也。笥,饭及衣之器也。 ④尸祝,巫师也。将,送也。 ⑤苏,草也;取草者得以炊也。 ⑥削,铲也。 ⑦商,是殷地;周,是东周;孔子历聘,曾困于此。 ⑧当时,楚昭王聘夫子,夫子领徒宿于陈、蔡之地。蔡人见徒众极多,谓之为贼,故兴兵围绕,经乎七日,粮食罄尽,无复炊爨,从者饿病,莫之能兴,忧悲困苦,邻乎死地。 ⑨终没一世,行不可数尺。 ⑩方,常也。传,转也。圣人之智,接济无方,千转万变,随机应物。 ⑪矜,美也。 ⑫柤,借为“樝”。即今之山楂。 ⑬慊,足也。 ⑭矉,借为“颦”。今谓之皱眉。

【译文】

孔子要往西方卫国去游历。颜回就向鲁国太师金说:“您以为我们老师这次出游怎么样?”

太师金说:“可惜啊!你们老师要遭殃啊!”

颜回问:“什么道理呢?”

太师金说："那享神用的草狗，在还没有摆供的时候，用精致的竹器盛着它，用彩绣的佩巾盖着它；接神的人斋戒之后，才把它供到神灵的前面；等到摆过供之后，只好让过往的人随便践踏它，打柴的人就把它拾去烧饭去了。如果有人再把它取来，用精致的竹器把它盛起来，用彩绣的佩巾把它盖起来，在它的下面遨游、停留和卧息；他不是在做梦，就必然是经常梦里受惊。现在，你的老师也是取过先王所摆过供的草狗，集聚了弟子，在它的下面遨游、停留和卧息；所以使得你们在宋国担过惊，在卫国受过制，在商、周两地遭遇穷困；这不就是在做梦吗？你们又被围困在陈、蔡两国之间，七天得不到熟食，差不多活活饿死，这不是梦里受惊吗？

"在水上通行，没有比用船再好的；在陆地上通行，没有比用车再好的。如果把可以在水上通行的船，而放在陆地上推着走，那就一辈子也走不了几尺远。古今的差别，不就如同水上和陆地上一样吗？周国、鲁国的差别，不就如同船和车一样吗？现在企图把周国的礼俗施行在鲁国，那就和把船推到陆地上行驶一样。不但劳而无功，而且身体也要遭到灾殃。他不懂得不主故常的演进，乃是适应事物而变化无穷的道理。

况且，您难道没有见过用桔槔浇地的吗？牵引它，它就低下来；放松它，它就仰上去。它是被人所牵引，而不是它牵引人；所以它低下来或仰上去，并得罪不着人。

"所以，那三皇、五帝的礼义、法度，并不是好在古今相同上，而是好在平治天下上。所以，把三皇、五帝的礼义、法度作个比喻，就如同山楂、梨、橘子、柚子一样，它们的味道虽然各不相同，可是都可口。所以，礼义、法度这些东西，是要应时而变的。

"现在，抓过猴子来，给它穿上周公的朝服，它必然要用牙咬、用爪子撕，完全撤掉，然后才满意。看看古今的不同，也就如同猴子和周公的不同一样。

"所以，西施患心疼病，她在他们村子里经常是皱着眉头；他们村子里的一个丑姑娘，见到西施这样，认为美好；她回去之后，也捧着心口，在村子里皱着眉头。这村子里的富人见到她，就紧紧关起门不出来；穷人见到她，就领着妻子儿女离开。她只知道皱眉的美好，而不知道皱眉头为什么美好。

"可惜啊！你们老师要遭殃啊！"

孔子行年五十有一，而不闻道，乃南之沛，见老聃[1]。

老聃曰："子来乎？吾闻：子，北方之贤者也。子亦得道乎？"

孔子曰："未得也。"

老子曰："子恶乎求之哉？"

曰:“吾求之于度数[②],五年而未得也。”

老子曰:“子又恶乎求之哉?”

曰:“吾求之于阴阳,十有二年而未得[③]。”

老子曰:“然。使道而可献,则人莫不献之于其君;使道而可进,则人莫不进之于其亲;使道而可告人,则人莫不告其兄弟;使道而可以与人,则人莫不与其子孙。然而不可者,无它也;中无主而不止,外无匹而不行[④]。由中出者,不受于外,圣人不出;由外入者,无主于中;圣人不隐。名,公器也,不可多取;仁义,先王之蘧庐[⑤]也,止可以一宿,不可以久处;觏而多责。

“古之至人,假道于仁,托宿于义,以游逍遥之虚[⑥],食于苟简[⑦]之田,立于不贷[⑧]之圃。逍遥,无为也;苟简,易养也;不贷,无出也[⑨]。古者谓之采真[⑩]之游。

“以富为是者,不能让禄;以显为是者,不能让名;亲权者,不能与人柄。操之则栗,舍之则悲,而一无所鉴,以窥其所不休者,是天之戮民也。

“怨、恩,取、与,谏、教,生、杀,八者,正之器[⑪]也;唯循大变、无所湮[⑫]者,为能用之。故曰:正者,正也。其心不以为然者,天门[⑬]弗开矣。”

【注释】

①老子,陈国相人。相,今属苦县,与沛相近。　②度数,制度数术也。③求之度数、阴阳,当系道家讥刺儒术也。　④匹,本作“正”。　⑤蘧,借为“遽”。遽,传也。蘧庐,犹传舍也。　⑥虚,本亦作“墟”。　⑦苟,且也。简,略也。　⑧贷,施与也。　⑨不贷者,不损己以为物也。　⑩采者,本色之谓也;采真,本性全真之谓也。　⑪正之器,治正之器。　⑫湮,塞也,亦滞也。　⑬天门,天机之门,谓心也。

【译文】

孔子年纪已经五十一了,可是还没有听说过什么叫做“道”,他就往南方沛邑,去拜访老聃。

老聃问孔子说:“您来了吗?我听说:您是北方的贤人。您也得到‘道’了没有?”

孔子说:“还没有。”

老子问："您是怎样追求它的呢？"

孔子说："我在制度数术方面追求过它，五年的工夫，并没有得到。"

老子又问："您是又怎样追求它的呢？"

孔子说："我在天地阴阳方面追求过它，十二年的工夫，也没有得到。"

老子说："是的。假如'道'之可以贡献给别人，那人们就没有不把它贡献给自己的君上的；假如'道'可以进奉给别人，那人们就没有不把它进奉给自己的父母的；假如'道'可以告诉给别人，那人们就没有不告诉给自己的兄弟的；假如'道'可以传授给别人，那人们就没有不传授给自己的子孙的。然而不可以这样的，没有别的原因：内心没有主宰，'道'就不会留止；外界没有辅助，'道'就不会施行。由内心发出的，如果不被外界所接受，圣人就不予发出；由外界进入的，如果在内心没有成为主宰，圣人就不得隐藏。名誉，是公共的器物，不可以取得过多；仁义，是先王的旅舍，只可以在那里住一宿，不可以长久停留。〔名誉和仁义〕构成之后，就会遭到许多的谴责。

"古来的圣人，假借于仁来作为自己的道路，寄托于义来作为自己的归宿；藉着这个来遨游在逍遥自在的乡庄，糊口在粗食淡饭的田园，站立在无需施舍的地境。逍遥自在，就是无所作为；粗食淡饭，就是容易服养；无需施舍，就是没有输出。古人把这个叫做本色全真的遨游。

"以为富足就好的人，他不可能推让利禄；以为显达就好的人，他不可能推让名誉；掌握大权的人，他不可能把权柄交给别人。抓住这些东西，他就感到恐怖；丢掉这些东西，他就感到悲伤；而对于这些一无所知、还是窥探不止的人，这便是上天的罪人。

"怒恨、恩德，夺取、施与，谏诤、教诲，生养、杀戮，这八项，乃是政治的工具；只有遵循自然变化，而无所滞塞的人，才能够利用它们。所以说：政治就是端正人心。他的心如果以为不是这样的人，他的天门(心窍)就永远不会打开。"

孔子见老聃，而语仁义。

老聃曰："夫播糠眯目，则天地四方易位矣；蚊虻噆肤[①]，则通昔[②]不寐矣。夫仁义，憯然乃愤吾心，乱莫大焉。

"吾子使天下无失其朴，吾子亦放风而动，总德而立[③]矣。又奚杰然[④]揭仁义[⑤]，若负建鼓[⑥]而求亡子者邪？

"夫鹄不日浴而白[⑦]，乌不日黔而黑[⑧]。黑白之朴，不足以为辩；名誉之观，不足以为广。泉涸，鱼相处于陆，相呴以湿，相濡以沫，不若相忘于江湖。"

【注释】

①噆,啮也。 ②昔,夜也。 ③放,依也。依无为之风而动也。 ④杰然,用力貌。 ⑤"杰然"下本无"揭仁义"三字。 ⑥建鼓,一木立撑之鼓也。 ⑦鹄,借为"鹤"。 ⑧黔,黑也。

【译文】

孔子见到老聃,就谈论起仁义来。

老聃说:"那被播扬起的糠皮眯了眼睛的人,他就感到天地四方都变了位置;那被蚊虫、虻虫咬了皮肤的人,他就通夜睡不着觉。所以,仁义,憯痛地积满了我的心,没有比这个再昏乱的了。

"您要天下都不失掉他们的本性,您也只有依从着风化来行动,持守着德性来立身啊。又何必吃力地举起仁义,好像背着大鼓敲打着来寻找自己逃亡的儿子一样呢?〔那不是越追越远吗?〕

"那白鹤并非因为它天天洗澡才是白的,那乌鸦并非因为它天天涂墨才是黑的。黑白的本质,不能用它来区别美恶;名誉的外貌,不能用它来增加光彩。江湖的源泉枯竭了,鱼类居处在陆地上,它们用湿气互相吹嘘,用口沫互相滋润,也不如它们在江湖之中互相忘却的好。"

孔子见老聃,归,三日不谈。

弟子问曰:"夫子见老聃,亦将何规哉?"

孔子曰[①]:"吾乃今于是乎见龙。龙,合而成体,散而成章[②],乘乎云气,而养乎阴阳。予口张而不能嗋[③]。予又何规老聃哉?"

子贡曰:"然则人固有尸居而龙见,渊默而雷声,发动如天地者乎?赐亦可得而观乎?"

遂以孔子声见老聃。

老聃方将倨堂而应[④],微曰:"予年运而往[⑤]矣,子将何以戒我乎?"

子贡曰:"夫三皇[⑥]、五帝[⑦]之治天下不同,其系声名,一也;而先生独以为非圣人,如何哉?"

老聃曰:"小子!少进!子何以谓不同?"

对曰:"尧授舜,舜授禹;禹用力,而汤用兵[⑧];文王顺纣而不敢逆,武王逆纣而不肯顺:故曰不同。”

老聃曰:“小子!少进!余语汝三皇、五帝之治天下:黄帝之治天下,使民心一;民有其亲死不哭,而民不非也。尧之治天下,使民心亲;民有为其亲杀其杀[⑨],而民不非也。舜之治天下,使民心竞;民孕妇十月生子,子生五月而能言,不至乎孩而始谁[⑩],则人始有夭矣。禹之治天下,使民心变;人有心而兵有顺[⑪];杀盗非杀人[⑫];自为种[⑬],而天下耳[⑭];是以天下大骇,儒、墨皆起,其作始有伦[⑮],而今乎妇女[⑯]。何言哉?余语汝:三皇、五帝之治天下,名曰治之,而乱莫甚焉。三皇之知,上悖日月之明,下睽山川之精,中堕四时之施[⑰]。其知憯[⑱]于虿蠆[⑲]之尾、鲜规之兽[⑳]。莫得安其性命之情者,而犹自以为圣人!不可耻乎?其无耻也!”

子贡蹴蹴然[㉑]立,不安。

【注释】

①当依《论衡》、《类聚》、《御览》等引,于“孔子曰”下补“吾于汝处于鲁之时,人有用意如飞鸿者,吾为弓弩而射之;如游鹿者,吾走狗而逐之;如井鱼者,吾为钩缴以投之”七句。 ②体,谓体统也;章,谓篇章也。 ③噜,合也。 ④倨,踞也。 ⑤运,行也。往,迈也。言行年已迈。 ⑥三皇,本作“三王”。 ⑦三皇者,伏羲、神农、黄帝也。五帝,少昊、颛顼、高辛、唐、虞也。 ⑧禹治水而用力,汤伐桀而用武。 ⑨杀,降也。杀其杀,谓杀其所当杀也。 ⑩谁者,别人之意也。未孩,已择人,言其竞教速成也。 ⑪顺,借为“训”。兵有训,谓军旅法符诸教令也。 ⑫杀人者死,杀盗者无罪,故曰杀盗非杀人。 ⑬自为种,即各行是事也,亦即各行其是也。 ⑭耳,借为“佴”,实借为“贰”、“二”。天下佴,谓天下离贰也。 ⑮伦,理也。 ⑯乎,当借为“如”。 ⑰悖,逆也。睽,乖离也。堕,废坏也。 ⑱憯,毒也。 ⑲虿蠆,本作“蠆虿”。 ⑳鲜规,不守法度之谓也。鲜规之兽,不驯服之兽也。 ㉑蹴蹴,惊悚貌也。

【译文】

孔子拜见过老聃,回来,三天,没有和学生们谈过话。

学生们问孔子说:“老师见了老聃,究竟用什么规正他了呢?”

孔子说:“我从此见到了龙。龙,合拼起来,就自成体统;分散开来,就各成篇章;它驾驶着云气,而驰驱着阴阳。我〔见到他,〕嘴一张开,就合不上了。我又怎么能够规正老聃呢?”

子贡说:“那么,人原本就居处如同神像,显现如同飞龙,行动如同雷电,沉默如同渊水,一举一动如同天地吗?我也可以见见他不呢?”

子贡于是就藉着孔子的声名去拜见老聃。

老聃正蹲在屋前面迎接子贡,他小声小气地说:“我年纪已经衰迈了,您要用什么来教诲我呢?”

子贡说:“那三皇、五帝治理天下的道术虽然不同,可是他们所以维系自己的声名的,却是一样;而先生独独以为他们都不是圣人,究竟是什么道理呢?”

老聃说:“青年人!略微向前一些!您因为什么说他们不相同呢?”

子贡说:“帝尧把天下交给了大舜,大舜又把天下交给了大禹;大禹用力兴修水利,而殷汤用兵征伐夏桀;文王顺从殷纣,而不敢背叛;武王背叛殷纣,而不肯顺从。所以我说他们不同。”

老聃说:“青年人!略微向前一些!我告诉给你三皇、五帝的治理天下:黄帝的治理天下,使民心淳一不杂;人民有的父母死了不哭的,可是别人并不说他不对。帝尧的治理天下,使民心相亲相爱;人民为了爱他们的父母,减去了一些繁琐的仪节,可是别人并不说他不对。大舜的治理天下,使民心交相争竞;民间的孕妇十个月生下的孩子,养到五个月就能够说话,还不会笑,就开始认人;因而民间开始有的生下来就死掉。大禹的治理天下,使民心随机应变;人人有心智,军队有纪律;杀了贼盗,不算杀人;各行已是,而天下有了二心;所以,天下大乱,儒家、墨家的学说都兴起来,他们在开始还是有理智的,可是到现在就形同妇女了。这还有什么可说的呢?我告诉你:三皇、五帝的治理天下,名义上是治理,而实际上再也没有那么昏乱的。三皇的智慧,在天上,悖乱了日月的光辉;在地下,隔断了山川的精气;在中间,败坏了四时的施化。他们的智慧,比蝎子的尾巴、没有规范的野兽还要毒狠。那没有得到安于自己性命真实的人,还自以为是圣人,不觉得可耻吗?他们太无耻了!”

子贡惊悚地站立着,心神感到不安。

孔子谓老聃曰:“丘治《诗》、《书》、《礼》、《乐》、《易》、《春秋》六经,自以为久矣,孰知其故[①]矣;以奸[②]者七十二君,论先王之道,而明周、召之迹,一君无所钩用[③]。甚矣夫!人之难说也!道之难明邪!”

老子曰:“幸矣,子之不遇治世之君也!夫六经,先王之迹也,岂其所以迹哉?今子之言,犹迹也。夫迹,履之所出,而迹岂履哉?夫白鹢之相视,眸子不运,而化[④];蟲,雄鸣于上风,雌应于下风,而化[⑤];类,自为雌雄,而化。性不可易,命不可变,时不可止,道不可壅。苟得于道,无自而不可;失焉者,无自而可。”

孔子不出,三月,复见。曰:“丘得之矣。乌鹊孺[⑥],鱼傅沫[⑦],细腰者化[⑧],有弟而兄啼[⑨]。久矣夫!丘不与化为人!不与化为人,安能化人?”

老子曰:“可!丘得之矣!”

【注释】

①孰,同“熟”。 ②奸,借为“迂”。 ③钩,取也。 ④本文“而化”三见,第一、第二本作“而风化”,第三作“故风化”。今据马叙伦校删两“风”字,并改“故”为“而”。 ⑤蟲,当为“虫”字之误。虫,古通借“虺”字。虺,大蛇也。“指”字衍文。擘,借为“臂”。 ⑥孺,孚乳而化也。 ⑦傅沫者,以沫相育也。 ⑧此及上文鶂、蟲、类化生之说,皆不足征信。 ⑨言人之性,舍长而视幼,故啼也。

【译文】

孔子对老子说:“我研究《诗》、《书》、《礼》、《乐》、《易》、《春秋》这六经,自以为时间很久了,内容也很熟悉了;我已经进见过七十二个国君,和他们讲论先王之道,并且阐明周公、召公的政迹,一个国君也没有采用的。不得了!人真也太难说服了!‘道’真也太难倡明了!”

老子说:“您没有遇到能够治理天下的国君,太幸运了!那六经,只不过是先王的踪迹,难道他们是有所为而留下这些踪迹吗?现在,您所说的话,还是一种踪迹啊。这种踪迹,是走路生出来的,而踪迹哪能就是走路呢?那白鶂,雌雄互相凝视,眼珠不转动,因而化生;那大蛇,雄的在上风叫唤,雌的在下风应和,因而化生;那类兽,本身就具备着雌雄二性,因而化生。本性不可以移易,生命不可以变更,天时不可以制止,‘道’不可以阻塞。如果得到‘道’,就没有行不通的地方;如果失去了‘道’,就没有行得通的地方。”

孔子闭门不出,三个月之后,又去见老子。孔子对老子说:“我得到‘道’了。乌鸦和山鹊孵卵,鱼类用口沫对嘴相喂,细腰蜂孵化桑虫,哥哥有了弟弟就常哭。我不同造化相交友,日子太久了!不同造化相交友,怎么能够造化人类呢?”

老子说:“可以了,您得到‘道’了!”

八、刻　意（一章）

刻意[①]、尚行，离世、异俗，高论、怨诽，为亢[②]而已矣，此山谷之士、非世之人、枯槁、赴渊者[③]之所好也；语仁义、忠信、恭俭、推让，为修而已矣，此平世之士、教诲之人、游居学者之所好也；语大功，立大名，礼君臣，正上下，为治而已矣，此朝廷之士、尊主强国之人、致功并兼者之所好也；就薮泽、处闲旷、钓鱼闲处，为亡[④]而已矣，此江海之士、避世之人、闲暇者之所好也；吹呴[⑤]、呼吸，吐故、纳新[⑥]，熊经、鸟申[⑦]，为寿而已矣，此道引[⑧]之士、养形之人、彭祖寿考者之所好也。

若夫，不刻意而高，无仁义而修，无功名而治，无江海而闲，不道引而寿，无不忘也，无不有也，澹然无极，而众善从之；此天地之道、圣人之德也。

故曰：夫恬惔、寂寞、虚无、无为，此天地之平！而道德之质也。

故曰：圣人休焉。休，则平易矣[⑨]；平易，则恬惔[⑩]矣。平易、恬惔，则忧患不能入，邪气不能袭，其德全，而神不亏。

故曰：圣人之生也天行，其死也物化；静而与阴同德，动而与阳同波；不为福先，不为祸始；感而后应，迫而后动，不得已而后起；去知与故[⑪]，循天之理。故无天灾，无物累，无人非，无鬼责。其生若浮，其死若休。不思虑，不豫谋。光矣而不耀，信矣而不期。其寝不梦，其觉无忧；其神纯粹，其魄不罢[⑫]。虚无、恬惔，乃合天德。

故曰：悲乐者，德之邪；喜怒者，德[⑬]之过；好恶者，德之失。故心不忧乐，德之至也；一而不变，静之至也；无所于忤，虚之至也；不与物交，惔之至也；无所于逆，粹之至也。

故曰：形劳而不休，则弊；精用而不已，则劳。劳，则竭。水之性，不杂则清，莫动则平，郁而不流，亦不能清，天德之象也。

故曰：纯粹而不杂，静一而不变，惔而无为，动而以天行，此养神之道也。

夫有于、越之剑[14]者，柙[15]而藏之，不敢轻用也，宝之至也。精神四达并流，无所不极：上际于天，下蟠[16]于地，化育万物，不可为象。其名为同帝。纯粹之道，唯神是守，守而勿失，与神为一。一之精通，合于天伦。

野语有之，曰："众人重利，廉士重名，贤士尚志，圣人贵精。"故素也者，谓其无所与杂也；纯也者，谓其不亏其神也。能体纯素，谓之真人。

【注释】

①刻，削也，峻其意也。 ②穷高曰亢。 ③枯槁，自甘寂寞；赴渊，沉沦不反。 ④为亡，本作"无为"。 ⑤吹，冷；呴，暖。 ⑥吐故、纳新，吐故气、纳新气也。 ⑦熊经，若熊之攀树而引气也。鸟之伸脚，亦恒于静立时行之。 ⑧道引，导气令和，引体令柔。 ⑨"休焉休"，本作"休休焉"。 ⑩惔，通作"淡"，皆借为"倓"。 ⑪故，诈也。 ⑫罢，疲劳。 ⑬德，本作"道"。 ⑭于，吴也。吴、越出善剑也。 ⑮柙、匣，皆借为"柗"。 ⑯蟠，通"盘"，实皆借为"般"。

【译文】

意志崇高，行为卓越，超脱世界，违反习俗，高谈阔论，指责时政，只不过是为了表示高傲罢了，这是隐居山林、非难当世、自甘枯寂、沉沦不返的人士所喜好的；讲论仁义、忠信、恭俭、推让之道，只不过是为了修治身心罢了，这是评议世俗、教诲群众、游学讲道的人士所喜好的；谈说大功，建立大名，重君臣之礼，正尊卑之位，只不过是为了治理天下罢了，这是出入朝廷、尊君强国、追求名勋、并吞异国的人士所喜好的；趋就山泽，居处清闲，钓鱼消遣，只不过是为了逃避现实罢了，这是遨游江湖、与世隔绝，无所事事的人士所喜好的；吹嘘、呼吸，吐出浊气，纳入新气，习演拳术，锻炼肢体，只不过是为了长生不老罢了，这是修仙练道、保摄身躯、希求高龄的人士所喜好的。

至于，不用崇高意志，而能够出名；不追求仁义，而能够修身；不追求功名，而能够治理天下；不留恋江湖，而能得清闲；不修仙练道，而能够长寿；没有忘却不掉的事物，没有享受不到的幸福；淡泊无穷，可是许多的美名都跟随着它；这便是天地之道、圣人之德。

所以说：那恬淡、寂寞、虚无、无为，乃是天地的平准，道德的本质。

所以说：圣人是休止不动的。休止不动，就心平气和；心平气和，就清静淡泊；心平气和，清静淡泊，忧患就不会进入内心，邪气就不会侵袭形体；他的德性得以保全，而精神不遭亏损。

所以说：圣人的生存，随天而行；圣人的死亡，因物而化；静止，便与阴气同德；行动，便与阳气同流；不作幸福的向导，不作祸患的开端；受到触动，然后才去应和；受到逼迫，然后才去行动；到不得已的关头，然后才知道振作；去掉智慧和巧诈，一切遵循自然之理。所以，他遭受不到上天的灾祸，遭受不到外物的系累，遭受不到人间的非难，遭受不到鬼神的责谴。他的生存如同浮游，他的死亡如同休息。不思虑事物，不豫作谋划。光辉吧，并不耀眼。诚信吧，并不固滞。他在睡眠中不做梦，他在觉醒中不发愁；他的神气纯洁精粹，他的心灵永不疲倦。虚无，恬淡，就能够同天德相合。

所以说：悲哀和欢乐，是德性的偏邪；喜悦和恼怒，是德性的罪恶；爱好和憎恨，是德性的过失。所以，内心不存忧愁和快乐，这是德性的极点；质性纯一不变，这是静定的极点；同外物无所违反，这是虚无的极点；不同外物相交接，这是恬淡的极点；同外物无所矛盾，这是纯粹的极点。

所以说：形体劳动不停，就会疲顿；精神使用不止，就会劳苦。劳苦，就会枯竭。水的本性，不掺杂，就清澈；不动荡，就平稳；淤塞而不流，就不能够清澈。这便是天德的象征。

所以说：纯粹而不杂，专静而不变，恬淡而无为，行动而依从天道，这便是保养心神的道术。

那有吴、越之剑的人，把它藏放在匣子里，不敢轻于动用，这是宝贵它最好的方法。精神流通畅达，没有它达不到的所在：在上方，它连接到青天；在下方，它蟠踞着大地；能够化生万物，而不可能模拟出它的形象。它的名字就叫做“同帝”(契同上帝)。纯粹朴素之“道”，惟有抱守着天地的神明：抱守不失，同神明化为一体。精通于一体，就是符合于天理。

世俗上有这样的话：“俗人重视财利，廉士重视名誉，贤士高尚意志，圣人宝贵精神。”所以，朴素，就是说它没有和外物相掺杂；纯粹，就是说它不亏损自己的精神。能够体会纯粹和朴素的人，就叫做真人。

九、缮　性（一章）

缮性于俗，学[1]以求复其初[2]；滑欲[3]于俗，思以求致[4]其明；谓之蔽蒙之民。

古之治道者，以恬养知。生而无以知为也，谓之以知养恬。知与恬交相养，而和理出其性。

夫德，和也；道，理也。德无不容，仁也；道无不理，义也。义明而物亲，忠也；中纯而行实，信也；体乎情而制文，礼也；顺乎容而饰节，乐也[5]。礼乐遍行，则天下乱矣。彼而蒙己德。德正，则不冒[6]；冒，则物必失其性也。

古之人，在混芒[7]之中，与一世而得澹漠[8]焉。当是时也，阴阳和静，鬼神不扰，四时得节，万物不伤，群生不夭；人虽有知，无所用之。此之谓至一。当是时也，莫之为，而常自然。

逮德下衰，及燧人、伏羲始为天下，是故顺而不一。德又下衰，及神农、黄帝始为天下，是故安而不顺。德又下衰，及唐、虞始为天下，兴治化之流，澆淳[9]散朴，离道以善，险德以行，然后去性而从于心；心与心识知，而不足以定天下，然后附之以文，益之以博；文灭质，博溺心，然后民始惑乱，无以返其性情而复其初。

由此观之，世丧道矣，道丧世矣，世与道交相丧也。道[10]何由兴乎世，世亦何由兴乎道哉？道无以兴乎世，世无以兴乎道，虽圣人不在山林之中，其德隐矣。隐，故[11]不自隐。

古之所谓隐士者，非伏其身而弗见也，非闭其言而不出也，非藏其知而不发也，时命大谬也。当时命而大行乎天下，则返一无迹；不当时命而大穷乎天下，则深根宁极而待；此存身之道也。

古之存身[12]者,不以辩饰知,不以知穷天下,不以知穷德,危然[13]处其处,而反其性,己又何为哉?道固不小行,德固不小识;小识伤德,小行伤道。故曰:正己而已矣。乐全,谓之得志。

古之所谓得志者,非轩冕[14]之谓也,谓其无以益其乐而已矣。今之所谓得志者,轩冕之谓也。轩冕在身,非性命也。物之傥来[15],寄也。寄之,其来不可圉[16],其去不可止。故不为轩冕肆志,不为穷约[17]趋俗,其乐彼与此同。故无忧而已矣。今寄去,则不乐。由是观之,虽乐,未尝不荒也。

故曰:丧己于物、失性于俗者,谓之倒置之民。

【注释】

①“学”上本多一“俗”字。今删。 ②初,谓性命之本。 ③滑,治也。④致,得也。 ⑤“中纯而行实,信也;体乎情而制文,礼也;顺乎容而饰节,乐也”,本作“中纯实而反乎情,乐也;信行容体而顺乎文,礼也”。今依文意订正。⑥“彼而蒙己德,德正,则不冒”,本作“彼正而蒙己德,德则不冒”。蒙、冒同义,皆蒙昧之意。而,通“能”。 ⑦混混芒芒,未分时也。 ⑧澹漠,犹淡泊也。⑨澆,本亦作“浇”。 ⑩“道”下本有“之人”二字。今删。 ⑪故,“固”同。⑫“存身”,本作“行身”。 ⑬危然,独正之貌。 ⑭轩,车也。冕,冠也。轩冕,谓荣华富贵也。 ⑮傥者,意外忽来者耳。 ⑯圉,本又作“御”。⑰穷约,犹贫贱也。

【译文】

在世俗间修养性情,用学习来求取恢复本性;在世俗间克制私欲,用思想来求取获得光明;这叫做固蔽蒙昧的人。

古来修“道”的人,用恬惔培养智慧。生来就不追求智慧,这叫作用智慧培养恬惔。智慧和恬惔交互培养,因而淳和与条理就发生在本性之中。

“德”,就是淳和;“道”,就是条理。“德”无所不包,就是仁;“道”无所不顺,就叫做义。道义倡明,而万物亲附,就叫做忠;中心纯正,而行为实在,就叫作信;体会民情,而制定节文,就叫做礼;顺从仪容,而润饰节奏,就叫做乐。礼乐一通行,天下就昏乱起来了。外物是能够蒙蔽自己的德性的。德性端正,他就不会陷于蒙蔽。蒙蔽,万物必然要失掉它的本性。

古代的人,在混混芒芒之中,和整个世界都是淡漠无为的。当着这个时代,阴阳和谐寂静,鬼神不扰乱人民,四时不违失季节,万物不遭受伤害,万民不遭受夭亡;人民虽然具有智慧,也没有地方去使用。这就叫做“至一”(最大的淳一)。当着这个时代，天下都无所做为，而永久合于自然。

后来，德业就一天一地衰落下去，到燧人氏、伏羲氏开始治理天下，于是只顺从民心，而不淳一民心。德业再往下衰落，到神农氏、黄帝开始治理天下，于是只安定民心，而不顺从民心。德业再往下衰落，到唐尧、虞舜开始治理天下，他们兴出政治教化的末节，把淳和的习俗浇薄了，把朴素的本性散失了，用善良离失了"道"，用行为危害了"德"，然后人民失去了本性，而从心所欲；心与心之间，都追求知识，因而不能够安定天下；然后又附加上节文，增添上博学；节文，就会毁灭质朴；博学，就会陷溺人心；然后人民开始迷乱，因而不能够返还他们的性情、恢复他们的本元。

由此看来，世界丧失了"道"，"道"丧失了世界，世界和"道"交相丧失了。"道"从哪里去推动世界，世界也从哪里去推动"道"呢？"道"无从推动世界，世界无从推动"道"，纵然圣人不退居山林之中，他的德业也就隐蔽起来了。隐蔽，原本不是他自己安于隐蔽的。

古代的所谓隐士，并非潜伏自己的身体而不出头露面，并非缄密自己的言论而不表明意见，并非藏匿自己的智慧而不发挥作用，是因为时运太不相应了。适合时运，而"道"大行于天下，就归返淳一，而不露形迹；不合时运，而"道"不行于天下，就立定脚跟，宁静心神，而等待时运，这便是保身之道。

古来保身的人，不用巧辩文饰智慧，不用智慧穷究天下，不用智慧穷究德业，端端正正地安排自己的居处，而恢复自己的本性，自己又有什么其他可作的呢？"道"，当然不从小处去施行；"德"，当然不从小处去认识。从小处去认识，就要伤害了"德"；从小处去施行，就要伤害了"道"。所以说：只要端正自己就行了。喜爱全真，就叫做得志。

古来所谓得志的人，并非说的享受荣华富贵，是说他无从再加上其他快乐罢了。现在所谓得志的人，就是说的享受荣华富贵。荣华富贵加到身上，这并不是性命以内的东西。外物的意外得来，这是暂时寄存的东西。暂时寄存在这里，它的到来是不可以阻拦的；它的离去是不可以制止的。所以，不应当因为荣华富贵而存心放肆，不应当因为穷困卑贱而向往世俗；他喜爱那个和这个是相同的。所以，他只是一无忧虑而已。现在的人，暂时寄存的东西一离开，就不愉快。由此看来，他纵然外表愉快，而内心未尝不是荒乱的。

所以说：由于外物而丧失了自己、由于习俗而丧失了本性的人，就叫做本末倒置的人。

十、秋　水(七章)

秋水时至，百川灌河，泾流[1]之大，两涘渚崖[2]之间，不辩牛马。于是河伯[3]欣然自喜，以天下之美为尽在己；顺流而东行，至于北海[4]；东面而视，不见水端。于是河伯始旋其面目，望洋[5]向若[6]，而叹，曰："野语有之曰'闻道百，以为莫己若'者，我之谓也！且夫，我尝闻少仲尼之闻、而轻伯夷之义者，始吾弗信；今我睹子之难穷也！吾非至于子之门，则殆矣！吾长见笑于大方[7]之家！"

北海若曰："井鱼[8]不可以语于海者，拘于虚[9]也；夏虫不可以语于冰者，笃于时也；曲士[10]不可以语于道者，束于教也。今尔出于崖涘，观于大海，乃知尔丑。尔将可与语大理矣。

"天下之水，莫大于海：万川归之，不知何时止，而不盈；尾闾泄之[11]，不知何时已，而不虚。春秋不变，水旱不知。此其过江河之长，不可为量数。而吾未尝以此自多者，自以比形[12]于天地，而受气于阴阳：吾在天地之间，犹小石、小木之在大山也。方存乎见少，又奚以自多？

"计四海之在天地之间也，不似礨空[13]之在大泽乎？计中国之在海内，不似稊米[14]之在大仓乎？号物之数谓之万，人处一焉。此其比万物也，不似毫末之在马体乎？人卒[15]九州，谷食之所生，舟车之所通[16]，五帝之所连[17]，三王之所争，仁人之所忧，任士之所劳[18]，尽此矣。伯夷辞之以为名，仲尼语之以为博，此其自多也，不似尔之自多于水乎？"

河伯曰："然则，吾大天地而小毫末，可乎？"

北海若曰："否。夫物，量无穷，时无止，分无常，终始无故[19]。是故,大知:观于远近,故小而不寡,大而不多,知量无穷;证曏今故[20],故遥而不闷,掇而不跂[21],知时无止;察乎盈虚,故得而不喜,失而不忧,知分之无常也;明乎坦涂,故知生而不悦,死而不祸,知终始之不可故也。

"计人之所知,不若其所不知;其生之时,不若未生之时;以其至小,求穷其至大之域,是故迷乱而不能自得也。由此观之,又何以知毫末之足以定至细之倪?又何以知天地之足以穷至大之域?"

河伯曰:"世之议者皆曰:'至精无形,至大不可围。'其信情乎?"

北海若曰:"夫自细视大者,不尽;自大视细者,不明;故异便[22]。夫精,小之微也;垺,大之殷也[23]。此势之有也。夫精粗者,期于有形者也。无形者,数之所不能分也;不可围者,数之所不能穷也。可以言论者,物之粗也;可以意致者,物之精也;言之所不能论,意之所不能致[24]者,不期精粗焉。

"是故大人之行:不出乎害人,不多仁恩,动不为利,不贱门隶,货财弗争,不多辞让,事焉不借人,不多食乎力,不贱贪污,行殊乎俗,不多辟异,为在从众,不贱佞谄,世之爵禄不足以为劝,戮耻不足以为辱;知是非之不可为分,细大之不可为倪。闻曰:'道人不闻,至德不得,大人无己。'约分之至也。"

河伯曰:"若物之外,若物之内,恶至而倪贵贱,恶至而倪小大?"

北海若曰:"以道观之,物无贵贱;以物观之,自贵而相贱;以俗观之,贵贱不在己。以差观之,因其所大而大之,则万物莫不大;因其所小而小之,则万物莫不小;知天地之为稊米也,知毫末之为丘山也,则差数睹矣。以功[25]观之,因其所有而有之,则万物莫不有;因其所无而无之,则万物莫不无;知东西之相反,而不可以相无,则功分定矣。以趣[26]观之,因其所然而然之,则万物莫不然[27];因其所非而非之,则万物莫不非;知尧、舜之自然而相非,则趣操睹矣。

"昔者,尧、舜让,而帝;之、哙让,而绝[28];汤、武争,而王;白公争,而灭[29]。由此观之,争让之礼,尧、桀之行,贵贱有时,未可以为常也。

"梁丽可以冲城,而不可以窒穴[30],言殊器也;骐骥骅骝,一日千里[31],捕鼠不如狸狌[32],言殊技也;鸱夜撮蚤,察毫末[33],昼出,瞋目[34]不见丘山,言殊性也。故曰:盖师是而无非,师治而无乱乎?是未明天地之理、万物之情者也。是犹师天而无地,师阴而无阳,其不可行,明矣。然且语而不舍,非愚则诬也!

"五帝[35]殊禅,三代殊继;差其时、逆其俗者,谓之篡夫;当其时、顺其俗者,谓之义徒。默默乎河伯!女恶知贵贱之门,小大之家?"

河伯曰:"然则,我何为乎?何不为乎?吾辞受、趣舍,吾终奈何?"

北海若曰:"以道观之,何贵何贱,是谓反衍;无拘而志,与道大蹇。何少何多,是谓谢施[36];无一而行,与道参差。严乎若国之有君,其无私德;繇繇乎[37]若祭之有社,其无私福;泛泛乎[38]其若四方之无穷,其无所畛域。兼怀万物,其孰承翼[39]?是谓无方。万物一齐,孰短孰长?道无终始,物无生死,不恃其成,一虚一满,不位乎其形。年不可举,时不可止;消息盈虚,终则有始。是所以语大义[40]之方,论万物之理也。物之生也,若骤若驰;无动而不变,无时而不移。何为乎?何不为乎?夫固将自化。"

河伯曰:"然则,何贵于道邪?"

北海若曰:"知道者,必达于理;达于理者,必明于权;明于权者,不以物害己。至德者,火弗能热,水弗能溺,寒暑弗能害,禽兽弗能贼;非谓其薄之[41]也,言察乎安危,宁于祸福,谨于去就,莫之能害也。

"故曰:天在内,人在外;德在乎天,知天人之行。本乎天,位乎德[42]。蹢躅[43]而屈伸,反要而语极。"

曰:"何谓天?何谓人?"

北海若曰:"牛马四足,是谓天;落马头[44],穿牛鼻,是谓人。故曰:无以人灭天,无以故灭命,无以得殉名。谨守而勿失,是谓反其真。"

【注释】

①泾,通也。河,本义为黄河。 ②涘,涯也。〇成玄英:渚,洲也。③河伯,河神也。 ④北海,东海之北是也。 ⑤望洋者,目迷茫之貌。⑥若,本神龟,此言海神。 ⑦大方,大道也。 ⑧井鱼,本作"井鼃"。⑨虚,本亦作"墟"。言井鱼拘于所居,故不知海之大也。 ⑩曲士,乡曲之士

也。 ⑪尾闾,水之从海中出者也,一名沃燋,在大海之中尾者。在百川之下,故称尾;闾者,聚也;水聚之处,故称闾也。 ⑫按:比,通"庇"。比形于天地,谓寄形于天地也。 ⑬礨,"磊"之别体。礨空,谓水边小石也。 ⑭稊米,小米也。 ⑮卒,读为"萃"。 ⑯自"人处一焉"至"舟车之所通"六句,本作"人处一焉,人卒九州,谷食之所生,舟车之所通,人处一焉,此其比万物也,不如豪末之在马体乎"七句。今据马叙伦删改。 ⑰连,谓牵连也。 ⑱任,能也。劳,服也。 ⑲故,通"固"。 ⑳鄙,往也。今故,犹今古。 ㉑遥,长也。掇,短也。 ㉒"故异便"三字,本在"垺,大之殷也"下。今据马叙伦校移。异便,犹异说也。 ㉓精、微,小也;垺、殷,大也。垺,外城,以喻空虚广大之意;精,细米,以喻细微奥妙之旨。 ㉔"致"上本有"察"字。今据马叙伦校删。㉕功,事功。 ㉖趣,趣向。 ㉗然,犹是也。 ㉘之者,燕相子之也。哙,燕王名也。 ㉙白公,名胜,楚平王之孙,白县尹,僭称公,作乱而死。 ㉚梁丽,屋栋也。窒,塞也。 ㉛骐、骥、骅、骝,皆骏马也。 ㉜狸狌,野猫也。㉝"鸱"下本有"鸺"字。 ㉞瞋,张也。 ㉟"五帝",本作"帝王"。 ㊱谢,代也;施,用也。 ㊲繇繇,通"由由"或"油油"。 ㊳泛泛然,无所不在。㊴翼,扶翼。 ㊵大义,即大理。 ㊶薄,迫也。非谓近迫而不害之也。㊷德,本作"得"。 ㊸蹢躅,进退不定之貌也。 ㊹落首,羁络马头。

【译文】

秋水暴发的时节,所有的小河流都往黄河里灌,水势浩浩荡荡,在这边岸上望望对岸,或是在这个沙洲上望望那个沙洲,使人分辨不出远方的牛马。于是黄河神欣然自喜,以为天下的胜迹都汇集到自己方面来了。他就顺着水流向东方走去,到了北海。他向东方望去,望不到水的尽头。他于是回过头来,迷迷茫茫的,瞻望着北海神,叹息着说:"俗语所说的'听说的事理达到一百起,就以为别人都不如自己'的话,正是说的我啊!并且,我曾经听说过贬低孔子的声名,而轻蔑伯夷的义气的人,我当初不大相信这种传言,现在,我才看到您真是难以穷尽的啊!我要不是来到您的门前,那就糟糕了!我要永远见笑于大方之家!"

北海神说:"井里的小鱼不可以同它谈大海,因为它被它所处的环境限制住了;夏天的昆虫不可以同它谈冰冻,因为它被它所经历的时令固定住了;褊浅的人不可以同他谈大'道',因为他被他所受的教养束缚住了。现在,你走出了崖岸,来观望大海,这才感觉到自己的丑陋。我可以同你谈谈大的道理了。

"天下的水,没有比海再大的:所有的河流都要归往它,也不知道到什么时候才会停止,可是永远也灌不满;它向尾闾(海水聚处)里面注泄,也不知道什么时候才会休息,可是永远也泄不干。春季、夏季,也没有什么变动;天旱、天涝,也没有什么感觉。这是因为它超过了所有江河的流长,没有办法计算它容量的数字。可是我还不敢因此而自以为了不起的,是因为我不过是把形体寄托在天地之间,从阴阳造化之中受到气质;我在天地之间,就像一块小石头、一棵小树木在大山上一样。我正处在见识短小的地位,又怎能够自以为了不起呢?

"我计算计算四海的在天地之间,不就像一块石头放在大池泽里面一样吗?计算计算中国的在四海之内,不就像一颗米粒放在大粮仓里面一样吗?称呼物类的数目就叫做'万',人只不过占其中的一个。拿人来比万物,不就像一根毫毛放在马身上一样吗?人群布满的九州,五谷生长的所在,车船通行的所在,五帝所牵连的事物,三王所争夺的事物,仁人所忧虑的事物,能人所病苦的事物,全都包括在这里面了。伯夷以辞让这些事物作为美名,孔子以谈论这些事物作为博学,他们这样自以为了不起,不就像你对于水自以为了不起一样吗?"

黄河神就问:"那么,我以天地为大而以毫毛尖儿为小,可以不呢?"

北海神说:"不可以。天地间的事物,数量没有穷尽,时间没有止息,分位没有永恒,始终没有固定。因此,大智之人,观察到远近问题,就感到小的并非一定少,大的并非一定多,因而懂得了数量没有穷尽的道理;证验到古今问题,就感到时间悠久也用不着郁闷,时间短促也用不着痛恨,因而懂得了时间没有止息的道理;明审到盈虚问题,就感到获得也用不着高兴,丧失也用不着忧伤,因而懂得了分位没有永恒的道理;明通到苦乐问题,就感到生存也用不着喜悦,死亡也不作为灾祸,因而懂得了始终没有固定的道理。

"计算计算人所知道的事物,不如自己所不知道的事物;他出生的时候,不如他没有出生的时候;用自己最微小的智慧,企求着穷尽最广大的境域,所以使得他迷迷糊糊,而不能够自称心意。由此看来,又怎么能够知道毫毛尖儿就足以认定为最微细的事端呢?又怎么能够知道天地就足以认定为最大的境界呢?"

黄河神又问:"世俗上谈论的人都说:'最精微的事物没有形象,最广大的事物不可以限定范围。'这是真实情况吗?"

北海神说:"从小的方面看大的事物,是无穷无尽的;从大的方面看小的事物,是不明不显的;所以就有了不同的论辩。所谓精微,就是小事物中最小的事物;所谓虚廓,就是大事物中最大的事物。这便是形势上的'有'。所谓精细和粗大,都体现在有形的物体上。没有形象的事物,在数目上是不能够把它们分开的;不可以限定范围的事物,在数目上是不能够把它们穷尽的。所以用语言谈论的,乃是事物粗大的方面;可以用思想领会的,乃是事物精细的方面;语言所不能够谈论、思想所不能够领会的事物,是体现不出它们的精细和粗大的情状的。

"因此,大人的行为:不从害人出发,对人不过多表示恩慈,举动不为追求利禄,不轻视卑贱,不争夺财物,不过多表示礼让,做事不借助旁人,不过多自食其力,不轻贱贪污,行动不同世俗,不过多标奇立异,行为随从大众,不轻贱巧辩和谄媚;世俗上的禄位不足以劝勉他,刑罚不足以污辱他;他知道是非是不可以区别、大小是不可以分辨的。听到人说:'道人没有声名,至德没有获得,大人没有自己。'这便是把自己的分位约束到了极点。”

黄河神又问:“这些事物的外貌,这些事物的内体,到什么程度才能够区分出贵贱来呢?到什么情形才能够区分出大小来呢?”

北海神说:“从'道'这一方面看,事物并没有贵贱的区别;从事物这一方面看,它们是自己尊贵自己而互相卑贱;从习俗这一方面看,贵贱并不操持在自己这一方。从差别这一方面看,由他们所认为是大的看法而认为大,那万物就没有不是大的;由他们所认为是小的看法而认为小,那万物就没有不是小的;知道天地就是一颗米粒,知道毫毛尖儿就是一座山丘,差别的定数就看出来了。从事功这一方面看,由他们所认为是有的看法而认为有,那万物就没有不是有的;由他们所认为是无的看法而认为是无,那万物就没有不是无的;知道东方和西方的相反,而不可以互相矛盾,事功的分别就规定出来了。从趋向这一方面看,由他们所认为是的看法而认为是,那万物就没有不是是的;由他们所认为是非的看法而认为是非,那万物就没有不是非的;知道尧舜的自己认为自己是对的而自相非难,趋向的意志就看出来了。

“在古代,帝尧、大舜禅让天下,因而都作了皇帝;子之、燕王哙禅让天下,因而把国家断送;汤王、武王争夺天下,因而都作了君主;白公胜争夺天下,因而自取灭亡。由此看来,争夺和禅让的实践,帝尧和殷纣的行为,它的被人尊重和轻薄,是有时间性的,不可以认为是永恒不变的。

“梁柱,可以用它来攻城,而不可以用它来塞洞,这是由于器用的不同;骏马,一天能跑一千里路,用它捉老鼠就不如狸猫,这是由于技能不同;猫头鹰,在夜间能够捉跳蚤,能够看清毫毛尖儿,白天出来,睁大眼睛也看不见山丘,这是由于本性的不同。所以说:“大概遵循于是,就不会陷于非;遵循于平治,就不会陷于昏乱吧?这就和遵循于天,而违失于地;遵循于阴,而违失于阳一样;显然是行不通的。然而他们还是那样地谈论不休,他们不是愚昧、便是诬妄啊!

“五帝的禅让天下不同,三代的继承君位不同;不合时代,违反世俗,就叫他篡夺之夫;符合时代,顺从世俗,就叫他道义之辈。住口吧,黄河神!你怎么知道贵贱之门、大小之家的区别呢?”

黄河神又问:“那么,我要做什么呢?不作什么呢?我对于推让和接受、取用和抛舍,究竟应该怎样处理呢?”

北海神说："从'道'这一方面看：无所谓贵，无所谓贱，这就叫做演化无穷；不要拘束你的意志，和'道'乖离不顺。无所谓多，无所谓少，这就叫做施化代谢；不要固执你的行动，和'道'参差不齐。严严肃肃的，如同国家的有君主，他并没有偏私的行动；恭恭敬敬的，如同祭事的有社神，他并没有偏私的威福；游游荡荡的，如同四方的没有穷尽，它并没有固定的界限。兼爱万物，哪能有所奉承和扶助呢？这就叫做没有一定的方向。万物都是齐一的，怎么能够分出哪是短的哪是长的呢？'道'是无始无终的，万物是不生不灭的，'道'并不因为能生成万物而有所仗恃；变化盈虚，并不固守一定的形迹。年代是不可能穷尽的，时间是不可能止息的；消灭的又生长了，盈满的又虚空了，到达终结，就又是开始。就用这些来谈说大道的方术，论辩万物的条理。万物的生长，如同万马奔驰；没有一个动作不在变化，没有一个时辰不在迁移。什么是需要做的呢？什么是不需要做的呢？那万物原来就是自己化生的啊。"

黄河神又问："那么，为什么要贵重'道'呢？"

北海神说："认识'道'的，必定通达物理；通达物理的，必定明通权变；明通权变的，并不因为事物而伤害自己。至德之人，火不能够烧他，水不能够淹他，冷热不能够伤害他，禽兽不能够侵害他。这并不是说他迫近它们而不受灾害，而是说他明察于安危，宁定于祸福，谨慎于去就，因而就没有能够伤害他的。

"所以说：天道蕴藏于内，人道显露于外；'德'表现在天上，要认识天道和人道的运行。本原于天道，而安处于'德'。要随时进退，随时屈伸；要归反简易，而领悟本元。"

黄河神又问："什么叫做天道，什么叫做地道呢？"

北海神说："牛马四条腿，这就叫做天道；给马戴上笼头，给牛穿上鼻钳，这就叫做人道。所以说："不要用人道来消灭天道，不要用人为来消灭命运，不要用取得来追逐名誉。把这三项谨慎地保守住，而不丧失，这就叫做返还自己的本真。"

夔[①]怜[②]蚿[③]，蚿怜蛇，蛇怜风，风怜目，目怜心[④]。

夔谓蚿曰："吾以一足趻踔而行[⑤]，予无如矣；今子之使万足，独奈何？"

蚿曰："不然。子不见夫唾者乎？喷，则大者如珠，小者如雾，杂而下者，不可胜数也。今予动吾天机，而不知其所以然。"

蚿谓蛇曰："吾以众足行，而不及子之无足，何也？"

蛇曰："夫天机之所动，何可易邪？吾安用足哉？"

蛇谓风曰:“予动吾脊胁而行,则有似也;今子蓬蓬然[6]起于北海,蓬蓬然入于南海,而似无有。何也?”

风曰:“然。予蓬蓬然起于北海而入于南海也,然而指我,则胜我;鳍我,亦胜我。虽然,夫折大木、蜚[7]大屋者,唯我能也。故以众小不胜为大胜也。为大胜者,唯圣人能之!”

【注释】

①夔,是一足之兽,其形如鼓,足似人脚,而回踵向前也。 ②怜,是爱尚之名。 ③蚿,百足虫也。 ④夔,一足;蚿,多足;蛇,无足;风,无形;目,形缀于此,明流于彼;心,则质幽,为神游外。 ⑤跉踔,跳踯也。 ⑥蓬蓬,风声也。 ⑦“蜚”作“飞”。

【译文】

一足兽爱慕百足虫,百足虫爱慕蛇,蛇爱慕风,风爱慕眼睛,眼睛爱慕心。

一足兽对百足虫说:“我用一只脚蹦跳着走路,我都没有能力带动它;现在您用这么多的脚,您自己觉得怎么样呢?”

百足虫说:“不是这样。您没有看见过吐唾沫的吗?喷出来,大的像珍珠,小的像雾气,错杂而下,数也数不清。现在我用我的天然机能,而不知道其中的所以然。”

百足虫对蛇说:“我用这么多的脚走路,可是赶不上您没有脚的走得快,这是什么原因呢?”

蛇说:“这是天然机能要这样动作,我怎么能够变更它呢?我哪里用得着脚呢?”

蛇对风说:“我动用着我的脊椎骨和肋骨来走路,还有点像走路的样子;现在,您呼呼地从北海吹起,呼呼地向南海吹去,就像什么都没有一样。这是怎么回事呢?”

风说:“是的。我呼呼地从北海吹起,就向南海吹去,可是人们用手指挥我,就能够胜过我;用脚践踏我,也能够胜过我。虽然如此,那折断大树、飞起大房屋来的,也只有我才能够。因此,用许多小不胜,就能积聚成为大胜。做到大胜的,只有圣人才能够啊!”

孔子游于匡,卫人围之数币[1],而弦歌不惙[2]。

子路入见,曰:“何夫子之娱也?”

孔子曰:“来!吾语汝!我讳穷,久矣,而不免,命也;求通,久矣,而不得,时也[3]。当尧、舜,而天下无穷人,非知得也;当桀、纣,而天下无通人,非知失也;时势适然。夫水行不避蛟龙者,渔父之勇也;陆行不避兕虎者,猎夫之勇也;白刃交于前,视死若生者,烈士之勇也。知穷之有命,知通之有时,临大难而不惧者,圣人之勇也。由!处矣[4]!吾命有所制矣!"

无几何[5],将甲者进辞,曰:"以为阳虎也,故围之;今非也,请辞。"而退。

【注释】

①卫,本作"宋"。　②惙,借为"辍"。　③讳,忌也。穷,否塞也;通,泰达也。　④处,安息也。　⑤无几何,俄顷之时也。

【译文】

孔子周游列国,到了匡邑,卫国发兵把他们包围了好几层,可是他还是弹唱个不停。

子路进到屋里去见孔子,就问:"老师怎么这么快活呢?"

孔子说:"来!我告诉你!吾忌讳困顿,已经很久了,可是并不能够避免,这就是命运;我企求显达,已经很久了,可是并不能获得,这就是时数。在尧、舜时代,天下没有困顿的人,并不是因为人们都取得了智慧;在桀、纣时代,天下没有安生的人,并不是因为人们都失去了智慧;这是时势使他们如此。那在水里走不回避蛟龙的,便是渔夫的勇敢;在陆地走不回避猛兽的,便是猎人的勇敢;刀剑摆在面前,视死如归的,便是烈士的勇敢;知道困顿有一定的命运,知道显达有一定的时数,面临大难,而毫不畏惧的,便是圣人的勇敢。仲由!你安心吧!我的命运是有控制着的啊!"

没有多久,有个身穿盔甲的将士走进来,向他们道歉,说:"我们认为是阳虎来了,所以把你们包围起来;现在我们知道不对了,请原谅。"就撤兵了。

公孙龙问于魏牟[1]曰:"龙少学先王之道,长而明仁义之行;合同异、离坚白,然不然,可不可;困百家之知,穷众人之辩;吾自以为至达已。今吾闻庄子之言,汒焉异之。不知论之不及与?知之弗若与?今无所开吾喙。敢问其方。"

公子牟隐机太息,仰天而笑,曰:"子独不闻夫埳井之鼃[2]乎?谓东海之鳖曰:'吾乐与,出,跳[3]乎井干[4]之上,入,休乎缺甃[5]之崖;赴水,则接腋、持颐;蹶泥[6],则没足、灭跗[7];还[8]虷、蟹与科斗[9],莫吾能若也。且夫,擅一壑之水,而跨[10]埳井之乐,此亦至矣。夫子奚不时来入观乎?'东海之鳖左足未入,而右膝已絷[11]矣。于是逡巡而却,告之海曰:'夫千里之远,不足以举其大:千仞之高,不足以极其深。禹之时,十九年潦,而水弗为加益;汤之时,八年七旱,而崖不为加损。夫不为顷久[12]推移,不为多少进退者,此亦东海之大乐也。'于是埳井之鼃闻之,适适然惊,规规然自失[13]也。

"且夫,知不知是非之竟,而犹欲观于庄子之言,是犹使蚊负山、商蚷[14]驰河也,必不胜任矣。且夫,知不知论极妙之言,而自适一时之利者,是非埳井之鼃与?

"彼且方跐[15]黄泉,而登大皇[16];无南无北,奭然四解,沦于不测;无西无东[17],始于玄冥,反于大通。子乃规规然[18]而求之以察,索之以辩;是真用管窥天,用锥指地也,不亦小乎?子往矣!

"且,子独不闻夫寿陵余子之学行于邯郸与?未得国能,又失其故行矣,直匍匐而归[19]耳。今子不去,将忘子之故,失子之业。"

公孙龙口呿而不合[20],舌举而不下。乃逸[21]而走。

【注释】

①龙,赵人。牟,魏之公子。 ②埳井,坏井也。鼃,本又作"蛙"。③"跳"下本有"梁"字。 ④井干,井栏也。 ⑤甃,井壁也。 ⑥蹶泥,言踊跳于涂中。 ⑦灭,没也。跗,足跗也。 ⑧还,顾视也。 ⑨虷,井中赤虫也。科斗,虾蟆子也。 ⑩"跨",本作"跨跱",二字当衍一字。 ⑪絷,拘也。 ⑫顷久,犹早晚也。 ⑬适适,惊怖之容;规规,自失之貌。 ⑭商蚷,虫名,北燕谓之马蚿。 ⑮跐,今俗作"踩"。 ⑯大皇,天也。 ⑰"无西无东",本作"无东无西"。 ⑱规规,经营之貌。 ⑲寿陵,燕之邑。邯郸,赵之都。赵都之地,其俗能行,故燕国少年远来学步;既乖本性,未得赵国之能;舍己效人,更失寿陵之故。是以用手据地,匍匐而还也。 ⑳呿,开也。 ㉑逸,奔也。

【译文】

公孙龙问魏公子牟说:"我在青年时代,学习过先王之道;在壮年时代,又明瞭仁义之行;并且能够融会'异同'之辩,分析'坚白'之理,能够把不如此说成如此,把不可以说成可以;困顿住了百家的智慧,穷难住了众人的论辩;我自以为是非常通达的了。现在,我听到庄子的言论,迷迷茫茫的,感到非常惊奇。不知道我的理论不及他呢？还是我的智慧不及他呢？现在我没有地方张嘴了。我请问这个道理在什么地方。”

公子牟趴着桌子长出了一口气，仰起头向着天笑了，他对公孙龙说：“你难道没有听说过那破井里的蛤蟆吗？他对东海里的老鳖说：‘我高兴了，出来，就在井栏上跳跶跳跶；进去，就在缺砖少瓦的井口边休息休息；跳到水里，水就齐着我的两腋和两腮；跳到泥里，泥就没到我的脚脖和脚面；我回头看看那虾虫、螃蟹和蝌蚪，他们都赶不上我。况且，我独霸着这一洼之水，享受这破井之乐，这也算是够美的了。先生为什么不经常进来参观参观呢？’东海的老鳖听了它的话，左脚还没有迈进井里，可是右腿就已经绊住了。老鳖于是退转回来，把大海的情势告诉给蛤蟆说：‘一千里远，不足以比拟大海的宽度；一千丈深，不足以比拟大海的深度。在夏禹时代，十年闹了九次大水，可是海水并没有因此而有所增多；在殷汤时代，八年闹了七次大旱，可是海岸并没有因此而有所缩短。这不因为时间的长短而变更、不因为水量的多少而进退的所在，也就是住在东海的一种大快乐啊。’破井里的蛤蟆听到这话之后，不觉大吃一惊，羞愧得没有个站脚之处。

“况且，自己的智慧不懂得是非的所在，可是还愿意窥探庄子的学说，这就好像使蚊虫扛山、使百足虫渡河一样，它们必然是不能胜任的。况且，自己的智慧不懂得论辩精微奥妙的学说，可是想着趋向一时名利的人，这不就同破井里的蛤蟆一样吗？

“他(庄子)将要踏入黄泉，登上青天，不分南北，伟大无边，四通八达，已经迈进到无边无际的境界；不辨东西，起源于玄冥之中，返还于大通之境。可是却目光短浅地用明察来推求它，用争辩来探索它；这简直是用竹管去窥测天的广度，用锥子试探地的厚度，不也所见太小了吗？您请回吧！

“况且，您难道没有听说过燕国寿陵少年到赵国邯郸去学习走路的故事吗？他没有学到外国的技能，反而把自己原有的技能丢掉，只好爬着回来了。现在，您再不撒手，您将要忘掉您的本体，丢失您的本性。”

公孙龙张着大嘴，也合不上了；伸起舌头，也落不下了。他就赶紧着走开了。

庄子钓于濮水①，楚王②使大夫二人往先③焉。曰：“愿以境内累矣。”

庄子持竿不顾，曰：“吾闻：楚有神龟，死已三千岁矣；王以巾笥而藏之庙堂之上。此龟者，宁其死为留骨而贵乎？宁其生而曳尾于涂中④乎？”

二大夫曰：“宁生而曳尾涂中。”

庄子曰："往矣！吾将曳尾于涂中。"

【注释】

①〇成玄英：濮水，属今濮州濮阳县。 ②楚王，威王也。 ③先，当读为"诜"。先，谓致言问候之也。 ④涂，泥涂。

【译文】

庄子在濮水钓鱼，楚威王派了两位大夫来问候他，说："我们国王愿意把国家大事烦劳你来执掌。"

庄子挑着钓鱼竿，连看他们都不看，说："我听说：你们楚国保存着一个神龟，它已经死了三千年了；你们国王用佩巾包着它，用竹器盛着它，藏在庙堂之上。这个神龟，它是情愿死了作个遗骨而被珍贵呢？还是情愿活着在泥塘里拖着尾巴爬呢？"

两位大夫说："它情愿活着在泥塘里拖着尾巴爬。"

庄子说："那你们回去吧！我还是要在泥塘里拖着尾巴爬的。"

惠子相梁[①]，庄子往见之。

或谓惠子曰："庄子来，欲代子相。"

于是，惠子恐，搜于国中，三日三夜。

庄子往见之。曰："南方有鸟，其名为鹓鶵[②]。子知之乎？夫鹓鶵，发于南海，而飞于北海；非梧桐不止，非练实[③]不食，非醴泉[④]不饮。于是，鸱[⑤]得腐鼠，鹓鶵过之；仰而视之，曰：'吓！'今子欲以子之梁国而'吓'我邪？"

【注释】

①惠子相梁惠王。 ②鹓鶵，乃鸾凤之属也。 ③练实，竹实也。 ④醴泉，泉甘如醴。 ⑤鸱，鸢。

【译文】

惠施作了梁惠王的宰相，庄子去见他。

有人对惠施说："庄子来了，要接替您的相位。"

因此，惠施害怕了，在全国搜索了三天三夜。

庄子去见惠施，说："南方有一种鸟，它的名字叫鹓鶵。您知道吗？这种鹓鶵，从南海出发，向北海飞去；非梧桐树不落，非竹实不吃，非醴泉水不喝。在这里，有一只鹞鹰，捉着一只死老鼠，鹓鶵正好从它上方飞过；鹞鹰仰起头来，望着鹓鶵说：'吓！'现在，您想用您的梁国'吓'我吗？"

庄子与惠子游于濠梁之上[①]。

庄子曰:“儵鱼[②]出游从容[③],是鱼之乐也。”

惠子曰:“子非鱼,安知鱼之乐?”

庄子曰:“子非我,安知我不知鱼之乐?”

惠子曰:“我非子,固不知子矣;子,固非鱼也,子之不知鱼之乐,全矣。”

庄子曰:“请循[④]其本。子曰‘汝安知鱼乐’云者,既已知吾知之,而问我;我知之濠上也。”

【注释】

①濠水,在淮南钟离郡;今见(现)有庄子之墓,亦有庄、惠遨游之所。 ②儵,本作“鯈”。鯈,白鱼也。 ③从容,放纵之貌也。 ④循,犹寻也。

【译文】

庄子同惠施在濠水桥上闲游。

庄子说:“白鱼出来从从容容地游水,这是鱼的快乐啊。”

惠施说:“您不是鱼,怎么会知道鱼的快乐呢?”

庄子说:“您不是我,您怎么会知道我不知道鱼的快乐呢?”

惠施说:“我不是您,当然不会知道您了;您本来就不是鱼,那您不会知道鱼的快乐,理由是很充足的了。”

庄子说:“我们要追追根儿。您说的‘您怎么会知道鱼的快乐’那句话,既然您已经知道我知道它们了,可是您还来问我;我是从濠水之上知道的。”

十一、至　　乐(七章)

天下有至乐无有哉？有可以活身者无有哉？今奚为？奚据？奚避？奚处？奚就？奚去？奚乐？奚恶？

夫天下之所尊者，富、贵、寿、善也；所乐者，身安、厚味、美服、好色、音声也；所下者，贫、贱、夭、恶也；所苦者，身不得安逸、口不得厚味、形不得美服、目不得好色、耳不得音声。若不得者，则大忧以惧，其为形也，亦愚哉！

夫富者，苦身、疾作，多积财，而不得尽用。其为形也，亦外矣！

夫贵者，夜以继日，思虑善否，其为形也，亦疏矣！

人之生也，与忧俱生；寿者惛惛，久忧不死，何之苦[①]也！其为形也，亦远矣！

烈士为天下，见善矣，未足以活身。吾未知善之诚善邪？诚不善邪？若以为善矣，不足活身；以为不善矣，足以活人。故曰：忠谏不听，蹲循[②]勿争。故夫子胥，争之，以残其形；不争，名亦不成。诚有善无有哉？

今俗之所为与其所乐，吾又未知乐之果乐邪？果不乐邪？吾观夫俗之乐举群趣者，誙誙然如将不得已，而皆曰乐者，吾未之乐也，亦未之不乐也。果有乐无有哉！

吾以无为诚乐矣，又俗之所大苦也。故曰：至乐，无乐；至誉，无誉。天下是非，果未可定也。虽然，无为可以定是非。至乐活身，唯无为幾存。

请尝试言之：天无为，以之清；地无为，以之宁；故两无为相和，万物皆化。芒乎芴乎，而“无”从出乎；芴乎芒乎，而“无”有象乎[③]。万物职职[4],皆从无为殖。故曰:天地,无为也,而无不为也。人也,孰能得无为哉?

【注释】

①之,犹其也。 ②蹲循,犹顺从也。 ③荒忽,即恍惚也。 ④职职,繁多貌。

【译文】

天下有最大的快乐没有呢?有可以活身的方术没有呢?人们将要做什么呢?依靠什么呢?躲避什么呢?安于什么呢?趋向什么呢?去掉什么呢?喜欢什么呢?憎恶什么呢?

天下所尊重的,是富有、显贵、长寿、好名;所喜欢的,是身体安闲、厚实的滋味、华美的衣服、好看的颜色、好听的声音;所鄙视的,是贫穷、卑贱、短命、坏名;所苦恼的,是身体得不到安闲,嘴得不到厚实的滋味,形体得不到华美的衣服,眼睛得不到好看的颜色,耳朵得不到好听的声音。如果得不到这些东西,就非常忧愁和恐惧。这种人为自己形体所打算的,也够愚蠢的了!

那富有的人,劳苦自己的身体,加紧自己的操作,积蓄很多财物,可是不能够完全受用。这种人为自己形体所打算的,也够外道的了!

那显贵的人,黑天白日地考虑什么好、什么不好。这种人为自己形体所打算的,也够粗疏的了!

人一生下来,就是和忧苦一同生下来的;长寿的人总是昏昏迷迷地希望不死,这是多么苦恼啊!这种人为自己形体所打算的,也够遥远的了!

烈士为天下牺牲,足以表现出美好了,可是不能够使自己活着。我不知道这种美好是真美好呢?还是真不美好呢?如果以为是吧,可是不能够使自己活着;如果以为是不美好吧,可是能够使别人活着。所以说:忠心谏诤国君而不听,就要转回头来不力争。所以,伍子胥为了和吴王力争,而摧残了自己的形体;不力争,也就不能成名。真的有美好没有呢?

人世间一般所作的和所快乐的,我又不知道他们所快乐的究竟是快乐呢?还是不快乐呢?我看到世俗的乐于贪取、趋之若骛的人,都拼命地像不得不如此,而且都说是快乐的,我对这个不表示快乐,也不表示不快乐。究竟是有快乐没有呢?

我以为无为是真快乐的,又是世俗所最痛苦的。所以说:最大的快乐是没有快乐,最高的名誉是没有名誉。天下的是非,毕竟是没法确定的。虽然如此,无为,是可以确定是非的。最大的快乐可以使自己活着,只有无为才接近生存。

我愿意尝试着谈一谈:天是无为的,因而是清明的;地是无为的,因而是宁定的;所以,这两种无为混同在一起,万物就都化生。恍恍惚惚,因而“无”就由此生出；惚惚恍恍，因而“无”就赋有形象。万物蓬蓬勃勃，都是由于无为而得到繁殖。所以说：天地是无为的，又是无所不为的。世俗之人，谁能够做到无为呢？

庄子妻死，惠子吊之。庄子方箕踞[①]鼓盆[②]而歌。

惠子曰：“与人居，长子，老身，死，不哭，亦足矣；子鼓盆而歌，不亦甚乎？”

庄子曰：“不然。是其始死也，我独何能无概[③]然？察其始，而本无生；非徒无生也，而本无形；非徒无形也，而本无气。杂乎芒芴之间，变而有气，气变而有形，形变而有生；今又变而之死；是相与为春、秋、冬、夏四时行也。人且偃然[④]寝于巨室[⑤]，而我噭噭然[⑥]随而哭之，自以为不通乎命，故止也。”

【注释】

①箕踞，垂两脚如簸箕形也。　②盆，谓瓦缶也。　③概，感也。　④偃然，安息貌。　⑤巨室，以天地为室也。　⑥噭，借为“警”。

【译文】

庄子的妻子死了，惠施去吊唁他。庄子正在叉开两只脚蹲着，敲着瓦盆唱歌。

惠施就问庄子说：“和人家同居，为您生儿养女，身体衰老了，死了，您不哭，也就够了；您敲着瓦盆唱歌，不也过分了吗？”

庄子说：“不对。当她将要死的时候，我何尝没有悲痛之情呢？我考虑了她的元始，本来就没有生命；不但没有生命，而且本来就没有形体；不但没有形体，而且本来就没有精气。〔万物的质体，最初是〕掺杂于恍惚无形之中，逐渐衍变得有了精气，精气又逐渐衍变得有了形体，形体又逐渐衍变得有了生命；现在，它又衍变到了死亡；这便是随同着春、秋、冬、夏四时的节序而向前行进。人家将要安安然然地睡眠在这巨大的宫室（天地）之中，而我却随着她呼号喊叫地哭起来，自己以为这是不明通于性命之理，所以我就休止了。”

支离叔与滑介叔[①]观于冥伯之丘、昆仑之虚——黄帝之所休。俄而，柳[②]生其左肘，其意蹶蹶然[③]恶之。

支离叔曰：“子恶之乎？”

滑介叔曰：“亡[④]。予何恶？生者，假借也；假之而生生者，尘垢也。死生为昼夜。且吾与子观化，而化及我，我又何恶焉？”

【注释】

①支离、滑介,皆形体不健全之谓。 ②柳者,"瘤"之借字。 ③○成玄英:蹶蹶,惊动貌。 ④亡,无也。

【译文】

支离叔和滑介叔一同到冥伯之丘、昆仑之墟——黄帝休止的所在去游览。忽然,滑介叔左肘上生了一个瘤子,他心一震惊,感到讨厌它。

支离叔问滑介叔说:"您讨厌它吗?"

滑介叔说:"没有。我有什么讨厌它的呢?生命就是假借;假借地境而生出它要生出的事物,就像尘垢的聚结一样。死亡和生存,就如同昼夜的循环交替。况且,我和您正在一同观察自然的造化,而这种造化正好临到我的身上,我又有什么讨厌它的呢?"

庄子之楚,见空髑髅,髐然[①]有形;撽以马捶,因而问之,曰:"夫子贪生失理,而为此乎?将子有亡国之事、斧钺之诛,而为此乎?将子有不善之行,愧遗父母妻子之丑,而为此乎?将子有冻馁之患,而为此乎?将子之春秋[②],故及此乎?"于是语卒,援髑髅,枕而卧。

夜半,髑髅见梦,曰:"子之谈者,似辩士。视子所言,皆生人之累也;死,则无此矣。子欲闻死之说乎?"

庄子曰:"然。"

髑髅曰:"死,无君于上,无臣于下,亦无四时之事,从然以天地为春秋;虽南面王乐,不能过也。"

庄子不信,曰:"吾使司命复生子之形,为子骨肉肌肤,反子父母、妻子、闾里、知识[③]。子欲之乎?"

髑髅深瞑蹙頞[④],曰:"吾安能弃南面王乐,而复为人间之劳乎?"

【注释】

①髐,白骨貌,有枯形也。 ②春秋,犹年纪也。 ③知识,谓相知相识者。 ④深瞑蹙頞,忧愁之貌也。

【译文】

庄子往楚国去,在路上看到一个空壳的头骨,干枯地还保持着原形;庄子用马鞭子敲打着它,就问:"您是由于贪生怕死,做错了事情,而成为这样的呢?还是由于有亡国之事,遭到兵祸,而成为这样的呢?还是由于您有不好的行为,给父母妻子丢了丑,觉得惭愧,而成为这样的呢?还是由于您有冻饿之苦,而成为这样的呢？还是由于您的年限的关系，而成为这样的呢？”说完之后，庄子就搬过这个头骨来，枕着它，躺在地上睡着了。

到了半夜，头骨向庄子来托梦，它对庄子说：“您所谈的话，好像是一个辩士。看您所说的，都是活人的罪累；死了，就没有这些罪累了。您愿意听听关于死亡的说法吗？”

庄子说：“当然。”

头骨说：“死亡之后，在上说，没有君王；在下说，没有臣仆；也没有四时的事务，恣情放任地把天地的寿命作为季节；即便是南面称王的快乐，也不能赶得上啊。”

庄子不相信，就又说：“我使那掌管寿命的星神重新让您的形体复生，给您长上骨肉和皮肤，反还您的父母、妻子、乡邻、朋友，您愿意不呢？”

头骨把眉头皱得迫近了鼻梁子，说：“我哪能放弃我这南面称王的快乐，而去受那人间的苦痛呢？”

颜渊东之齐，孔子有忧色。子贡下席而问曰：“小子敢问：回东之齐，夫子有忧色，何邪？”

孔子曰：“善哉，汝问！昔者，管子有言，丘甚善之。曰：‘褚[①]小者，不可以怀大；绠[②]短者，不可以汲深。’夫若是者，以为命有所成，而形有所适也，夫不可损益。吾恐回与齐侯言黄帝、尧、舜之道，而重以燧人、神农之言；彼将内求于己而不得；不得，则惑人；惑，则死。

“且，汝独不闻邪？昔者，海鸟止于鲁郊，鲁侯御而觞之于庙[③]，奏《九韶》以为乐，具太牢以为膳[④]。鸟乃眩视忧悲，不敢食一脔，不敢饮一杯，三日而死；此以己养养鸟，非以鸟养养鸟也。夫以鸟养养鸟者，宜栖[⑤]之深林，游之坛陆[⑥]，浮之江湖，食之鰌鲦[⑦]，随行列而止，委蛇[⑧]而处。彼唯人言之恶闻，奚以夫譊譊[⑨]为乎？

“《咸池》、《九韶》之乐，张之洞庭之野[⑩]；鸟闻之，而飞；兽闻之，而走；鱼闻之，而下入；人卒[⑪]闻之，相与还[⑫]而观之。鱼处水而生，人处水而死。彼必相与异其好恶，故异也。故先圣不一其能，不同其事，名止于实，义[⑬]设于适。是之谓条达而福持[⑭]。”

【注释】

①褚，衣袋。 ②绠，汲索也。 ③讶，俗作“迓”。觞，借为“飨”。通作

"享"。 ④《九韶》,舜乐名。太牢,牛、羊、豕也。 ⑤栖,俗"棲"字。⑥坛,当借为"坦"。 ⑦鲦,白鱼子也。 ⑧逶迤,宽舒自适也。 ⑨谚谚,喧聒也。 ⑩洞庭之野,谓天地之间也。 ⑪卒,众也。 ⑫还,借为"缳",今多用"环"字。 ⑬义,谓行为。 ⑭条达,谓条理通达;福持,谓福德扶持。

【译文】

颜回将要到齐国去,孔子脸上显出了忧愁的颜色。子贡离开座位,问孔子说:"晚生请问:颜回将要到齐国去,老师脸上显出了忧愁的颜色,这是为什么呢?"

孔子说:"你问得好极了!从前,管子有这样的话,我非常赞同。他说:'衣袋小的,不可以装大的东西;水桶绳短的,不可以到深井里提水。'像这样的说法,以为天命所成就的事业,形体所归往的所在,是不可以任意有所增损的。我恐怕颜回和齐侯谈起黄帝、尧、舜的道术,而且又加上燧人氏、神农氏的言论;他(齐侯)将要向自己的内心去追求,而一无所得;一无所得,就要怀疑别人;他一怀疑,就要置人于死地。

"况且,你难道没听说过吗?从前,有一只海鸟落在鲁国的近郊,鲁侯把它迎到太庙里,为它摆宴、奏起《九韶》古乐,用太牢馔来款待它。海鸟眼晕地看着发愁,不敢吃一块肉,不敢喝一杯酒,待了三天,就死去了。这是用供养自己的方式来养鸟,而不是用供养鸟的方式养鸟。那用供养鸟的方式养鸟的,应该让它在深林寄宿,在旷野遨游,在江湖浮泳,用鱼类饲养,跟它的同类在一起,逍遥自在地居住着。它一向讨厌听人说话,哪能用吵吵嚷嚷的方式呢?

"把《咸池》、《九韶》这类乐章,张设在广漠的原野;鸟类听到它,就得飞去;兽类听到它,就得跑走;鱼类听到它,就得沉入水底;人们听到它,就都得围拢起来看热闹。鱼类住在水里,就能生存;人住在水里,就得死亡。这必然是由于爱憎的不同,因而表现不同。所以,先圣不统一万物的本能,不和同人民的事务,声名要放置在实际上,行动要建立在适宜上。这就叫做事理通达,福禄永保。"

列子行,食于道,从见①百岁髑髅,攓蓬②而指之,曰:"唯予与汝知而未尝死、未尝生也!若果养③乎?予果欢乎?"

【注释】

①从见,因而见也。 ②攓,拔也。 ③养,读为"恙"。

【译文】

列子出行,在路上用饭,因而看见了一个多年的头骨,他拔起一棵蓬蒿来指着它说:"只有我和你知道你并不曾死亡、不曾生存啊!你果真是愁苦的吗?我果真是欢乐的吗?”

种有幾,得水,则为㡭[①];得水土之际,则为鼃蠙之衣;生于陵屯,则为陵舄[②]。陵舄得郁栖,则为乌足[③]。乌足之根为蛴螬[④],其叶为胡蝶。胡蝶胥也,化而为虫[⑤],生于灶下,其状若脱,其名为鸲掇[⑥]。鸲掇千日为鸟,其名为乾馀骨。乾馀骨之沫为斯弥[⑦]。斯弥为食醯颐辂,食醯颐辂生乎食醯黄軦,食醯黄軦生乎九猷[⑧],瞀芮生乎腐蠸[⑨]。羊奚比乎不箰久竹,生青宁[⑩]。青宁生程[⑪]。程生马。马生人。人又反入𢇍于机[⑫]。万物皆出于机,皆入于机[⑬]。

【注释】

①㡭,本作“𢇍”,此古文“绝”字。续断,犹断丝也。　②水衣,一曰鱼衣。③屯,阜也。言物因水成,而陆;产生于陵屯,化作车前,改名陵舄也,一名泽舄,随燥湿变也。陵舄,车前草也。　④郁栖,粪壤也。言陵舄在粪,化为乌足也。乌足,草名。　⑤胥,借为“蝑”。　⑥鸲掇,虫名也,状如新脱皮毛,形容雅静也。　⑦沫,口中汁也。斯弥,虫也。　⑧颐辂、黄軦,皆虫名。颐辂、黄軦,盖皆醋中小虫也。生乎,谓生为也。乎、于,叠韵。《经传释词》:“于,犹为也。”⑨瞀芮、腐蠸,亦虫名也。腐蠸,萤火虫也。　⑩羊奚,草名,根似芜菁,与久竹比合而为物,皆生于非类也。青宁,虫名。箰,《列子》作“笋”。　⑪“秦人谓豹曰程。予至延州,人至今谓虎豹曰程,盖言虫也。”　⑫马叙伦:机,当为“幾”,即“种有幾”之“幾”也。　⑬按:此章阐明万物从无到有,由微之著,繁衍无穷,日趋复杂之旨,言万物化生,循环往复者也。其天演之谓邪?本文较《列子·天瑞》篇所载简略,亦有出入,物名多不可解,亦不易更订,只就本文略加整理,求其通顺而已。

【译文】

万物的种子开始于极微小的质体,极微小的质体得到水的滋养,就化生为“绝”(极细短的丝状物);“绝”得到水土之交(浅水塘或沼泽地)的滋养,就化生为蛙蚌之衣(漂在水面的绵状物);蛙蚌之衣蔓衍而生到高地之上,就化生为陵舄。陵舄得到粪壤的滋养,就化生为乌足。乌足的根化生为蛴螬,它的叶子化生为蝴蝶。蝴蝶在短期内化生为一种昆虫,生长在炉灶下面,它的形状好像新脱了皮似的,名字叫做鸲掇。鸲掇在一千天之后就化生为一种鸟,它的名字叫做乾馀骨。乾馀骨吐出来的口沫化生为斯弥。斯弥化生为醋里的颐辂,醋里的颐辂化生为醋里的黄軦,醋里的黄軦化生为九猷。瞀芮化生为腐蠸。羊奚接近不生笋的老竹子,就会生出青宁。青宁生豹子。豹子生马。马生人。人又返还到极微小的质体。万物都出生于极微小的质体,又进入于极微小的质体。

十二、达　生（十四章）

达生之情者，不务生之所无以为；达命之情者，不务命①之所无奈何。

养形，必先之以物②；物有馀，而形不养者，有之矣。有生，必先无离形；形不离，而生亡者，有之矣。生之来，不能却；其去，不能止。悲夫！世之人以为养形足以存生！而养形果不足以存生，则世奚足为哉？

虽不足为，而不可不为者，其为不免矣。夫欲免为形者，莫如弃世。弃世，则无累；无累，则正平；正平，则与彼更生；更生，则幾矣③。

事奚足弃？而生奚足遗，弃事，则形不劳；遗生，则精不亏。夫形全、精复，与天为一。天地者，万物之父母也。合，则成体；散，则成始。形精不亏，是谓能移④；精而又精，反以相天。

【注释】

①“命”，本作“知”。　②物者，谓资货衣食，旦夕所须。　③更生者，日新之谓也。付之日新，则生命尽矣。幾，尽也；尽道之玄妙。　④能移，与化俱也。

【译文】

明达生活实情的人，不追求生活中所不需要的事物；明达命运实情的人，不追求命运中所不能解决的事物。

滋养形体，必须首先利用物质；物质充足，而形体并没有得到滋养的人，是有的。保有生命，必须首先不离开形体；形体没离开，而生命丧失掉的人，是有的。生命的到来，不能推却；生命的离去，不能阻止。可叹啊！世俗之人以为滋养形体就足以保存生命！可是滋养形体如果不足以保存生命，那世俗之人又当怎么办呢？

虽然无可作为，而不得不为的人，他的作为是不可避免的。如果愿意避免为形体去作为，就没有比离弃世界再好的。离弃了世界，就没有一切系累；没有系累，身心就得到平正；身心平正，就同外界演变众生；演变众生，就穷尽了“道”的妙蕴。

事物，怎么可以离弃呢？生命，怎么可以忘却呢？离弃了事物，形体就不受劳苦；忘却了生命，精神就不受亏损。形体得到保全，精神得到回复，就同天地成为一体。天地，就是万物的父母。天地相合，就生成万物的形体；天地分散，就生成万物的本始。形体和精神不受亏损，就叫作能够推移造化。精淳而又精淳，就可以返还本始，辅相天道。

子列子①问关尹②曰：“至人，潜行③不窒，蹈火不热，行乎万物之上而不栗。请问何以至于此？”

关尹曰：“是纯气之守也，非知巧、果敢之列。居！予语汝！凡有貌、象、声、色者，皆物也。物与物，何以相远？夫奚足以至乎先？是形色而已④。则物之造乎不形，而止乎无所化。夫得是而穷之者，物焉得而止焉？彼将处乎不淫之度⑤，而藏乎无端之纪，游乎万物之所终始；壹其性，养其气，合其德⑥，以通乎万物之所造。夫若是者，其天守全，其神无郤。物奚自入焉？

“夫醉者之坠车，虽疾不死；骨节与人同，而犯害与人异；其神全也。乘亦不知也，坠亦不知也；死生、惊惧不入乎其胸中，是故遻物而不慴⑦。彼得全于酒，而犹若是，而况得全于天乎？圣人藏于天，故莫之能伤也。

“复雠⑧者，不折镆干⑨；虽有忮心⑩者，不怨飘瓦⑪。是以天下平均，故无攻战之乱、无杀戮之刑者，由此道也。

“不开人之天，而开天之天。开天者德生，开人者贼生。不厌其天，不忽于人，幾⑫乎以其真。”

【注释】

①子列子，古人称师曰子，亦有德之嘉名，具此二义，故曰子列子，即列御寇也。　②关尹，姓尹，名喜，字公度，为函谷关令，老子弟子。　③潜，涉水也。④“色”上本无“形”字。　⑤度，借为“宅”。　⑥合，借为“含”，义亦相近。⑦遻，即“会晤”之“晤”本字，今隶作“遌”。慴，惧也。　⑧雠，借为“仇”。复

雠,谓复归合好,非谓报复仇怨也。 ⑨镆邪、干将,相传吴之雌雄二剑。镆邪,亦作“莫邪”、“镆铘”。 ⑩忮,害也。 ⑪飘,落也。飘瓦,谓飞落之瓦。⑫“幾”上本有“民”字。今参马叙伦校,以意删“民”字。

【译文】

列子问关尹喜说:“至人,在水里行走,不受阻碍;在火里行走,不被烧灼;在万物之上行走,不害怕。请问为什么能做到这样呢?”

关尹喜说:“这是由于能够抱守纯真之气的缘故,并不属于智慧、技巧、果决、勇敢的范围。坐下!我告诉给你![在天地之间,]凡是具有容貌、形体、声音、颜色的,都是物类。物类和物类,为什么相互疏远了呢?它们怎么就有的占了先呢?只不过都是一些形体和颜色罢了。物类就是开始于没有形体,而终止于无所变化。那得到万物之理而且能够穷究它的人,谁能够阻止他的行动呢?他将要居处在无偏无邪的宅舍,而潜藏在无边无际的地境,遨游在万物终始的基点,淳一自己的本性,保养自己的气质,韬藏自己的德业,来达到万物所要归往的境界(自然)。像这样的人,他的本真是保全的,他的精神是无间的。外物从什么地方能够进入到他的内心呢?

“那醉汉从车上掉下来,虽然要受伤,但是不致于摔死;他的骨节和别人相同,可是遭到的危险却同别人不一样;这是由于他精神纯全的关系。坐在车上,他也不知道;掉下车来,他也不知道;生死和惊惧的念头都不存在他的胸中,所以他遇到事故而不知道害怕。那由于喝酒而得以保全的,尚是这样,又何况是由于自然而得以保全的人呢?圣人把形体寄藏在自然之中,所以没有什么能够伤害他的。

“复归合好的人,并不去折断斗殴的刀剑;虽然心存凶狠的人,并不怨恨飘落的瓦片。所以,天下平均,因而没有战争的祸乱,没有杀戮的刑罚,就是由于这个道理。

“不要开动人的本然,要开动天的本然。开动天的本然的,德业就会发生;开动人的本然的,祸害就会发生。不厌弃本然,不疏忽人道,就可能保有自己的本真。”

仲尼适楚,出于林中,见痀偻者①承蜩②,犹掇③之也。

仲尼曰:“子巧乎!有道邪?”

曰:“我有道也。五六月,累丸二而不坠④,则失者锱铢⑤;累三而不坠,则失者十一;累五而不坠,犹掇之也。吾处身也,若厥株拘;吾执臂也,若槁木之枝。虽天地之大,万物之多,而唯蜩翼之知。吾不反不侧[⑥]，不以万物易蜩之翼。何为而不得？”

孔子顾谓弟子曰：“‘其志不分，乃疑于神[⑦]。’其痀偻丈人之谓乎！”

【注释】

①痀偻，老人曲腰之貌。 ②承蜩，承蝉，持竿而黏蝉也。 ③掇，拾也。 ④累丸，谓累丸于竿头也。 ⑤铢，十分黍之重也。锱，六铢也。二十四铢、四锱，皆为一两。锱铢，言其微秒也。 ⑥反、侧，犹变动也。 ⑦疑，本作“凝”。

【译文】

孔子往楚国去，路过树林，见到一位伛偻着腰的老人正在黏蜘蟟，就像手捡的一般。孔子问他说：“您够巧的呀！您有没有道术呢？”

伛偻着腰的老人说：“我有道术。在五六月间，我在竿子头上累弹丸，累到两个落不下来，黏不住的就很少；累到三个落不下来，黏不住的就不过十分之一；累到五个落不下来，那就如同手捡的一般了。我稳住身体，就像木橛、木根似的；我把住胳膊，就像枯树枝似的。纵然天地这么大，万物这么多，可是我只知道蜘蟟翅膀在我眼前。我一动不动的，并不因为万物而摇动了我对蜘蟟翅膀的注视。怎么会捉不住呢？”

孔子回头对学生们说：“‘用心不分散，可以比神仙。’这话说的就是伛偻腰老人这类行动啊！”

颜渊问仲尼曰：“吾尝济乎觞深[①]之渊，津人操舟若神。吾问焉，曰：‘操舟可学邪？’曰：‘可。善游者，数能[②]；若乃夫没人[③]，则未尝见舟，而便操之也。’吾问焉，而不吾告。敢谓何谓也？”

仲尼曰：“‘善游者，数能’，忘水也。‘若乃夫没人之未尝见舟，而便操之也’，彼视渊，若陵；视舟之覆，犹其车却也；覆却万方陈乎前，而不得入其舍[④]；恶往而不暇？以瓦注[⑤]者，巧；以钩注者，惮；以黄金注者，殙[⑥]；其巧一也；而有所矜[⑦]，则重外也。凡外重者，内拙。”

【注释】

①觞深，谓水长而深也。 ②数，读为“速”。 ③没人，谓能骛没于水底。 ④舍，犹心中也。 ⑤注，击也。 ⑥殙，借为“惛”，实与“惛”同字，不省人事之谓也。 ⑦矜，借为“怜”。

【译文】

颜渊问孔子说："我曾经渡过一次又宽又深的河，那摆渡的人操纵着船，就如同神仙一般。我问他说：'操纵船这种技术，可不可以学习呢？'他说：'可以。善于浮水的人，很快就可以学会；至于那潜水的人，纵然他没有见过船，他拿过来就能够操纵。'我问他这是什么道理，但他不告诉我。请问他这话是什么意思呢？"

孔子说："所谓'善于浮水的人，很快就可以学会'，是因为他忘掉了那是水。所谓'至于那潜水的人，纵然他没有见过船，他拿过来就能够操纵'，是因为他看见水，就如同陆地一般；看着船翻，就如同车向后退一般；翻、退之类的事摆在他面前，但并不能进入他的内心；他有什么不安闲自如的呢？〔譬如，〕用瓦片投远的人，就显得轻巧；用带钩投远的人，就显得胆怯；用黄金投远的人，就显得昏迷；他的技巧原是一样的，可是由于对所投出去的东西有所爱惜，他就注重到外物上去了。凡是注重到外物的人，他的内心就显得笨拙。"

田开之见周威公。威公曰："吾闻祝肾①学生②。吾子与祝肾游，亦何闻焉。"

田开之曰："开之操拔篲③以侍门庭，亦何闻于夫子。"

威公曰："田子无让④。寡人愿闻之。"

开之曰："闻之夫子曰：'善养生者，若牧羊然，视其后者而鞭之。'"

威公曰："何谓也？"

田开之曰："鲁有单豹者，岩居而谷⑤饮，不与民共利，行年七十，而犹有婴儿之色；不幸遇饿虎，饿虎杀而食之。有张毅者，高门县薄⑥，无不走也；行年四十，而有内热之病，以死。豹养其内，而虎食其外；毅养其外，而病攻其内。此二子者，皆不鞭其后者也。"

【注释】

①肾，字又作"紧"，本或作"肾"。祝肾，怀道者也。　②学生，学养生之道也。　③篲，即"彗"之或体。拔，借为"茇"。拔篲，扫帚也。　④让，犹谦也。　⑤"谷"，本作"水"。　⑥薄，帘也。

【译文】

田开之进见周威公。周威公问田开之说："我听说祝肾学习养生之道。你在他门下学习，也听说过他的方术没有？"

田开之说："我只是拿着扫帚，看守门户，在老师面前又能听到什么呢？"

周威公说:“田先生不要客气,我希望听一听他的方术。”

田开之说:“我听老师说过:‘善于养生的人,如同放羊一样,要注意后尾而鞭策它们。’”

周威公问:“这是什么意思呢?”

田开之说:“鲁国有个叫单豹的人,他隐居在岩谷之中,不和俗人争名夺利,活到七十岁,脸色还如同婴儿一般;不幸他遇到一只饿虎,饿虎把他捉住吃掉了。还有一个叫张毅的人,他每逢经过高门大户或挂着帘子的人家,总是快步走过去;他活到四十岁,得了内热病,就死去了。单豹修养他的内体,可是老虎吃掉他的外体;张毅修养他的内体,可是疾病攻击他的外体。这两个人,都不是鞭策自己后尾的人啊。”

仲尼曰:无入而藏,无出而阳①,柴立其中央②;此三者得,其名必极。夫畏涂③者,十杀一人,则父子兄弟相戒也,必盛卒徒,而后敢出焉;不亦知乎?人之所取④畏者,衽席⑤之上,饮食之间,而不知为之戒者,过也。

【注释】

①阳,显也。 ②柴立其中央,若槁木之无心,而中适是立也。 ③畏涂,阻险道,可畏惧者也。 ④取,即“最”字。 ⑤衽,卧席也。

【译文】

孔子说:〔人在世间,〕不要隐姓埋名,而过于潜藏;不要出头露面,而过于显扬;要像枯柴似的,站立在中央的地位;这三项都能做到,他的声名必然会高出众人之上。那凶险的路途,如果十次通过,有一个人遇难,父子兄弟们就要互相戒备,必定聚集得人多了,然后才敢通过;这不也算很明智的吗?人们最该畏惧的地方,还是在床席之上、饮食之间,可是人们在这些地方都不知道戒备,这是错误的。

祝宗人①玄端以临牢筴②,说彘③曰:“汝奚恶死?吾将三月豢④汝,十日戒,三日齐,藉白茅,加汝肩尻乎雕俎之上。则汝为之乎?”为彘谋曰:“不如食以糠糟,而错⑤之牢筴之中。”自为谋,则:“苟生有轩冕之尊,死得于腞楯之上,聚偻之中⑥,则为之。”为彘谋,则去之;自为谋,则取之。所异彘者,何也?

【注释】

①祝宗,主祭祀祈祷者。 ②牢,豕室也。筴,木栏也。 ③彘,本亦作

“豕”。 ④豢,养也。 ⑤错,置也。 ⑥腞,读为“輇”,谓载柩车也。楯,读为“輴”,亦谓载柩车也。聚偻,谓柩车饰也。

【译文】

宗庙中主持祭祀祈祷的人,穿上礼服,走到猪圈旁边,对猪说:“你为什么讨厌死呢?我要养活你三个月,我十天一戒,三天一斋,给你垫上白茅草,把你的肩膀、屁股放在雕饰华丽的肉案上。你愿意这样做吗?”在为猪计划的时候,他就这样说:“不如用糟糠喂它,把它放到牢圈里。”为自己计划的时候,就这样说:“如果是活着,就要有车马衣冠的荣耀;死了之后,就要有彩饰华美的灵车。”

为猪计划,就去掉供奉;为自己计划,就要求排场。他为自己计划和为猪计划不同的原因,究竟是什么呢?

桓公田[①]于泽,管仲御,见鬼焉。公抚管仲之手,曰:“仲父何见?”

对曰:“臣无所见。”

公反,诶诒[②]为病,数日不出。

齐士有皇子告敖[③]者,曰:“公则自伤,鬼恶能伤公?夫忿滀之气[④],散而不反,则为不足;上而不下,则使人善怒;下而不上,则使人善忘;不上不下,中身当心,则为病。”

桓公曰:“然则有鬼乎?”

曰:“有。沈有履[⑤];灶有髻[⑥];户内之烦壤,雷霆处之[⑦];东北方之下者,倍阿、鲑蠪跃之[⑧];西北方之下者,则泆阳处之[⑨]。水有罔象[⑩],丘有峷[⑪],山有夔[⑫],野有方皇[⑬],泽有委蛇。”

公曰:“请问委蛇之状何如?”

皇子曰:“委蛇[⑭],其大如毂,其长如辕,紫衣而朱冠,其为物也恶;闻雷车之声,则捧其首而立。见之者,殆乎霸。”

公辴然[⑮]而笑曰:“此寡人之所见也。”于是正衣冠,与之坐,不终日,而不知病之去也。

【注释】

①田,畋猎。 ②诶诒,失魂魄也。 ③皇,姓;告敖,字;齐之贤士也。④忿,满也。滀,结也。 ⑤依文意,前五者皆谓宫墙之神。沈,疑借为“寝”。谓寝息之所也。 ⑥髻,灶神;著赤衣,状如美女。 ⑦烦壤,即“烦孃”。

⑧倍阿,神名也;鲑蠪,状如小儿。长一尺二寸,黑衣,赤帻,大冠,带剑,持戟。倍阿、鲑蠪,实寓有东北之意。　⑨泆阳,豹头,马尾。　⑩罔象,状如小儿,赤黑色,赤爪,大耳,长臂。　⑪峷,本作"莘"。峷,状如狗,有角,文身五采。丘陵崔嵬,故以之名山鬼也。　⑫夔,状如鼓,一足。山势高峻,故名山鬼曰夔。⑬方皇,状如蛇,两头,五采文。郊野广廓,故名郊野之鬼曰方皇。　⑭委蛇,当取水势逶迤之意。水泽逶迤,故名薮泽之鬼曰委蛇也。　⑮䚯,笑貌。读若"蜃"。

【译文】

齐桓公在水泽旁边打猎,管仲驾着车,见到了鬼。桓公摸着管仲的手,问他说:"仲父,您看见了什么没有?"

管仲对桓公说:"我没有看见什么。"

桓公回去之后,病得失魂落魄的,好多天不出门。

齐国的儒士中有个叫皇子告敖的,对桓公说:"君王是自己伤害自己,鬼怎么能够伤害君王呢?人的忿积之气,只是放散,而不循环,就会精神亏损;只向上行,而不向下行,就会使人发怒;只向下行,而不向上行,就使人健忘;不向上行,也不向下行,停滞在胸中,当住心的活动,就成为疾病。"

桓公问:"那么,有没有鬼呢?"

皇子告敖说:"有。宫寝的鬼叫作履;灶室的鬼叫作髻;门户中扰攘的地方,雷霆鬼在那里居住;垣墙东北角下面的地方,有倍阿蛙蠪鬼在那里活动;西北角下面的地方,有泆阳鬼在那里居住。水中有罔象,丘陵有峷,山岳有夔,郊野有方皇,水泽有委蛇。"

桓公又问:"请问委蛇的形状是什么样的呢?"

皇子告敖说:"委蛇,它的体积如同车毂轳,它的长度如同车辕子,穿着紫衣裳,戴着红帽子,这种东西生得丑陋;它听到雷声或车声,就捧着头站起来。见到它的人,就要称霸于天下。"

桓公喜笑颜开地说:"这正是我所见到的啊。"他于是整整衣帽,和皇子告敖坐在一起。不到半天的工夫,不知不觉地疾病已经消除了。

纪渻子①为王②养斗鸡。

十日,而问:"鸡已乎?"曰:"未也。方虚憍③而恃气。"

十日,又问。曰:"未也。犹应嚮景。"

十日,又问。曰:"未也。犹疾视而盛气也。"

十日,又问。曰:"幾④矣。鸡虽有鸣者,已无变矣;望之若木鸡矣,其德全矣。异鸡无敢应者,反走矣。”

【注释】

①纪渻子,人姓名也。渻,一本作“消”。　②王,齐王也。　③恃,骄矜。④幾,近也。

【译文】

纪渻子为齐王训养斗鸡。

十天之后,齐王就问纪渻子:“鸡已经训养成了没有?”纪渻子说:“没有。它正处在空虚、骄矜而任性的状态。”

过了十天,齐王又问。纪渻子说:“没有。它还是听见声音、见到影子,就惊乍地啼叫起来。”

过了十天,齐王又问。纪渻子说:“没有。它还是视力锐敏,而气势旺盛。”

过了十天,齐王又问。纪渻子说:“差不多了。别处的鸡虽然有啼叫的,它也毫无动静了;从远处望去,它好像一只木头鸡了,它的性德已是纯全的了。别的鸡没敢和它应战的了,一见就会吓跑的。”

孔子观于吕梁。县水三十仞,流沫四十里,鼋、鼍[1]、鱼、鳖之所不能游也。见一丈夫游之。以为有苦而欲死也,使弟子并流[2]而拯之。数百步而出,被发行歌,而游于塘下[3]。

孔子从而问焉,曰:“吾以子为鬼,察子,则人也。请问:蹈水有道乎?”

曰:“亡。吾无道。吾始乎故,长乎性,成乎命。与齐俱入,与汩俱出[4],从水之道,而无私焉。此吾所以蹈之也。”

孔子曰:“何谓‘始乎故,长乎性,成乎命’?”

曰:“吾生于陵,而安于陵,故也;长于水,而安于水,性也;不知吾所以然而然,命也。”

【注释】

①鼋者,似鳖而形大;鼍者,鱼类而有脚。　②并,音“傍”。并流,谓随流并进也。　③塘,岸也。　④齐,回水如磨齐(脐)也。汩,涌波也。

【译文】

孔子在吕梁游览。黄河的水流好像悬挂着的一般,有三十丈高,水沫流出四十里远,即是鱼鳖之类也不能够在这里游泳。看到一个男子在这里游泳,孔子以为他是因痛苦而寻死的,就派学生傍着水流去搭救他。走了几百步,那个男子从水里出来了,披散着头发,边走边唱,在河堤下蹓跶。

孔子走过去问他说:“我以为您是鬼呢,仔细一看,您是个人!我请问:在水里行动,有什么道术吗?”

那个男子说:“没有,我没有什么道术。我是开始于故有,长养于习性,成功于天命。我随着漩涡进入水底,随着涌波浮出水面,顺从于水的理性,并不自作主张。这便是我之所以能够在水里行动的原因。”

孔子又问:“什么叫作‘开始于故有,长养于习性,成功于天命’呢?”

那个男子说:“我生在高地,就安于高地,这便是故有;长在水地,便安于水地,这便是习性;我不知道为什么如此而如此,这便是天命。”

梓庆[①]削木为鐻。鐻成,见者惊犹鬼神。

鲁侯见而问焉,曰:“子何术以为焉?”

对曰:“臣,工人,何术之有?虽然,有一焉。臣将为鐻,未尝敢以耗气也,必齐以静心。齐三日,而不敢怀庆赏、爵禄;齐五日,而不敢怀非誉、巧拙;齐七日,辄然[②]忘吾有四枝形体也。当是时也,无公朝;其巧专,而外骨消。然后入山林,观天性;形躯至矣,然后成见鐻,然后加手焉;不然,则已;则以天合天。器之所以疑神者,其是与?”

【注释】

①梓庆,鲁木匠也。梓,官名;庆,其名也。　②辄然,不动貌。

【译文】

梓庆用木材雕刻成一架鐻(悬挂钟鼓的立木)。这架鐻作成之后,见到的人都感到惊奇,好像有鬼神帮助似的。

鲁侯见到梓庆,就问他:“您是凭什么方术作成的呢?”

梓庆对鲁侯说:“奴才是一个工人,哪有什么方术呢?虽然如此,奴才却有一点。奴才将要作这架鐻的时候,并不敢消耗奴才的气质,必定要用斋戒来静定奴才的心神。斋戒一天,奴才就不敢想着喜幸和奖赏、官爵和利禄那些事情了;斋戒五天,奴才就不敢想着恶名和美名、工巧和笨拙这些事物了;斋戒七天,奴才就拘拘紧紧地忘掉自己有四肢和形体了。当着这个时候,奴才心里排除了公朝的存在;奴才的技巧一专精,因而外物的干扰也就消失了。然后,奴才才进入山林,观察木材的天性;木材的形体选到了,然后在这段木材上定出鐻形的轮廓,然后才开始着手制作;如果不是这样,奴才就不去动手;这就是利用天然来符合天然。奴才作出来的器物之所以人们怀疑有鬼神的帮助,大概就是这种原因吧?”

东野稷以御见庄公[①],进退,中绳;左右旋,中规;庄公以为造父[②]弗过也。使之钩百[③],而少及[④]。

颜阖[⑤]遇之,入见,曰:"稷之马将败。"公密而不应。

少焉,果败而返。

公曰:"子何以知之?"

曰:"其马力竭矣,而犹求焉,故曰败。"

【注释】

①东野,姓;稷,名也。庄公,鲁庄公也。 ②"造父"二字,本作"文"。③钩百,曲行也。 ④"而少及",本作"而反"。 ⑤颜阖,鲁贤人也。

【译文】

东野稷以驶车的技术得以在庄公门下表演。前进、后退的轨迹,就如同墨线打的一般;左转、右转的轨迹,就如同圆规画的一般;庄公以为就是造父也不能够超过他。庄公教他表演曲屈行进,却很少成功。

颜阖遇见东野稷的表演,便进去朝见庄公,说:"东野稷的马将出事故了。"庄公保持静默,而不答腔。

不一会儿,东野稷果然出了事故回来了。

庄公就问颜阖说:"您凭什么知道他要出事故呢?"

颜阖说:"他把马的力气都使尽了,可是还要求它,所以说要出事故。"

工倕旋,而盖规矩[①],指与物化,而不以心稽[②],故其灵台一而不桎[③]。

忘足,屦之适也;忘要[④],带之适也;知忘是非,心之适也;不内变,不外从,事会之适也。始乎适,而未尝不适者,忘适之适也。

【注释】

①工倕,尧工,巧人也。 ②指与物之相得,若化之自然,不待心之稽考而始合也。 ③灵台,神舍。桎,阂也。 ④按:要,古"腰"本字。

【译文】

工倕用手指头一转,就能盖过圆规和曲尺,他的手指头随着器物变化,而不需用心去考究,所以他的心神淳一,而不受束缚。

忘掉了脚,是由于鞋子的舒适;忘掉了腰,是由于腰带的舒适;智慧忘掉了是非,是由于心神的舒适;不因为内心而有所变动,不随着外物而有所迁移,是由于接触事物的舒适。一开始就舒适,而且没有不舒适的地方,便是忘掉舒适的舒适。

有孙休者①，踵门而诧②子扁庆子③曰："休居乡，不见谓不修；临难，不见谓不勇；然而田原不过岁，事君不遇世；宾④于乡里，逐于州部，则胡罪乎？天哉！休恶遇此？命也？"

扁子曰："子独不闻夫至人之自行邪？忘其肝胆，遗其耳目，芒然⑤，彷徨乎尘垢之外，逍遥乎无事之业，是谓'为而不恃，长而不宰'。今汝饰知以矜愚，修身以明汙，昭昭乎若揭日月而行也。汝得全而形躯，具而九窍，无中道夭于聋、盲、跛、蹇，而比于人数，亦幸矣！又何暇乎天之怨哉？子往矣！"

孙子出。扁子入，坐，有间，仰天而叹。弟子问曰："先生何为叹乎？"

扁子曰："向者，休来，吾告之以至人之德，吾恐其惊而遂至于惑也。"

弟子曰："不然。孙子之所言是邪，先生之所言非邪，非固不能惑是；孙子之所言非邪，先生之所言是邪，彼固惑而来矣，又奚罪焉？"

扁子曰："不然。昔者，有鸟止于鲁郊，鲁君说之，为具太牢以飨之，奏《九韶》以乐之；鸟乃始忧悲、眩视，不敢饮食。此之谓以己养养鸟也。若夫以鸟养养鸟者，宜栖之以深林，游之以平陆，浮之以江湖，食之以鳝鰷，委蛇而处⑥，而已矣。今休，款启寡闻⑦之民也。吾告之以至人之德，譬之载鼷以车马、乐鴳以钟鼓也。彼又恶能无惊乎哉？"

【注释】

①孙休，鲁人也。 ②踵，至也。诧，告也。 ③子扁庆子，扁，姓；庆子，字也。上"子"，为尊称。 ④宾，宾弃。 ⑤芒然，无心之貌也。 ⑥"宜栖之以深林"以下五句，本作"宜栖之深林，浮之江湖，食以委蛇，则平陆"。⑦款，空也。款启、寡闻，少见、少闻也。

【译文】

有个名字叫孙休的人，来到扁庆子的家门，便告诉扁庆子说："我住在乡村，并没有被人说我不修身；临到危难，并没有被人说我不勇敢；然而，种地，遇不到丰年；事奉国君，遇不到盛世；在乡村，乡村的人们不理我；在州县，州县的人们赶我走。我究竟有什么罪过呢？天啊！我为什么总是遇到这些不如意的事情呢？这是命该如此吗?"

扁庆子说:"您难道没有听说过圣人的所作所为吗?圣人忘掉自己的肝胆,忘掉自己的耳目,淡然无心的,徘徊于尘世之外,逍遥于无为之始,这就叫作'施助万物,而不自恃有恩;领导万物,而不宰制万物'。现在,你夸耀自己的明智,来怜悯别人的愚昧;修治自己的身心,来彰显别人的污浊;明明煌煌的,好像是高举着日月走路。你得以保全身躯,具备九窍,没有在半路上死于聋、瞎、瘸、拐,而能够站在人群之中,也算够幸运的了!你又有什么闲心来怨天呢?您请回吧!"

孙休走了。扁庆子进屋,坐下,待了一会儿,便仰起头向天叹气。他的学生就问:"老师为什么唉声叹气呢?"

扁庆子说:"方才,孙休来了,我告诉给了他圣人的德业,我恐怕他感到惊奇,因而会使他感到迷惑。"

学生说:"不是这样。如果孙先生所说的是对的,老师说的是不对的,不对的当然不能迷惑对的;如果孙先生所说的是不对的,老师所说的是对的,那他本来就是被迷惑着才来的,又该怪罪谁呢?"

扁庆子说:"不是这样。从前,有一只鸟落在鲁国的郊外,鲁侯喜爱它,为它准备了丰盛的筵席来宴享它,演奏起大舜的乐章来娱乐它。这只鸟开始忧愁、眩晕,不敢吃喝。这就叫作以奉养自己的方式来奉养鸟。至于那用奉养鸟的方式来奉养鸟的,应该让它在深林里寄宿,在旷野中遨游,在江湖中漂浮,用鱼类来喂养,让它逍遥自在地居住着,也就可以了。现在,孙休是一个少见少闻的人。我把圣人的德业告诉了他,就譬如用马车来装载鼷鼠,用钟鼓来娱乐鹌雀一样。他又怎么能够不感到惊奇呢?"

十三、山　木(九章)

庄子行于山中,见大木,枝叶盛茂;伐木者止其旁,而不取也。问其故。曰:“无所可用。”庄子曰:“此木以不材得终其天年!”

庄子①出于山,舍于故人之家。故人喜,命竖子②杀雁③而享④之。竖子请曰:“其一能鸣,其一不能鸣,请奚杀?”主人曰:“杀不能鸣者。”

明日,弟子问于庄子曰:“昨日,山中之木,以不材得终其天年;今,主人之雁,以不材死。先生将何处?”

庄子笑曰:“周将处夫材与不材之间。材与不材之间,似之而非也,故未免乎累。若夫乘道德而浮游,则不然。多誉无訾,一龙一蛇⑤;与时俱化,而无肯专为;一下一上⑥,以和为量。浮游于万物之祖,物物,而不物于物。则胡可得而累邪?此神农、黄帝之法则也。若夫万物之情、人伦之传⑦,则不然。合则离,成则毁,廉则剉⑧,尊则议⑨,有为则亏,贤则谋⑩,不肖则欺。胡可得而必哉?悲夫!弟子志之!其唯道德之乡乎!”

【注释】

①按:庄子,本作“夫子”,当涉下文有“弟子”之文,因以致误,今以意改正。　②竖子,童仆也。　③雁,鹅也。　④享,本作“烹”。　⑤龙,出也;蛇,处也。　⑥“一下一上”,本作“一上一下”。　⑦伦,理也。传,移也。　⑧廉,利也。剉,缺伤也。　⑨议,俄也;谓法制不倾邪也。　⑩按:谋,当读为“晦”。

【译文】

庄子走过一片山林,见到一棵大树,枝叶非常茂盛;伐木工人站在旁边,并不砍伐它。庄子问是什么原因。伐木工人说:“它没有可用的地方。”庄子说:“这树就因为不成材而得以终其天年啊！"

庄子走出山林，寄宿在旧友的家里。旧友很高兴，就叫仆人宰鹅来款待客人。仆人问："这鹅有一只会叫，一只不会叫，请问杀哪一只呢？"主人说："杀那只不会叫的。"

第二天，庄子的学生问庄子说："昨天，山中那棵大树，因为不成材，得以终其天年；今天，主人的鹅，因为不成材，就被杀掉。请问老师会站在哪一方面呢？"

庄子说："我将要站在成材与不成材之间。成材和不成材之间，是似是而非的，也不可能免除罪累。至于那乘驾着道德而浮游于世外的人，就不是这样的了。既没有人夸奖他，也没有人诽谤他；有时像龙（动）一般，有时像蛇（静）一般；他随同着时间推移，而不肯自作主张；有时居在上位，有时处在下位，把淳和作为自己的尺度。他浮游于万物之始，把万物作为万物，而不被万物将自己作为万物。有什么能够使他受到罪累呢？这便是神农、黄帝应世的法则。至于万物的实情，人事的变迁，就不是这样了。有聚合就会有分离，有成功就会有毁坏，有锐利就会有挫损，有崇高就会有倾邪，有有为就会有亏缺，有贤明就会有晦昧，有不贤明就会有欺诈。哪能把一切事物看作是必然的呢？可叹啊！青年们，要记着！〔要想免除罪累，〕只有浮游在道德之乡啊！"

市南宜僚[①]见鲁侯。鲁侯有忧色。市南子曰："君有忧色，何也？"

鲁侯曰："吾学先王之道，修先君之业，吾敬鬼、尊贤，亲而行之，无须臾居[②]，然不免于患。吾是以忧。"

市南子曰："君之除患之术，浅矣。夫丰狐[③]、文豹，栖于山林，伏于岩穴，静也；夜行，昼居，戒也；虽饥渴隐约，犹且胥疏[④]于江湖之上，而求食焉，定也；然且不免于罔罗机辟之患。是何罪之有哉？其皮为之灾也。今，鲁国独非君之皮邪？吾愿君刳形、去皮，洒心、去欲，而游于无人之野。南越有邑焉，名为'建德之国'，其民愚而朴，少私而寡欲，知作而不知藏，与而不求其报；不知义之所适，不知礼之所将[⑤]，猖狂妄行，乃蹈乎大方[⑥]；其生可乐，其死可葬。吾愿君去国捐俗，与道相辅而行。"

君曰："彼其道远而险，又有江山，我无舟车，奈何？"

市南子曰："君无形倨，无留居，以为君车。"

君曰:“彼其道幽远而无人,吾谁与为邻?吾无粮,我无食,安得而至焉?”

市南子曰:“少君之费,寡君之欲,虽无粮而乃⑦足。君其涉江而浮海,望之而不见其崖,愈往而不知其所穷。送君者皆自崖而反。君自此远矣。故有人者,累;见有于人者,忧⑧。故尧,非有人,非见有于人也。吾愿去君之累,除君之忧,而独与道游于大莫之国⑨。方⑩舟而流于河,有虚船来,触舟,虽有惼心之人,不怒。有一人在其上,则呼张之、歙之⑪。一呼而不闻,再呼而不闻,于是三呼邪,则必以恶声随之。向也不怒,而今也怒;向也虚,而今也实。人能虚己以游世,其孰能害之?”

【注释】

①市南宜僚,熊宜僚也,居市南,因为号也。 ②“无须臾居”,本作“无须臾离居”。 ③丰,大也。 ④胥疏,谓缓行也。 ⑤将,行也。 ⑥猖狂,无心也。妄行,混迹也。方,道也。 ⑦乃,读为“能”。 ⑧有人者,有之以为己私也;见有于人者,为人所役用也。 ⑨大莫,犹广漠。 ⑩按:方,读为“放”。 ⑪张之,歙之,本作“张歙之”。张,开也。歙,敛也。注:“持舟楫者谓近岸为歙,远岸为张也。”

【译文】

熊宜僚进见鲁侯。鲁侯脸上带有忧愁之色。熊宜僚就问:“君王脸上带有忧愁的颜色,究竟为什么呢?”

鲁侯说:“我学习先王的道理,继承先君的事业,我敬奉鬼神,尊重贤人,亲体力行,没有片刻的安闲,然而不免遭到灾患。我所以担忧。”

熊宜僚说:“君王驱除灾患的方术,未免浅陋了!那大狐狸和金钱豹,居住在山林,潜伏在岩洞,这是它的稳静;夜间出来,白天不动,这是它的戒备;虽然有饥渴的忧困,还是漫步江湖之上,而寻求食物,这是它的镇定;然而还是不免遭到网罗机关的灾祸。它们究竟有什么罪过呢?这是它们的外皮所招来的灾祸。现在,鲁国难道不就是君王的外皮吗?我希望君王削损形体,去掉外皮,洗净内心,祛除私欲,而遨游在无人的原野。在南越有一个国家,叫作‘建德之国’,那里的人民,愚昧无知,淳朴不华,没有私心,没有欲望;只知道工作,而不知道积藏;施助别人,而不要求报答;不知道怎样是趋向道义,不知道怎样是施行礼节;随心任意地去作,却都是踏着大道行走。他们的生活是可以得到快乐的,死亡是会得到葬埋的。我希望君王丢掉国家,离开世俗,和‘道’并肩前进。”

鲁侯说："这条道路，又遥远，又危险，又有江河的阻隔，我没有车船，那怎么行呢？"

熊宜僚说："君王不要显得骄矜，不要留滞不前，就以这个作为君王的车马。"

鲁侯说："这条道路，又隐蔽，又遥远，又没有人，我同谁作伴呢？我没有食粮，饿了没有饭食，怎么能够走得到呢？"

熊宜僚说："减少君王的费用，减少君王的欲望，纵然没有食粮，也能够感到充足。君王如果渡过长江，而浮游在大海之上，望不见它的崖岸，越走越不知道它的尽头。欢送君王的人都要从大海崖岸回去。君王从此就走得很远很远了。所以，私有别人的人，就会有罪过；被别人所私有的人，就会有忧愁。所以，帝尧不私有别人，也不被别人所私有。我希望君王去掉自己的罪累，除掉自己的忧愁，而独自和'道'一同遨游在广漠之国。把船放开，渡过大河，如果有一只没有人驾驶的船漂来，撞上这只船，纵然性情急躁的人，他也不会恼怒；如果那只船上有一个人，就呼唤着叫他离岸或靠岸，可是喊他一次不应，再喊他不应，于是喊了他第三声。这个人必然要用不好的言语对付他。从前不恼怒，而现在却恼怒，这是因为从前是一只没人驾驶的船，而现在却是一只有人驾驶的船了。人如果能够自己虚心遨游世界，又有谁去伤害他呢？"

北宫奢①为卫灵公赋敛②以为钟。为坛乎郭门之外。三月，而成上下之县③。

王子庆忌见而问焉④，曰："子何术之设？"

奢曰："一之间，无敢设也。奢闻之：'既雕既琢，复归于朴。侗乎其无识，傥乎其怠疑⑤，萃乎芒乎⑥，其送往而迎来；来者勿禁，往者勿止。'从其强梁，随其曲傅⑦，因其自穷，故朝夕赋敛，而毫毛不挫。而况有大涂者乎⑧？"

【注释】

①北宫奢，卫大夫，居北宫，因以为号；奢，其名也。 ②赋敛，谓收聚也。 ③钟有架，所以县钟也。架有两层，故曰上下悬。此言编钟也。 ④王子，王族也；庆忌，周大夫也。 ⑤怠疑，无所趣也。 ⑥芒，芒昧。萃，当借为"粹"。 ⑦随其曲傅，谓曲附己者，随之也。 ⑧涂，道也。

【译文】

北宫奢为卫灵公征集民间的金属来制作一套编钟。在城郭门外面筑起土坛，作为铸造的房舍。三个月，他把区分音律的上下两层钟架都做好了。

王子庆忌见他〔做得这样快〕,就问他说:“您是用什么方术计划的呢?”

北宫奢说:“在纯一淡泊之中,我是不敢有所计划的。我听到古人说过:‘既经把器物雕琢出来,还得要返还它的本元。庸庸碌碌的,好像一无所知,迷迷茫茫的,好像不敢前进;诚诚恳恳的,芒芒昧昧的,只是遣送离去的,而迎接前来的,前来的不拦阻他们,离去的不制止他们。’刚强不服的也由着他们,委曲顺从的也随着他们,自觉自愿的也依着他们,所以日夜地征集,并丝毫没有损伤他们。〔我制作编钟是这样〕,何况是大有道术的人呢?”

孔子围于陈、蔡之间,七日不火食。

太公任[①]往吊之,曰:“子幾死乎?”

曰:“然。”

“子恶死乎?”

曰:“然。”

任曰:“予尝言不死之道。东海有鸟焉,其名为意怠。其为鸟也,翂翂翐翐[②],而似无能;引援而飞,迫胁而栖;进不敢为前,退不敢为后,食不敢先尝,必取其绪[③];是故其行列不斥,而外人卒不得害;是以免于患。‘直木先伐,甘井先竭。’子其意者饰知以惊愚,修身以明污,昭昭乎如揭日月而行,故不免也。

“昔,吾闻之大成之人曰:‘自伐者无功。功成者堕[④],名成者亏。孰能去功与名,而还与众人?道流,而不明居;得行,而不名处[⑤]。纯纯常常,乃比于狂。削迹捐势,不为功名。’是故无责于人,人亦无责焉。至人不闻。子何喜焉?”

孔子曰:“善哉!辞其交游,去其弟子,逃于大泽,衣裘褐,食杼栗;入兽不乱群,入鸟不乱行。鸟兽不恶,而况人乎?”

【注释】

①太公,大夫称;任,其名。 ②翂翂翐翐,舒迟貌;一云,飞不高貌。③绪,次绪也。 ④堕,败也。 ⑤明,借为“名”;得,借为“德”。

【译文】

孔子〔周游列国〕,被困在陈、蔡两国之间,七天没有吃到熟食。

太公任去慰问孔子,说:“您几乎被困死了吧!”

孔子说:“是的。”

太公任又问："您讨厌死吗？"

孔子说："是的。"

太公任说："我试着说一说不死的道理吧。东海有一种鸟，它的名字叫意怠。这种鸟，飞得很舒缓，好像软弱无力；它们摽着膀子飞行，挤在一起过夜；前进不敢抢先，后退不敢落后，吃东西不敢先尝，必定要保持秩序；所以，它们在行列中都不互相排斥，而且外人终究伤害不着它们；所以能够免除灾祸。'挺直的木材，首先被人砍伐；甘美的井水，首先被人打干。'您或许是文饰自己的明智，来显扬别人的愚昧；修治自己的身心，来表露别人的污浊；明明煌煌的，好像是高举着日月而走路；所以就不能免除灾祸啊。

"从前，我听到大德纯全的人说过这样的话：'自夸的人不会成功。成了功的人就要衰颓，成了名的人就要亏损。谁能够抛弃功名，而把它归还给众人呢？'道'行出去，而不自名有'道'；'德'行出去，而不自名有'德'。纯真、永恒，而自比于无知。削除形迹，丢掉势力，而不企求功名。'所以，自己不去责备别人，别人也就不来责备自己。至(圣)人是不求闻名于当世的。您为什么要喜欢这个呢？"

孔子说："您说得太好了！辞退了朋友，离开了学生，逃亡到深山大泽，穿着布衣，吃着野果；进入兽群，不扰乱它们的队伍；进入鸟群，不扰乱它们的行列。鸟兽都不讨厌他，何况是人群呢？"

孔子问子桑雽[①]曰："吾再逐于鲁，伐木于宋，削迹于卫，穷于商、周，围于陈、蔡之间，吾犯此数患，亲交益疏，徒友益散，何与？"

子桑雽曰："子独不闻殷人之亡与？林回[②]弃千金之璧，负赤子而趋。或曰：'为其布[③]与，赤子之布寡矣；为其累与，赤子之累多矣。弃千金之璧，负赤子而趋，何也？'林回曰：'彼以利合，此以天属[④]也。'夫以利合者，迫穷、祸、患、害，相弃也；以天属者，迫穷、祸、患、害，相收[⑤]也。夫相收与相弃，亦远矣。且'君子之交，淡如水；小人之交，甘如醴。君子淡以亲，小人甘以绝。'彼无故以合者，则无故以离。"

孔子曰："敬闻命矣。"徐行翔佯[⑥]而归，绝学、捐书，弟子无挹于前，其爱益加进。

异日，桑雽又曰："舜之将死，遒命禹[⑦]曰：'汝戒之哉！形莫若缘[⑧]，情莫若率；缘则不离，率则不劳；不离，不劳，则不求文以待形；不求文以待形，固[⑨]不待物。'"

【注释】

①子桑雽,桑,姓;雽,其名;隐人也。　②“殷人”,本作“假人”。　③布,谓财帛也。　④属,连也。　⑤按:收,当读为“纠”。　⑥翔佯,即徬徨也。　⑦“逌命禹”,本作“真泠禹”。逌令禹者,乃命禹也。　⑧缘,顺也。　⑨固,通“故”。

【译文】

孔子问子桑雽说:“我在鲁国被两次驱逐,在宋国担过惊,在卫国隐匿过行迹,在商、周两地受过穷困,在陈、蔡两国之间被包围过,我受过这几次灾难,亲友越来越疏远了,门徒朋友越来越离散了。这是什么原因呢?”

子桑雽说:“您难道没有听说过殷国人民逃亡的故事吗?有一个叫林回的,他抛弃了价值千金的璧玉,却背着自己的婴儿逃走了。有人问他:‘你是为了他值钱呢?婴儿比璧玉价值少得多;你是为了怕劳累呢?可婴儿比璧玉劳累多了。你抛弃了价值千金的璧玉,而背着婴儿逃跑,这是为什么呢?’林回说:‘那璧玉是由于财利所撮合,这婴儿是由于天性所牵连啊。’那由于财利所撮合的,遇到了贫穷、灾祸、忧患、伤害的逼迫,就互相遗弃了;由于天性所牵连的,遇到了贫穷、灾祸、忧患、伤害的逼迫,就互相结合。这种互相遗弃和互相结合,两者的差别也太远了。况且,‘君子之间的交情,淡薄得如同清水一般;小人之间的交情,甜蜜得如同醇酒一般。君子淡薄而亲切,小人甜蜜而疏远。’那无故而撮合起来的,必定要无故离散。”

孔子说:“我恭恭敬敬地接受您的教诲。”孔子漫步徘徊地回去了。他停止了学习,抛开了书籍,不但他面前的学生人数没有减少,他们对他的敬爱却反而大大加强了。

第二天,子桑雽又对孔子说:“大舜将要死的时候,他嘱咐大禹说:‘你要谨慎啊!〔对于一切事物,〕外貌没有比随顺再好的,内心没有比遵循再好的;随顺,就不会离失本性;遵循,就不会劳累形体;不离失本性,不劳累形体,就不希求着用文采来对待形体;不希求用文采对待形体,所以就不需要依靠外物。’”

庄子衣大布,而补之,正緳系履[①],而过魏王[②]。

王曰:“何先生之惫邪?”

庄子曰:“贫也,非惫也。士有道德,不能行,惫也;衣敝,履穿,贫也,非惫也。此所谓非遭时也!王独不见夫腾猿乎?其得柟、梓、豫章[③]也,揽蔓[④]其枝,而王长[⑤]其间;虽羿、蓬蒙[⑥]不能眄睨[⑦]也。及其得柘、棘、枳、枸[⑧]之间也,危行,侧视,振动悼栗。此筋骨非有加急而不柔也，处势不便，未足以逞其能也。今处昏上、乱相之间，而欲无惫，奚可得邪？此比干之见徵[⑨]也夫！”

【注释】

①大布，麤（粗）布也。緳，当为“絜”之变体。緳，带也。〇李颐：履穿，故系。②魏王，惠王也。③柟、梓、豫章，皆端正直好木也。④揽蔓，谓攀枝蔓延也。⑤王长，谓猿居其上，而自为君长也。⑥羿，古之善射者。蓬蒙，羿之弟子。⑦眄睨，斜视也。⑧柘、棘、枳、枸，并有刺之恶木也。⑨“见徵”，本作“见剖心征”。“见征”或“见徵”，即被惩也。

【译文】

庄子穿着粗布衣，还补着补丁，拖着破鞋，系着麻绳带子，去进见魏王。

魏王问庄子说：“先生为什么这么困顿呢？”

庄子说：“我是贫穷，并不是困顿啊！儒士身怀道德，而不能够施行于天下，这是困顿啊；衣服破了，鞋子对穿了，这是贫穷，不是困顿。这就叫作生不逢时啊！君王难道没有见过蹦蹦跳跳的猴子吗？它们遇到高大挺直的树林，在树枝上窜来窜去，在这里简直可以称王；即便是善射的羿和蓬蒙，也不敢藐视它们。等到它们到了矮小带刺的树丛中，便战战兢兢地行走，侧着头四下张望，树枝一振动，都吃惊害怕。这并不是它们的筋骨增加了硬度而不柔活，而是因为所处的形势不方便，不能够施展它们的本能。现在，我处在昏君乱臣的中间，而想着不受困顿，怎么能够做得到呢？这便是王子比干的所以受到惩处的原因啊！”

孔子穷于陈、蔡之间，七日不火食。左据槁木，右击槁枝，而歌猋氏[①]之风；有其具，而无其数；有其声，而无其宫角[②]；木声与人声犁然[③]，有当于人之心。

颜回端拱还目[④]而窥之。仲尼恐其广己而造大也，爱己而造[⑤]哀也，曰：“回！无受天损，易；无受人益，难。无始而非卒也，人与天一也。夫今之歌者，其谁乎？”

回曰：“敢问‘无受天损，易’。”

仲尼曰：“饥渴、寒暑、穷桎不行[⑥]，天地之行也，运物之泄[⑦]也；言与之偕逝之谓也。为人臣者，不敢去之。执臣之道，犹若是，而况乎所以待天乎？”

“何谓‘无受人益，难’？”

仲尼曰：“始用四达[⑧]，爵禄并至，而不穷，物之所利，乃非己也。

吾命有在外者也。君子不为盗,贤人不为窃,吾若取之,何哉?故曰:鸟莫知于鷾鸸,目之所不宜处,不给视;虽落其食,弃之而走[9]。其畏人也,而袭诸人间,社稷存焉尔[10]。"

"何谓'无始而非卒'?"

仲尼曰:"化其万物,而不知其禅[11]之者。焉知其所终?焉知其所始?正而待之而已耳。"

"何谓'人与天一'邪?"

仲尼曰:"有人,天也;有天,亦天也。人之不能有天,性也。圣人晏然[12],体逝而终矣。"

【注释】

①猋氏,古之无为帝王也。 ②无其数,无节奏也。无宫角,不主音律。 ③犁,当读为"嫠"。犁然,犹划然也。 ④还,音"旋"。还目,回目而视。 ⑤造,至也。 ⑥桎,塞也。 ⑦泄,发也。 ⑧始用,始进也。初进之时,即四达而无不利。 ⑨鷾鸸,燕也。实,食也。 ⑩袭,入也。社稷,犹言故家、故居耳。 ⑪禅,代也。 ⑫晏然,安也。

【译文】

孔子〔周游列国,〕被困在陈、蔡两国之间,七天没有吃到熟食。他左手扶着枯树干,右手敲着枯木枝,歌唱起猋氏的乐章;有乐章的工具,但是没有乐章的节奏;有乐章的声调,但是没有乐章的音律;木声和人声划然离分,听来令人感到梗梗于怀。

颜回恭恭敬敬地垂着手,转过眼来看孔子。孔子恐怕他由自宽而转为自大,由自爱而转为自悲,便对他说:"颜回啊!不受天的消损(不厌贫贱),容易;不受人的增益(不贪富贵),困难。一切事物没有不是开始而同时又是终结的。人和天是一体的。那么现在歌唱的人,究竟是谁呢?"

颜回问:"请问'不受天的消损,容易'的道理。"

孔子说:"人的饥渴、冷热、困塞不通,都是天地的运行,都是万物的发动;就是说,人要随着它共同前进。为臣仆的人,不敢离开君主。执守臣道的,尚且如此,何况是仰靠于天的呢?"

颜回又问:"请问什么叫作'不受人的增益,困难'呢?"

孔子说:"一开始被录用,便官运亨通,爵位、俸禄,一齐到来,而不受穷困,这便是外物的增益,并不是自己所固有的。我们的命运是有属于外物的。君子不做贼,贤人不偷盗。我们如果取用别人的东西,那怎么能行呢?所以说:鸟类没有比燕子再聪明的：它眼睛所不应当停留的地方，它就不看；嘴里丢掉了衔着的食物，它放弃了就走。它是怕人的，可是却依附在人的家里居住，这是由于老家在这里的关系。”

颜回又问：“什么叫作‘没有不是开始而同时又是终结’呢？”

孔子说：“化生了这些万物，可是并不知道谁是传授者。怎么能够知道它们终结的所在呢？怎么能够知道它们开始的所在呢？只是抱守正道而等待着自然的推衍而已。”

颜回又问：“什么叫作‘人和天是一体’呢？”

孔子说：“世间有人，便是天；世间有天，也是天。人不能够私有天，便是本性。圣人体态安然，形体一逝去，就是终结。”

庄周游于雕陵①之埜②，睹一异鹊，自南方来者，翼广七尺，目大运寸，感周之颡③，而集于栗林。

庄周曰：“此何鸟哉？翼殷不逝，目大不睹④！”蹇裳躩步⑤，执弹而留之⑥。

睹一蝉，方得美荫，而忘其身；螳螂执翳⑦而搏之，见得而忘其形；异鹊从而利之，见利而忘其真⑧。

庄周怵然曰：“物固相累，二类相召也！”捐弹而反走。虞人逐而谇之。

庄周反，三日⑨不庭⑩。蔺且从⑪而问之：“夫子何为顷间甚不庭乎？”

庄周曰：“吾守形而忘身。观于浊水，而迷于清渊。且吾闻诸夫子曰：‘入其俗，从其俗。’今吾游于雕陵，而忘吾身，异鹊感吾颡；游于栗林而忘真，栗林虞人以吾为戮⑫。吾是以不庭也！”

【注释】

①雕陵，陵名。 ②埜，本作“樊”。“埜”，古“野”字。 ③感，触也。颡，额也。 ④殷，大也。逝，往也。翅大不能远飞，目大不能远视。 ⑤躩，疾行也。 ⑥留，宿留，伺其便也。 ⑦执翳，伏于障蔽之后也。 ⑧真，身也。 ⑨三日，本作“三月”。 ⑩庭，当读为“逞”。不逞，不快也。 ⑪蔺且，庄子弟子。 ⑫戮，辱。

【译文】

庄周在雕陵的郊野闲游，看见一只奇异的山鹊，它是从南方飞来的，翅膀宽度七尺,眼睛直径一寸,撞了庄周的前额一下,就落到栗子树林里去了。

庄周说:“这是一只什么鸟呢?翅膀大,可是飞不动;眼睛大,可是看不清!”他提起衣裳,紧走了几步,拿起弹弓,伺候着它。

庄周看见一个蜘蟟,正找得一个美妙的树荫,而忘掉了自己的身躯;又有一只螳螂,潜伏在树叶的后面,要捉这个蜘蟟,它见到食物,而忘掉了自己的形体;这只奇异的山鹊以为有利可图,见到有利,而忘掉了自己的本体。

庄周警惕地说:“咳呀!原本万物是互相连累的,两类是互相招引的啊!”他丢掉弹弓,便向回走。看守栗园的人〔以为他要偷栗子〕,追过来盘问他。

庄周回到家,不愉快了三天。他的学生蔺且就问他:“老师为什么这几天很不愉快呢?”

庄周说:“我抱守着自己的形体,而忘掉了自己的身躯。在混水里看得清楚,在清水里却感到迷糊。并且,我听到老师说过:‘进入这种习俗,就随从这种习俗。’现在,我到雕陵闲游,忘掉了自己的身躯,奇异的山鹊撞了我的前额;我在栗子树林里闲游,忘掉了自己的本体,看守栗子树林的人以为我〔要偷栗子〕可耻。所以我不愉快啊!”

阳子[①]之宋,宿于逆旅[②]。逆旅人有妾二人,其一人美,其一人恶;恶者贵而美者贱。

阳子问其故。逆旅小子对曰:“其美者自美,吾不知其美也;其恶者自恶,吾不知其恶也。”

阳子曰:“弟子记之!行贤,而去自贤之行,安往而不爱哉?”

【注释】

①阳子,杨朱也。 ②逆旅,店也。

【译文】

杨朱往宋国去,住在旅店里。旅店主人有两个小老婆,一个美丽,一个丑陋。丑陋的受人们尊重,而美丽的被人们看贱。

杨朱询问其中的缘故。旅店的僮官回答说:“那个美丽的自以为美丽,我却感觉不到她美丽;那个丑陋的自以为丑陋,我就感觉不到她的丑陋。”

杨朱说:“青年们要记着!行为贤明,而去掉自以为贤明的行为,到什么地方不受到人的喜爱呢?”

十四、田 子 方(十一章)

田子方侍坐于魏文侯,数称豁工①。

文侯曰:"豁工,子之师邪?"

子方曰:"非也,无择之里人也;称道数当,故无择称之。"

文侯曰:"然则,子无师邪?"

子方曰:"有。"

曰:"子之师,谁邪?"

子方曰:"东郭顺子②。"

文侯曰:"然则,夫子何故未尝称之?"

子方曰:"其为人也真,人貌而天虚:缘而葆真,清而容物③。物无道,正容以悟之,使人之意也消。无泽何足以称之?"

子方出,文侯傥然④,终日不言。召前立臣而语之曰:"远⑤矣,全德之君子!始吾以圣知之言、仁义之行为至矣;吾闻子方之师,吾形解而不欲动,口钳而不欲言;吾所学者,直土梗⑥耳!夫魏,真为吾累耳。"

【注释】

①田子方,魏文侯师也,名无择。豁工,贤人也。　②东郭顺子,居在东郭,因以为氏,名顺子。　③缘,顺也。人貌而天虚,谓外具人貌而内怀天道也。天,故"清";虚,故"容物"。　④傥然,自失之貌。　⑤远,深远难知。⑥土梗,犹言土芥、土苴也。

【译文】

田子方陪着魏文侯闲坐着,他多次称赞豁工的为人。

文侯问田子方说:"豁工是您的老师吗?"

田子方说:"不是,他是我的同乡;他的言论经常是得当的,所以我称赞他。"

文侯又问:“那么,您没有老师吗?”

田子方说:“有。”

文侯又问:“您的老师是谁呢?”

田子方说:“我的老师是东郭顺子。”

文侯又问:“那么,您为什么没有称赞他呢?”

田子方说:“他的为人,本性真纯,外具人貌,而内怀天道:他顺从自然,而保全本真;清静无为,而包容万物。外人不顺情理,他就态度严肃地晓谕他们,使他们的邪念消除。我怎么有资格称赞他呢?”

田子方走后,文侯很不自在,一天也没说话。他召来侍从他的近臣,告诉他们说:“德行纯全的君子,真是深远无穷啊!从前,我以为圣明之言、仁义之行已经达到顶点了;现在,我听了田子方的老师的修养,我的形体就像肢解了的一样,不愿意动弹;嘴就像钳住了的一样,不愿意说话;我从前所学的,只不过是粪土草刺而已。这个魏国,真成了我的罪累了!”

温伯雪子①适齐,舍于鲁。鲁人②有请见之者。

温伯雪子曰:“不可。吾闻中国③之君子,明乎礼义,而陋于知人心。吾不欲见也。”

至于齐,反,舍于鲁。是人也,又请见。

温伯雪子曰:“往也,蕲见我;今也,又蕲见我;是必有心振我也。”出而见客。入而叹。

明日,见客。又入而叹。其仆曰:“每见之客也,必入而叹,何邪?”

曰:“吾固告子矣:中国之民,明于礼义,而陋于知人心。昔之见我者,进退,一成规,一成矩;从容,一若龙,一若虎。其谏我也,似子;其道④我也,似父。是以叹也。”

仲尼见之,而不言,而出⑤。

子路曰:“吾子欲见温伯雪子;久矣;见之而不言,何邪?”

仲尼曰:“若夫人者,目擊而道存⑥矣,亦不可以容声⑦矣。”

【注释】

①姓温,名伯,字雪子,楚之怀道人也。 ②鲁人,孔子门人。 ③中国,鲁国也。 ④道,音“导”。 ⑤“而出”二字本无。 ⑥擊,借为“繫”。繫,连接也。 ⑦容,借为“庸”。

【译文】

温伯雪子往齐国去,在鲁国境内寄宿。鲁国人(孔子的学生)有请求会见他的。

温伯雪子说:"不行。我听说鲁国的君子,都明于礼义,而拙于通晓人心。我不愿见他。"

温伯雪子到了齐国,回来,又寄宿在鲁国境内。这个人又请求会见。

温伯雪子说:"上次,他请求见我;现在,他又请求见我;他必然对我有所帮助。"他就出来接见这位客人。回到屋里,就叹息起来。

第二天,温伯雪子又接见了这位客人。回到屋里,又叹息起来。

温伯雪子的学生就问:"您每天接见过客人,回到屋里,必定要感叹,这是为什么呢?"

温伯雪子说:"我本来就告诉过您了:鲁国的人民,明于礼义,而拙于通晓人心。前几天,见到我的那位客人,前进后退,忽而合乎圆规,忽而合乎方矩;举止动作,忽而像神龙,忽而像猛虎。在劝诫我的时候,好像是我的儿子;以指导我的时候,好像是我的父亲。我是因为这个而叹息啊。"

孔子会见了温伯雪子,并没有交谈,就出去了。

子路问孔子说:"老师早就想见见温伯雪子,见了面不交谈,这是为什么呢?"

孔子说:"像这样的人,眼睛一接触,就看透了他的道术,也就用不着出声了。"

颜渊问于仲尼曰:"夫子步,亦步;夫子趋,亦趋;夫子驰,亦驰;夫子奔逸绝尘[1],而回瞠若乎后[2]矣。"

仲尼[3]曰:"回!何谓邪?"

曰:"'夫子步,亦步'也,夫子言,亦言也;'夫子趋,亦趋'也,夫子辩,亦辩也;'夫子驰,亦驰'也,夫子言道,回亦言道也;及'奔逸绝尘,而回瞠若乎后'者,夫子不言而信,不比而周,无器而民蹈乎前[4],而不知所以然而已矣。"

仲尼曰:"恶!可不察与?夫哀莫大于心死,而人死亦次之。日出东方,而入于西极[5],万物莫不比方[6]。有目有趾者,待是而后成功。是出则存,是入则亡。万物亦然,有待也而死,有待也而生。吾一受其形,而不化以待尽;效物而动,日夜无隙,而不知其所以终;薰然[7]其成形,知命不能规乎其前。丘以是日徂[8],吾终身与汝,交一臂而失之。可不哀与?汝殆著乎吾所以著[9]也。彼已尽矣,而汝求之以为有,是求马于唐肆[10]也。吾服[11]汝也甚忘,汝服吾也亦甚忘。虽然,汝奚患焉?虽忘乎故吾,吾有不忘者存。"

【注释】

①奔逸绝尘,急走也。 ②瞠若乎后,言不可及也。 ③"仲尼",本作"夫子"。 ④无器,犹不器也。民,当借为"敃"或"忞"。蹈,践也。民蹈,谓闵勉进取也。 ⑤西极,犹西方也。 ⑥比方,即比傍。 ⑦薰然,自动之貌。 ⑧徂,往也。 ⑨著,见也。 ⑩肆,市也。唐,借为"漮",空也。 ⑪服者,思存之谓也。

【译文】

颜回问孔子说:"老师迈步,我也迈步;老师前进,我也前进;老师快跑,我也快跑;老师远走高飞,那我就直瞪着眼睛落在后面了。"

孔子说:"颜回!你说的是什么意思呢?"

颜回说:"'老师迈步,我也迈步',是说老师谈论,我也跟着谈论;'老师前进,我也前进',是说老师争辩,我也跟着争辩;'老师快跑,我也快跑',是说老师讲说,我也跟着讲说;至于'老师远走高飞,那我就直瞪着眼睛落在后面',是说老师不用说话,就能够取信于人;不用同别人接近,就能够同别人亲密;无所不通,仍然勉力前进,却不知道其中的原因罢了。"

孔子说:"咳!这可是你不明察了?人的悲痛,没有比心的死亡再大的;而形体的死亡,却在其次。太阳出自东方,落入西方,万物没有不顺从着它的。凡是有眼睛、有脚趾头的(人),都得依靠着它,然后才能成功。它出来,一切都能存在;它进去,一切都要灭亡。万物也是如此,都依靠着它而死亡,依靠着它而生存。我们禀受了形体,就无可变动地去等待着衰退;随着万物一同行动,日夜没有空闲,不知道哪里才算终结;自动地成为形体,知道自己的命运不能随心规划在前面。我所以天天进取。我终身同你在一起,可是在互相扯着一只胳膊的工夫便会失散的。这不令人感到可悲吗?你大概是见到我所以见到的那些事理了。那些事理都是已经过去了,可是你还要追求它们,以为它们还是存在的,这就如同在空旷的集市上寻求马匹一般。我对你的思念很容易忘掉,你对我的思念也容易忘掉。虽然如此,你有什么可忧虑的呢?纵然忘掉了过去的我,可是我还有不会被人忘掉的东西存在着啊。"

孔子见老聃。老聃新沐[1],方将被发而干,慹然[2]似非人。孔子便而待之。

少焉,见。曰:"丘也眩与?其信然与?向者,先生形体掘[3]若槁木，似遗物离人，而立于独也。”

老聃曰：“吾游于物之初。”

孔子曰：“何谓邪？”

曰：“心困焉而不能知，口辟焉④而不能言。尝为汝议乎其将⑤：至阴肃肃，至阳赫赫，肃肃出乎天，赫赫发乎地⑥，两者交通成和，而物生焉。或为之纪⑦，而莫见其形；消息满虚，一晦一明；日改月化⑧，日有所为，而莫见其功。死有所乎归，生有所乎萌；始终相反乎无端，而莫知其所穷。非是也且？孰为之宗？”

孔子曰：“请问游是。”

老聃曰：“夫得是，至美、至乐也。得至美，而游乎至乐，谓之至人。”

孔子曰：“愿闻其方。”

曰：“草食之兽，不疾⑨易薮；水生之虫，不疾易水；行小变而不失其大常也。喜、怒、哀、乐不入于胸次⑩。夫天下也者，万物之所一也。得其所一而同焉，则四支、百骸将为尘垢，而死生、终始将为昼夜，而莫之能滑⑪；而况祸福、得失之所介乎？弃隶者若弃泥涂，知身贵于隶也。贵在于我，而不失于变。且万化而未始有极也。夫孰足以患心？已为道者解乎此。”

孔子曰：“夫子德配天地，而犹假至言以修心，古之君子，孰能脱焉？”

老聃曰：“不然。夫水之于汋⑫也，无为，而才自然矣；至人之于德也，不修，而物不能离焉。若天之自高，地之自厚，日月之自明，夫何修焉？”

孔子出，以告颜回，曰：“丘之于道也，其犹醯鸡⑬与！微⑭夫子之发吾覆也，吾不知天地之大全也！”

【注释】

①沐，濯发也。 ②慹然，不动貌。 ③掘，徐音“屈”。屈，竭也。 ④辟，卷不开也。 ⑤将，借为“奘”。 ⑥肃肃、赫赫，动静之谓也。 ⑦纪，借为“基”。 ⑧“日改月化”四字无属，似为注文之误入正文者；否则此句下应有脱文。 ⑨疾，患也。 ⑩次，中也。 ⑪滑，乱也。 ⑫水之于汋，

谓水之于浸润万物也。 ⑬ 醯鸡者,瓮中之蠛蠓。 ⑭微,无。

【译文】

孔子去会见老聃。老聃新洗了头发,正披散着头发晾干呢,一动不动地好像不是个人。孔子安安静静地等待着他。

一会儿,二人相见。孔子问老聃说:"是我眼花了呢?还是这些是真情实况呢?方才,我看到先生的形体干干巴巴的好像枯树一般,如同隔绝了万物和人群,而站立在孤独无依的地方。"

老聃说:"我遨游于万物的元始境界。"

孔子问:"这是什么意思呢?"

老聃说:"〔我对于万物的元始境界,〕心困困顿顿地也不能够理解,嘴卷卷曲曲地也不能够说出。我尝试着为你谈谈它的梗概吧:〔天地之间,〕最大的阴气是静止的,最大的阳气是动荡的;静止的要升腾天上,动荡的要降到地下,两者互相交通,就成为和合,万物因而化生。有一种东西作为它们的基本,但是不能够见到它们的形象;这边消损,那边就生长;这边盈满,那边就空虚;有时晦暗,有时明亮;天天更改,月月变化,它们天天有所作为,可是也看不出它们的功绩。万物都死有所归,生有所始;自始至终,相互反复在无端无绪的境界之中,而无从知道它们的尽头。不是这样的吗?谁能够作万物的主宰呢?"

孔子说:"我请问遨游在这个境界的情状。"

老聃说:"如果得到这个境界,那是最完美、最快乐不过的。得到这个完美的境界并且遨游在这个最快乐的境界的人,就叫作至人。"

孔子说:"我愿意听听其中的道理。"

老聃说:"吃草的兽类,不怕更换草泽;生长在水中的虫类,不怕更换水塘;施行了小的变动,并没有失去它们大的永恒。喜悦、恼怒、悲哀、快乐这些心情,都进不到它们的胸中。这个天下,便是齐一万物的所在。万物得到它们齐一的所在,而互相和同,四肢、百骸便成为尘垢,而死生、始终便成为昼夜,并且没有任何事物能够紊乱这些现象;何况祸福、得失所关联的事物呢?抛弃奴隶如同抛弃泥土,因为他知道自己的身体比奴隶尊贵。尊贵操持在我这一方,并不由于事物变化而失掉自己的尊贵。况且,万物的千变万化,是没有穷尽的。究竟是什么能够伤害我的身心呢?只有修'道'的人明了这个道理。"

孔子说:"先生的道德可以匹配天地,而且还要借着格言来修治身心,古来的君子,有谁能够脱超过呢?"

老聃说:"不是的。那水泽,对于浸润万物来说,它是无所作为的,因而它的本质是合乎自然的;那至人,对于道德来说,他是不加修饰的,因为万物都不能够离开他。像那上天的自然高,大地的自然厚,日月的自然明,它们有什么修饰的呢?"

孔子出去,把老聃的话告诉了颜回,说:"我对于'道'的认识,简直就像醋缸里的蠛蠓一样啊!如果不是这位先生给我打开缸盖,我是不可能知道天地的全貌的!"

庄子见鲁哀公①。哀公曰:"鲁多儒士,少为先生方②者。"

庄子曰:"鲁少儒。"

哀公曰:"举鲁国而儒服,何谓少乎?"

庄子曰:"周闻之:儒者,冠圜冠者,知天时;履句③屦者,知地势④;缓佩玦者,事至而断⑤。君子有其道者,未必为其服也;为其服者,未必知其道也。公固以为不然,何不号于国中曰,'无此道而为此服者,其罪死'?"

哀公号之,五日,而鲁国无敢儒服者。独有一丈夫,儒服而立乎公门。公即召而问以国事,千转万变而不穷。

庄子曰:"以鲁国而儒者,一人⑥耳。可谓多乎?"

【注释】

①庄子与魏惠王、齐威王同时,在哀公后百二十年。如此言"见鲁哀公"者,盖寓言耳。 ②方,术也。 ③句,方也。 ④天圆、地方。服以象德,故戴圆冠以象天,履方屦以法地。 ⑤绶,本作"缓"。玦,示以当决断。 ⑥一人,谓孔子。

【译文】

庄子晋见鲁哀公。鲁哀公对庄子说:"我们鲁国有很多儒者,很少有学习先生道术的。"

庄子说:"鲁国没有几个儒者。"

哀公说:"我们所有的鲁国的人都穿着儒服,怎么说没有几个呢?"

庄子说:"我听说过:儒者,戴圆顶帽的,懂得天时;穿方头鞋的,懂得地势;腰带上佩玉玦的,遇事决断。君子有那种道术,未必就穿那种服装;穿着那种服装的,未必就知道那种道术。君王如果以为不是这样,何不发布一道命令说,'凡是没有这种道术,而穿着这种服装的人,就处他死罪'呢?"

哀公发布了这项命令,五天之后,鲁国就没有敢穿儒服的人了。只有一位男子,穿着儒服而站立在哀公门前。哀公即刻召他入朝,询问国家大事,千头万绪,应答如流。

庄子说:"在鲁国能成为儒者的,不过一人罢了,能够说很多吗?"

百里奚[1]爵禄不入于心,故饭牛而牛肥,使秦穆公忘其贱,与之政也。

有虞氏死生不入于心,故足以动人[2]。

【注释】

①百里奚:秦之贤人也。 ②舜遭后母之难,频被踬顿,而不以死生经心,至孝有闻,于是尧妻以二女,委以万乘。

【译文】

百里奚不把爵禄放在心里,所以他喂牛喂得很肥,因而使秦穆公忘掉他的卑贱,把国家政事委托给了他。

大舜不把死生放在心里,所以他能够感动人心。

宋元君[1]将画图,众史[2]皆至,受揖而立[3],舐笔、和墨,在外者半。

有一史后至者,儃儃然[4],不趋,受揖不立,因之舍。公使人视之。则解衣,般礴[5],臝[6]。

君曰:"可矣,是真画者也!"

【注释】

①元君,名佐,平公之子。 ②史,掌书者。 ③受揖而立,受命揖而立也。 ④儃儃,舒闲之貌。儃儃,犹坦坦。 ⑤般礴,谓箕坐也。 ⑥臝,倮露赤身。

【译文】

宋元君打算画一张图画,许多文书都来了,受到召命的都站立等候着,又舐笔,又研墨,而在室外的有一半。

有一位文书来得最晚,他舒舒闲闲,不慌不忙,受到召命,并不站立等候,就进入内室。宋元君派人去观察他的行动。他正在解开衣服,两脚张开,像箕一样坐着,赤身露体,〔将要动笔。〕

宋元君说:"好了,这才是真正画图的啊!"

文王观于臧[1],见一丈人[2]钓,而其钓莫钓:非持其钓有钓者也,常钓也。

文王欲举而受之政,而恐大臣、父兄之弗安也;欲终而释之,而不忍百姓之无天[3]也。于是旦而属[4]之大夫曰："昔者[5]，寡人梦见良人[6]，黑色而頔[7]，乘驳马[8]，而偏朱蹄[9]。号[10]曰：'寓[11]而政于臧丈人，庶几乎民有瘳乎！'"

诸大夫蹴然[12]曰："先君王也！"

文王曰："然则，卜之。"

诸大夫曰："先君之命，王其无它[13]，又何卜焉？"

遂迎臧丈人，而授之政。典法无更，偏令[14]无出。

三年，文王观于国，则列士坏植散群[15]，长官者不成德[16]，斔斛[17]不敢入于四竟。——列士坏植散群，则尚同也；长官者不成德，则同务也；斔斛不敢入于四竟，则诸侯无二心也。

文王于是焉以为大[18]师，北面而问曰："政可以及天下乎？"臧丈人昧然而不应，泛然而辞。朝令而夜遁。终身无闻。

颜渊问于仲尼曰："文王其犹未邪？又何以梦为乎？"

仲尼曰："默！汝无言！夫文王尽之也，而又何论刺焉？彼直以循斯须[19]也。"

【注释】

①臧者，近渭水地名也。 ②丈人，本作"丈夫"。 ③不忍苍生失于覆荫，故言无天也。 ④属，语。 ⑤昔者，昨夜。 ⑥良人，犹言长者。 ⑦頔，有须髯。 ⑧驳，马色不纯。 ⑨偏朱蹄，一蹄偏赤也。 ⑩号，令。 ⑪寓，寄。 ⑫蹴然，惊惧也。 ⑬无它，谓无它虑也。 ⑭偏，借为"辩"。辩，治也。 ⑮植，行列也。散群，言不养徒众也。 ⑯不成德，不显其德。长官者不成德，谓不评定百官德业之优劣也。 ⑰六斛四斗曰斔。斔，音"庾"。庾，六斗四升也。 ⑱大，音"太"。 ⑲斯须，犹须臾也。循，顺也。

【译文】

文王到臧水巡察，看见一位老人在钓鱼，可是他的钓鱼并不是为了钓鱼：不是以钓鱼作为钓鱼，而是假装钓鱼。

文王想着起用他，而把政权授予他，可是恐怕大臣和父兄们不安心；想作罢而放弃他，可是不忍心百姓们失掉庇荫。于是，早晨起来，他告诉群臣们说："昨天夜里，我梦见了一位长者，黑黑的面孔，长长的须髯，骑着杂色马，一只蹄子是红色的。他告诉我说：'把你的政权托付给臧水老人，人民或许是有救的啊！'"

群臣们很惊惧地说："这是我们的先君啊！"

文王说:“那么,就占卜一下吧。”

诸臣们说:“先君的命令,君王不要怀疑,还占卜什么呢?”

于是,把臧水老人迎接来,就把政权授予他。法制并没有变更,政令并没有发布。

三年之后,文王巡察全国,就看到儒士们解散了私树的朋党,官员们用不着评定德业,别国的升斗不敢进入四境。——儒士们解散了私树的朋党,就是人民一心一德;官员们用不着评定德业,就是大家干的事相同;别国的升斗不敢进入四境,就是诸侯没有二心。

文王于是拜他为太师,面朝北方,向他请教说:“我们的政令可以推广到天下吗?”臧水老人含含糊糊地没有回答,浮浮泛泛地就推辞过去了。早晨还发布政令,夜晚就不辞而别了。从此再也没有人听说过他的消息。

颜渊问孔子说:“文王难道还不能取信于人吗?他又为什么假托做梦〔来使别人相信〕呢?”

孔子说:“不要作声!你不能那么说!那文王〔已经做得〕尽善尽美了,而又怎么能议论他、责备他呢?他只不过是顺随人们的一时而已。”

列御寇为伯昏无人射,引之盈贯①,措杯水其肘上,发之;适矢,复沓;方矢,复寓②。当是时,犹象人③也。

伯昏无人曰:“是射之射,非不射之射也。尝与汝登高山,履危石,临百仞之渊,若④能射乎?”

于是,无人遂登高山,履危石,临百仞之渊,背逡巡⑤,足二分垂在外。揖御寇而进之。御寇伏地,汗流至踵。

伯昏无人曰:“夫至人者,上窥青天,下潜黄泉,挥斥八极⑥,神气不变。今汝怵然有恂目之志,尔于中也,殆矣夫!”

【注释】

①盈贯,谓满镝也。　②矢方去,而矢又在弦上;沓于弦上者才去,而方来之矢又寓于弦上矣。此言一箭接一箭,如此其神速也。　③象人,土木之人也。④若,汝也。　⑤逡巡,犹却行也。　⑥挥斥,犹纵放也。八极,八方。

【译文】

列御寇为伯昏无人表演射箭,他把弓拉得顶了箭头,把一杯水放在左臂上,发射;第一支箭刚发出去,第二支就又搭上了弓;第二支箭刚发出去,第三支箭就又放上了弦。在这时候,他像个木偶一般。

伯昏无人对列御寇说："你这是射箭的射法，而不是不射箭的射法啊。我试着同你登上高山，在危险的石头上行走，下面临着一百丈高的深渊，你还能够发射吗？"

于是，伯昏无人就同列御寇登上高山，在危险的石头上行走，下面临着一百丈深的渊池；他背着脸向后退着走，脚有十分之二垂在外面。他招呼列御寇到这边来一同前进。列御寇趴在地上，汗水流到了脚后跟。

伯昏无人说："那至人，上方窥探着青天，下方测量着黄泉，四面八方，任意遨游，神情气色永远不变。现在，你惊骇得有眼神摇晃的心情，你对于命中目标，就无能为力了！"

肩吾问于孙叔敖[①]曰："子三为令君，而不荣华；三去之，而无忧色。吾始也疑子，今观子之鼻间栩栩然[②]。子之用心独奈何？"

孙叔敖曰："吾何以过人哉？吾以其来，不可却也；其去，不可止也。吾以为得失之非我也，而无忧色而已矣。我何以过人哉？且不知其在彼乎？其在我乎？其在彼邪，亡乎我；在我邪，亡乎彼。方将踌躇，方将四顾，何暇至乎人贵人贱哉？"

仲尼闻之，曰："古之真人，知者不得说，美人不得滥，盗人不得劫，伏羲、黄帝不得友。死生亦大矣，而无变乎己，况爵禄乎？若然者，其神经乎大山而无介[③]，入乎渊泉而不濡，处卑细而不惫，充满天地。既以与人，己愈有。"

【注释】

①肩吾，隐者也。孙叔敖，楚之贤人也。　②栩栩，欢畅之貌。　③介，碍也。

【译文】

肩吾问孙叔敖说："您三次做令尹，并不感到荣耀；三次被罢官，并没有愁容。从前，我怀疑你；现在，我看您神态自若。您的想法究竟是怎样的呢？"

孙叔敖说："我有什么过人的地方呢？我以为外物的到来，不可以推却；它的离去，不可以制止。我以为得失并不属于我，因而没有愁容罢了。我有什么过人的地方呢？并且，我也不知道是在它那一方面呢？还是在我这一方面呢？如果是在它那一方面，便是我丢掉了它；如果是在我这一方面，便是它丢掉了我。我正在踌躇不进，我正在环视四方，哪里有工夫想到人间贵贱的存在呢？"

孔子听到孙叔敖这话，说："古来的真人，明智的人不能够喜悦他，美貌的人不能够淫滥他,强盗不能够劫取他,帝王不能够交结他。死生也是一件大事了,可是他无动于衷,何况是官爵和俸禄呢?像这样的人,他的精神,经过大山,也阻挡不住他;进入渊泉,也浸润不着他;处在卑微的地方,也困顿不着他;他总是充满天地之间。尽量给人,自己就越富有。"

楚王与凡[1]君坐。少焉,楚王左右曰"凡亡"者,三。

凡君曰:"凡之亡也,不足以丧吾存。夫凡之亡,不足以丧吾存,则楚王存,不足以存存[2]。由是观之,则凡未始亡,而楚未始存也[3]。"

【注释】

①凡,国名,在汲郡共县。 ②夫遗之者不以亡为亡,则存亦不足以为存矣;旷然无矜,乃常存也。 ③存在更在于心之所措耳,天下竟无存亡。

【译文】

楚王和凡王同坐。不大的工夫,楚王的侍从说"凡国灭亡"的话,说了三次。

凡王说:"凡国的灭亡,并不能丧失了我的存在。那凡国的灭亡,并不能丧失了我的存在,那么楚国的存在,也不能保存这种存在。由此看来,凡国并不曾灭亡,而楚国并不曾存在。"

十五、知　北　游(十二章)

知[1]北游于玄水之上,登隐弅之丘[2],而适遭无为谓[3]焉。

知谓无为谓曰:“予欲有问乎若:何思、何虑则知道?何处、何服则安道?何从、何道则得道?”

三问,而无为谓不答也。——非不答也,不知答也。

知不得问,反于白水[4]之南,登狐阕[5]之上,而睹狂屈[6]焉。知以之[7]言也问乎狂屈。

狂屈曰:“唉[8],予知之,将语若。”中欲言,而忘其所欲言。

知不得问,反乎帝宫,见黄帝而问焉。

黄帝曰:“无思、无虑始知道,无处、无服始安道,无从、无道始得道。”

知问黄帝曰:“我与若知之,彼与彼不知也,其孰是邪?”

黄帝曰:“彼无为谓真是也,狂屈似之,我与汝终不近也。夫‘知者不言,言者不知’,故‘圣人行不言之教。’

“道不可致,德不可至;仁可为也,义可亏[9]也,礼相伪也。故曰:‘失道而后德,失德而后仁,失仁而后义;失义而后礼;礼者,道之华,而乱之首也。’故曰:‘为道者日损,损之又损,以至于无为;无为而无不为’也。

“今已为物也,欲复归根,不亦难乎?其易也,其惟大人乎!生也死之徒[10],死也生之始。孰知其纪?人之生,气之聚也。聚则为生,散则为死。若死生为徒,吾又何患?故万物一也,是其所美者为神奇,其所恶者为臭腐;臭腐复化为神奇,神奇复化为臭腐。故曰:通天下,一气耳。圣人故贵一。”

知谓黄帝曰:“吾问无为谓,无为谓不应我;非不我应,不知应我也。吾问狂屈,狂屈中欲告我,而不我告;非不我告,中欲告而忘之也。今予问乎若,若知之;奚故不近?”

黄帝曰:“彼其真是也,以其不知也;此其似之也,以其忘之也;予与若,终不近也,以其知之也。”

狂屈闻之,以黄帝为知言⑪。

【注释】

①知,音“智”。 ②玄水,水名。隐弅,隐出、弅起,丘貌。 ③无为谓,寓有无为与无言之意。 ④白水,水名。 ⑤狐阕,丘名。 ⑥屈,当借为“詘”。狂屈,痴骇无知之意。 ⑦之,此也。 ⑧唉,应声。 ⑨亐,疑借为“议”。 ⑩徒,党也。 ⑪知言,有识之言也。

【译文】

明智到北方玄水之上去游览,登上了隐弅的丘陵,而恰好遇到了无为谓。

明智对无为谓说:“我想请问你:怎样去思索,怎样去考虑,就能够认识‘道’呢?怎样去处置,怎样去执守,就能够安于‘道’呢?怎样去随从,怎样去行动,就能够得到‘道’呢?”

提出了三个问题,而无为谓都不作回答。——他不是不回答,他是不知道怎样回答。

明智不能再往下问,他就回到白水以南,登上了狐阕之丘,而见到了狂屈。明智就用这话来请问狂屈。

狂屈说:“唉,我知道,我要告诉你。”他心里想说,可是他忘记了自己想要说的话。

明智不能再往下问,他就回到帝宫,去晋见黄帝,又问黄帝。

黄帝说:“无所思索,无所考虑,就能够认识‘道’;无所处置,无处执守,就能够安于‘道’;无所随从,无所行动,就能够得到‘道’。”

明智又问黄帝:“我和你都知道,他和他(无为谓和狂屈)都不知道,究竟是谁对呢?”

黄帝说:“那无为谓是真对的,狂屈有点儿像,我和你终究是不接近的。那‘知道的不说出,说出的不知道’,所以‘圣人施行不言之教’。

“‘道’不可以随便招致,‘德’不可以随便到来;仁是可以施行的,义是可以谈说的,礼是相互弄虚作假的。所以说:‘离失了道,然后才出现了德;离失了德,然后才出现了仁;离失了仁,然后才出现了义;离失了义,然后才出现了礼。礼,乃是道的虚华,也是祸乱的开端’。所以说,‘追求道,才智就要一天比一天地减损。

减损了又减损，以至于减损到无所作为的地步；无所作为，而没有一桩不是有所作为的’。

“现在，〔我们〕已经成为物类了，要想返还到本元，不也很难吗？如果说容易吧，那只有大人才能做到啊！生存，是死亡的同路；死亡，是生存的开端。谁知道它们的头绪呢？人的生存，是由于精气的结聚。精气结聚起来，就是生存；精气离散了，就是死亡。如果死亡和生存是同路，我又有什么忧患的呢？所以，万物是同一的。可是，人们把自己所喜爱的就认为是神奇的，把自己厌恶的就认为是腐臭的；腐臭的又衍变为神奇的，神奇的又衍变为腐臭的。所以说：走遍天下，只是一种精气。圣人所以崇贵同一。”

明智又对黄帝说：“我问无为谓，无为谓不回答我；不是他不回答我，而是他不知如何回答我。我问狂屈，狂屈心里想着告诉我，可是他并没有告诉我；不是他不告诉我，而是他心里想着告诉我，却又忘掉了。现在，我问你，你知道，为什么说不接近呢？”

黄帝说：“那个（无为谓）是真对，就是因为他不知道；这个（狂屈）有点儿像，就是因为他忘掉了；我和你终究不接近道，就是因为我们知道啊。”

狂屈听说了，他认为黄帝是有见识的话。

天地有大美而不言，四时有明法而不议，万物有成理而不说。圣人者，原天地之美，而达万物之理。是故，至人无为，大圣不作，观于天地之谓也。

今彼神明至精，与彼百化物已死生、方圆，莫知其根也。扁然而万物①，自古以固存。

六合为巨，未离其内；秋毫为小，待之成体。天下莫不沈浮，终身不故②；阴阳四时运行，各得其序。惛然若亡而存，油然不形而神③；万物蓄而不知。此之谓本根。可以观于天矣。

【注释】

①按：扁，当借为“闑”，扁然，犹缤然。扁然而万物，犹言纷若之万物也。②故，借为“居”。〇按：故，通“固”。定也。 ③惛，借为“昏”；油，借为“函”。

【译文】

天地有广大的美德，可是它们并不言语；四时有明显的法则，可是它们并不议论；万物有固定的条理，可是它们并不说话。圣人，就是本原于天地的美德，而通达于万物的道理。所以，至人没有什么作为，大圣不妄自制作，这就是说他们明察于天地的意思。

现在我们面前的那些神明，是精微奥妙的，它和那千变万化的物类的死亡、方圆等现象，都是不可能知道它的本原的。纷纭杂陈的万物，自古以来就是存在的。

天地四方很大，可是不能超出神明的范围；秋天的毫毛很小，可是也得依靠神明才能形成。天下的一切，没有不是浮沉上下的，始终也没有个休止。阴阳、四时的运转变化都遵守着一定的秩序。昏昏昧昧的，好像一无所有，而实际是存在的；幽幽冥冥的，不表出任何形象，而都是神妙不测的；万物都被它所蓄养，可是自己并不知道。这就叫作本根。〔明白这个道理，〕就可以观察天道了。

齧缺问道乎被衣[①]。

被衣曰："若正汝形，一汝视，天和将至；摄[②]汝知，一汝度，神将来舍。德将为汝容[③]，道将为汝居。汝瞳焉[④]如新生之犊，而无求其故。……"

言未卒，齧缺睡寝。

被衣大说，行歌而去之。曰："形若槁骸，心若死灰，真其实知，不以故自持；媒媒[⑤]晦晦，无心，而不可与谋。彼何人哉？"

【注释】

①齧缺，王倪弟子。被衣，王倪之师也。　②摄，收摄。　③容，本作"美"。　④瞳，未有知貌。　⑤媒媒，晦貌。

【译文】

齧缺向被衣请问修"道"的方术。

被衣说："你要端庄你的形貌，纯一你的视力，天和就会到来；持守你的明智，正常你的态度，神明就会留止。'德'将要被你所包容，'道'将要被你所占有。你无识无知的，像个新生的牛犊，而不追求事物的原因。……"

被衣的话还没有说完，齧缺就睡过去了。

被衣非常高兴，他一路唱着歌走了。他唱的是："形体如同干枯的尸骼，心神如同死灭的灰烬，纯真自己的实际知识，自己并不因循守旧；昏昏昧昧的，没有心思，而不可以共同有所谋划。他究竟是一种怎样的人呢？"

舜问乎丞[①]曰："道可得而有乎？"

曰："汝身非汝有也，汝何得有夫道？"

舜曰："吾身非吾有也，孰有之哉？"

曰："是天地之委形[②]也。生非汝有，是天地之委和也；性命非汝有，是天地之委顺也；子孙非汝有，是天地之委蜕也。故行不知所往，处不知所持，食不知所味。天地之强阳气也[③]。又胡可得而有邪？"

【注释】

①丞，舜师也。　②天地之委形，谓天地所委属之形也。　③强阳，即今"荡漾"。

【译文】

大舜问丞辅之官说："'道'可以把它作为自己所有吗？"

丞辅之官说："你的身体都不归你自己所有，你怎么能够把'道'作为自己所有呢？"

大舜问："我的身体不归我所有，归谁所有呢？"

丞辅之官说："这是天地所寄托给你的形体。生存，不归你自己所有，这是天地寄托给你的精气；性命，不归你自己所有，这是天地所寄托给你的顺序；子孙，不归你自己所有，这是天地寄托给你的外壳。所以，〔人这一生〕行动，不知道走向何方；居处，不知道保持什么；吃食，不知道品味什么。这都是天地间的荡漾之气。你又怎么能够把它作为自己所有呢？"

孔子问于老聃曰："今日晏闲，敢问至道。"

老聃曰："汝齐戒：疏瀹而心，澡雪而精神，掊击而知[①]。夫道，窅然[②]，难言哉！将为汝言其崖略[③]：

"夫昭昭生于冥冥，有伦生于无形[④]；精神生于道，形本生于精[⑤]，而万物以形相生。故九窍者胎生，八窍者卵生[⑥]。其来无迹，其往无方，无门无崖[⑦]，四达之皇皇[⑧]也。邀于此[⑨]者，四肢强，思虑恂达[⑩]，耳目聪明；其用心不劳，其应物无方。天不得，不京[⑪]；地不得，不广；日月不得，不明；万物不得，不昌。——此其道与！

"且夫，博之不必知，辩之不必慧，圣人以断之矣。若夫，益之而不加益，损之而不加损者，圣人之所保也。渊渊乎若海，巍巍乎[⑫]其若山[⑬]；终则复始也，万物皆将资[⑭]焉而不匮[⑮]。——此其道与！

"中国有人焉[⑯]，非阴非阳，处于天地之间，直且为人，将反于宗。自本视之，生者，喑醷物[⑰]也；虽有寿夭，相去几何？须臾之说也，奚足以为尧、桀之是非？

“果蓏[18]有理,人伦虽难,所以相齿[19]。圣人遭之而不违,过之而不守。调而应之,德也;偶而应之,道也。帝之所兴,王之所起也。

“人生天地之间,若白驹之过郤[20],忽然而已。注然,勃然,莫不出焉;油然,漻然,莫不入焉[21]。已化而生,又化而死。生物哀之,人类悲之。解其天弢,堕其天袠[22];纷乎,宛乎[23],魂魄将往,乃身从之。乃大归乎!

“不形之形,形之不形[24],是人之所同知也,非将至之所务也。此众人之所同论也。彼至则不论,论则不至。明见无值[25],辩不若默。道不可闻,闻不若塞。此之谓大得[26]。”

【注释】

①疏瀹,通导。澡雪,犹精洁也。掊击,打破也。而,汝也。 ②窅然,深杳之义。 ③崖,边崖;略,大略。 ④伦,理也。 ⑤有形、质、气之类,根本生于精微。 ⑥人、兽九窍而胎生,禽、鱼八窍而卵生。 ⑦“其往无方,无门无崖”,本作“其往无崖,无门无房”。 ⑧皇皇,往来不穷之意。 ⑨邀于此者,犹言顺于此者。 ⑩恂,通也。 ⑪京,本作“高”。 ⑫渊渊,渊深万丈。巍巍,高大貌也。 ⑬“巍巍乎其”下,本无“若山”二字。“终则有始也”下,本有“运量万物而不匮,则君子之道,彼其外与”三句。 ⑭资,取也。 ⑮匮,乏。 ⑯中国有人焉,谓圣人也。 ⑰喑醷,聚气貌。 ⑱在树曰果,桃、李之属;在地曰蓏,瓜、瓠之徒。 ⑲人伦,人类也。相齿,谓以年龄相比次;言其差无几也。 ⑳白驹,骏马也。 ㉑○注、勃,是出生之容;油、漻,是入死之状。 ㉒弢,弓衣也。袠,束囊也。 ㉓纷乎宛乎,变化烟煴。 ㉔之,适也。 ㉕值,会遇也。 ㉖大得,即大德。

【译文】

孔子问老聃说:“今天安闲,我请问‘大道’的内容。”

老聃说:“你要斋戒:开通你的心胸,洗涤你的精神,打破你的明智。这个‘道’,玄远幽深,很难谈说啊!我暂且给你说个大略吧:

“〔在天地之间,〕明朗出生在幽冥之中,有形出生在无形之中,精神出生在‘道’之中,形体的本元出生在精微(元素)之中,而万物是依靠形体互相生成的。所以,有九窍的物类是胎生的,有八窍的物类是卵生的。万物的到来,没有形迹;万物的逝去,没有方向;它们没有门径,没有边缘,四通八达,无所不在。顺随着这个(“道”)的,他的四肢强健,思虑通达,耳聪目明;他的用心不感疲劳,他的接物不受限制。天得不到它,就不能高远;地得不到它,就不能广廓;日月得不到它,就不能远行;万物得不到它,就不能昌盛。——这就是‘道’啊!

“况且,学问渊博的,并不一定明智;饰辞宏辩的,并不一定聪慧;圣人早已就有定论了。至于,增益它,它并不有所增益;减损它,它并不有所减损;这便是圣人所要保持的。它渊深得如同大海,峻峭得如同高山;它从终结又回复到元始,万物都取给于它,可是它永不穷尽。——这就是‘道’啊!

“中国有这样的人(圣人),他既不阴柔,又不阳刚,居处在天地之间,只是暂时假托人形,不久就要反还宗祖。从本元方面来看它,所谓生存,就是精气聚结成的物体;虽然它们有的长寿或短命,相差究竟有多少呢?那种生存短暂的说法,怎么能够断定唐尧和夏桀的是非呢?

“植物中的果类和瓜类,都有它的道理;人类虽然难以品定,也可以互相比次。圣人只是迎合他们,而不违反他们;只是接触他们,而不监守他们。协调着顺应万物,就是‘德’;比对着顺应万物,就是‘道’。古来的五帝三王,就是这样兴隆起来的。

“人生在天地之间,就如同骏马跑过墙缝一般,转瞬之间就过去了。万物如同蓬蓬勃勃的草木,没有不生出的;万物如同滔滔不绝、浩浩荡荡的流水,没有不死去的。它们既变为生存,又变为死亡。生物都哀怜它们,人类都悲痛它们。解脱天给的外衣,丢掉天给的束缚,纷纭飘渺的,灵魂将要消散,体魄也要随同逝去。这就是最大的归宿啊!

“由无形到有形,由有形到无形,这是人所共知的,而不是将要达到‘大道’所要追求的。这是众人所共同谈论的。那达到‘大道’的,就不谈论这个;谈论这个的,就不能够达到‘大道’。明见‘大道’而达不到‘大道’。争辩不如静默,‘道’是不可能听到的。听到不如塞住耳朵不听。这才叫作大德。”

东郭子[①]问于庄子曰:“所谓道,恶乎在?”

庄子曰:“无所不在。”

东郭子曰:“期而后可[②]。”

庄子曰:“在蝼蚁。”

曰:“何其下邪?”

曰:“在稊稗[③]。”

曰:“何其愈下邪?”

曰:“在瓦甓[④]。”

曰:“何其愈甚邪?”

曰:“在屎溺。”

东郭子不应。

庄子曰:“夫子之问也,固不及质。正[5]获[6]之问于监市,履狶也,每下愈况[7]。汝惟莫必,无乎逃物。至道若是,大言亦然。周、遍、咸三者异名同实,其指一也。

“尝相与游乎无何有之宫,同合而论无所终穷乎。尝相与无为乎:澹而静乎,漠而清乎,调而间乎。寥已[8]吾志:无往焉,而不知其所至;去来,而不知其所止[9];吾已往来焉,而不知其所终;彷徨乎冯闳[10],大知入焉,而不知其所穷。

“物物者与物无际[11]。而物有际者,所谓物际者也。不际之际,际之不际者也,谓盈虚、隆杀[12]。彼为盈虚,非盈虚;彼为隆杀,非隆杀;彼为本末,非本末;彼为积散,非积散也。”

【注释】

①东郭子,居东郭也。 ②期,会也。 ③稗,草之似谷者。 ④甓,砖也。 ⑤正,犹言“正是”、“正如”也。 ⑥获,此谓掌管禽兽交易之人。⑦监市,市魁也。狶,大豕也。践,履也。每下愈况,犹言虽下而愈明也。 ⑧寥已,寥然空虚。 ⑨“去来,而不知其所止”,本作“去而来,不知其所止”。⑩冯闳者,虚廓之谓也。 ⑪际,崖岸也。物物者,主宰乎物者,指道也。⑫“隆杀”,本作“衰杀”。

【译文】

东郭子问庄子说:“所谓‘道’,究竟在什么地方呢?”

庄子说:“没有地方不存在。”

东郭子说:“你教我领会了才行。”

庄子说:“在蝼蛄、蚂蚁上。”

东郭子又问:“怎么这么卑下呢?”

庄子说:“在稊草、稗草上。”

东郭子又问:“怎么越卑下了呢?”

庄子说:“在砖、瓦上。”

东郭子又问:“怎么愈来愈过分了呢?”

庄子说:“在屎尿上。”

东郭子没有作声。

庄子说:“先生的问题,原本就没有顾及到问题的实质。〔我们观察事物,〕正像那禽兽经纪人询问屠夫，用脚踏一踏猪的下体，就知道它的肥瘦一样，观察的地方虽然卑下，却能够说明问题。你只有不把事物看成是必然(绝对)的，'道'是不会逃出事物之外的。'大道'如此，大的言论也是如此。譬如，'周'、'遍'、'咸'这三个字，名谓虽然不同，实质却是相同的，它们的涵义是一致的。

"我们尝试着一同遨游在一无所有的宫廷，混同一体地谈论无所终穷的道理吧。我们尝试着一同领会无为的境界吧：它是恬淡而宁静的，是寂寞而清虚的，是协调而安闲的。空虚无有，就是我的心志；没有去的处所，而不知道究竟到达什么地方；去去来来，而不知道究竟停止在什么地方；我已经去去来来了，而不知道究竟终结在什么地方；遨游在广漠虚廓的境界，大智之人进到里面，也不知道究竟穷止在什么地方。

"造物者和万物并没有什么界限。如果说万物之间有界限，那就是所谓万物界限。没有界限的界限，就是界限的没有界限，这就叫作盈虚、盛衰。它("道")是盈虚，而同时又不是盈虚；它是盛衰，而同时又不是盛衰；它是本末，而同时又不是本末；它是积散，而同时又不是积散。"

妸荷甘与神农同学于老龙吉[①]。

神农隐几阖户昼瞑[②]。妸荷甘日中夸户[③]而入。曰："老龙死矣！"

神农[④]拥杖而起，曝然[⑤]放杖而笑。曰："天知予僻陋慢诞[⑥]，故弃予而死。已矣！夫子无所发予之狂言[⑦]而死矣夫！"

弇堈弔[⑧]闻之。曰："夫体道者，天下之君子所系[⑨]焉。今于道，秋毫之端，万分未得处一焉，而犹知藏其狂言而死，又况夫体道者乎？视之无形，听之无声，于人之论者，谓之冥。冥，所以谕道，而非道也[⑩]。"

【注释】

①神农者，非三皇之神农，则后之人物耳。 ②瞑，音"眠"。 ③夸，开也。夸，借为"閜"或"开" ④"神农"下本有"隐几"二字。 ⑤曝然，放杖声也。 ⑥"慢诞"，本作"慢他"。 ⑦狂言，犹至言也；非世人所解，故名至言为狂也。 ⑧弇堈，体道人；弔，其名。 ⑨系，谓物所归投也。 ⑩谕，本作"论"。系涉上文"论"而误。

【译文】

妸荷甘和神农一同跟着老龙吉学习。

神农趴在桌子上，关上门，白天睡觉。中午，妸荷甘推门进来，对神农说："老龙死了!”

神农扶起拐杖站了起来,又啪地一声放下拐杖,笑了起来。他说:“上天知道我僻陋、狂妄,所以放弃了我而死去。算了吧!先生并没有用他的狂言开导我,就死去了啊!”

弇堈听说这件事情,就说:“那领悟‘道’的,是天下君子所归附的人。现在,一般人对于‘道’,就如同秋天的毫毛尖儿,在万分中还没有得到一分,还知道收藏起他的狂言而死去,又何况那领悟了‘道’的人呢?看它,没有形象;听它,没有声音;人们在谈论它的时候,就把它叫作玄冥。玄冥,是用它来比喻‘道’,而不是‘道’的本身啊。”

于是,泰清问乎无穷[1]曰:“子知道乎?”

无穷曰:“吾不知。”

又问乎无为。

无为曰:“吾知道。”

曰:“子之知道,亦有数乎?”

曰:“有。”

曰:“其数若何?”

无为曰:“吾知道之可以贵,可以贱,可以约,可以散。此吾所以知道之数也。”

泰清以之[2]言也问乎无始,曰:“若是,则无穷之弗知,与无为之知,孰是而孰非乎?”

无始曰:“不知,深矣;知之,浅矣。弗知,内矣;知之,外矣。”

于是,泰清印[3]而叹曰:“弗知,乃知乎?知,乃不知乎?孰知不知之知?”

无始曰:“道不可闻,闻而非也;道不可见,见而非也;道不可言,言而非也。孰知[4]形形之不形乎?”

“道不可问[5]?”

无始曰:“有问道而应之者,不知道也;虽问道者,亦未知道。道无问,问无应。无问,问之,是问穷也;无应,应之,是无内也。以无内待问穷,若是者,外不观乎宇宙,内不知乎太初[6]。是以不过乎崑崙,不游乎太虚。”

【注释】

①泰,大也。 ②之,是也,此也。 ③卬,本作“中”。 ④“知”上本无“孰”字。 ⑤“道不可问”,本作“道不可名”。 ⑥天地四方曰宇,往古来今曰宙。太初,道本也。

【译文】

当时,太清问无穷说:“您知道‘道’吗?”

无穷说:“我不知道。”

太清又去问无为。

无为说:“我知道。”

太清又问:“您知道‘道’,也有方术吗?”

无为说:“有方术。”

太清又问:“那方术是什么呢?”

无为说:“我知道‘道’可以使人尊贵,可以使人卑贱,可以使物类聚结,可以使物类分散。这便是我所以知道‘道’的方术。”

太清又拿这话去问无始,说:“像这样,无穷的不知道‘道’,和无为的知道‘道’,是谁对、谁不对呢?”

无始说:“不知道的,是高深的;知道的,是肤浅的。不知道的,是含而不露的;知道的,是虚有其表的。”

于是,太清仰头叹息地说:“不知道,就是知道吗?知道,就是不知道吗?谁能够知道不知道的知道呢?”

无始说:“‘道’是不可以听到的,可以听到的并不是‘道’;‘道’是不可以看到的,可以看到的并不是‘道’;‘道’是不可以说出的,可以说出的并不是‘道’。谁能够知道形容出的形象并不是形象的道理呢?”

太清说:“‘道’不可以询问吗?”

无始说:“有人询问‘道’就回答的人,并不知道‘道’;即便询问‘道’的人,也没有听说过‘道’。‘道’没有什么可询问的,询问也没有什么可回答的。没有可询问的,而去询问,便是询问的贫乏;没有可回答的,而去回答,便是没有内心。以没有内心而对待询问贫乏,像这样的人,在外界,并不曾观察过宇宙;在内心,并不领悟到太初(元始境界)。所以,他不能够超越昆仑,不能够遨游太虚。”

光耀问乎无有曰:“夫子有乎?其无有乎?”

无有弗应也①。

光耀不得问,而孰②视其状貌,窅然③,空然,终日视之而不见,听之而不闻,搏之而不得也。

光耀曰:“至矣!其孰能至此乎?予能有无矣,而未能无无也。及为无有矣,何从至此哉?”

【注释】

①“无有弗应也”五字本无。 ②孰,同“熟”。孰,谓精审。 ③窅,借为“窈”。

【译文】

光耀问无有说:“先生是‘有’呢?还是‘无有’呢?”

无有没有回答。

光耀不能再往下问,就仔细观察他的形貌,杳杳茫茫的,空空洞洞的,整天地看他看不见,听他听不见,摸他摸不着。

光耀说:“他可以说是至高无上的了!谁能够做到这样呢?我是能够做到‘有无’,而是不能够做到‘无无’。等做到‘无有’的境界,究竟从什么地方而能够做到这‘无无’的境界呢?”

大马①之捶钩②者,年八十矣,而不失豪芒。

大马曰:“子巧与?有道与?”

曰:“臣有守③也。臣之年二十,而好捶钩;于物无视也,非钩无察也。是用之者假不用者也,以长得其用。而况乎无不用者乎?物孰不资焉?”

【注释】

①大马,官名,楚之大司马也。 ②捶,打锻也。 ③有守,有所守持。

【译文】

大司马的打制钩戟的工人,年纪已经八十岁,但他所打制的钩戟,总是分毫不差。

大司马问他说:“你是凭技巧呢?还是有道术呢?”

制钩工人说:“奴才有一定的把握。奴才二十岁的时候,就喜欢打制钩戟,我对于别的事物看都不看,不是钩戟,我就不看它。这就是我所用的事物,要借助于我所不用的事物,因而我就永远得到它的用处。何况是没有不用它的那种现象(道)呢?万物哪个不借助于它呢?”

冉求问于仲尼曰:“未有天地,可知邪?”

仲尼曰:“可。古犹今也。”

冉求失问,而退。

明日,复见。曰:“昔者,吾问:‘未有天地,可知邪?’夫子曰:‘可。古犹今也。’昔日,吾昭然;今日,吾昧然。敢问何也?”

仲尼曰:“昔之昭然也,神者先受之;今日之昧然也,且又为不神者求邪?无古,无今;无始,无终。未有子孙,而有子孙,可乎?”

冉求未对。

仲尼曰:“已矣,末[1]应矣。不以生生死,不以死死生。死生有待邪?皆有所一体。有‘先天地生’者物邪?物物者[2]非物。物出,不得先物也。犹其有物也,犹其有物也无已。圣人之爱人也终无已者,亦乃取于是者也。”

【注释】

①“末”,本作“未”。 ②物物者,道也。

【译文】

冉求问孔子说:“没有天地的境界,可以知道吗?”

孔子说:“可以。古代如同现代一样。”

冉求不知道怎么往下问,就回去了。

第二天,冉求又去见孔子。他问孔子说:“昨天,我问:‘没有天地的境界,可以知道吗?’老师说:‘可以。古代如同现代一样。’昨天,我明白;今天,我却糊涂了。请问这是怎么回事呢?”

孔子说:“昨天的明白,是由于你神明的本质首先接受了它;今天的糊涂,大概是被你不神明的本质所要求了吧?〔宇宙之间,〕没有古代,就没有现代;没有元始,就没有终结。〔譬如说,〕没有子孙,却有了子孙,那可以吗?”

冉求没有回答。

孔子说:“算了吧,不用你回答了。〔宇宙之间,〕并不是由于生存而生出死亡,并不是由于死亡而死掉生存。死亡和生存是有所依赖的吗?死亡和生存都好像是一体的。有‘生在天地之先’的物体吗?生出物类的并不是物类。物类的出生,不可能先有物类的存在。〔宇宙之间,〕本来就是有物体存在的,本来就是有物体存在而生生不息的。圣人慈爱人民而始终不息,也是取法于这个道理啊。”

颜渊问乎仲尼曰:“回尝闻诸夫子曰:‘无有所将,无有所迎。’回敢问其游[1]。”

仲尼曰："古之人，外化，而内不化；今之人，内化，而外不化。与物化者，一不化者也。安化，安不化②，安与之相靡③，必与之莫多④。

"圣人处物，不伤物。不伤物者，物亦不能伤也。唯无所伤者，为能与人相将迎。

"狶韦氏之囿，黄帝之圃，有虞氏之宫，汤、武之室，山林与，皋壤⑤与，使我欣欣然而乐与？乐未毕也，哀又继之。哀乐之来，吾不能御；其去，弗能止。悲夫！世人直为物逆旅耳。

"夫知遇，而不知所不遇，能能⑥，而不能所不能。无知无能者，固人之所不免也。夫务免乎人之所不能免者，岂不亦悲哉？

"至言，去言；至为，无为。齐知之所知，则浅矣。"

【注释】

①游，借为"由"。问其游，问其所由。 ②安，任也。 ③靡，顺也。 ④多，借为"迻"。迻，即"迁移"之"移"本字。"必与之莫多"句下，本有"狶韦氏之囿，黄帝之圃，有虞氏之宫，汤武之室，君子之人，若儒墨者师，故以是非相螫也，而况今之人乎"八句。⑤皋，泽也。 ⑥"能能"上本有"知"字。

【译文】

颜渊问孔子说："我常听到老师说：'不要有所欢送，不要有所迎接。'我请问其中的缘由。"

孔子说："古代的人，外形变化，而内心不变化；现在的人，内心变化，而外形不变化。随着万物一同变化的，乃是没有变化的。安于变化，安于不变化，安于和变化相顺应，必定要和变化不相违失。

"圣人安定万物，而不伤害万物。不伤害万物的，万物也不能伤害他。只有无所伤害的人，才能和别人互相迎送。

"狶韦氏的苑囿，黄帝的园圃，虞舜的宫殿，汤王、武王的屋宇，山林啊，池泽啊，它们是使我们欢欢喜喜地欣赏的吗？快乐还没有停止，悲哀就继续到来。悲哀和快乐的到来，我不能阻拦它们；它们离开，我不能制止它们。可叹啊！世俗之人简直是事物的旅舍啊！

"人们知道自己所遇到的事物，而不知道自己所不曾遇到的事物；能够做到自己所能做的事物，而不能够做自己所不能做的事物。没有知识、没有能力的现象，本来是人所免不掉的。那企图免掉人所免不掉的事物，岂不是也太可怜吗？

"最高明的言论；没有言论；最高尚的作为，没有作为。齐同人们智慧所知道的人，那就太肤浅了。"

一、庚 桑 楚(十九章)

老聃之役[①],有庚桑楚[②]者,偏得老聃之道,以北居畏垒之山[③]。其臣之画然知者去之,其妾之挈然仁者远之[④];拥肿之与居,鞅掌之为使[⑤]。居三年,畏垒大壤[⑥]。畏垒之民相与言曰:“庚桑子之始来,吾洒然[⑦]异之。今吾日计之而不足,岁计之而有馀。庶几其圣人乎?子[⑧]胡不相与尸而祝之,社而稷之乎?”

庚桑子闻之,南面而不释然。弟子异之。

庚桑子曰:“弟子!何异于予?夫春气发而百草生,正得秋而万实成[⑨]。夫春与秋岂无得而然哉?天道已行矣。吾闻:‘至人尸居环堵之室[⑩],而百姓猖狂不知所如往。’今以畏垒之细民,而窃窃焉欲俎豆予于贤人之间[⑪],我其杓之人邪?吾是以不释于老聃之言。”

弟子曰:“不然。夫寻常[⑫]之沟洫[⑬],巨鱼无所还[⑭]其体,鲵鳍[⑮]为之制[⑯];步仞[⑰]之丘陵,巨兽无所隐其躯,而孽狐[⑱]为之祥[⑲]。且夫,尊贤授能,先善与利,自古尧、舜以然,而况畏垒之民乎?夫子亦听矣。”

庚桑子曰:“小子,来!夫函车之兽,介[⑳]而离山,则不免于罔罟之患;吞舟之鱼,砀而失水,则蝼蚁[㉑]能苦之。故鸟兽不厌高,鱼鳖不厌深。夫全其形生之人,藏其身也,不厌深眇[㉒]而已矣。且夫,二子[㉓]者,又何足以称扬哉?是其于辩也,将妄凿垣墙而殖蓬蒿也?简发而栉[㉔],数米而炊,窃窃[㉕]乎又何足以济世哉?举贤,则民相轧;任知,则民相盗。之数物者,不足以厚民。民之于利甚勤:子有杀父,臣有杀君,正昼为盗,日中穴阫[㉖]。吾语汝:大乱之本,必生于尧、舜之间;其末,存乎千世之后;千世之后,其必有人与人相食者也。”

南荣趎[27]蹴然正坐，曰："若趎之年者，已长矣，将恶乎托业以及此言邪？"

庚桑子曰："全汝形，抱汝生[28]，无使汝思虑营营[29]；若此三年，此可以及此言也。"

南荣趎曰："目之与形，吾不知其异也，而盲者不能自见；耳之与形，吾不知其异也，而聋者不能自闻；心之与形，吾不知其异也，而狂者不能自得。形之与形，亦辟[30]矣，而物或间之邪？欲相求，而不能相得。今谓趎曰：'全汝形，抱汝生，勿使汝思虑营营。'趎勉闻道达耳矣。"

庚桑子曰："辞尽矣。曰'奔蜂不能化藿蠋[31]，越鸡不能伏鹄卵[32]'。鲁鸡固能矣[33]。鸡之与鸡，其德非不同也，有能有不能者，其才固有巨小也。今吾才小，不足以化子。子胡不南见老子？"

南荣趎赢粮，七日七夜，至老子之所。

老子曰："子自楚之所来乎？"

南荣趎曰："唯[34]。"

老子曰："子何与人偕来之众也？"

南荣趎惧然[35]顾其后。

老子曰："子不知吾所谓乎？"

南荣趎俯而惭，仰而叹，曰："今者，吾忘吾答，因失吾问。"

老子曰："何谓也？"

南荣趎曰："不知乎，人谓我朱愚[36]；知乎，反愁我躯。[37]不仁，则害人；仁，则反愁我身。不义，则伤彼；义，则反愁我躬[38]。我安逃此而后可？此三言者，趎之所患也。愿因楚而问之。"

老子曰："向，吾见若眉睫之间，吾因以得汝矣；今汝又言，而信之。若规规然[39]若丧父母，揭竿而求诸海也。汝亡人[40]哉！惘惘乎，汝欲反汝情性，而无由入。可怜哉！"

南荣趎请入就舍[41]，召其所好，去其所恶。十日自愁，复见老子。

老子曰："汝自洒濯，熟哉[42]，郁郁乎[43]！然而其中津津乎犹有恶也！夫外韄者，不可繁而捉，将内揵；内韄者，不可缪而捉，将外揵[44]。内外韄者，道德不能持，而况放道而行者乎？"

南荣趎曰："里有病人，里人问之，病者能言其病，然其病病者，犹未病也。若趎之闻大道，譬犹饮药以加病也。趎愿闻卫生之经[45]而已矣。"

老子曰："卫生之经：能抱一[46]乎？能勿失乎？能无卜筮而知凶吉[47]乎？能止乎？能已乎[48]？能舍诸人而求诸[49]己乎？能翛然乎？能侗然[50]乎？能儿子[51]乎？儿子终日嗥[52]，而嗌[53]不嗄，和之至也；终日握，而手不掜，共其德[54]也；终日视，而目不瞚[55]，偏不在外也。行不知所之，居不知所为，与物委蛇，而同其波。是卫生之经已。"

南荣趎曰："然则，是至人之德已乎？"

曰："非也。是乃所谓冰解冻释者所能乎！夫至人者，相与交食乎地、而交乐乎天[56]，不以人物利害相撄[57]，不相与为怪，不相与为谋，不相与为事；翛然而往，侗然而来。是谓卫生之经已。"

曰："然则，是至乎？"

曰："未也。吾固告汝：'能儿子乎？'儿子动不知所为，行不知所之；身若槁木之枝，而心若死灰。若是者，祸亦不至，福亦不来。祸福无有，恶有人灾也？"

【注释】

①役，学徒弟子也。 ②庚桑楚，楚，名；庚桑，姓也。 ③畏垒，山名也；或云在鲁，或云在梁州。 ④臣，仆隶；妾，接也，接事君子。挈，借为"絜"。谓束身自好也。 ⑤拥肿、鞅掌，皆谓愚蠢无知之人也。 ⑥壤，本亦作"穰"。⑦洒然，惊貌。 ⑧子，通"兹"。 ⑨"万实"，本作"万宝"。 ⑩一丈曰堵。环堵者，面各一丈，言小也。 ⑪俎，切肉之几；定，盛脯之具：皆礼器也。⑫八尺曰寻，倍寻曰常。 ⑬"沟"下本无"洫"字。 ⑭还，回也。 ⑮鲵，借为"鲕"。 ⑯制，法度也。为之制，谓（以为）合于标准也。 ⑰六尺曰步，七尺曰仞。 ⑱按：蘖，即"孽"之变体。孽，庶子也。 ⑲祥，善也。⑳介，独也。 ㉑"蚁"上本无"蝼"字。 ㉒眇，远也。 ㉓二子，尧、舜也。 ㉔简，择简。栉，梳。 ㉕窃窃，计较之貌。 ㉖阫，墙也。 ㉗南荣趎，庚桑弟子也。 ㉘抱汝生，即保汝生。 ㉙营营，往来也。 ㉚辟，相著也。辟，谓形与形互相密集也。 ㉛奔蜂，小蜂也；一云土蜂。藿蠋，豆藿中大青虫也。 ㉜越鸡，小鸡也，或云荆鸡也。 ㉝鲁鸡，大鸡也，今蜀鸡也。㉞唯，敬应之声也。 ㉟惧然，惊貌也。 ㊱朱愚，犹专愚，无知之貌也。

㊲愁我躯,束我躯也。　㊳躸,本作“己”。　㊴规规,失神貌。　㊵亡人,谓无识无知之人也,或亡失方向之人也。　㊶请入就舍,假先生之馆而卒业也。㊷熟,粉熟。　㊸郁郁,熟洒貌。　㊹韄,缚也。揵,闭也。缪,结也。　㊺卫生,防卫其生,令合道也。经,常也。　㊻抱一,不离其性。　㊼“凶吉”,本作“吉凶”。　㊽止,止于分也。已,无追故迹。　㊾诸,于也。　㊿翛然,无停迹也。侗然。无节碍也。　(51)儿子,同于赤子也。　(52)嗥,本亦作“号”。(53)嗌,喉也。　(54)共,壹也。　(55)瞚,字又作“瞬”;同,动也。　(56)交,即邀也。　(57)撄,扰乱也。

【译文】

老聃的学生,有个叫庚桑楚的,他稍微学得了一点老聃的道术,就到北方的畏垒山去居住。这个地方的臣民,凡是大言不惭,自以为明智的人,他都抛弃了他们;凡是束身自好,以为合乎仁道的人,他都疏远了他们;懵懵懂懂的人都和他同居,芒芒昧昧的人都受他驱使。居住了三年,畏垒这个地方大丰收。畏垒的居民互相谈论说:“庚桑楚初来的时候,我们都有些奇怪他。现在,我们每天计算一下,日子并不大满足;每年计算一下,却有了富余。他大概是个圣人吧?我们为什么不互相推举他作君主,给他立起宗庙社稷祝祭他呢?”

庚桑楚听到这个消息,他面朝着南方,有些不高兴。学生们都觉得他奇怪。

庚桑楚说:“学生们!你们为什么对我感到奇怪呢?在春气发动的时节,百草就都生长;待到秋天的时节,万物就都成熟。这春秋的时令,难道它是一无所取就如此的吗?天道在这里已经施行了。我听说过:‘至人只是安安静静地居住在简陋的宫室之中,而百姓们就都无识无知地不知道往哪里去。’现在,畏垒的小民们,都偷偷摸摸地想把我供奉在贤人中间,难道我要在人们中间树立标帜吗?我所以总忘不掉老聃〔自然无为〕的教导。”

学生说:“不是这样的。那十来尺长的水沟,大鱼不能在里面转身,可是小鱼却认为很合适;那几尺高的土丘,大兽不能在里面隐身,可是小狐狸却认为很不错。况且,尊重贤人,授权能人,倡导善行,施予利益,自古以来唐尧、虞舜就已经如此,何况是畏垒的人民呢?老师还是听其自然吧。”

庚桑楚说:“青年们,过来!那嘴里能够含起车的大兽,独自离开山林,就免不掉要遭到网罟的灾患;那嘴里能吞下船的大鱼,由于波涛荡溢而离开了水泽,就是蝼蛄和蚂蚁也敢伤害它。所以,鸟兽不嫌山高,鱼鳖不嫌水深。那保全自己形体和生命的人,他隐藏自己的身躯,是不会嫌居处幽远的。况且,唐尧、虞舜这两个人,又有什么值得称扬的呢?他们对于分辨事物,不就像把垣墙凿坏了,却种植上蓬蒿去作屏障一样吗?捡着毛发来梳头,数着米粒来做饭,斤斤计较的,又怎么能够救济世界呢？举用贤才，人民就会互相倾轧；任用智能，人民就会互相剽窃。像这些事情，都不足以淳厚人民的德性。人民对于贪图财利非常殷勤：儿子有的杀了父亲，臣仆有的杀了君主，大白天就做贼盗，中午挖窟窿。我告诉你：天下大乱的根源，必然要产生在唐尧、虞舜时代；它的末流，将要保持到千秋万代之后；千秋万代之后，必然要有人吃人的现象。"

庚桑楚的学生南荣趎〔听到这些话〕，很惊悚地正了正坐位，就问："像我的年岁，已经很大了，将要凭着什么样的学业，才能够跟得上这种（隐藏自己的身躯，不嫌居处幽远的）说法呢？"

唐桑楚说："要保全住你的形体，要抱守住你的生命，不要使你的思虑反复搅扰；像这样三年之后，就可以跟得上这种说法了。"

南荣趎说："眼睛在形体上，我不知道它们有什么不同，可是瞎子就不能够使自己看得见；耳朵在形体上，我不知道它们有什么不同，可是聋子就不能够使自己听得见；心在形体上，我不知道它们有什么不同，可是狂人就不能够使自己精神愉快。形体与形体之间，也算是很密切的了，莫非其中有一种东西在隔阂着吗？它们想着互相帮助，可是不能够互相如意。现在，您对我说：'要保全住你的形体，要抱守住你的生命，不要使你的思虑反复搅扰。'我听的这些道理，仅仅到达耳朵罢了。"

庚桑楚说："我的话已经说尽了。有的说：'土蜂不能够孵化豆虫，越鸡（一种小鸡）不能够孵黄鹄蛋'，鲁鸡（一种大鸡）当然是能够的。鸡和鸡之间，它们的本性并不是不同的，可是有的就能够，有的就不能够，这是由于它们的才能原来就有大小之分。现在，我的才能小，不能够把你感化过来。你何不到南方去见见老子呢？"

南荣趎担着食粮，走了七天七夜，到了老子的处所。

〔一见面，〕老子问南荣趎说："您是从庚桑楚那里来的吗？"

南荣趎恭恭敬敬地回答："是的。"

老子又问："您怎么带来了这么多的同伴呢？"

南荣趎惊慌地回头看了看自己的背后。

老子又问："您不懂得我所说的话吗？"

南荣趎低下头来，表示惭愧；仰起头来，叹了口气，说："现在，我忘掉了我所要回答的话，因而也就失掉了我想询问的话了。"

老子说："您这是什么意思呢？"

南荣趎说："不明智吧，人们就说我愚蠢；明智吧，反而要束缚了我的身躯。不仁爱吧，就会残害了别人；仁爱吧，反而要束缚了我的形体。不正义吧，就会毁伤了别人;正义吧,反而要束缚我的外貌。我怎样摆脱这些束缚然后才可以呢?这明智、仁爱、正义三个概念,便是我所忧愁的。我愿意藉着庚桑楚的介绍而向您请教。"

老子说:"方才,我看到你的面色,我就知道你的来意了;现在,你又这样说,因而就更证实了我的看法。你变容失色地好像失去了父母,扛着竿子向海里去寻找一样。你真是一个迷失方向的人啊!怅惘无依的,你打算返还你的情性,可是找不到门径。真是可怜啊!"

南荣趎请求到老子的馆舍住下,来求得自己所喜好的(道德),去掉自己所厌恶的(物欲)。南荣趎自修了十天,又去求见老子。

〔一见面,〕老子就对南荣趎说:"你自己洗濯得可真不错啊,热气腾腾的!然而这里面水淋淋地还是存在着些肮脏东西啊!那外形被事物所束缚住的,不可以趁着它的繁乱而去捉它,必定要从内心封闭住它的侵袭;内心被私欲所束缚住的,不可以趁着它的缪结去捉它,必定要从外形封闭住它的干扰。如果外形和内心都被束缚住的,就是道德也不能够扶持它,何况是背道而行的人呢!"

南荣趎说:"乡村里的人有了病,同村的人去问他,病人能够说出自己的病状,可是他把病当作病,神智还没有病。像我听到了大道,就如同喝了药来加重病情一样。我愿意听一听防卫人生的常则就可以了。"

老子说:"保卫人生的常则是:你能够抱守自己的身躯吗?你能够不失掉自己的本性吗?你能够不用占卜就知道吉凶祸福吗?你能够安分守己吗?你能够不究既往吗?你能够放过旁人而责求自己吗?你能够做到无系无累吗?你能够做到无识无知吗?你能够像婴儿一样吗?婴儿整天地啼哭,可是喉咙并不嘶哑,这是由于他元气异常淳和;整天地握着拳头,可是手里并没有捉着东西,这是由于他德性专一;整天地看事儿,可是眼睛并不转动,这是由于他对于外物无所偏爱。行动不知道往哪里去,安居时不知道做什么好;顺从着万物,和它们随波逐流。这便是防卫人生的常则。"

南荣趎又问:"那么,这就是至人的德性吗?"

老子说:"不是的。这只不过是所谓冰消冻解之人所能够做到的啊!那至人,他和万物一同向大地求食,一同向上天求乐趣;他不和人民万物的利害相搅扰,不和他们一同作怪,不和他们一同谋划,不和他们一同起事;他无系无累地走了,无识无知地来了。这便叫作防卫人生的常则啊。"

南荣趎说:"那么,这就算达到顶点了吗?"

老子说:"还没有。我本来就告诉你了:'你能够像婴儿一样吗?'婴儿,举动不知道做什么;行走不知道往哪里去;身体如同干枯的树枝,心志如同死灭的灰烬。像这样,灾祸不会招致,幸福不会到来。灾祸和幸福都没有,哪里还会有人来伤害自己呢?”

宇泰定者,发乎天光[1]。发乎天光者,人见其人。人有修者,乃今有恒[2]。有恒者,人舍之,天助之。人之所舍,谓之天民;天之所助,谓之天子。

【注释】

①宇,器宇也。 ②恒,常也;谓凝常之道。

【译文】

器宇(神态)泰然静定的人,他的德性发自天光。德性发自天光的人,人们都见到他的为人。凡是有修养的人,才能够保持永恒。保持永恒的人,人民就会遗弃他,上天就会帮助他。被人民所遗弃的,就叫作天民;被上天所帮助的,就叫作天子。

学者,学其所不能学也;行者,行其所不能行也;辩者,辩其所不能辩也。知止乎其所不能知,至矣。若有不即[1]是者,天钧败之。

【注释】

①即,犹若也。

【译文】

学习,就是学习自己所不能学习的知识;实践,就是实践自己所不能实践的事务;辩论,就是辩论自己所不能辩论的是非。能够停留在自己所不能知道的地方,他就算达到顶点了。如果有不是这样的,“天钧”(循环的天道)就使他失败。

备物以将形[1],藏不虞以生心[2],敬中以达彼。若是,而万恶至者,皆天也,而非人也。不足以滑成[3],不可内于灵台[4]。

灵台者,有持,而不知其所持,而不可持者也。不见其诚己而发,每发而不当;业入而不舍,每更为失。

【注释】

①将,扶也。 ②虞者,臆度之谓。虞,借为“虑”。 ③滑,乱也。成,定也。 ④灵台者,心也。

【译文】

具备万物,来扶助自己的形体;不怀藏思虑,来修养自己的心志;中心敬慎,来和万物相沟通。如果做到这样,可是万恶还是来到自己身上的,这都是天意,而不是人为。这也不足以扰乱了内心的静定,也不能够把万恶引入内心。

人们的内心有一定的操守,可是一般都不知道怎样去操守它,因为它是不可以操守的东西。表现不出自己内心的充实,而任意发出,虽然发出来,必然不会适当;万恶业已进入内心,可是不肯舍去,虽然变更自己的行动,也要造成过失。

为不善乎显明之中者,人得而诛之;为不善乎幽闇①之中者,鬼得而诛之。明乎人,明乎鬼者,然后能独行。

【注释】

①闇,本作"閒"。

【译文】

在明处作恶的人,众人就可以诛罚他;在暗处作恶的人,鬼神就可以诛罚他。明通人道,又明通鬼神之道的人,然后才能够独自行动。

券①内者,行乎无名;券外者,志乎期费②。行乎无名者,唯庸有光③;志乎期费者,唯贾人④也,人见其跂,犹之魁然。

【注释】

①券,当读为"眷"。眷,顾也。　②期费,犹敛财也。　③唯,读为"虽"。　④贾人,高价贩卖之人。

【译文】

面向内心的人,行动不顾及名誉;面向外物的人,思想总希图赚钱。不顾及名誉的人,虽然平庸无奇,却保有光明;总希图赚钱的人,只有商人才是这样,人们看到他在市场中举起脚跟四下张望,就好像人群中的土丘一样。

与物穷①者,物人②焉;与物且③者,其身之不能容,焉能容人?不能容人者,无亲;无亲者,尽人④。

【注释】

①穷,当读为"躬"。与物穷,即与物接近、与物一体之意。　②入,归依。　③且,借为"阻"。　④尽人,尽是他人。

【译文】

同万物接近的人,万物就都归顺他;同万物阻隔的人,连他自己的身体都不能够容纳,怎么能够容纳人呢?不能容纳人的人,没有亲近的人;没有亲近的人,他看着所有的人都是外人。

兵莫憯于志,镆铘为下[①];寇莫大于阴阳,无所逃于天地之间。非阴阳贼之,心则使之也。

【注释】

①镆铘,良剑名。

【译文】

兵器没有比意志再锋利的,良剑都在其次;贼盗没有比阴阳再大的,人在天地之间,没有办法逃脱它的控制。并不是阴阳能伤害人,而是人心指使他这样。

道,通其分也;其成也,毁也。所以恶乎分者,其分也以备;所以恶乎备者,其有以备。故出而不[①],反见其鬼;出而得[②],是谓得死。灭而有实,鬼之一也。

【注释】

①不,读曰"否"。 ②得,通"德"。

【译文】

"道",就是会通万物分歧的;万物的生成,也就是它的毁灭。所以厌恶万物的分歧的,是由于把万物分歧得太完备了;所以厌恶万物分歧得太完备的,是由于有所为而求着完备。所以,生下来就无德,反而表现出他还是个鬼物;生下来就有德,他的死亡乃是德性的死亡(人还不曾死亡)。德性灭绝(无德),可是还存在着实体,这也是死鬼的一种。

以有形者象无形者,而定矣。

出无本,入无窍。有实而无乎处,有长而无本剽[①]。——有实而无乎处者,宇也;有长而无本剽者,宙也[②]。

有乎生,有乎死,有乎出,有乎入。入出而无见其形,是谓天门[③]。——天门者,无有也。万物出乎无有。

有,不能以有为有,必出乎无有。而无有一无有。圣人藏乎是。

【注释】

①剽,末也。“本剽”上本有“乎”字。今以意删。　“有长而无本剽”句下,本有“有所出而无窍者有实”九字。今以意删。　②四方上下曰宇。往古来今曰宙。　③天门者,万物之都名也。

【译文】

用有形的事物来拟象无形的事物,天地间的事物就是这样确定的。

〔天地间的事物,〕它们出来,并不依靠本体;它们进去,并不通过孔窍。有它们的实际,可是没有它们的处所;有它们的长度,可是没有它们的始末。有它们的实际,可是没有它们的处所,这就叫作宇(空间);有它们的长度,可是没有它们的始末,这就叫作宙(时间)。

有时是生存,有时是死亡,有时是出现,有时是隐藏。或是隐藏,或是出现,可是都看不到它们的形象,这就叫作“天门”(造物之门)。——天门,就是“无有”。万物就出生于“无有”。

“有”,不能够把“有”作为“有”,它必然要出生于“无有”。而“无有”,就是无有。圣人是深于这种道理的。

古之人,其知有所至矣。

恶乎至?

有以为未始有物者。至矣,尽矣,弗可以加矣。

其次,以为有物矣,将[①]以生为丧也,以死为反也。是以分已[②]。

其次,曰:始无有;既而有生,生俄而死。以无有为首,以生为体,以死为尻。孰知有无、死生之一宗[③]者,吾与之为友。

是三者,虽异,公族也,昭景也,著戴[④]也,甲氏[⑤]也,著封[⑥]也:非一也。

【注释】

①将,且也。　②虽欲均之,然必分也。　③“宗”,本作“守”,当为误字。　④“戴”,可借为“代”。著代,即世家也。　⑤甲氏,犹言大姓、豪门也。　⑥著封,犹言大国也。

【译文】

古代的人,他们〔对于宇宙〕的认识是达到一定水平的。

这一定水平到了什么程度呢?

有的以为宇宙间是不曾有万物的。这样的认识是最高明的,到达极点的,不能够再超过它的。

其次的，以为宇宙间是有万物的，并且把生存认为就是丧失，把死亡认为就是归返本元。万物就是因此而有差别的。

又其次的，是这样说：最初是"无有"的，既然有了生物，生存不久，就又死亡。把"无有"作为头部，把生存作为躯体，把死亡作为臀部。谁知道"有"和"无"、死亡和生存是一贯的道理，我就同他做朋友。

这三种认识，虽然不同，〔但是都有一定的造诣，打个比方，〕它们都是贵族，都是显族，都是世家，都是大姓，都是大国：各不相同。

有生，黬也①。披然，曰"移是"②。

尝言"移是"，非所言也；虽然，不可不知也。腊③者之有膍④，胲可散而不可散也；观室者，周于寝庙，又适其偃⑤焉。为是，举"移是"。

请尝言"移是"。

"是"：以生为本，以知为师，因乘以是非；果有名实，因以己为质⑥，使人以为己节，因以死偿节⑦。

若然者，以用为知，以不用为愚，以彻为名，以穷为辱。

"移是"，今之人也，是蜩与学鸠同于同也⑧。

【注释】

①黬，釜底黑也。 ②披然，谓分析之。移是，移动是（真理）之标准也。 ③腊者，大祭。 ④膍，牛百叶也。 ⑤偃，屏侧也。 ⑥质，主也。 ⑦偿，报也，复也。谓杀身以成名节。成而身死，故曰以死偿节也。 ⑧同于同，谓同而又同也。

【译文】

宇宙间所有的生物，如同锅底的黑炱一样，〔分不出彼此和是非。〕如果去分析它，那就叫作"移动是（真理）的界限"（自是其是）。

我们尝试着谈一谈"移动是（真理）的界限"的道理，这话是不好谈的；虽然如此，但是这个道理是不可以不知道的。〔譬如，〕年终大祭所用的牛百叶，它是兼乎可分与不可分之间的（聚散本不分）；〔又如，〕参观宫室的人，普遍地参观了宫寝、宗庙，又要到厕所里去排解（雅俗本不分）。由此可见，大多数的人都是"移动是（真理）的界限"的。

我们就尝试着谈一谈"移动是（真理）的界限"的道理吧：

一般所谓"是"（真理）：把生存作为根本，把明智作为导师，因而就在事物上加添一层是非;虽然有了名义和实际,因而就把自己作为是非的主宰,驱使别人为自己守节,因而人们就用死亡来成全自己的节操。

像这样的人,把被录用作为聪明,把不被录用作为愚蠢;把显达作为名誉,把困顿作为耻辱。

"移动是(真理)的界限",乃是现代(浅薄)之人,他和蜩蟟与小鸠的见识是完全相同的。

蹍①市人之足,则辞以放骜②;兄,则以妪③;大亲,则已矣④。故曰:至礼不人⑤,至义不物⑥,至知不谋,至仁无亲,至信辟金。

【注释】

①蹍,蹋也。 ②骜,妄也。 ③妪,谓怜爱之也。 ④大亲,犹言至亲。 ⑤"不人"上,本有"有"字。今以意删。 ⑥不物,物皆我也。

【译文】

踩着市场人的脚,就向人家道歉,说自己放肆;踩着兄弟的脚,就表示怜苦他;踩着儿子的脚,就没有什么说的。所以说:最大的礼节,分不出别人和自己;最大的正义,分不出外物和自己;最大的明智,不谋划什么;最大的仁慈,没有亲昵;最大的信用,用不着金钱作抵押。

彻志之勃①,解心之谬②,去德之累,达道之塞。

贵、富、显、严、名、利,六者,勃志也;容、动、色、理、气、意,六者,谬心也;恶、欲、喜、怒、哀、乐,六者,累德也;去、就、取、与、知、能,六者,塞道也。此四"六"者,不荡胸中,则正;正,则静;静,则明;明,则虚;虚,则无为而无不为也。

【注释】

①彻,毁也。勃,乱也。 ②谬,借为"缪"。缪,系缚也。

【译文】

要毁除意志上的悖乱,要解脱心灵上的束缚,要去掉"德"的系累,要开通"道"的蔽塞。

高贵、富有、显赫、尊严、声名、利禄,这六种,足以悖乱人的意志;容貌、行动、颜色、纹理、气息、情意,这六种,足以束缚人的心灵;憎恶、欲望、欣喜、恼怒、悲哀、欢乐,这六种,足以系累"德"的成就;离去,趋就、取得、施与、智虑、技能,这六种,足以蔽塞"道"的施行。这四项"六",不在内心荡动,心神就能够端正;心神端正,就能够进入安静；心神安静，就能够进入光明；心神光明，就能够进入虚空；心神虚空，就能够进入无为而无所不为的境界。

道者，德之钦[1]也；生者，德之光也；性者，生之质也。

性之动，谓之为；为之伪，谓之失。

知者，接也；知者，谟也。知者之所不知，犹睨也。

动以不动已之谓德，动无非我之谓治。名相反，而实相顺也。

【注释】

①钦，当借为“崟”或“岑”。岑，大也，高也。

【译文】

“道”，是“德”的极点；化生，是“德”的光辉；本性，是化生的体质。

本性的动作，叫作行为；行为的虚伪，叫作过失。

认识，是由于对事物的接触；认识，是由于对事物的谋虑。明智人所不能认识的事物，就如同斜视一方一样（不可能见全面）。

由于不得不如此而发出的行动，就叫作“德”。由于自我主张而发出的行动，就叫作“治”。“德”和“治”的名义是相反的，而实际是一致的。

羿工乎中微[1]，而拙乎使人无已誉。圣人工乎天，而拙乎人。夫工天而俍[2]乎人者，唯全人[3]能之。

唯虫能虫，唯虫能天。全人恶天，恶人之天；而况吾天乎人乎？

【注释】

①羿，古之善射人。工，巧也。　②俍，善也。　③全人，则圣人也。

【译文】

羿巧于射中微小的目标，而拙于使别人不夸奖自己。圣人巧于天道，而拙于人为。那巧于天道而且善于人为的，只有全（圣）人才能够做到。

只有虫类才能够显示虫类的本能，只有昆虫才能够现示天道的造化。全（圣）人憎恶天道，乃是憎恶人为的天道；何况我要把天道加之于人为呢？

一雀过羿，羿必得之，或也[1]；以天下为之笼，则雀无所逃。

是故，汤以庖人笼伊尹，秦穆公以五羊皮笼百里奚[2]。

是故，非以其所好而笼之，而可得者，无有也。

【注释】

①"过",本作"适"。"或",本作"威"。 ②百里奚好秦,而拘于宛,故秦穆公以五羊皮赎之于楚也。

【译文】

只要有一只麻雀飞过羿的头顶,羿必定会射下它来,这是一种骗人的说法;如果把天下作为牢笼,所有的麻雀就没有地方逃脱。

所以,殷汤用聘为厨师来牢笼伊尹,秦穆公用五色羊皮来牢笼百里奚。

所以,不用投其所好的办法去牢笼人,而能够得到人才的,这是没有的事情。

介者移画[①],外非誉也;胥靡[②]登高而不惧,遗死生也。

夫复謵不餽[③]而忘人,忘人,因以为天人矣。

故,敬之而不喜,侮之而不怒,唯同乎天和者为然。

【注释】

①移,本作"栘"。移画,不拘法度也。介者,谓一足也。移画,谓不守界限,故有不拘法度之意。介者,形体不全,放浪形骸之外,故移画也。 ②胥靡,刑徒之人也。 ③謵,借为"習"。習復或復習,即"习惯"之意。复謵不餽,即习惯而不愧也。

【译文】

一只脚的人,不拘守法度,是因为他不把非难和称誉放在心头;服劳役的罪犯,登上高处但不知道害怕,是因为他早已把死亡和生存置之度外。

那习以为常、不知内愧的人,就能够忘掉别人;忘掉别人,因而就成为契合天道的人。

所以,受致恭敬并不感到欢喜,受到凌辱并不感到恼怒的,只有混同于自然淳和之气的人才能够如此。

出怒不怒,则怒出于不怒矣;出为无为,则为出于无为矣。

欲静,则平气;欲神[①],则顺心。有为也[②]欲当,则缘于不得已[③]。不得已之类[④],圣人之道。

【注释】

①《论衡·论死》篇:"神者,伸也。"《广雅》:"伸,展也。"尹知章《管子》注:"伸,谓放恣也。""神"与"静"对文。《在宥》篇云:"神动而天随。"郭象注:"神,顺物而动。"正是其义。 ②也,犹而也。 ③缘于不得已,则所为皆当。○按:

《古书虚字集释》:“则,犹必也。” ④类,事也。

【译文】

发怒而不怒,那就是恼怒发自不怒之中;表露作为而无所作为,那就是作为表露在无所作为之中。

愿意寂静,就得平和自己的气息;愿意动作,就是顺从自己的意志。有所作为,而愿意做到得当,必然是由于不得已而去作为。由于不得已而去作为的事,便是圣人之道。

二、徐 无 鬼(十八章)

徐无鬼[1]因女商[2]见魏武侯[3]。武侯劳[4]之曰:“先生病矣[5]!苦于山林之劳,故乃肯见于寡人。”

徐无鬼曰:“我则劳于君,君有[6]何劳于我?君将盈耆欲[7],长好恶,则性命之情病矣;君将黜[8]耆欲,掔[9]好恶,则耳目病矣。我将劳君,君有何劳于我?”

武侯超然[10]不对。

少焉,徐无鬼曰:“尝语君:吾相狗也,下之质,执饱而止,是狸德也;中之质,若视日[11];上之质,若亡其一。吾相狗,又不若吾相马也。吾相马,直者中绳,曲者中钩,方者中矩,圆者中规[12],是国马也,而未若天下马也。天下马,有成材,若卹若失[13],若丧其一;若是者,超轶[14]绝尘,不知其所。”

武侯大说而笑。

徐无鬼出。女商曰:“先生独何以说吾君乎?吾所以说吾君者,横说之,则《诗》、《书》、《礼》、《乐》;从说之,则《金版》、《六弢》;事奉而有大功者,不可为数;而吾君未尝启齿[15]。今先生何以说吾君,使吾君说若此乎?”

徐无鬼曰:“吾直告之吾相狗、马耳。”

女商曰:“若是乎?”

曰:“子不闻夫越之流人[16]乎?去国数日,见其所知而喜;去国旬月,见所尝见于国中者喜;及期年[17]也,见似人[18]者而喜矣。不亦去人滋久,思人滋深乎?夫逃虚空[19]者,藜藋柱乎鼪鼬之逕[20],良位其空[21],闻人足音,跫然而喜矣;又况乎昆弟、亲戚之謦欬其侧者乎?久矣夫,莫以真人之言謦欬吾君之侧乎!”

【注释】

①徐无鬼,缗山人,魏之隐士也。司马本作“缗山人徐无鬼”。 ②女商,魏武侯幸臣。 ③魏武侯,名击,文侯之子,治安邑。 ④劳,慰劳。 ⑤病,苦也。 ⑥有,读为“又”。 ⑦耆,为“嗜”省。 ⑧黜,退也。 ⑨掔,引去也。掔,当借为“遣”。遣,犹送也。 ⑩超然,犹怅然也。超,借为“惆”。惆,失意也。 ⑪视日,瞻远也。 ⑫言其动合矩度也。 ⑬卹、失,皆惊悚若飞也。卹,谓飞驰;失,谓奔流。 ⑭轶,过也。 ⑮启齿,笑也。 ⑯流人,有罪见流徙者也。越之,谓远去也。 ⑰期年,周年。 ⑱似人,似其本国之人也。 ⑲虚空,犹言丘洞也。 ⑳柱,塞也。逕,本亦作“径”。藜、藋,野草。 ㉑位其空,谓处其空虚之间也。良位其空,谓久立其洞之上也。

【译文】

徐无鬼藉着女商的介绍,去晋见魏武侯。武侯慰劳徐无鬼说:“先生太累了!您苦于山林的劳作,所以才肯来见我吧。”

徐无鬼说:“我本来是慰劳君王来的,君王又为什么慰劳我呢?君王如果充满了嗜好和私欲,增长了爱好和憎恶,那您性命的实质就会受到损害;君王如果去掉了嗜好和私欲,摒除了爱好和憎恶,那您的耳目就会感到痛苦。我本来是慰劳君王来了,君王又为什么慰劳我呢?”

武侯感到茫然,回答不上来。

过了一会儿,徐无鬼又说:“我就对君王说吧:我会相狗,下等品质的,只能保持饱肚子就算完了,这是狸猫的性格;中等品质的,〔志气高昂,〕如同仰望太阳;上等品质的,〔精神镇定,〕如同失去自己的身体。我的相狗,还不如我相马的技术高明。我相马,〔马的步度〕,直度要合乎墨线,曲度要合乎曲线板,方度要合乎曲尺,圆度要合乎圆规,这便是盖过全国的良马,可是还不如盖过天下的良马。那盖过天下的良马,有天生的素质,如同疾风,如同奔流,如同失去自己的身体;像这样的马,奔驰迅捷,超越尘埃,不知道它飞腾的所在。”

武侯非常高兴地笑了。

徐无鬼辞别武侯出去。女商问徐无鬼说:“先生究竟把什么讲说给我们君王了呢?我所以讲说给我们君王的,在横的方面说,就是《诗》、《书》、《礼》、《乐》一类的儒学;在纵的一方面说,就是《金版》、《六弢》一类的兵法;至于事奉君王而立过大功的事迹,更是数不胜数;可是我们君王从来也没有笑过。现在,先生究竟用什么讲说给我们君王,使我们君王如此的高兴呢?”

徐无鬼说:“我只不过是告诉他我的相狗、相马的技术罢了。”

女商说:"是这样的吗?"

徐无鬼说:"您没有听说过那被流放到远方的人吗?他们离开国境几天之后,见到自己所熟悉的人,就感到欣慰;离开国境十天半月之后,见到自己在本国常见过的人,就感到欣慰;等到一周年,见到像自己本国的人,就感到欣慰了。这不是离开本国人越久,思念本国人的心情就越深了吗?那逃亡在丘洞里的人,野草都塞住了野兽来往的路途,他在这洞里住得很久了,一听到人的脚步声,他就毛发悚然地感到欣慰了;何况是他的兄弟、亲戚在他的身旁说说道道的呢?老早就这样了,我们不需要用真人的话在我们君王身旁说说道道啊!"

徐无鬼见武侯。武侯曰:"先生居山林,食芧栗,厌葱韭,以宾[①]寡人,久矣夫!今老邪?其欲干[②]酒肉之味邪?其寡人亦有社稷之福邪?"

徐无鬼曰:"无鬼生于穷贱,未尝敢饮食君之酒食。将来劳君也。"

君曰:"何哉?奚劳寡人?"

曰:"劳君之神与形。"

武侯曰:"何谓邪?"

徐无鬼曰:"天地之养也一。登高,不可以为长;居下,不可以为短。君独为万乘之君,以苦一国之民,以养耳目鼻口。夫神者,不自许[③]也。夫神者,好和而恶奸。夫奸,病也;故劳之。唯君所病之,何也?"

武侯曰:"欲见先生,久矣。吾欲爱民,而为义偃兵[④],其可乎?"

徐无鬼曰:"不可。爱民,害民之始也;为义偃兵,造兵之本也。君自此为之,则殆不成。凡成美,恶器也。君虽为仁义,几且伪哉!形固造形:成固有伐,变固外战。君亦必无盛鹤列[⑤]于丽谯[⑥]之间,无徒[⑦]骥于锱坛之宫,无藏逆于得,无以巧胜人,无以谋胜人,无以战胜人。夫杀人之士民,兼人之土地,以养吾私与吾神者,其战不知孰善,胜之恶乎在?君若勿已矣!修胸中之诚,以应天地之情,而勿撄,夫民死已脱矣。君将恶乎用夫偃兵哉?"

【注释】

①宾,本亦作"摈",摈,弃也。 ②干,求也。 ③许,与也。 ④偃,息也。 ⑤鹤列,谓兵如鹤之行列。 ⑥丽谯,高楼也。 ⑦徒,步也。

【译文】

徐无鬼去进见魏武侯。武侯对徐无鬼说:“先生居住在山林,吃着野果,饱食了野菜,而远离了寡人,日子过久了!现在,老了吧?莫非愿意求得酒肉之味吗?莫非寡人还有享受国家的福气吗?”

徐无鬼说:“我生长在贫贱之家,并不曾敢吃喝君王的酒食。我乃是慰劳君王来了。”

武侯说:“怎么,你用什么来慰劳寡人呢?”

徐无鬼说:“我慰劳君王的精神和形体。”

武侯说:“这是什么意思呢?”

徐无鬼说:“天地生养万物是齐一的。登上高处,不可以认为自己增高;住在低处,不可以认为自己减短。君王独自作为大国之君,害苦了全国的人民,来供养自己的形体。那神明的君王,并不是使天下供给自己。那神明的君王,是喜好和同,而憎恶奸私。这种奸私,便是病态;所以我就得慰劳它。可是君王所以要患这种病的,究竟是什么原因呢?”

武侯说:“我希望见到先生,日子已经很久了。我愿意仁爱人民,而为正义休止兵戈。这可不可以呢?”

徐无鬼说:“不可以。仁爱人民,便是苦害人民的开始;为正义休止兵戈,便是制造兵戈的本原。君王如果这样做,就必然没有成就。凡是成全善事,便是恶事的形成。君王虽然追求仁义,差不多要接近虚伪了!这种现象,本来就能够制造出另一种现象:做了好事,就要向人自夸;内心一动,就要和外界发生争端。君王必须不要在楼阁之中贮藏兵器,不要在宫苑之中练习兵马,不要在贪心中包藏祸心,不要以巧诈胜人,不要以谋划胜人,不要以战争胜人。那屠杀别国人民,兼并别国土地,用来供养自己私欲和精神的人,这种战争并不知道哪一方面是正义的,怎么能够取得胜利呢?君王还是不要这样做吧!君王要培养内心的忠诚,来应和天地爱物之情,而不搅扰人民,人民的死亡就能够摆脱了。君王还用得着什么休止兵戈了呢?”

黄帝将见大隗[①]乎具茨之山[②]。方明为御,昌寓骖乘,张若、謵朋前马,昆阍、滑稽后车[③]。至于襄城之野,七圣[④]皆迷,无所问涂。

适遇牧马童子,问涂焉,曰:“若知具茨之山乎?”

曰:“然。”

“若知大隗之所存乎?”

曰:“然。”

黄帝曰:“异哉!小童非徒知具茨之山,又知大隗之所存。——请问为天下。”

小童曰:“夫为天下者,亦若此而已矣,又奚事焉?予少而游于六合之内[5]。予适有瞀病[6]。长者教予曰:‘若乘日之车[7],而游于襄城之野。’今予病少痊,予又且复游于六合之外。夫为天下,亦若此而已,予又奚事焉?”

黄帝曰:“夫为天下者,则诚非吾子之事;虽然,请问为天下。”

小童辞。

黄帝又问。

小童曰:“夫为天下者,亦奚以异乎牧马者哉?亦去其害马者[8]而已矣。”

黄帝再拜稽首,称“天师”而退。

【注释】

①大隗,神名也;一云:大道也。 ②具茨,在荥阳密县东,今名泰隗山。 ③骖参,车右也。方明、滑稽等,皆是人名。在右为骖,在左为御。 ④七圣,黄帝一,方明二,昌寓三,张若四,謵朋五,昆阍六,滑稽七也。 ⑤六合之内,谓嚣尘之里也。 ⑥瞀,风眩貌。瞀,读为“眊”,谓眩眊也。 ⑦乘日之车,以日为车也。 ⑧害马者,谓造父之流。去其害马者,使马勿失其本性。

【译文】

黄帝将要去具茨山访问大隗。方明驾车,昌寓作下手,张若和謵朋作马前先行,昆阍和滑稽作马后随从。走到广漠无边的郊野,这七位圣人都迷失了方向,没有地方去问路。

恰好遇见了一个放马童子,就向他问路,说:“你知道具茨山在什么方向吗?”

放马童子说:“知道。”

又问:“你知道大隗住在什么地方吗?”

放马童子说:“知道。”

黄帝说:“奇怪啊!这个小童子不但知道具茨山在什么方向,还知道大隗住在什么地方。——我请问您治理天下的方术。”

小童子说:“那治理天下的,也只不过是和这个一样罢了,又有什么可作的呢?我小的时候,就遨游在天地四方之内。我当时有眼眩的病。年长的人就教给我说:‘你驾驶着太阳这部车,随着它在这广漠无边的郊野游玩。’现在,我的病好了一些,我就又在那天地四方之外遨游。那治理天下,也只不过和这个一样罢了,又有什么可作的呢?"

黄帝说:"那治理天下的事情,当然不是您分内之事;虽然如此,我还是请问您治理天下的方术。"

小童子没有回答。

黄帝又问他。

小童子说:"那治理天下的,和放马的又有什么不同呢?只不过是去掉那伤害马的(不要失掉它的本性)就行了。"

黄帝向他深深拜了两拜,口称小童子为"天师",就离去了。

知士,无思虑之变,则不乐;辩士,无谈说之序[1],则不乐;察士,无凌谇[2]之事,则不乐:皆囿于物[3]者也。

招世[4]之士,兴朝;中民[5]之士,荣官;筋力[6]之士,矜难[7];勇敢之士,奋患[8];兵革之士,乐战;枯槁之士[9],宿名[10];法律之士,广治;礼教之士,敬容;仁义之士,贵际。

农夫,无草莱[11]之事,则不比[12];商贾,无市井之事,则不比。

庶人,有旦暮之业,则劝;百工,有器械之巧,则壮。

钱财不积,则贪者忧;权势不尤[13],则夸[14]者悲。

势物之徒,乐变[15],遭时有所用,不能无为也。

——此皆顺比[16]于岁,不物于易[17]者也;驰其形性,潜之[18]万物,终身不反。悲夫!

【注释】

①序,端叙。 ②凌谇,谓互相触犯,互相指责也。 ③囿,犹言局限也。 ④招,借为"绍"。招世,谓继续世代,不使灭绝也。 ⑤中,得也。中民之士,即《周礼·太宰·九两》章之"二曰长以贵得民","七曰吏以治得民",故曰"荣官"也。《外物》篇云:"中民之道,进焉耳。"义亦同。 ⑥筋,肉之力也。 ⑦矜,济。 ⑧奋,舒也,振也。 ⑨枯槁之士,食芋衣褐,形容憔悴。 ⑩宿,取也。宿名,犹言取名也。 ⑪莱,除其草莱也。 ⑫比,当借为"昪"。昪,喜乐貌。 ⑬尤,甚也。 ⑭夸,虚名也。夸者,矜夸之士。 ⑮物,事也。逞势生事之徒,喜乐祸变。 ⑯比,次第也。 ⑰物,识也。不物于易,谓不识变易之理也。 ⑱之,犹于也。

【译文】

智谋之士,没有抒发思虑的事变,就不愉快;诡辩之士,没有提供谈说的事端,就不愉快;明察之士,没有倾轧争吵的事务,就不愉快:这都是局限于外物的人。

继世之士,振兴朝廷的威信;得民之士,取得光荣的官位;大力之士,急于救济患难;勇敢之士,勇于解除痛苦;兵革之士,乐意战斗;枯槁之士,求取声名;法律之士,关心政治;礼教之士,整肃仪容;仁义之士,注重交际。

农民,没有耕种的事务,就不舒服;商人,没有市场的事务,就不舒服。

平民,有了每天的业务,就精神奋勉;百工,有了器械的技巧,就精神旺盛。

钱财积聚得不多,贪婪的人就发愁;权势不大,好矜夸的人就悲伤。

逞能生事的人,喜欢发生变故,遇到用得着他的时候,他就不能不有所作为。

——这都是顺从年序、而认识变化之道的人;他们放任自己的形体和本性,淹没在万物之中,终身也不肯回头。太可怜了啊!

庄子曰:“射者,非前期而中,谓之善射,天下皆羿也。可乎?”

惠子曰:“可。”

庄子曰:“天下非有公是也,而各是其所是,天下皆尧也。可乎?”

惠子曰:“可。”

庄子曰:“然则,儒、墨、杨、宋[①]四,与夫子而五;果孰是邪?或者若鲁遽[②]者邪?——其弟子曰:‘我得夫子之道矣。吾能冬爨鼎而夏造冰矣。’鲁遽曰:‘是直以阳召阳、以阴召阴,非吾所谓道也!吾示子乎吾道。’于是为之调瑟。废一于堂,废一于室;鼓宫,宫动;鼓角,角动;音律同矣[③]。夫或改调一弦,于五音无当也;鼓之,二十五弦皆动;未始异于声,而音之君已。——且[④]若是者邪?”

惠子曰:“今夫儒、墨、杨、宋,且方与我以辩,相拂[⑤]以辞,相镇[⑥]以声,而未始吾非也。则奚若矣?”

庄子曰:“齐人蹢[⑦]子于宋者,其命阍也,不以完[⑧];其求钘钟也,以束缚[⑨];其求唐子也,而未始出域[⑩]:有遗类矣夫[⑪]!楚人寄而蹢阍者[⑫],夜半于无人之时,而与舟人斗,未始离于岑[⑬]:而足以造于怨也。”

【注释】

①“宋”,本作“秉”。　②鲁遽,人姓名也;一云,周初时人。　③废,置也。　④且,犹殆也。　⑤拂,击也。　⑥镇,压也。　⑦蹢,投也。

⑧阍，守门人也。 ⑨钘钟，似小钟而长颈。 ⑩唐，借为“亡”。 ⑪有遗类，谓对事类有所遗忘；亦即迷其心窍，不辨是非之谓也。 ⑫蹢，当读为“谪”。谪，责也。楚人寄而谪阍者，谓寄居人家，而怒责其阍者也。与下文“夜半于无人之时，而与舟人斗”，均此楚人之事，皆喻其自以为是也。 ⑬离，当读为“丽”。附丽也。岑，岸也。未始离于岑，谓船犹未近岸也。

【译文】

庄子问惠子说：“射箭的人，他所射中的并不是预期的目标，就说他善于射箭，那天下人就都成了羿了。可以不可以呢？”

惠子说：“可以。”

庄子又问：“天下是没有公认的是（真理）的，因而人们都把自己所认为是（真理）的当作是（真理），那天下人就都成了帝尧了。可以不可以呢？”

惠子说：“可以。”

庄子说：“那么，〔现在的学派，有〕儒、墨、杨、宋四家，加上先生就是五家；究竟是哪家掌握了是（真理）呢？莫非就如同鲁遽那样吗？——鲁遽的学生对鲁遽说：‘我学得老师的道术了。我能够冬天不用火烧鼎、夏天造出冰了。’鲁遽说：‘你只是以阳气招致阳气，以阴气招致阴气，并不是我所说的道术啊。’于是，他就为学生调整起琴瑟来。他把一张瑟放在中堂里，一张瑟放在内室里，弹这一张瑟的宫调，那一张瑟的宫调就振动；弹这一张瑟的角调，那一张瑟的角调就振动；所有的音律都协同起来了。如果更动一根弦，成为变调，对于本调的五音，就完全不相当了；再去弹它，二十五根弦就得都随着变动；这根弦并没有超出声调的范围，可是它却成为这张瑟的五音之主了。——〔天下没有公认的是真理〕大概就和这个道理一样吧？”

惠子说：“现在，儒、墨、杨、宋各学派正在和我争辩，用言辞相互攻击，用声势相互压制，可是不曾有人说我不对。这是怎么回事呢？”

庄子说：“齐国有这么个人，他打算让自己的儿子做个守门人，因为守门人向来是不用完全人的，他就把自己的儿子放到宋国去；可是他在取长脖钟的时候，却把它捆绑得好好的，〔恐怕伤残着它；〕他在寻求他丢失的儿子的时候，却不离开自己的范围。这是个迷住心窍的人吧！楚国又有这么个人，他寄居在人家，可是他和人家看门的人吵嘴；他在船上，船还没有靠岸，在半夜无人的时候，他和驶船的人打架。这是足以和别人结下仇怨的。”

庄子送葬，过惠子之墓。顾谓从者曰：“郢人①垩慢②其鼻端，若蝇翼，使匠石斫之。匠石运斤成风，听③而斫之，尽垩，而鼻不伤。郢人立不失容。宋元君闻之,召匠石曰:‘尝试为寡人为之。’匠石曰:‘臣则[4]尝能斫之,虽然,臣之质[5]死久矣。’自夫子之死也,吾无以为质矣!吾无言之[6]矣!”

【注释】

①郢,与“埴”声相近。埴,即涂也。 ②垩,白善土也。慢,借为“槾”。槾,涂也。 ③听,顺。 ④则,犹固也。 ⑤质,对也。 ⑥之,犹者也。

【译文】

庄子去为友人送葬,路过惠子的坟墓。庄子对跟从他的人说:“〔从前,〕有个刷墙的人,他把白土泥涂在自己的鼻尖上,像苍蝇翅膀那么大,他请匠石用斧头给他砍掉。匠石抡起斧头,好像刮风一般,顺劲砍去,把白土泥砍掉了,但伤不着鼻子。刷墙的人立在那里,面不改色。宋元君听到说这件事情,就把匠石召唤来,对他说:‘你试试为我作一下看。’匠石说:‘我本来曾经砍过这个,不过,我的对手早已死去了。’自从惠先生死去之后,没有谁能够作我的对手的了!我没有可以在一起谈论的了!”

管仲有病,桓公问之。曰:“仲父[1]之病,病[2]矣,可不谓云[3];至于大病[4],则寡人恶乎属国而可?”

管曰:“公谁欲与?”

公曰:“鲍叔牙。”

曰:“不可。其为人絜廉,善士也;其于不己若者,不比之人[5];一闻人之过,终身不忘。使之治国,上且钩[6]乎君,下且逆乎民;其得罪于君也,将弗久矣。”

公曰:“然则孰可?”

对曰:“无已,则隰朋[7]可。其为人也,上忘而下畔[8],愧不若黄帝,而哀不若己者。以德分人谓之圣,以财分人谓之贤。以贤临人,未有得人者也;以贤下人,未有不得人者也。其于国,有不闻也;其于家,有不见也。无已,则隰朋可。”

【注释】

①管仲,齐相也,是鲍叔牙之友人,桓公尊之曰仲父。父,借为“甫”。男子之美称也。 ②病,疾加也。 ③可不谓云,《列子·力命》篇作“可不讳云”,

言不可复讳而不言也。"谓"、"讳",通借字。 ④大病,死也。 ⑤"人",本作"又"。 ⑥钩,本亦作"拘"。钩,钩束。钩,借字。 ⑦隰朋,齐贤人也。⑧畔,犹望也。畔,借为眷。眷,顾也。

【译文】

管仲有病,齐桓公去探问他。桓公对管仲说:"仲老,您的病够重的了,这是用不着隐讳的;如果您一病不起,我把国家大事托付给谁呢?"

管仲说:"君王愿意托付给谁呢?"

桓公说:"鲍叔牙。"

管仲说:"不可以。鲍叔牙为人廉洁,倒是个养士;〔不过,〕他对于不如自己的人,不当作人;一听说别人的过错,就一辈子忘不掉。如果任用他执掌国家大事,在上说,将要拘于君王的意旨;在下说,将要违背人民的愿望。他得罪于君王,将要为期不远了。"

桓公说:"那么,谁可以呢?"

管仲说:"如果非让我说不可,我认为隰朋可以。隰朋的为人,在上说,他能忘掉自己的高贵,在下说,他眷念人民的疾苦;他自愧不如黄帝,而且怜悯不如自己的人。把德业分给别人,叫作圣人;把财物分给别人,叫作贤人。用贤智去接近人,没有能得到人心的;用贤智去谦虚于下人,没有不得到人心的。他对于国家琐事,有的没有听到过;他对于家庭琐事,有的没有见到过。如果非让我说不可,我认为隰朋可以。"

吴王浮于江,登乎狙之山①。众狙见之,恂然弃之而走,逃于深蓁②。有一狙焉,委蛇③攫搔④,见巧于王。王射之,敏给⑤搏捷矢⑥。王命相者趋射之⑦。狙既⑧死。

王顾其友颜不疑曰:"之⑨狙之,伐其巧,恃其便,以敖予⑩,以至此殛⑪也。戒之哉!嗟乎!无以汝色骄人哉!"

颜不疑归,而师董梧⑫,以助⑬其色,去乐,辞显;三年,而国人称之。

【注释】

①山多猕猴,故谓之狙山也。 ②蓁,棘丛也。 ③委蛇,从容也。④攫,搏也。搔,本又作"搔"。搔,谓抓也。 ⑤敏给,犹速也。 ⑥捷,速也。矢往虽速,而狙搏之。 ⑦相者,佐王猎者也。相,助也。趋,急也。⑧"既",本作"执"。既,犹即也。 ⑨之,犹是也。本或作"是"。 ⑩伐,矜

伐。敖，傲慢。　⑪殛，死也。　⑫董梧，有道者也。　⑬助，本亦作“锄”。锄，除去也。

【译文】

吴王在大江上乘船游览，登上了猴子山。许多猴子见到他们，都吓得跑开，逃进树丛里去了。独有一只猴子，它从从容容地抓住树枝乱串，在吴王面前逞能。吴王用箭射它，它很敏捷地捉住了飞箭。吴王命令左右的人都赶快射它。猴子就死掉了。

吴王回头对他的朋友颜不疑说：“这只猴子由于炫耀它的技能，恃仗它的灵便，来向我显示傲慢，以至于这样死掉。引以为戒啊！哎呀！不要用你的脸色来向人表示骄傲啊！”

颜不疑回去之后，就拜董梧作老师，用来除掉自己的骄气，摒弃娱乐，辞谢显贵，修养了三年，全国人都称赞他。

南伯子綦[①]隐几而坐，仰天而嘘。

颜成子入见，曰：“夫物之尤也[②]，形固可使若槁骸，心固可使若死灰乎？”

曰：“吾尝居山穴之中矣。当是时也，田禾一睹我，而齐国之众三贺之[③]。我必有[④]之，彼故[⑤]知之；我必卖之，彼故鬻[⑥]之。若我而[⑦]不有之，彼恶得知之？若我而不卖之，彼恶得而鬻之？嗟乎！我悲人之自丧者，吾又悲夫悲人者，吾又悲夫悲人之悲者。其后，而日远矣。”

【注释】

①南伯子綦，犹是《齐物》中南郭子綦也。　②物之尤，谓人也。人，天地之贵物也。　③田禾，齐君也。尊德，故国人贺之。　④有，本作“先”。⑤故，通“固”。固，犹乃也。　⑥鬻，买也。　⑦而，犹尚也。

【译文】

南伯子綦靠着桌子坐着，仰着脸向天叹气。

颜成子进来见他，就问：“物类中最优越的（人），形体难道可以使它像枯骨一样，心灵难道可以使它像死灰一样吗？”

南伯子綦说：“我曾经在山洞里居住过。当着这个时候，齐王田禾去看过我一次，于是齐国的群众三次向他道贺。我必然先有形体，他才知道我；我必然先要出卖，他才收买我。假如我还没有形体，他怎么能够知道我呢？假如我不出卖自己，他怎么能够收买我呢？哎呀！我悲伤那丧失了自己的人，我也悲伤那悲伤别人的人，我更悲伤那悲伤别人所悲伤的人。从此之后，这个日子可没个尽头了啊！”

仲尼之楚，楚王觞[①]之，孙叔敖执爵而立，市南宜僚受酒而祭。曰：“古之人乎，于此言已[②]！”

曰：“丘也闻‘不言之言’矣，未之尝言，于此乎言之。市南宜僚弄丸，而两家之难解[③]；孙叔敖甘寝、秉羽，而郢人投兵[④]。丘愿有喙三尺[⑤]。”

【注释】

①觞，谓以酒燕之也。 ②古人饮，必先祭；宜僚沥酒祭，故祝圣人。 ③宜僚，楚之勇士也，善弄丸。 ④郢，楚都也。投兵，即无所用也。 ⑤三尺，言长也。

【译文】

孔子到了楚国，楚国宴享他。孙叔敖端起酒爵来站着，市南宜僚接过酒来祭神。他们说：“古代的人嘛，在这时候是要说话的。”

孔子说：“我听到说过‘不用说话的说话’了，可是我并没有对别人说过这种话，我就在这里说说吧。市南宜僚玩着弹丸，就解除了两家的祸难；孙叔敖安寝恬卧，手拿羽扇，就却退了敌人，楚国人并没有动用兵戈。我愿意有三尺长的嘴（虽然很长，并不会说话）。”

彼之[①]谓不道之道，此之谓不言之辩，故德总乎道之所一，而言休乎知之所不知，至矣。

道之所一者，德不能同也；知之所不能知者，辩不能举也。名若儒、墨，而凶矣[②]。

故海不辞东流，大之至也。圣人并包天地，泽及天下，而不知其谁氏。故生无爵，死无谥[③]，实不聚，名不立。此之谓大人。

狗不以善吠为长，人不以善言为贤；而况为大乎？夫为大不足以为大，而况为德乎？

夫大备矣，莫若天地；然奚求焉？而大备矣。知大备者，无求，无失，无弃，不以物易己也。

反己而不穷，循古而不摩[④]，大人之诚[⑤]。

【注释】

①之,犹则也。 ②夫儒、墨欲同所不能同,举所不能举,故凶。若,犹以也。 ③生有名位,死有谥号,所以表其实也。 ④摩,消灭也。 ⑤诚,实也。

【译文】

在那一方面就叫作不用称道的“道”,在这一方面就叫作不用语言的论辩,所以,“德”要总归在“道”所齐一的境界,言论要休止在明智所不能够知道的所在,这就算达到顶点了。

“道”所要齐一的,“德”不能和它相混同;明智所不能知道的,争辩也不能解决。加上儒、墨的名称,那就凶险了。

所以,大海不退辞奔向东方的流水,是因为它浩大到极点了。圣人的德业,兼包天地;圣人的恩泽,普及天下;可是并没有人知道他姓甚名谁。所以,他在生前没有官位,在死后没有谥号,实际也不积聚,声名也不树立。这就叫作大人。

狗不能因为它善于叫就叫作好狗,人不能因为他善于说话就叫作贤人;何况是营求“大”呢?那营求“大”的人,不足以称为“大”;何况是营求“德”的呢?

那广大具备的,没有比得上天地的了;然而天地有什么希求的呢?可是它们却广大具备了。知道广大具备的人,没有希求,没有丧失,没有遗弃,不因为外物而动摇自己。

反还本性,而不受到困穷;遵循古道,而不遭到磨灭,这便是古人的实际。

子綦①有八子,陈诸前,召九方歅②曰:“为我相吾子,孰为祥。”

九方歅曰:“梱③也为祥。”

子綦瞿然④喜曰:“奚若?”

曰:“梱也将与君同食,以终其身。”

子綦索然出涕⑤曰:“吾子何以至于是极⑥也?”

九方歅曰:“夫与国君同食,泽及三族⑦,而况父母乎?今夫子闻之,而泣,是御⑧福也。子则祥矣,父则不祥。”

子綦曰:“歅,汝何足以识之?而⑨梱祥邪,尽于酒肉,入于鼻口矣,而何足以知其所自来?吾未尝为牧,而牂生于奥⑩;未尝好田,而鹑生于宎⑪。若勿怪⑫,何邪?吾所与吾子游者,游于天地,吾与之邀⑬乐于天,吾与之邀食于地,吾不与之为事,不与之为谋,不与之为怪;吾与之乘天地之诚,而不以物与之相撄;吾与之一委蛇⑭,而不与之为事所宜。今也,然[15]有世俗之偿焉。凡有怪征者,必有怪行。殆乎!非我与子之罪,几天与之也!吾是以泣也。”

无几何,而使梱之于燕,盗得之于道。全而鬻之,则难;不若刖之,则易。于是刖之,而鬻于齐。适当渠公之街[16],然身食肉而终。

【注释】

①子綦,楚司马子綦也。 ②九方歅,善相马人。《淮南子》作“九方皋”。 ③梱,子綦子名。 ④瞿然,惊视貌。 ⑤索然,涕下貌。 ⑥极,凶极。 ⑦三族,谓父、母族,妻族也。 ⑧御,距也,逆也。 ⑨而,犹如也。 ⑩牂,牝羊也。奥,豕牢也。 ⑪宎,窟也。 ⑫若,此也。勿,犹非也。 ⑬邀,求也。 ⑭委蛇,犹纵任也。一,犹常也。 ⑮然,犹乃也。 ⑯当,当为“掌”;渠,当为“康”。齐康公,名贷,见《史记·齐世家》。街,当为“闺”。盖梱卖于齐,适为康公守闺,即刖鬻之齐君,为阍人也。

【译文】

楚国司马子綦有八个儿子,他把他们排列在自己面前,召来了方士九方歅,对九方歅说:“你给我相相我这几个儿子,哪一个命运好。”

九方歅说:“梱儿的命运好。”

子綦惊喜地说:“怎么样呢?”

九方歅说:“梱儿将来要和君王在一起吃饭,直到终身为止。”

子綦的眼泪刷地落下来,对九方歅说:“我儿子的命运为什么凶恶到这般地步呢?”

九方歅说:“那和君王在一起吃饭的人,三族都沾他的光,何况是父母呢?现在,先生听到这些,就哭起来,这是抵御福气啊!儿子的命运是好的,父亲的命运却是不好的。”

子綦说:“歅,你怎么能够知道其中的缘故呢?如果梱儿的命运好吧,他享受尽了酒肉之味,都进入到他的鼻子嘴里,可是他怎么能够知道这些东西是从哪里来的呢?我并没有放过羊,可是羊群却生长在我家的圈里;我并不爱好打猎,可是鹌鹑却生长在我家的窝里。这不是奇怪,又是什么呢?我所和我儿子一同遨游的,是遨游在天地之间。我和他向天要求快乐,向地要求食物;我不和他一同做事,不和他一同谋划,不和他一同作怪;我和他一同依从天地的实质,可是并不因为事物而和他相搅扰;我和他经常是为所欲为,可是不和他选择适合于自己的事物。现在,我却得到了世俗上的酬报。凡是有奇怪的征验的,必然要有奇怪的行为。危险啊!这并不是我和我儿子的罪过,大概是上天降给我们的啊!我所以就哭了啊!”

不多久,子綦使梱儿到燕国去,强盗在路上捉住了他。肢体完全地把他卖出,就困难;不如把他的脚砍掉,卖掉就容易。于是强盗把他的脚砍掉了,卖给了齐国;恰好,他当了齐康公的守门人,就吃了一辈子的肉食。

齧缺遇许由,曰:“子将奚之?”

曰:“将逃尧。”

曰:“奚谓[①]邪?”

曰:“夫尧,畜畜然仁[②],吾恐其为天下笑。后世其人与人相食与!夫民,不难聚也;爱之,则亲;利之,则至;誉之,则劝;致其所恶,则散。爱、利,出乎仁义。捐仁义者寡,利仁义者众。夫仁义之行,唯且无诚,且假夫禽贪者器[③],是以一人之断制利天下,譬之一覕[④]也。夫尧,知贤人之利天下也,不知其贼天下也。夫唯外乎贤者知之矣。”

【注释】

①谓,犹为也。 ②畜畜,犹煦煦。 ③且,犹是也,乃也。者,犹之也。禽贪,犹贪婪也。禽贪者器,贪婪之器也。 ④覕,瞥见貌。

【译文】

齧缺遇见了许由,齧缺问许由说:“你要到哪里去呢?”

许由说:“我要逃避帝尧。”

齧缺问:“为什么呢?”

许由说:“那帝尧,温温厚厚地仁爱人民,我恐怕他要被天下人所嗤笑。后世大概就要人吃人了啊!这人民,是不难聚集的;你爱护他们,他们就亲近你;你帮助他们,他们就归附你;你奖励他们,他们就肯替你出力;你做他们所憎恶的事情,他们就离开你。爱护和帮助,是出乎仁义之心。捐施仁义的少,利用仁义的多。这仁义的行为,实际并不是真诚的,乃是假着贪婪的工具(政权),是用一个人的断定来统治利用天下;这就如同一瞥眼一样,〔是不会看到全面的〕。那帝尧,他只知道贤人有利于天下,而不知道他们是贼害天下。这个道理,只有把贤人摒弃在外的人才能够领会啊。”

有暖姝[①]者,有濡需[②]者,有卷娄[③]者。

所谓暖姝者,学一先生之言,则暖暖姝姝,而私自说也;自以为足矣,而不知未始有物也。是以谓暖姝者也。

濡需者，豕虱也：择疏鬣，自以为广宫大囿；奎蹏[4]曲隈、乳间、股邵[5]，自以为安室利处；不知屠者之一旦鼓臂布草、操烟火，而己与豕俱焦也。此以域进，此以域退，此其所谓濡需者也。

卷娄者，舜也：羊肉不慕蚁，蚁慕羊肉，羊肉，膻也。舜有膻行，百姓悦之；故三徙成都，至邓之虚，而十有万家[6]。尧闻舜之贤，举之童土之地[7]，曰，冀得其来之泽[8]。舜举乎童土之地，年齿长矣，聪明衰矣，而不得休归。所谓卷娄者也。

是以神人恶众至。众至，则不比[9]；不比，则不利也。故无所甚亲，无所甚疏，抱德炀[10]和，以顺天下。此谓真人。

【注释】

①暖，借为“愃”，愃，快也。姝，通“侏”，实借为“愚”。愚，无所知也。 ②濡需，借为“懦耎”，谓偷安须臾之谓。 ③卷娄，谓背项俯曲，向前挛卷而伛偻也。 ④奎，两髀之间。蹏，“蹄”本字。 ⑤“邵”，本作“脚”。股邵，犹股隙也。 ⑥邓，邑名。虚，本又作“墟”。 ⑦童土，土地无草也。 ⑧云望得舜来而施泽也。 ⑨比，和也，乐也。 ⑩炀，借为“养”。

【译文】

有欢快蒙昧的人，有苟且偷安的人，有卷曲不伸的人。

所谓欢快蒙昧的人，他学到一位老师的言论，便欢欢快快，蒙蒙昧昧，暗中自喜，自以为满足，而不知道自己并不曾得到什么东西。所以叫作欢快蒙昧的人。

所谓苟且偷安的人，就像猪身上的虱子一样；它选择在鬃毛稀少的地方，自以为是宽宫大苑；选择在大腿根和蹄子的弯曲地方、乳房或大腿的空隙地方，自以为是安全处所；却不料屠夫一旦挽起胳膊，放置好柴草，点起烟火，而自己就和猪一同被烧焦了。这是随域而进、随域而退的办法。这就叫作苟且偷安的人。

所谓卷曲不伸的人，就和大舜一样。羊肉不羡慕蚂蚁，蚂蚁羡慕羊肉，因为羊肉有膻气。大舜就有膻气的行为，百姓们都喜欢他；所以他三次搬家，所到之处，都成了都邑，到了邓邑这个地方，就集聚成十万多家。帝尧听说大舜贤明，就推举他到草木不生的地方去，说是希望得到他来到那个地方的恩泽。大舜被举到草木不生的地方，年龄太大了，聪明衰退了，可是还得不到休息。这就叫作卷曲不伸的人。

所以，神人厌恶众人归附自己。众人来归附，就不得和乐；不得和乐，就对自己不利。所以，没有太亲近的人，没有太疏远的人，抱守道德，保养淳和，来顺从天下，这便叫作真人。

于蚁弃知,于鱼得计[①],于羊弃意;以目视目,以耳听耳,以心复心。若然者,其平也绳,其变也循,古之真人。

以天待人[②],不以人入天,古之真人。

【注释】

①于,犹如也。计,虑也。得计,犹得意也。　②"待人",本作"待之"。

【译文】

像蚂蚁似地抛弃智慧,像鱼似地悠然自得,像羊似地抛弃意志;用自己的眼睛看自己的眼睛,用自己的耳朵听自己的耳朵,用自己的心灵回复自己的心灵。像这样的人,他的平正如同墨线,他的机变遵循自然。这便是古代的真人。

用天道期待人为,不用人为进入天道。这便是古代的真人。

得之也生,失之也死;得之也死,失之也生[①];药也。其实,堇也,桔梗也,鸡廱也,豕零也[②],是时为帝者也[③]。何可胜言?

【注释】

①也,犹者也。　②堇,乌头也,治风冷痹。桔梗,治心腹血瘀瘕痹。鸡廱,即鸡头也,一名芡,与藕子合为散,服之,延年。豕零,一名猪苓,根似猪卵,可以治渴。　③时者,更也。帝,主也。言堇、桔梗、鸡廱、豕零,更相为主也。

【译文】

得到它的就能生存,失掉它的就会死亡;得到它的就能死亡,失掉它的就会生存;这便是药的功能。其实,乌头、桔梗、鸡头、猪苓这些药物,〔在处方里,〕是迭相为主的。其中的妙蕴是说不尽的。

句践也以甲楯三千栖于会稽[①],唯种也能知亡之所以存,唯种也不知身之所以愁[②]。

故曰:鸱目有所适,鹤胫有所节[③],解[④]之也悲。

故曰:风之过河也,有损焉;日之过河也,有损焉。请[⑤]只风与日相与守河,而河以为未始其撄[⑥]也。恃源而往者也。

故水之守土也审,影之守人也审,物之守物也审。

故目之于明也殆,耳之于听也殆,心之于殉[⑦]也殆:凡能其于府也殆。殆之成也不给[⑧]改,祸之长也兹萃[⑨];其反也缘功[⑩],其果[⑪]也待久。而人以为己宝,不亦悲乎?

故亡国戮民无已,不知问是也。

故足之于地也践,虽践,恃其所不蹍,而后善[12]博也。人之于知也少,虽少,恃其所不知,而后知天之所谓[13]也。

【注释】

①句践,越王也。会稽,山名也。越为吴军所残,窘迫退走,栖息于会稽山上也。楯,借为"盾"。 ②种,越大夫名也。姓文,字少禽。 ③节,犹适也。 ④解,去也。 ⑤请,当借为"情"。情,实也。 ⑥其,犹之也。未始其撄,未始之撄也,犹言未曾撄之也。 ⑦殉,借为"睿"。睿,深明也,通也。目之于明,耳之于聪,心之于殉,皆倒装语,犹言明之于目,聪之于耳,睿之于心也。 ⑧不给改者,不疾改也。给,捷也,急也。 ⑨兹,多也。萃,聚也。 ⑩缘,废也。功,事也。 ⑪果,犹终也。 ⑫善,滨也,滨尽物理也。 ⑬谓,犹为也。

【译文】

〔吴国灭掉越国,〕越王勾践率领着三千士卒,退到会稽山上,只有文种能知道越国灭亡之后为什么可以存在,只有文种不知道自己为什么遭到祸患。

所以说:猫头鹰的眼睛有它适宜的所在,仙鹤的腿有它适宜的所在,给它们去掉,它们就有苦痛。

所以说:风经过河水,河水要有亏损;太阳经过河水,河水要有亏损。实际上风和太阳只是互相守着河水,而河水以为它们不曾侵犯它。这是由于它依仗着源泉而得以奔流不息的。

所以,水守着土是明显的事实,影子守着人是明显的事实,物类守着物类是明显的事实。

所以,明察对于眼睛有危害,聪彻对于耳朵有危害,思虑对于心灵有危害:一切本能对于人身器官都有危害。危害形成之后,如果不赶紧改变,灾祸的滋长就要变本加厉;危害的反复足以败坏事业,危害的后果也要停留永久。可是人们却以为这是自己的宝物,不也太可怜了吗?所以,世界上总是有被灭亡的国家和被侮辱的人民,永远也消除不掉,可是人们并不知道过问这些。

所以,脚对于土地是要践踏的,虽然践踏,必须依靠自己所没有走到的,然后才能伸张广泛;人对于知识是缺少的,虽然缺少,必须依靠自己所不知道的,然后才能知道上天的作为。

知大一①,知大阴②,知大囼③,知大均④,知大方⑤,知大信⑥,知大定⑦,至矣。

大一通之,大阴解[8]之,大囮视之,大均缘[9]之,大方体之,大信稽之,大定持之。

尽[10]有天,循有照,冥有枢,始有彼[11]。

则其解之也,似不解之者;其知之也,似不知之也。不知,而后知之。

其问之也,不可以有崖,而[12]不可以无崖。

颉滑[13]有实,古今不代,而不可以亏。则可不谓有大扬搉[14]乎?阖[15]不亦问是已?奚惑然为[16]?

以不惑解惑,复于不惑。是以尚[17]大不惑。

【注释】

①大一,即"太一",即天地生成之先淳和一体之气也。《易传》谓之"太极"。 ②大阴,即《田子方》篇所谓"至阴肃肃"之"至阴"也,《易传》谓之"至柔"。道家以阴柔为主,《老子》所谓"天下之至柔驰骋天下之至刚"者也。 ③大囮,本作"大目",不辞。"目"当系"囮"之误。囮,大明也。 ④大均,谓天地均平之化者也。 ⑤方,则也。大方,犹言大法也,天则也。 ⑥大信,犹言"大象",《老子》所谓"大象无形"者是也。或谓之"太真"。 ⑦大定,谓天地间之自然静力也。 ⑧解者,缓也。 ⑨缘,顺也。 ⑩尽,当借为"进"。进,生也。谓生息也。 ⑪大始之中,而彼我之端见。 ⑫按:而,犹亦也。 ⑬颉滑,谓错乱也。 ⑭扬搉,粗略法度。 ⑮阖,借为"曷"。 ⑯然为,犹云"乎哉"。 ⑰尚,曾也;有"乃"之义。

【译文】

领会了太一(太始),领会了太阴(至柔),领会了大明(天光),领会了太均(大化),领会了大方(天则),领会了大信(大象),领会了太定(太宁),这个人的造诣就达到顶点了。

太一能够导通万物,太阴能够缓和万物,大明能够观察万物,太均能够顺理万物,大方能够体现万物,大信能够稽考万物,太定能够持守万物。

万物生息,有天的主使;万物顺行,有天的明照;在幽冥之中,有枢机的运转;在元始之中,有彼我的对立。

所以,那了解的,好像是不了解;那知道的,好像是不知道。不知道,而后才能够知道。

在发问的时候,不可以有边际,也不可以没有边际。

万物杂陈,各有真实;古今承续,不相更代;而不可能有所亏损。这能说不是有个大的梗概吗？何不也问问这个呢？这有什么可迷惑的呢？

用不迷惑解释迷惑，反还到不迷惑，所以就成为大的不迷惑。

三、则　阳(十四章)

则阳[1]游于楚,夷节[2]言之于王。王未之见。夷节归。

彭阳见王果[3],曰:“夫子何不谭[4]我于王?”

王果曰:“我不若公阅休[5]。”

彭阳曰:“公阅休何为者邪?”

曰:“冬则擉[6]鳖于江,夏则休乎山樊[7]。有过而问者。曰:‘此吾宅也。’——夫夷节已不能,而况我乎?吾又不若夷节。

“夫夷节之为人也,无德而有知;不自许,以之神其交,固颠冥[8]乎富贵之地;非相助以德,相助消也。夫冻者假衣于春,暍[9]者反冬乎冷风。

“夫楚王之为人也,形尊而严,其于罪也,无赦,如虎。非夫佞人正德,其孰能挠焉[10]?

“故圣人,其穷也,使家人忘其贫;其达也,使王公忘爵禄而化卑;其于物也,与之为娱矣[11];其于人也,乐物之道[12],而保己焉。故或不言,而饮人以和;与人并立,而使人化,父子之宜;彼其[13]乎归居,而一闲其所施[14],其于人心者,若是其远也。故曰:待公阅休。”

【注释】

①名则阳,字彭阳也;一云,姓彭,名则阳;周初人也。一云,姓彭,名阳,字则阳,鲁人。　②夷节,楚人。　③ 王果,楚贤人。　④谭,说也。　⑤公阅休,隐士也。　⑥擉,刺也。　⑦樊,边也。　⑧颠冥,犹迷惑也。　⑨暍,伤暑也。　⑩唯正德以道服之,佞人以才辩夺之,故能泥挠之也。　⑪矣,当为“娭”省。字亦通作“嬉”。　⑫道,通也。　⑬其,借为“期”。　⑭ 一,犹常也。一闲其所施,犹言常闲其所行也。

【译文】

则阳在楚国游历，楚大夫夷节告诉给了楚王，楚王没有接见则阳。夷节回去了。

则阳见到了楚国贤人王果，他对王果说："先生何不向楚王谈谈我的事情呢？"

王果说："我不如公阅休啊。"

则阳问："公阅休是干什么的呢？"

王果说："公阅休，冬天，他就到江里去捉鳖；夏天，他就到山林休息。有过访的人问他。他说：'这就是我的家园。'——那夷节已经不能这样做，何况是我呢？我又不如夷节。

"那夷节的为人，没有德操，但有智慧；不称扬自己，藉以神秘自己的交游，经常颠迷于富贵的地方；他不是用德操帮助别人，而是帮助别人消损自己的名望。〔这就如同〕受冻的人等到春天才借给他衣服，伤暑的人回到冬天才得到凉风。〔这对你有什么帮助呢？〕

"那楚王的为人，形貌尊严可怕，他对于罪犯，概不赦免，凶暴得像老虎一般。除非是口才便利或品德端正的人，谁能够说服他呢？

"所以，圣人，在穷困的时候，他能够使全家忘掉自己的贫苦；在显达的时候，他能够使王公忘掉自己的尊贵，而化为卑逊；他对于万物，和它们一同娱乐；他对于群众，喜爱事物的顺通，而保重自己。所以，他不轻易说话，而是同群众和悦相处；他和群众依傍在一起，能使群众有所变化，就如同父子之间那样协调；他期求着居处田园，而经常行动悠闲。他对于人的心理，距离是这样遥远。所以说：〔你如果希望向楚王推荐，〕还得等待着公阅休。"

圣人达绸缪①，周尽一体矣，尚不知其所以然，性也。复命摇作②，而以天为师，人则从而命③之也。

忧乎知④，而所行恒无幾，时其有止也。若之何？

生而美者，人与之鉴⑤；不告，则不知其美于人也。若知之，若不知之；若闻之，若不闻之；其可喜也，终无已；人之好之，亦无已；性也。

圣人之爱人也，人与之名；不告，则不知其爱人也。若知之，若不知之；若闻之，若不闻之；其爱人也，终无已；人之安之，亦无已；性也。

【注释】

①绸缪，深奥也。 ②复命，静也；摇作，动也。 ③命，名也。 ④忧，当

借为"优",实为"瀀"。优,饶也;瀀,泽多也。 ⑤鉴,察也。

【译文】

圣人是明通天地蕴奥、遍知万物一体之理的了,可是他不知道其中的所以然。这是人的本性。他的静止和行动,总以上天为师法,人们就从而把他称作圣人。

知识丰富,可是在行动方面经常是寥寥无几,而且有时停滞不前。这样的人怎么样呢?

生来美丽的人,是别人给他的鉴定;别人不告诉他,他就不知道自己比别人美丽。好像知道,好像不知道;好像听到说,好像没听到说;他的讨人喜欢,就没有个休止;人们喜欢他,也就没有个休止。这是人的本性。

圣人的仁爱人民,是别人给他的名义;别人不告诉他,他就不知道自己仁爱人民。好像知道,好像不知道;好像听到说,好像没听到说;他的仁爱人民,就没有个休止;人们安于这种仁爱,也就没有个休止。这是人的本性。

旧国、旧都,望之畅然①;虽使丘陵、草木之缗入②之者十九,犹之畅然;况见见闻闻③者也?以十仞之台县众间者也④。

【注释】

①畅然,喜悦貌。 ②缗,谓绵延或蔓延也。 ③见见闻闻,见所见,闻所闻。 ④县,古"悬"字。悬,犹停也。

【译文】

旧国、旧都,人们望见它,感到心情舒畅;纵然它被草木蔓延进去了十分之九,还是感到心情舒畅;何况是见到所要见到的、听到所要听到的事物呢?那就如同把十来丈高的楼台停置在众人的面前一样,〔心情更加舒畅了。〕

冉相氏得其环中,以随成兴物①;无终无始,无幾无时②。日与物化者,一不化者也③。阖尝舍之④?

夫师天,而不得师天,与物皆殉;其以为事也,若之何?

夫圣人,未始有天,未始有人,未始有始,未始有物⑤;与世偕行,而不替⑥;所行之备⑦,而不洫⑧。其合之也,若之何?

【注释】

①冉相氏,当为寓名。冉,当借为"奄"。相,当借为"象",实为"像"。奄,大也。相,质也。冉相,犹《老子》所谓"大象无形"者也。环中之义,详见《齐物论》"枢得其环中,以应无穷"下。得,犹制御也。兴物,本作"与物",当涉下文两"与

物”而误。兴物,犹生物也。 ②无始,无过去;无终,无未来也。无幾无时,无见(现)在也。体化合变,与物俱往,故无三时也。 ③一,犹乃也。 ④阖,何也。 ⑤有,借为“囿”。谓局限之也。物,即“物故”之“物”,正字当作“歾”,音“没”。歾,终也。始、物,即始、终,相对为文。 ⑥替,偏废也。偏废,与“偕行”正相反。 ⑦之,犹者也。 ⑧洫,音“溢”,滥也。

【译文】

冉相氏控制着宇宙圆环的中心,来顺随万物,生成万物,无所谓终结,无所谓开始,无所谓日期,无所谓时节。天天随同万物变化的,乃是不曾变化的。可是何尝失掉过变化呢?

有的效法天道,而效法不了天道,和万物共同有所追求;如果用他来应付事物,怎么样呢?

那圣人,不曾局限于天道,不曾局限于人为,不曾局限于元始,不曾局限于终结,他和世界共同前进,并不有所废弛;他所施行的相当完备,并不有所泛滥。他的和合天道,怎么样呢?

汤得其司御[①],门尹登恒[②]为之傅之[③]。从师而不囿,得其随成。为之师,其名;之名[④],赢法[⑤],得其两见。仲尼之尽虑,为之傅之。

【注释】

①其,犹以也。下同。司,主也。御,治也。得其司御,得以主治天下也。②向秀,门尹,官名。登恒,人名。 ③之,犹焉也,语已词也。 ④之,犹致也。谓招来之也。 ⑤赢,借为“赢”。益也。

【译文】

殷汤得以主治天下,门尹登恒作为他的师傅。他从学于师傅,而不被师傅所局限,因而得以顺成事务。他作为天下君主,只是一个名义;他获取了〔为君〕的名义,促进了〔用贤〕的法度,获得了双重的业绩。孔子穷究思虑的言论,是可以作为君主的师傅的。

容成氏[①]曰:除日,无岁;无内,无外[②]。

【注释】

①容成氏,老子师也。与《胠箧》篇之容成氏为上古之君者,非一人。 ②无内,无外,谓如无内心,即无外界;亦即无我之存在,即无物之存在之意也。

【译文】

容成氏说:除去日子,就不可能积成年岁;没有内心(精神)的存在,就不可能有外界(物质)的存在。

魏莹与田侯约[1],田侯牟[2]之。魏莹怒,将使人刺之。

犀首[3]闻而耻之,曰:“君为万乘之君也,而以匹夫从仇[4]。衍请受甲二十万,为君攻之,虏其人民,系其牛马,使其君内热发于背,然后拔其国,忌也[5]出走;然后挟[6]其背,折其脊。”

季子[7]闻而耻之,曰:“筑十仞之城,城者既七[8]仞矣,则又坏之,此胥靡[9]之所苦也。今兵不起七年矣,此王之基也。衍,乱人,不可听也。”

华子[10]闻而丑之,曰:“善言[11]伐齐者,乱人也;善言勿伐者,亦乱人也;谓伐之与不伐乱人也者,又乱人也。”

君曰:“然则若何?”

曰:“君求其道而已矣。”

惠子闻之,而见戴晋人[12]。

戴晋人曰:“有所谓蜗[13]者,君知之乎?”

曰:“然。”

“有国于蜗之左角者,曰触氏;有国于蜗之右角者,曰蛮氏;时相与争地而战,伏尸数万;逐北[14],旬有五日而后反。”

曰:“噫!其虚言与?”

曰:“臣请为君实之。君以[15]意,在四方上下有穷乎?”

君曰:“无穷。”

曰:“知游心于无穷,而反在通达之国[16],若存若亡乎?”

君曰:“然。”

曰:“通达之中有魏,于魏中有梁[17],于梁中有王。王与蛮氏,有辩乎?”

君曰:“无辩。”

客出,而君惝然[18]若有亡也。

客出,惠子见。

君曰:“客,大人也!圣人不足以当之!”

惠子曰:“夫吹管,犹有嗃[19]也;吹剑首者,吷而已矣[20]。尧、舜,人之所誉也;道尧、舜于戴晋人之前,譬犹一吷也!"

【注释】

①魏莹,魏惠王也。田侯,齐威王也,桓公子。约,盟也。誓约在惠王二十六年。 ②"牟"下本有"背"字。"背"字系误衍。今据删。牟,当借为"婺"。婺,不繇也。不繇,不从也,即背也。 ③犀首,卫官名,若今虎牙将军。公孙衍为此官。 ④从仇,犹报仇也。 ⑤田忌,齐将也。 ⑥抶,笞击也。 ⑦季子,魏臣。 ⑧"七",本作"十",误。 ⑨胥靡,徒役人也。 ⑩华子,亦魏臣也。 ⑪善,巧。 ⑫惠子,惠施也。戴晋人,梁国贤人。惠施荐之于王。见,谓为之介也。 ⑬蜗虫,有两角,俗谓之蜗牛。 ⑭军走曰北。 ⑮以,犹之也。 ⑯人迹所及为通达,谓今四海之内也。 ⑰昔在河东,号为魏;魏为强秦所逼,徙都于梁。 ⑱惝然,怅恨貌也。 ⑲嗃,管声也。 ⑳剑首,谓剑环头小孔也。吷然,如风过。

【译文】

魏惠王和齐威王订立过盟约,齐威王背弃了盟约。魏惠王恼怒了,将要派人去刺杀齐威王。

将军公孙衍听说这件事情,感到可耻,就对魏惠王说:"君王是一个大国之君,可是派一个平民去报仇。我愿意受领大军二十万,为君王去讨伐齐国,俘虏它的人民,牵走它的牛马,使它国王的内热从背部发泄出来,然后倾覆了他的国家,将大将田忌赶走;然后再打伤他的背部,折断他的脊骨。"

魏臣季子听到公孙衍这番话,感到可耻,就对魏惠王说:"譬如筑十丈高的城墙,已经筑好了七丈,可是又把它毁坏,这是劳役们最痛苦的事情。现在已经有七年不打仗了,这是我们国家兴旺的基础。公孙衍是个昏乱的人,他的话是听不得的。"

贤士华子听到公孙衍和季子这番话,感到都浅薄,就对魏惠王说:"花言巧语地说讨伐齐国的,是昏乱的人;花言巧语地说不要讨伐齐国的,也是昏乱的人;花言巧语地说讨伐和不讨伐都是昏乱的人,也是昏乱的人。"

魏惠王说:"那么,怎么办呢?"

华子说:"君王只要追求'道'就行了。"

惠施听说这件事,〔恐怕魏惠王不能领悟,〕就在魏惠王面前推荐了戴晋人。

戴晋人对魏惠王说:"有一种叫作蜗牛的东西,君王知道吗?"

魏惠王说:"知道。"

戴晋人说:"有在蜗牛的左触角上建立国家的,名字叫作触氏;有在蜗牛的右触角上建立国家的,名字叫作蛮氏;两国经常因为争夺土地而掀起战争,死在战场的尸首就有几万具;他们追赶败兵,十五天才能够返回来。”

魏惠王说:“哈！这大概是谎话吧?”

戴晋人说:“我愿意为君王证实这件事情。依君王的意思说,在天地四方上下之中,有没有穷尽呢?”

魏惠王说:“没有穷尽。”

戴晋人说:“如果把心神遨游在无穷无尽的境域之中,再返还到四通八达的各国之间,就感到似有似无的一样,君王知道这个道理吗?”

魏惠王说:“知道。”

戴晋人说:“四通八达的各国之间有个魏国,魏国之中又有个梁邑,梁邑之中有个君王。这个君王和蛮氏相比,有没有分别呢?”

魏惠王说:“没有分别。”

戴晋人走后,魏王就不知所措地如同丢了什么东西似的。

戴晋人走后,惠施就进见魏惠王。

魏惠王对惠施说:“方才那位客人,他是个伟大的人啊！圣人是不可能赶得上他的!”

惠施说:“那吹竹管儿的,还有个呜呜的声音;那吹剑环儿的,只是小风掠过就完了。帝尧和大舜,是人们所称道的;如果把帝尧和大舜的事迹在戴晋人的面前去谈,就如同小风掠过一样啊!”

孔子之楚,舍于蚁丘之浆①。其邻有夫妻臣妾登极②者。子路曰:“是稯稯③何为者邪?”

仲尼曰:“是圣人仆④也。是自埋于民,自藏于畔⑤,其声销,其志无穷;其口虽言,其心未尝言;方且与世违,而心不屑与之俱:是陆沈者⑥也。是其市南宜僚邪?”

子路请往召之。

孔子曰:“已矣。彼知丘之著⑦于己也,知丘之适楚也,以丘为必使楚王之召己也;彼且以丘为佞人也。夫若然者,其于佞人也,羞闻其言,而况亲见其身乎？而何以为存⑧?”

子路往视之,其室虚矣。

【注释】

①蚁丘,丘名。浆,卖浆家。　②极,谓丘之高处。登极,所以逃孔子之访问也。　③稯稯,聚貌。　④仆,犹徒也。　⑤修田农之业,是隐藏于陇

畔。　⑥陆沈，当显而反隐，如无水而沈也。　⑦著，明也。　⑧而，汝也。存，劳问也，省视也。

【译文】

孔子在往楚国去的路上，住在蚁丘一个卖浆人的家里。这家的邻居有夫妻二人和仆人一同登上蚁丘之顶的。子路问："这一群人是干什么的呢？"

孔子说："这是圣人一流的人物。这个人自己埋没在人民当中，自己隐藏在田地一边；他的声名是销散的，他的心志是漫无边际的；他的嘴虽说话，可是他的内心并不曾说话；他正在和世俗相违反，而且他的内心不屑于和世俗在一起：他是埋没在世界之上的人啊。这大概就是市南宜僚吧？"

子路请求把他请过来。

孔子说："算了吧。他知道我了解他，他知道我往楚国去，以为我必定要使楚王召唤他；他并且以为我是个花言巧语的人。像这样的人，他对于花言巧语的人，听到他们的话就觉得可耻，何况是亲眼见到他们的人呢？你为什么要探望他去呢？"

子路去看他，他的屋内已经空荡荡了。

长梧封人问[①]子牢[②]曰："君为政，焉勿卤莽；治民，焉勿灭裂[③]。昔予为禾[④]，耕而卤莽之，则其实亦卤莽而报予；芸而灭裂之，其实亦灭裂而报予。予来年[⑤]变齐[⑥]，深其耕而熟耰[⑦]之，其禾繁以滋，予终年厌[⑧]飧。"

庄子闻之，曰："今人之治其形，理其心，多有似封人之所谓。遁其天，离其性，灭其情，亡其神，以众为[⑨]。故卤莽其性者，欲恶之孽[⑩]，为性萑苇：蒹葭[⑪]始萌，以扶[⑫]吾形，寻[⑬]擢吾性：并溃、漏发，不择所出[⑭]，漂疽[⑮]、疥痈、内热、溲膏是也[⑯]。"

【注释】

①长梧，地名。封人，守封疆之人。问，告也。　②子牢，即琴牢，孔子弟子。　③焉，犹则也。卤莽，不用心也。灭裂，轻薄也。　④为禾，犹种禾也。⑤来年，犹言次年。　⑥多少合乎法度，曰齐。此言变齐，犹言变方法耳。⑦耰，锄也。　⑧厌，足。　⑨众，多也。众为，多为也。　⑩孽，芽孽。⑪萑，苇类；苇，芦也。蒹，萑之未秀者。葭，苇之未秀者。　⑫扶，傅也，傅近之也。　⑬寻之言寖寻也。遂往之意也　⑭并溃、漏发，谓精气散泄，上溃下漏，不择所出也。　⑮漂，本作"瘭"。瘭疽，谓病疮脓出也。　⑯溲膏，谓虚

劳人尿中生肥白沫也。

【译文】

长梧封人对琴牢说:"国君施行政令,就不要卤莽;治理人民,就不要轻率。从前,我种庄稼,在耕地时卤莽了它,于是它在收获时也用卤莽来报复我;在锄苗中轻率了它,它在收成时就用轻率来报复我。第二年,我改变了方法,深深地耕地,仔细地锄草,那庄稼长得又繁茂,又滋润。我一年足足够吃的。"

庄子听到他这话,就说:"现在的人,修治自己的身体,修理自己的心志,大多数都和封人所说的相类似。逃脱了自己的天然,离失了自己的本性,毁灭了自己的真实,丧亡了自己的精神,来为所欲为。所以,卤莽了自己本性的人,他的欲望和憎恶的萌芽,就成为伤害本性的荻苇;荻苇在开始萌芽的时候,本来是附在自己的形体上,可是慢慢地就超出自己的本性,弄得浑身疮疥溃烂,脓血乱流,内心发烧,便尿白浊。"

柏矩[①]学于老聃。曰:"请之天下游。"

老聃曰:"已矣,天下犹是也。"

又请之。

老聃曰:"汝将何始?"

曰:"始于齐。"

至齐,见辜人[②]焉,推而强[③]之,解朝服而幕之,号天而哭之。曰:"子乎!子乎[④]!天下有大菑[⑤],子独先离[⑥]之!莫为盗?莫为杀人[⑦]?荣辱立,然后睹所病;货财聚,然后睹所争。今立人之所病,聚人之所争,穷困人之身,使无休时;欲无此,得乎?古之君人者,以得为在民,以失为在己;以正为在民,以枉为在己[⑧]。故一形有失其形者,退而自责。今则不然。匿为物,而愚不识;大为难,而罪不敢;重为任[⑨],而罚不胜;远其涂,而诛不至。民知力竭,则以伪继之。日出多伪,士民安取不伪?夫力不足,则伪;知不足,则欺;财不足,则盗。盗窃之行,于谁责而可乎?"

【注释】

①柏矩,有道之士。　②辜,谓辜磔也。　③强,字亦作"彊",借为"僵"。僵,偃也。　④子乎、子乎,乃叹辞也。　⑤菑,祸也。　⑥离,罹也。　⑦"莫"上本有"曰"字。疑羡文,今删。莫,有"莫非"之意。　⑧为,

犹置也。　　⑨为，义同“其”。

【译文】

柏矩在老聃门下学习。他对老聃说：“我希望到天下周游一遍。”

老聃说：“算了吧，天下和这里是一样的。”

柏矩又向老聃请求。

老聃说：“你将要从哪里开始呢？”

柏矩说：“从齐国开始。”

柏矩到了齐国，在路上见到了一具示众的死尸，他就把他推动躺卧好了，脱下朝服来给他盖上，就呼天叫地地大哭起来。说：“哎呀！哎呀！天下有大的灾祸，你独独地先遭受到了啊！莫非你作了强盗？莫非你杀了人？光荣和耻辱的概念建立起来，然后才看出人民所厌恶的是什么；财产集聚起来，然后才看出人民所争夺的是什么。现在，建立起人民所厌恶的，集聚起人民所争夺的，来穷困人民的形体，使他们没有休止的时刻；要想不这样，哪能做得到呢？古代作为人民君主的，把获得放在人民方面，把亏损放在自己方面；把正直放在人民方面，把曲枉放在自己方面。所以，有一个人做错了事情的，就反回来责备自己。现在，不是这样了。隐秘人民的事物，而愚弄他们所不认识的；扩大人民的艰难，而罪怪他们所不敢做的；加重人民的负担，而处罚他们所不能胜任的；放远人民的路程，而杀戮他们所不能达到的。人民的智慧和精力都用尽了，就接着用伪诈来避免责罚。天天发出许多伪诈的政令，士民们哪能不跟着伪诈呢？精力不足了，就要发生伪诈；智慧不足了，就要发生欺骗；财产不足了，就要发生盗窃。这种盗窃的行为，应当责备谁才对呢？”

蘧伯玉①行年六十，而六十化：未尝不始于是之，而卒诎②之以非也；未知今之所谓是之非五十九非也。

【注释】

①蘧伯玉，姓蘧，名瑗，字伯玉，卫之贤大夫也。　　②诎，通“黜”。黜，贬下也。

【译文】

蘧伯玉年纪到了六十岁，就变作六十岁的样子；未尝不是从前认为是的，后来就贬退为非的；也不知道现在所谓是的，是不是就是五十九岁时候所谓非的。

万物有乎生，而莫见其根；有乎出，而莫见其门①。

人皆尊其知之所知，而莫知恃其所不知而后知；可不谓大疑②

乎？已乎！已乎！且[③]无所逃此则[④]所谓“然与[⑤]然”乎！

【注释】

①出、生，对文，义同。 ②疑，惑也。 ③且，犹殆也。 ④此，谓此时。 ⑤与，可训为“于”。然与然，即《齐物论》之“然于然”。

【译文】

万物由于生长而成为“有”，可是看不见它们的本根；万物由于出现而成为“有”，可是看不见它们的门户。

人们都尊重自己的明智所知道的事物，而不知道依靠自己所不知道的事物然后才会知道；这能说不是一种大的迷惑吗？算了吧！算了吧！大概他们是不能逃出现在所谓“如此就是如此”的范围啊！

仲尼问于太史大弢、伯常骞、狶韦[①]曰：“夫卫灵公饮酒湛乐[②]，不听国家之政；田猎毕弋[③]，不应诸侯之际[④]；其所以为‘灵公’者，何邪？”

大弢曰：“是因是也[⑤]。”

伯常骞曰：“夫灵公有妻三人，同滥[⑥]而浴；史鳝奉御而进所[⑦]，搏幣而扶翼[⑧]。——其慢[⑨]若彼之甚也，见贤若此其肃也。是其所以为‘灵公’也。”

狶韦曰：“夫灵公也死，卜葬于故墓，不吉；卜葬于沙丘[⑩]，而吉。掘之数仞，得石椁焉；洗而视之，有铭焉，曰：‘不冯其子，灵公夺而埋之[⑪]。’夫灵公之为‘灵’也久矣。之二人何足以识之？”

【注释】

①太史，官号也。下三人，皆史官之姓名也。 ②湛，乐之甚也。 ③毕，大网也。弋，绳系箭而射也。 ④诸侯之际，会盟之事。 ⑤灵，即是无道之谥也。 ⑥男女同浴，此无礼也。滥，浴器也。 ⑦进所，进公之所。 ⑧幣，借为“敝”。敝，帔也。帔，一幅巾也。翼，扶也。 ⑨慢，易，不敬也。 ⑩沙丘，地名。在盟津河北。 ⑪“夺而埋之”，本作“夺而里”。

【译文】

孔子请问大弢、伯常骞、狶韦三位太史说：“那卫灵公好喝醉酒、淫乐无度，不理国家大事；行围采猎，捕捉鸟兽，不应付诸侯之间的盟会；他被谥为‘灵公’的原因，是什么呢？”

大弢说：“他这个谥号就是因为他这种行为啊。”

伯常骞说:"灵公有三个正妻,他和她们在一个盆里洗澡,史鰌奉灵公之命而进入公所,灵公便抓着他的佩巾扶着他。——他的轻慢好像那样的过分,他见到贤人又像这样的敬肃。这便是他所以被谥为'灵公'的原因。"

狶韦说:"当灵公死的时候,打算葬埋在祖茔,占卜不吉利;又打算葬埋在沙丘,占卜吉利。在这里掘了几丈深,发现了一口石椁;刷洗干净了一看,上面刻着铭文,说是:'不要以他的子孙为凭,灵公可以夺过来在这里葬埋。'可见灵公之所以谥号为'灵',早已预定了。他们两人怎么能够知道呢?"

少知问于大公调[①]曰:"何谓丘里[②]之言?"

大公调曰:"丘里者,合十姓百名而以为风俗者也[③]。合异以为同,散同以为异。今[④]指马之百体,而不得马;而马系于前者,立其百体,而谓之马也。是故,丘山积卑而为高,江河合小[⑤]以为大,大人并私[⑥]而为公。是以自外入者,有主而不执;由中出者,有正而不距[⑦]。四时殊气,天不赐[⑧],故岁成;五官[⑨]殊职,君不私,故国治;文武殊材[⑩],大人不赐,故德备;万物殊理,道不私,故无名。无名,故无为;无为,而无不为。时有终始,世有变化。祸福淳淳[⑪],至有所拂[⑫]者,而有所宜。自殉殊面[⑬],有所正者,有所差。比[⑭]于大泽,百材皆度[⑮];观于大山,木石同坛[⑯]。此之谓丘里之言。"

少知曰:"然则,谓之道,足乎?"

大公调曰:"不然。今计物之数,不止于'万',而期[⑰]曰'万物'者,以数之多者号而读之[⑱]也。是故天地者,形之大者也;阴阳者,气之大者也;道者为之公[⑲]。因其大以号而读之,则可也。已有之矣,乃将[⑳]得比哉?则若以斯辩,譬犹狗马,其不及远矣。"

少知曰:"四方之内,六合之里,万物之所生,恶起?"

大公调曰:"阴阳,相照[㉑],相盖[㉒],相治;四时,相代,相生,相杀。欲恶、去就,于是桥起[㉓];雌雄片合[㉔],于是庸[㉕]有。安危相易,祸福相生,缓急相争,聚散相成[㉖]。此名实之可纪,精微之可志也。随序之相理,桥运之相使[㉗];穷则反,终则始。此物之所有,言之所尽,知之所至,极物而已。睹道之人,不随其所废,不原其所起。此议之所止。"

少知曰:"季真之'莫为',接子[㉘]之'或使'[㉙],二家之议,孰正得其情?孰偏于其理?”

大公调曰:“鸡鸣、狗吠,是人之所知,虽有大知,不能以言其所自化,又不能以意其所将为㉚。斯㉛而析之,精至于无伦,大至于不可围㉜。或之使,莫之㉝为,未免于物,而终以为过。或使,则实;莫为,则虚。有名、有实,是㉞物之居;无名、无实,在㉟物之虚。可言,可意,言而愈疏。未生,不可忌;已死,不可徂㊱;死生,非远也,理不可睹。或之使,莫之为,疑之所假㊲。吾观之㊳本,其往无穷;吾求之末,其来无止。无穷、无止,言之无也,与物同理;或使,莫为,言之本也,与物终止。道不可有,有不可无。道之为名,所假而行。或使,莫为,在物一曲。夫胡为于大方㊴?言而足,则终日言而尽道;言而不足,则终日言而尽物。道、物之极,言、默不足以载;非言、非默,议其有极。”

【注释】

①大,音“太”。太,大也。公,正也。道德广大,公正无私,复能调顺群物,故谓之大公调。假设二人,以论道理。 ②四井为邑,四邑为丘;五家为邻,五邻为里。古者,邻、里、井、邑,土风不同;犹今乡曲,各有方俗,而物不齐同。 ③采其十姓,取其万名,合而论之,以为风俗也。 ④今,犹若也。 ⑤小,本作“水”。水,乃“小”字之误。卑、高,小、大,相对为文。 ⑥并私,本作“合并”。“并私”与“合小”对文。 ⑦有,虽也。主,正也。距,闭也。 ⑧赐,借为“私”。 ⑨五官,总举众职以配五行,无所不包,若今言百官也。 ⑩“文武”下本无“殊材”二字。今据文义补“殊材”二字,与上下文一律。 ⑪淳淳,流行反覆。 ⑫拂,戾也。 ⑬面,向也。殉,逐也。夫彼此是非,纷然固执,故各逐所见,而所向不同也。 ⑭比,借为“䀝”。䀝,直视也。 ⑮度,居也。皆,同也。 ⑯坛,借为“墠”。墠,野土也。 ⑰期,限也。 ⑱读,犹语之也。 ⑲公,君也。者,犹则也。 ⑳乃,犹宁也。将,犹犹也,尚也。 ㉑照,当借为“召”。召,評也。 ㉒盖,合也。 ㉓桥,疑借为“交”。下“桥运”之“矫”,同。 ㉔片,借为“判”。判,分也。片合,即分合。 ㉕庸,常也。 ㉖“相成”,本作“以成”。 ㉗随序,谓变化相随,有次序也。桥运,谓相桥代。顿至次序以相通理,桥运以相制使也。 ㉘季真、接子,二贤人。季真之名,别无所见,疑即环渊。 ㉙“莫为”与“或使”,乃有关天道观之学说。莫为者,谓宇宙之进演,无推动之者也;或使者,谓宇宙之进演,有推动之者也。 ㉚“不能以言其所自化”句,“言”下本有“读”字,与下句“又不能以意其所将为”不相对,今以意删。 ㉛斯,分也。 ㉜伦,犹比也。 ㉝之,犹所也。 ㉞是,

当借为“题”。题,显也。 ㉟在,察也。 ㊱忌,禁也。徂,借为“阻”。阻,碍也。 ㊲假,大也。 ㊳之,其也。下三“之”字,义同。 ㊴方,道也。

【译文】

少知问大公调说:“什么叫作乡曲之言呢?”

大公调说:“所谓乡曲,就是综合起十来个族姓或百把个人员来建立一种风俗的一个范围。综合起不同,就成为相同;分散开相同,就成为不同。譬如,仅仅指出马的周身各部,就得不出一匹马的物象来;可是把马拴在人们的面前,把它的周身各部都放置在那里,就可以把它叫作马。所以,丘山积聚起低来,就成为高;江河合拢起小来,就成为大;大人归并起私来,就成为公。因此,从外界进入内心的事理,虽然是正确的,也不应该固执不化;从内心发出来的教令,虽然是正确的,也不应该固闭不通。四时的节气不同,天并不偏私某一种物类,所以年景得以完成;百官的职位不同,君主并不偏私某一个人民,所以国家得以平治;文武的才能不同,大人并不偏私某一个人民,所以德泽得以周备;万物的理性不同,‘道’不偏私某一种物类,所以它没有一定的名字。没有名字,所以没有什么作为;没有什么作为,可是又没有一桩事物不是它的作为。四时是始终循环的,世界是变化无穷的。祸福是反复流行的,甚至是对这个有所乖违,而对那个却有所适宜。人人各自追逐不同的方向,在这里可能是正确的,而在那里却是不正确的。到大泽里看看,各种物材都是在一起同居的;到大山里看看,各种木石都是在一起排列的。这就叫作乡曲之言。”

少知又问:“那么,把它叫作‘道’,行不行呢?”

大公调说:“不行。现在,计算计算天地间物类的数目,并不限于‘万’,其所以只限于把它们叫作‘万物’的原因,是用数目最多的名号来称呼它们。所以,天地,是形体中最大的;阴阳,是‘气’中最大的;‘道’就作为它们的主宰。因为它最大,就用‘道’这个名号来称呼它,这是可以的。已经有了‘道’这个名号了,哪能还有可以和它相比的呢? 那么,如果用这个和你所说的来分辨一下,就如同狗和马相比一样,就相差太远了。”

少知又问:“四方之内,六合之中,万物生成的原因,是怎样开始的呢?”

大公调说:“阴阳之气,互相感召,互相和合,互相统御;四时之节,互相交替,互相生成,互相克制。人的爱好和憎恶、离去和趋就的行动,于是就交相兴起了;物类雌雄离合的现象,于是就永远存在了。安危是互相转化的,祸福是互相转生的,缓急是互相辅助的,聚散是互相成全的。由此可见名号和实际是可以记述的,精细和微妙是可以标识的。顺随时序是互为条理的,交替运行是互相驱使的;物极必反,终则有始。这些万物所具有的现象,语言所穷究的事物,智慧所达到的道理,都只不过是用来究极事物之理罢了。见到'道'的人,不追求万物废止的所以然,不推原万物发生的所以然。这便是言论的归宿。"

少知又问:"季真的'莫为'(宇宙没有推动者)说,接子的'或使'(宇宙有主使者)说,这两家学说,谁是真正地得到了天地间的情实呢?谁是曲解了天地间的道理呢?"

大公调说:"鸡叫、狗叫,这是人们所都知道的现象,可是纵然具有大智慧的人,也不能说出它们自我变化的原因,也不能测度它们将要干什么。把它们剖开分析一下,精微到没有形象,广大到没有范围。说宇宙有主使者,说宇宙没有推动者,都未免陷于物质化,而且终究是有偏差的。说有主使者,就陷于实际;说没有推动者,就陷于虚无。有名号,有实际,用这个来显示万物的存在;没有名号,没有实际,用这个来明察万物的虚无。可以谈说,可以测度,越谈说就距离实际越远。没有生出,不可以禁止它;已经死去,不可以阻拦它。或是死去,或是生出,它和人的距离并不遥远,它的道理却是不可能看见的。说有主使者,说没有推动者,都足以扩大人们的疑惑。我们观察它的本元,它的过去是没有穷尽的;我们追求它的末尾,它的末尾是没有止境的。没有穷尽,没有止境,这是说的它的虚无,和万物共同一理;说有主使者,说没有推动者,这是说的它的本元,和万物共同始终。'道'不可能是'有'的,'有'不可能是'无'的。'道'这个名号,是有所凭藉才能够运行的。说有主使者,说没有推动者,都是站在万物的一个方面来推测出来的。它对于广大无边的道术能起什么作用呢?谈说得完满,一天所说的就能够穷尽了'道'的微妙;谈说得不完满,一天所说的只能穷尽事物的形貌。'道'和万物的至理,谈说和静默是不足以表达出来的;既不谈说,又不静默,这样的学说是有一定造诣的。"

四、外　物(十七章)

外物不可必。故龙逢诛,比干戮,箕子狂,恶来死,桀、纣亡①。

人主莫不欲其臣之忠,而忠未必信。故伍员流于江②;苌弘死于蜀,藏其血,三年而化为碧③。

人亲莫不欲其子之孝,而孝未必爱。故孝己忧,而曾参悲④。

【注释】

①箕子,殷纣之庶叔也;忠谏不从,惧纣之害,所以佯狂,亦终不免杀戮。恶来,纣之佞臣;毕志从纣,所以俱亡。　②伍员忠谏夫差,夫差杀之,取马皮作袋,为鸱鸟之形,盛伍员尸,浮之于江。　③碧,玉也。苌弘遭谮,被放归蜀,自恨忠而遭谮,遂刳肠而死。蜀人感之,以匮盛其血,三年,而化为碧玉。　④孝己,殷高宗之太子。曾参至孝,为父所憎,尝见绝粮,而后苏。

【译文】

外物是不可以看作必然的。所以,龙逢和比干那样的忠臣,也被杀戮了;箕子那样的忠臣,也被逼疯了;恶来那样的佞臣,也一样地死去了;夏桀、商纣那样的昏君也灭亡了。

君主没有不愿意自己的臣仆忠心的,可是忠臣也未必受到君主的信任。所以,伍员的尸体被漂流在大江里;苌弘死在蜀国,把他的血藏起来,三年之后,变成了碧玉。

父母没有不愿意自己的儿子孝顺的,可是孝子也未必博得父母的喜爱。所以,孝己为此而感到忧苦,曾参为此而感到悲伤。

金与木相摩,则然①;金与火相守,则流。阴阳错行,则天地大𫄨②,于是乎有雷有霆,水中有火,乃焚大槐③。

有甚忧两陷,而无所逃④,螴蜳不得成⑤,心若县于天地之间。慰瞀沈屯⑥,则利害相摩,生火甚多⑦。众人焚和⑧。肉⑨固不胜火,于是乎有僓然⑩而道尽。

【注释】

①“金与木”,本作“木与木”。摩,研也。两木相摩,无燃烧之理,当作“金与木相摩,则然”,所谓钻木取火也。 ②絯,同“骇”,动也。 ③水中有火,谓电也。水中,犹雨中也。焚,谓霹雳时烧大树也。 ④甚,尤安乐也。或为“媅”省。媅,乐也。 ⑤蜳,当借为“震”,蜳,当借为“惷”,叠韵连绵词。震,惧也。惷,乱也。郑玄:成,犹定也。 ⑥慰:郁也。瞀,闷也。沈,深也。屯,难也。 ⑦生火甚多,内热故也。 ⑧众人而遗利,则和;若利害存怀,则其和焚也。 ⑨肉,本作“月”,义不可通,显系误字,今以意改。肉,身也。⑩僓,音“颓”。

【译文】

金属同木材相摩擦,就要燃烧;金属和火在一起,就要熔化。阴阳之气交错运行,天地就要有大的震动,于是发出雷电,雨中起火,就焚烧大树。

有的人陷溺在安乐和忧愁当中,总是逃脱不开,惊惊惶惶地得不到安定,心好像悬挂天地之间一样。精神郁闷,行动迟滞,利害在内心交相摩擦,就生出很多火气。人与人之间,焚毁了淳和之气。人的肉体当然禁不住火的燃烧,于是就有人颓唐得把道德丧失净尽。

庄周家贫,故往贷粟于监河侯①。监河侯曰:“诺。我将得邑金,将贷子三百金②,可乎?”

庄周忿然作色,曰:“周昨来,有中道而呼者。周顾视,车辙中有鲋鱼③焉。周问之曰:‘鲋鱼,来!子何为者邪?’对曰:‘我,东海之波臣④也。君岂有⑤斗升之水而活我哉?’周曰:‘诺。我且南游吴、越之土⑥,激西江之水,而迎子,可乎?’鲋鱼忿然作色,曰:‘吾失我常与,我无所处。吾得斗升之水然⑦活耳。君乃言此,曾⑧不如早索我于枯鱼之肆!’”

【注释】

①监河侯,《说苑》作“魏文侯”。 ②铜、铁之类,皆名为金,此非黄金也。待我岁终得百姓租赋封邑之物,乃贷子。古者二十两为一金。 ③鲋,鲼也。鲼,今之“鲫”字。 ④ 波臣,谓波荡之臣。 ⑤岂,犹其也。 ⑥“土”,本作“王”。“土”字是。今据改。 ⑦然,犹则也。 ⑧曾,则也。

【译文】

庄周家境贫寒，所以就到监河侯那里去借粮，监河侯说："好吧。等到年终我收到赋税以后，我就借给您三百金。可以吗？"

庄周愤怒得变了面色，说："我昨天来的时候，有在半路上叫喊的。我四下张望，车辙里有一条鲫鱼。我就问它：'鲫鱼，来！你为什么叫喊呢？'鲫鱼对我说：'我是东海神的使者。您肯以升斗之水把我救活吗？'我说：'好吧。我将要到南方吴、越两国去游历，我要激起西江之水来迎接您，可以吗？'鲫鱼愤怒得变了面色，说：'我失掉了我经常接近的东西，我没有个安身之处，我得到升斗之水就可以活命。您却说出这样的话来，就不如及早到干鱼铺子里去找我！'"

任公子[①]为巨钩，大纶[②]，五十犗[③]以为饵，蹲乎会稽[④]，投竿东海，旦旦而钓，期[⑤]年不得鱼。

已而，大鱼食之，牵巨钩，錎[⑥]没而下；惊[⑦]扬而奋鬐[⑧]，白波若山；海水震荡，声侔鬼神，惮赫千里[⑨]。

任公子得若鱼[⑩]，离而腊之[⑪]。自制河[⑫]以东，苍梧[⑬]以北，莫不厌[⑭]若鱼者已。而后世辁才[⑮]讽说之徒，皆惊而相告也。

夫揭竿累[⑯]，趋灌渎[⑰]，守鲵鲋[⑱]，其[⑲]于得大鱼，难矣。饰小说[⑳]以干县令[㉑]，其于大达，亦远矣。是以未尝闻任氏之风俗，其不可与经于世，亦远矣[㉒]。

【注释】

①任，国名。　②"巨钩大纶"，本作"大钩巨缁"。"缁"为"纶"之误字。纶，借为"缗"。缗，钓鱼缴也。　③犗，公牛。　④会稽，山名。蹲，踞也；踞，坐也。踞其山。　⑤期，本亦作"朞"。　⑥錎，音"陷"。　⑦"惊"，本作"骛"。　⑧鬐，背上鬣也。　⑨惮赫千里，言千里皆惧。　⑩若鱼，犹言此鱼。　⑪腊，音"昔"。昔，干肉也。　⑫制，依字应作"浙"。河，亦江也。北人名水皆曰河。浙江，在今会稽钱塘。　⑬苍梧，山名，在岭南，舜葬之所。⑭厌，饱食。　⑮辁，借为"铨"。铨，衡也。　⑯累，细绳也。　⑰灌渎，灌溉之渎。趣，本又作"趋"。　⑱鲵、鲋，皆小鱼也。　⑲其，为"期"省。下文"其于大达"之"其"，同。　⑳小说，谓乡曲之论。　㉑干，求也。县，读为"郡县"之"县"。是战国时县小于郡，县长称令矣。　㉒俗，习也。风俗，风习也，犹言风度也。远，犹多也。

【译文】

任公子做成了巨大的钓钩和钓丝,用五十头牛作为鱼饵,坐在会稽山上,把钓竿放在东海里面;天天在钓鱼,整整一年也没有钓到鱼。

后来,有条大鱼来吃他的鱼饵,牵动了巨大的钓钩,把钓钩都陷没下去了;这条大鱼受到了惊骇,向上飞腾,张开背鳍,翻起的白浪,就像山一样高;海水震荡,声音如同鬼叫神嚎,一千里之内都受到震动。

任公子捉到这条大鱼,把它解剖开,晒成了肉干。从浙江以东,到苍梧山以北,人们没有不饱尝这条鱼的。而且,后世衡量人材、道听途说的人,都惊讶地互相说起这个故事。

那一般举着竿子绳子,跑向小河沟,守着一些小鱼而垂钓的人,要想钓到大鱼,就困难了。那文饰鄙俚的言词而干求县令的人,要想飞黄腾达,也就距离事实遥远了。所以,不曾听到过任公子的这种风度,不可以和他一同经历世面的人,也就相当多了。

儒以《诗》、《礼》发冢①。

大儒胪传②曰:"东方作矣,事之何若③?"

小儒曰:"未解裙襦,口中有珠④。"

"《诗》固有之:'青青之麦,生于陵陂;生不布施,死何含珠为⑤?'接⑥其鬓,压其顪⑦,而⑧以金椎控⑨其颐,徐别其颊,无伤口中珠!"

【注释】

①冢,高坟也。通作"塚"。 ②从上语下曰胪。 ③东方作,谓日出也。作,起也。之,犹已也。 ④襦,短衣也;一曰,羼衣。羼衣,内衣也。 ⑤此逸诗也,刺死人也。 ⑥接,撮也。 ⑦压,本亦作"擪"。擪,按也。顪,疑借为"喙"。喙,口也。 ⑧"而",本作"儒"。"而"、"儒"声相近,上文又多"儒"字,故"而"误为"儒"。 ⑨控,叩也。

【译文】

儒士依据《诗经》、《礼经》去发掘坟墓。

大儒士从上面传下话来:"东方的太阳升起来了,〔发掘的〕事已经怎么样了?"

小儒士说:"还没有解下死者的衣裙,他嘴里还含着一颗宝珠呢。"

〔大儒士〕说:"古诗本来有这样的话:'青青的麦苗,生长在山坡上;活着不肯周济穷人，死后为什么还在嘴里含着宝珠呢？'你们要撮起他的鬓发，按着他的口腔，要用金属的椎头撬开他的下巴，慢慢地分开他的两腮，不要损坏了嘴里的宝珠！"

老莱子[①]之弟子出薪[②]，遇仲尼。反，以告，曰："有人于彼，修上而趋下[③]，末偻而后耳[④]，视若营四海。不知其谁氏之子。"

老莱子曰："是丘也。召而[⑤]来！"

仲尼至。

曰："丘！去汝躬矜与汝容知，斯为君子矣。"

仲尼揖而退[⑥]，蹙然改容，而问曰："业可得进乎？"

老莱子曰："夫不忍一世之伤，而骜[⑦]万世之患，抑固窭[⑧]邪？亡其[⑨]略弗及邪？惠[⑩]以欢为骜[⑪]，终身之丑；中民之行进焉[⑫]耳。相引以名，相结以隐[⑬]，与其誉尧而非桀，不如两忘，而闭其所誉。反，无非伤也；动，无非邪也。圣人踌躇[⑭]以兴事，以[⑮]每成功。奈何哉其载焉终矜尔[⑯]？"

【注释】

①老莱子，楚人也。　②出薪，出采薪也。　③修上而趋下，长上而促下也。趋下，下短也。　④末，肩背也。末偻，肩背伛偻。后耳，耳却后。　⑤而，犹之也。　⑥手著胸曰揖。古之揖，今拱手也。今之揖，古之所谓长揖也。　⑦"骜"，本作"鹜"。"骜"，借为"务"。务，趣也。　⑧窭，贫空也。　⑨亡，读如"无"。亡其，选择之词也。　⑩惠，发声也。与"维"同　⑪"骜"，本亦作"鹜"。"骜"，借为"务"。欢，谓欲望也。　⑫进，借为"尽"。焉，犹于是也。进焉，犹言进于是（此）也。中民，解见《徐无鬼》篇。　⑬隐，私也。相结以隐，谓相结以恩私也。　⑭踌躇，从容也。　⑮以，犹而也。　⑯其，犹乃也。载，安也。尔，犹乎也。奈何哉其载焉终矜尔，犹言奈何哉乃安此以骄矜终身乎。

【译文】

老莱子的学生出门打柴，在路上遇见了孔子。回来之后，把这件事情告诉了老莱子，说："在那里有一个人，上身长，下身短，肩背伛偻，两耳靠后；看来好像是个经营天下的人。我不知道他姓字名谁。"

老莱子说："那是孔丘。你召唤他到这里来。"

孔子来了。

老莱子对孔子说："孔丘！去掉你浑身的骄矜和外表的聪明，你就成为一个君子了。”

孔子对老莱子拱了拱手,向后退了几步,惊悚地变了面色,就问:“我的德业能够进修吗?”

老莱子说:“那不忍得看着当世昏乱而想着挽救万世灾患的人,究竟他是原来就胸怀空虚呢?还是疏忽而顾及不到呢?那以满足自己欲望为事的人,乃是终身的丑陋;平庸之人的行为也就到此为止了。用虚名来互相援引,用私情来互相结合,与其奖励帝尧而非难夏桀,还不如把他们双方通通忘掉,而塞止住别人对自己的称扬。违反本性,无非是损伤形体;扰动本性,无非是邪念产生。圣人从从容容地兴办事业,而能经常成功。那你还为什么安于如此而骄矜一辈子呢?”

宋元君①夜半而梦人被发窥阿门②,曰:“予自宰路之渊③,予为清江使河伯之所。渔者余且④得予。”

元君觉,使人占之。曰:“此神龟也。”

君曰:“渔者有余且乎?”

左右曰:“有。”

君曰:“令余且会朝。”

明日,余且朝。

君曰:“渔何得?”

对曰:“且之网得白龟焉,其圆五尺⑤。”

君曰:“献若龟。”

龟至。君再欲杀之,再欲活之,心疑。卜之。曰:“杀龟以卜,吉。”乃刳龟。七十二钻⑥,而无遗筴⑦。

仲尼曰:“龟神⑧能见梦于元君,而不能避余且之网;知能七十二钻而无遗筴,不能避刳肠之患。如是,则知有所困,神有所不及也。虽有至知,万人谋之。鱼不畏网,而畏鹈鹕⑨。去小知,而大知明;去善,而自善矣。”

【注释】

①宋元君,元公也。元公,名佐,平公之子。　②阿,庭之曲也。谓阿房曲室之门。　③宰路,渊名,龟所居。　④姓余,名且也。又作“豫且”。　⑤圆,“运”之转声。其运五尺,言龟大径五尺也。　⑥钻,疑借为“爝”。爝,爇也。钻龟,谓以火爇荆菙灼之也。　⑦筴,即“策”字。遗策,犹言失算也。　⑧“龟

神”，本作“神龟”。今以意正作“龟神”。 ⑨鹈鹕，水鸟也，一名淘河。

【译文】

宋元君在半夜里做梦，有一个人披散着头发，来窥探宫廷转角的门，说：“我从宰路之渊那里来，我是河神宫中的‘清江使’。渔家余且逮住了我。”

宋元君醒过来，就让人占卜了一下。说：“这是一只神龟。”

宋元君问：“渔家中有余且这个人吗？”

左右的人说：“有。”

宋元君说：“命令余且来朝见我。”

第二天，余且来朝见。

宋元君问余且说：“你打鱼逮住什么了？”

余且回答说：“我的网逮住了一只白龟，它背壳的幅员直径有五尺。”

宋元君说：“你把那只龟献出来。”

那只龟献来了。宋元君两次想杀掉它，两次想养活着它，心里迟疑不定。占卜了一下，说：“杀掉这只龟，用它作占卜，吉利。”于是把这只龟解剖了。用火燔它来作占卜，七十二次，没有一次不应验的。

孔子〔听说这件事情〕，说：“这只龟的神通能够向宋元君托梦，可是它不能够逃脱余且的网；智慧能够占卜七十二次、没有一次不应验，可是它不能够逃脱杀身的灾祸。像这样，可见智慧有时也受到穷困，神通也有时算计不到啊。虽然有最高的智慧，也禁不住一万人去谋算他。鱼并不怕网逮，而是怕鹈鹕淘。去掉小的智慧，大的智慧才能够显著；去掉善良的行为，自然就是善良的行为。”

婴儿生，无所师①，而能言：与能言者处也。

【注释】

①“所”，本作“石”。石系借字。

【译文】

婴儿生下来，并没有谁做老师，可是能够说话：这是由于他和能说话的人一起共处的关系。

惠子谓庄子曰：“子言无用。”

庄子曰：“知无用，而后可与言用矣。夫①地，非不广且大也，人之所用，容足耳。然则，厕足而垫②之，致③黄泉，人尚有用乎？”

惠子曰：“无用。”

庄子曰:“然则,无用之为用,亦明矣。”

【注释】

①“夫”,本作“天”。 ②厕,借为“测”。度深曰测。垫,下也。 ③致,至也。本亦作“至”。

【译文】

惠子对庄子说:“您的言论没用。”

庄子说:“知道没用的道理,就可以和他谈有用的道理了。这地,不能不说是又宽又大了,人所用它的,只不过是放下自己的脚就行了。那么,如果把人的脚探在地下,到达黄泉,那人还有用吗?”

惠子说:“那就没用了。”

庄子说:“那么,没用的用处,也就显而易见了。”

庄子曰:人有[①]能游,且[②]得不游乎?人而不能游,且得游乎[③]?夫流遁之志,决绝之行,噫[④]其非至知、厚德之任[⑤]与?

覆坠而不返,火驰[⑥]而不顾;虽[⑦]相与为君臣,时也;易世而无以相贱。故曰:至人不留行焉。

夫尊古而卑今,学者之流[⑧]也。且[⑨]以狶韦氏之流,观今之世[⑩],夫孰能不波[⑪]?唯至人乃能游于世而不僻,顺人而不失己。彼教不学,承意不彼[⑫]。

【注释】

①有,犹而也。有、而,犹如也。 ②且,犹其也。 ③游,为也。 ④意,犹或也。 ⑤任,负也。 ⑥火,本作“火”,为“火”(别)字之误。 ⑦虽,犹若也。 ⑧流,过也,失也。 ⑨且,犹若也。 ⑩狶韦,三皇以前帝号也。以玄古之风,御于今代。 ⑪波,借为“颇”。颇,偏也。 ⑫二句,前一“彼”字,承上文“世”字而言;后一“彼”字,承上文“人”字而言。

【译文】

庄子说:这个人如果能有所作为,他得到不作为了吗?这个人如果不能有所作为,他得到作为了吗?那种流荡隐遁的意志,与世隔绝的行为,或许不是大智、大德的抱负吧?

身败名裂,而不肯反悔;乖离世俗,而不肯回头;如果和这种人在一起互为君臣,这也是时数;更换了时代,也就不能够互相看不起了。所以说:至人的行事,并不是滞塞不通的。

那种重视古代而轻视现代的思想,这是学者的过失。如果用豨韦氏时代的风俗,来观察现代,怎么能够不发生偏差呢?只有至人才能够在世俗之中有所作为,而不至发生偏差;顺从群众,而不至于失掉自己。那世俗之教,用不着学习;秉承群众的意志,不要分出彼此。

目彻①为明,耳彻为聪,鼻彻为颤②,口彻为甘,心彻为知,知彻为德。

凡道,不欲壅;壅,则哽③;哽而不止,则跈④;跈,则众害生。

物之有知者,恃息⑤;其不殷,非天之罪⑥。天之穿之,日夜无降⑦。人则顾塞其窦⑧。

胞有重阆⑨,心有天遊⑩。室无空虚,则妇姑勃谿⑪;心无天遊,则六凿相攘⑫。大林山丘之善于人也,亦神者不胜⑬。

【注释】

①彻,通也。 ②鼻通曰颤。 ③哽,塞也。今通作"梗"。 ④跈,读为"抮"。抮,戾也。言哽塞而不止,则相乖戾;相乖戾,则众害生也。下文"勃谿"、"相攘",皆承"跈"义而言。 ⑤息,气息。 ⑥殷,齐也。 ⑦降,止也。 ⑧顾,反也。窦,孔也。流俗之人,反于天理壅塞,根窍滞溺不通。⑨阆,空旷也。胞膜中有重重空旷之处。 ⑩遊,与"阆"对文,亦有"空虚"之义。遊、游,实借为"宙"。 ⑪勃谿,争斗也。 ⑫六凿相攘,谓六情相攘夺。喜、怒、哀、乐、爱、恶,谓六情。 ⑬者,犹之也。

【译文】

眼睛豁亮叫作明,耳朵豁亮叫作聪,鼻子豁亮叫作颤,嘴巴豁亮叫作甘,心灵豁亮叫作智慧,智慧豁亮叫作德。

凡是道路,不希望壅闭;壅闭了,就梗塞;梗塞不止,就乖离;乖离,就生出种种灾害。

万物的所以有知觉,是依靠气息;知识不齐同,并不是天的罪过。天的向万物渗透昼夜都不休止。人们却反而阻塞了自己的孔窍。

胎衣有多层的间隙,心脏有天然的空室。房屋没有空旷的地方,婆媳就会发生争吵;心脏没有天然的空室,六情就会互相攘夺。深山大林之所以被人喜爱,也是由于人的精神禁不起山林的引诱。

德溢于名,名溢于暴①;谋稽乎誸②,知出乎争,柴生乎守官③;事果乎众宜④。

【注释】

①暴,章露也。德溢乎名,言德所以洋溢,名为之也;名溢乎暴,言名所以洋溢,表暴以成之也。　②謚,急也。急而后考其谋。　③柴,塞也。官,犹任也。　④果,决也。言事务取决于众人之所宜也。

【译文】

德业由于声名而超越实际,声名由于表彰而超越实际;计谋从急事中考验,智慧从争论中生出,闭塞由固守官能中生出;事务取决于众人的便利。

春雨日时,草木怒生①,铫鎒于是乎始脩②,草木之到植③者过半,而不知其然。

【注释】

①怒,勉也,健也。今作"努"。　②铫,耜之类也。字亦作"锹"。鎒,锄也。脩,通"修"。修,垦也。　③植,立也。到,古"倒"字。

【译文】

春天下雨的时节,草木都努力地生长,人们都开始用铁锹、锄头修治田地,草木倒立过来的,已经超过了半数,可是人们并不知道其中的所以然。

静默①可以补病,眦媙②可以休老,宁可以止遽③。虽然,若是劳者之务也,非佚者之所④;未尝过而问焉。

圣人之所以駴⑤天下,神人⑥未尝过而问焉;贤人所以駴世,圣人未尝过而问焉;君子所以駴国,贤人未尝过而问焉;小人所以合时,君子未尝过而问焉。

【注释】

①"默",本作"然",系"默"字之误。　②眦,亦作"揃"。媙,本亦作"搣"。揃搣,谓拔除白发也。作"眦媙"者,乃借字。　③遽,忙也。　④所,犹安也。⑤"駴",成本作"骇"。駴,古"骇"字。骇,惊也。　⑥神人,即圣人也。圣言其外,神言其内。

【译文】

静默可以补救疾病,拔除白发可以息止衰老,宁定可以制止忙乱。虽然如此,这是劳役心神的人所要作的,而不是休息心神的人所安守的;〔休养心神的人〕是不曾过问这些的。

圣人的所以惊骇天下的行为，神人是不曾过问的；贤人的所以惊骇世间的行为，圣人是不曾过问的；君子的所以惊骇全国的行为，贤人是不曾过问的；小人的所以适合时宜的行为，君子是不曾过问的。

演门[①]有亲死者，以善毁[②]，爵为官师[③]。其党人毁而死者半。

【注释】

①宋城门名。　②毁，居丧毁瘠。　③官师，一官之长也。

【译文】

宋国演门有一个人，他父母死了，因为他在丧服期间善于毁瘦自己的身体，被封为官。他的同乡由于毁瘦身体而死掉的就有半数。

尧与许由天下，许由逃之。汤与务光，务光怒之。纪他闻之，帅弟子而踆[①]于窾水，诸侯吊之[②]；三年，申徒狄因以踣河[③]。

【注释】

①踆，古"蹲"字。　②窾，水名。恐其自沈，故吊之。　③申徒狄、纪他，并隐者。踣，赴也。

【译文】

帝尧要把天下让给许由，许由逃走了。殷汤要把天下让给务光，务光怒斥他。纪他听说殷汤推让天下，他率领着学生跑到窾水之上蹲着去了，各国诸侯都去慰问他；三年之后，申徒狄因此就跳河自尽了。

荃者[①]，所以在鱼，得鱼而忘荃；蹄者[②]，所以在兔，得兔而忘蹄；言者，所以在意，得意而忘言。吾安得夫忘言之人而与之言哉？

【注释】

①荃，鱼笱也。　②蹄，兔罥也；系其脚，故云蹄也。

【译文】

鱼篓是寄存鱼的工具，捕得了鱼之后，就会忘掉鱼篓；兔网是寄存兔的工具，抓得了兔之后，就会忘掉兔网；语言是寄存意念的工具，得到意念之后，就会忘掉语言。我怎样才能得到那忘掉语言的人而同他谈论谈论呢？

五、寓　　言(七章)

寓言[①]十九,重言[②]十七,卮言日出[③],和以天倪[④]。

寓言十九,藉[⑤]外论之。亲父不为其子媒[⑥];亲父誉之,不若非其父者也。非吾罪也,人之罪也。与己同,则应;不与己同,则反。同于己,为是之;异于己,为[⑦]非之。

重言十七,所以己[⑧]言也,是谓耆艾[⑨]。年先矣,而无经纬本末以期年耆者[⑩],是非先也。人而无以先人,无人道也。人而无人道,是之谓陈人[⑪]。

卮言日出,和以天倪,因以曼衍,所以穷年。不言则齐。齐与言不齐,言与齐不齐也;故曰,无言。言,无言。终身言,未尝言[⑫];终身不言,未尝不言。有自[⑬]也而可,有自也而不可;有自也而然,有自也而不然。恶乎然?然于然;恶乎不然?不然乎不然。恶乎可?可于可;恶乎不可?不可于不可。物固有所然,物固有所可。无物不然,无物不可。非卮言日出,和以天倪,孰得其久?

万物皆种[⑭]也,以不同形相禅[⑮],始卒若环,莫得其伦[⑯]。是谓天均[⑰]。——天均者,天倪也。

【注释】

①意在此,而言寓于彼。　②重,复也。重言者,重说耆艾之言也。　③卮言,谓支离其言,言无的当。　④天倪,解详《齐物论》篇。　⑤藉,借也。⑥媒,媾合也。　⑦为,犹则也。　⑧己,本作“已”,形误。己言,即综理众说之言也。　⑨耆艾,寿考者之称也。　⑩期,会也;会,合也。此谓年虽先生,而其知识不与相年相合也。　⑪陈人,陈久之人。　⑫“未尝言”,本作“未尝不言”。　⑬自,由也。　⑭种,五谷之子也。　⑮禅,代也,传也。⑯伦,理也。　⑰天均,亦作“天钧”,解详《齐物论》“圣人和之以是非,而休乎

天钧”下。

【译文】

〔《庄子》书中,〕别有寄托的话占十分之九,重复前人的话占十分之七;支离荒唐的话,天天有新的发抒,用“天倪”(循环的天道)说来和同是非。

别有寄托的话占十分之九,假借别的事物来谈论需要说明的事物。〔譬如,〕父亲不替自己的儿子做媒;父亲夸奖自己的儿子,不如不是他父亲的人容易取信于人。〔这样运用别有寄托的话,〕并不是我的罪过,而是别人的罪过。〔一般的人对于别人的见解,〕和自己相同的,就应和;和自己不相同的,就反对;和自己相同的,就认为是;和自己不相同的,就认为非。

重复别人的话占十分之七,用以综合众家学说,这些学说都是出自年龄高迈、经验宏富的人。如果年龄占先,可是没有经纶天地始终的才德来符合自己的年龄,也就不配生在别人以前。一个人如果没有可以生在别人以前的才德,便是没有人道。人而没有人道,就叫作陈久(死)之人。

支离荒唐的话,天天有新的发抒,用“天倪”(循环的天道)说来和同是非,借着这个来推衍事理,这才可以穷尽悠长的年代。不用说话,事物就会齐一。齐一和说话不是齐一的,说话和齐一也是不齐一的。所以说,不需要说话。说话,并不需要说话。说一辈子话,并不就是说话;一辈子不说话,并不就是不说话。有所根原就可以,有所根原就不可以;有所根原就如此,有所根原就不如此。为什么如此?如此就是如此;为什么不如此?不如此就是不如此。为什么可以?可以就是可以;为什么不可以?不可以就是不可以。万物本来就有它们所以如此的理性,万物本来就有它们所以可以的理性。万物没有不如此的,万物没有不可以的。如果不是支离荒唐的话天天有新的发抒,用“天倪”(循环的天道)说来和同是非,谁能够得以与世长存呢?

万物都是由种子生成的,它们以不同的形象互相流传着,自始至终,就如同圈环一样,谁也摸不清它们的条理。这就叫作“天均”。——“天均”就是“天倪”(循环的天道)。

庄子谓惠子曰:“孔子行年六十而六十化:始时所是,卒而非之;未知今之所谓是之非五十九非也①?”

惠子曰:“孔子勤志服知也②?”

庄子曰:“孔子谢③之矣,而其④未之尝言?孔子云:‘夫受才乎大本⑤,复灵⑥以生;鸣而当律,言而当法。利义陈乎前,而好恶、是非直服人之口而已矣。使人乃[7]以心服,而不敢蘁立[8],定天下之定。'已乎!已乎!吾且[9]不得及彼乎!"

【注释】

①此称孔子,与《则阳》篇称蘧伯玉,语意略同。 ②志,借为"识"。识,记也。服,借为"备"。备,丰足也。勤志服知,犹言博闻强记也。也,通"邪",疑问辞。 ③谢,化也。 ④其,读为"岂"。 ⑤大本,谓太初。 ⑥复,疑与"腹"通。复灵,犹言含灵也。 ⑦乃,犹能也。 ⑧蘁,借为"屰"。蘁立,逆立。○陆德明:蘁,音"悟",逆也。○马叙伦:《文选·雪赋》注引"蘁"作"忤"。蘁,借为"牾"。 ⑨且,犹殆也。

【译文】

庄子对惠子说:"孔子年纪到了六十岁,就变作为六十的样子:他从前认为是的,后来便认为是非的。也不知道现在所谓是的,是不是就是五十九岁时候所谓非的。"

惠子说:"孔子是博闻强记的吗?"

庄子说:"孔子〔把天下的知识〕融会在内心的,可是他何尝没有发表过言论呢?孔子这样说过:'人从天地的本元禀受到材质,含藏着灵气而生存;声调要合乎音律,语言要合乎法度。利禄和正义都摆列在每个人的面前,那些好恶、是非的区别,只不过是制服人的嘴罢了。使别人能够从内心服从自己,而不敢和自己对立,就能够稳住天下的定局。'算了吧!算了吧!我大概是不能够赶得上他了。"

曾子再仕,而心再化。曰:"吾及亲仕,三釜,而心乐;后仕,三千钟[1],而不洎[2],吾心悲。"

弟子问于仲尼曰:"若参者,可谓无所县其罪[3]乎?"

曰:"既已县矣。夫无所县者,可以有哀乎?彼视三釜、三千钟,如视蚊虻[4]相过乎前也!"

【注释】

①六斗四升曰釜。六斛四斗曰钟。 ②洎,及也。不洎,不及养亲。③县,系也。其,犹于也。无所县其网,无所挂于世俗之网罗也。此"罪"之本义也。 ④"如视蚊虻",本作"如观雀蚊虻"。

【译文】

曾参做过两次官,他的心情就有两次变化。他说:"我在父母在的时候做官,只挣三釜米,可是我心情感到愉快;后来做官,挣到三千钟米,可是赶不上事奉父母,我心情感到悲伤。"

孔子的学生问孔子说:"像曾参这样的人,可以说是不被世网所牵挂的了吧?"

孔子说:"他已经有所牵挂了。那无所牵挂的人,能够怀有悲哀的心情吗?那无所牵挂的人,看着三釜米或三钟米的俸禄,就如同看到蚊虫、虻虫在面前交相经过一样啊!"

颜成子游谓东郭子綦①曰:"吾闻子之言,一年而野②,二年而从③,三年而通④,四年而物⑤,五年而来⑥,六年而鬼入⑦,七年而天成⑧,八年而不知死、不知生⑨,九年而大妙⑩。"

【注释】

①居在郭东,故曰东郭,犹是《齐物论》中南郭子綦也。子游,子綦弟子也。②野,质朴也。闻道一年,学心未熟,稍能朴素,去浮华耳。③从,顺于俗也。④通,不滞境也。⑤物,识也。谓通晓物理也。⑥来,疑借为"覫"。覫,内视也。内视谓之明。⑦鬼,当借为"慧"。鬼入,谓知慧内藏也。正承"覫"言之。⑧天成,合自然也。⑨知冥造物,神合自然,故不觉死生聚散之异也。⑩妙,精微也。理穷终妙,知照宏博,故称大也。

【译文】

颜成子对老师东郭子綦说:"自从我听到您的言论之后,一年,就质性朴素了;二年,就顺从世俗了;三年,就内心开朗了;四年,就通晓物理了;五年,就有自知之明了;六年,就知慧内藏了;七年,就同自然一体了;八年,就不知道什么叫作死生了;九年,就完全领悟了天地间玄妙之理了。"

生有为,死也劝公①。

以其死,阴②也,有自③也;而生,阳也,无自也。而果然乎?

恶乎其所适?恶乎其所不适?

天有历数,地有人据,吾恶乎求之?

莫知其所终,若之何其无命也?莫知其所始,若之何其有命也?

有以相应也,若之何其无鬼邪④?无以相应也,若之何其有鬼邪?

【注释】

①劝,进也。公,正也。②"死"下本无"阴"字。③自,由也。

④鬼,神识也。

【译文】

生存着有所作为,死亡了才进入正常状态。

因为,万物的死亡,是属于阴的,是有来由的(由有入无);而万物的生存,是属于阳的,是没有来由的(有生于无)。究竟是不是这样的呢?

什么是万物所安适的呢?什么是万物所不安适的呢?

天有星历度数,地有人为依据。我有什么求取的呢?

〔天地万物,〕不知道它们到什么时候终结,怎么能够说它们是没有生命的呢?不知道它们从什么时候开始,怎么能够说它们是有生命的呢?

〔人的行止和自然的气数,〕有的是互相适应的,怎么能够说这里没有鬼神的主使呢?有的是不相适应的,怎么能够说这里有鬼神的主使呢?

众罔两问于景[①]曰:"若向也俯,而今也仰;向也括[②],而今也披发;向也坐,而今也起;向也行,而今也止。何也?"

景曰:"搜搜[③]也,奚稍问[④]也?予有[⑤]而不知其所以。予,蜩甲[⑥]也,蛇蜕也,似之而非[⑦]也。火与日,吾屯也;阴与夜,吾代也[⑧]。彼,吾所以有待邪[⑨]?而况乎以有待者乎[⑩]?彼来,则我与之来;彼往,则我与之往;彼强阳,则我与之强阳。强阳者又何以有问乎[⑪]?"

【注释】

①罔两,影外微阴也。景,音"影",本或作"影"。 ②括,谓括发也。 ③搜,读如"谀",搜搜,犹区区也。 ④奚稍问,犹言"何消问",即"何须问"也。 ⑤有,读为"为"。 ⑥蜩甲,蝉蜕皮也。 ⑦蜩与蛇蜕皮后,与前已有不同,故以喻似之而非。 ⑧屯,聚也。代,谢也。火、日明而影见,故曰吾聚也;阴暗则影不见,故曰吾代也。 ⑨待,犹假也。 ⑩以,读为"又"。 ⑪彼者,形也。强阳,犹徜徉也。

【译文】

许多阴影外的阴影问阴影说:"你从前低着头,现在仰着头;从前扎着头发,现在散着头发;从前坐着,现在立着;从前走路,现在停站着。这是为什么呢?"

阴影说:"这点小小的事情,何须问它呢?我这样做了,并不知道其中的所以然。我就像蜘蟟脱了壳一样,就像蛇脱了皮一样,像从前的样子,又不像从前的样子。有火和太阳,我就聚结起来;在阴天和黑天,我就消失了。它(形体)是我所要依靠的吗?何况它又是有所依靠的呢?它(形体)来,我就和它一同来;它走,我就和它一同走;它徘徊,我就和它一同徘徊。这徘徊的现象,又有什么可问的呢?"

阳子居[①]南之沛[②],老聃西游于秦,邀[③]于郊,至于梁[④],而遇老子。

老子中道[⑤]仰天而叹,曰:"始以汝为可教,今不可也!"

阳子居不答。

至舍[⑥],进盥、漱、巾、栉[⑦],脱屦户外,膝行而前,曰:"向者,弟子欲请夫子,夫子行,不闲,是以不敢。今闲矣,请问其过。"

老子曰:"而[⑧]睢睢盱盱[⑨],而谁与居?大白若辱,盛德若不足[⑩]。"

阳子居蹴然[⑪]变容,曰:"敬闻命矣。"

其往也,舍迎将[⑫],其家公[⑬]执席,妻执巾栉;舍者避席,炀[⑭]者避灶。其反也,舍者与之争席矣。

【注释】

①阳子居,名朱,字子居。《列子·黄帝》篇作"杨朱"。 ②之,往也。沛,彭城,今徐州是也。 ③邀,即《孟子·公孙丑》篇"使数人要于路"之"要",即抄近路而截遮之意。 ④梁国,今河南开封。 ⑤中道,道中。 ⑥届逆旅之舍,至休息之所。 ⑦盥,澡也,洒(洗)也。栉,梳也。 ⑧而,汝也。⑨"睢睢",本作"睢睢"。睢睢盱盱,拔扈之貌。 ⑩辱,污也。 ⑪蹴然,惭悚貌。 ⑫"舍迎将",本作"舍者迎将"。舍,谓逆旅主人也。 ⑬家公,主人公也。 ⑭对火曰炀。

【译文】

阳子居往南方沛邑去,老子往西方秦国去,阳子居在沛邑郊外抄近路截住老子,走到梁邑,遇见了老子。

老子在半路上,仰着头向天叹息,说:"起初,我以为你可以教诲;现在,你是不可以教诲的了!"

阳子居没有回话。

到了旅店里,阳子居捧着洗脸、漱口、梳头的用具,把鞋脱在门外,跪着走到老子面前,说:"方才,学生想着向老师请教,因为老师在路上,没有空闲,所以不敢发问。现在,老师空闲了,我请问我的过失是什么。"

老子说:"你那种不可一世的样子,谁愿意同你在一起呢?最洁白的好像是污黑的,德行最高的好像是不充分的。”

阳子居惊悚地变了面色,对老子说:“我恭恭敬敬地接受您的教诲。”

阳子居往沛邑去的时候,店家都迎送他,那里的店主人给他安座位,店主娘子给他拿洗脸梳头的用具,旅客们见了他就躲开座位,烤火的人见了他就躲开炉灶。到阳子居回来的时候,旅客们都争着和他坐在一起了。

六、让　王(十八章)

尧以天下让许由,许由不受;又让于子州支父[①]。子州支父曰:"以我为天子,犹之[②]可也;虽然,我有幽忧之病[③],方且治之,未暇治天下也。"

夫天下,至重也,而不以害其生[④],又况他物乎?唯无以天下为者,可以托天下也。

【注释】

①支父,字也;即支伯也。姓子,名州,字支父;怀道之人,隐者也。　②之,犹为也。　③幽,内也。幽忧之病,犹言内疾也。　④生,性也。

【译文】

帝尧要把天下让给许由,许由不接受;又要让给子州支父。子州支父说:"教我做天子,倒是可以;不过,我患有内症,正要治病,我没有工夫治理天下。"

这天下,是最重大的事物,并不因为它而损害了自己的本性,又何况是其他的事物呢?只有不把天下当件事情的人,才可以把天下托付给他。

舜让天下于子州支伯[①]。子州支伯曰:"予适有幽忧之病,方且治之,未暇治天下也。"

故[②]天下,大器也,而不以易性。此有道者之所以异乎俗者也。

【注释】

①支伯,犹支父也。寓托之名也。　②故,犹夫也,提示之词也。

【译文】

大舜要把天下让给子州支伯。子州支伯说:"我正在患内症,正要治病,我没有工夫治理天下。"

这天下,是最重大的器物,并不因为它而改变了自己的本性。这便是有道之人所以和世俗之人不同的所在。

舜以天下让善卷[①]。善卷曰:“余立于宇宙之中,冬日衣皮毛,夏日夜葛絺[②];春耕种,形足以劳动;秋收歛,身足以休食;日出而作,日入而息,逍遥于天地之间,而心意自得。吾何以天下为哉?悲夫!子之不知余也!”遂[③]不受,于是去,而入深山,莫知其处。

【注释】

①姓善,名卷。善卷,隐者也。寓托之名也。　②絺,细葛也。　③遂,犹终也。

【译文】

大舜要把天下让给善卷。善卷说:“我站立在宇宙中间,冬天穿毛皮衣,夏天穿麻布衣;春天耕种田地,形体得到劳动;秋天收割庄稼,身体得到休养;太阳出来去耕作,太阳下山就休息,逍遥在天地之间,心神自由自在。我为什么要去治理天下呢?可叹哪!您是这样地不认识我啊!”他终于没有接受,从此离去了,进入了深山,谁也不知道他的居处。

舜以天下让其友石户之农[①]。石户之农曰:“捲捲[②]乎!后[③]之为人,葆[④]力之士也!”以舜之德未至也,于是夫负妻戴,携子,以入于海,终身不反也。

【注释】

①似为人名。　②捲捲,用力貌。　③后,君也。　④葆,字亦从“保”。

【译文】

大舜要把天下让给他的朋友石户之农。石户之农说:“君王的为人,太勤劳了!您真是个保全精力的人啊!”他以为大舜的德业还不广大,于是,夫妻二人就背着家什,领着儿子,逃到大海去了,一辈子也没有回来。

大王亶父居邠,狄人攻之[①]。事之以皮帛而不受,事之以犬马而不受,事之以珠玉而不受。狄人之所求者,土地也。

大王亶父曰:“与人之兄居,而杀其弟;与人之父居,而杀其子;吾不忍为也。子皆勉居矣。为吾臣,与为狄人臣,奚以异?且吾闻之:‘不以所用养害所养[②]。’”

因杖筴[③]而去之。民相连而从之。遂成国于岐山之下。

夫大王亶父,可谓能尊生矣。能尊生者,虽贵富,不以养伤身;虽贫贱,不以利累形。今世之人,居高官尊爵者,皆重[④]失之;见利,轻亡其身。岂不惑哉?

【注释】

①大,音“太”。亶父,王季之父,文王之祖也。邠,地名。狄人,獫狁也。②用养,土地也;所养,百姓也。 ③杖筴,拄杖。 ④重,大也。

【译文】

太王亶父在邠邑建立国家,狄人来侵略他。他用兽皮布帛去侍奉,他们不接受;用牲畜去供奉,他们不接受;用珠宝去供奉,他们不接受。狄人所要求的,是邠邑这片土地。

太王亶父〔对臣民们〕说:“和人家的哥哥居住在一起,而杀了人家的弟弟;和人家的父亲居住在一起,而杀了人家的儿子;我是不忍这样做的。你们都在这儿好好地居住着吧。作为我的臣仆,和作为狄人的臣仆,有什么不同呢?我曾听说过:‘不要用养活人的土地伤害了所养活的人民。’”

太王亶父于是拄着拐杖离开了邠邑。人民也都接连不断地跟着他走了。终于在岐山之下又建立起了国家。

那太王亶父可以称作是能够尊重生命的了。能够尊重生命的人,虽然富贵,并不用供养来伤害身躯;虽然贫贱,并不用利欲来亏累形体。现在世俗之人,居处高官显位的,都大大地失掉了尊重生命的品德;见到利欲,就轻于丧亡了自己的身躯。这难道不是糊涂吗?

越人三世弑其君,王子搜患之[①],逃乎丹穴[②]。

而越人无君,求王子搜;不得,之丹穴。王子搜不肯出。越人熏之以艾。乘以玉舆[③]。王子搜援绥登车[④],仰天而呼[⑤],曰:“君乎!君乎!独不可以舍我乎?”

王子搜非不欲为君也,恶为君之患也。若王子搜者,可谓不以国伤生矣。——此固越人之所以欲得为君也。

【注释】

①搜,王子名,《淮南子》作“翳”。 ②丹穴,南山洞也。 ③“玉舆”,本作“王舆”。玉舆,君之车辇也。亦有作“王”字者,所谓王辂也。 ④援,引也。

绥,车中把也。 ⑤呼,借为"嘑"。嘑,号也。

【译文】

越国人杀过三代君主,王子搜感到害怕,就逃亡到丹穴去了。

由于越国没有君主了,国人就寻找王子搜;寻找不着,就到丹穴去寻找。王子搜不肯出来。国人就用艾火熏他。〔他出来,〕国人就请他乘坐玉辇。王子搜抓住车扶手上了车,仰起头向着天号哭,说:"君王啊!君王啊!难道就不可以放弃我这个人吗?"

王子搜并不是讨厌做君王,而是讨厌做君王后的灾祸。像王子搜这样的人,可以称作是不因为国家而伤害本性的了。——这当然是越国人所以愿意把他立为君主的原因啊。

韩、魏相与争侵地。子华子见昭僖侯[①]。昭僖侯有忧色。

子华子曰:"今使天下书铭于君之前,书之言曰:'左手攫之,则右手废;右手攫之,则左手废[②];然而攫之者必有天下。'君能[③]攫之乎?"

昭僖侯曰:"寡人不攫也。"

子华子曰:"甚善。自是观之,两臂重于天下也,身亦重于两臂。韩之轻于天下,亦远矣。今之所争者,其轻于韩又远。君固愁身伤生以忧戚不得也[④]?"

僖侯曰:"善哉!教寡人者众矣,未尝得闻此言也。"

子华子可谓知轻重矣。

【注释】

①子华子,魏人也。昭僖侯,韩侯。 ②攫,取也。废,弃也。 ③能,犹宁也。 ④愁,读为"揫"。揫,敛也。也,犹邪也。固,犹岂也。

【译文】

韩、魏两国互相侵争土地。子华子去谒见韩国昭僖侯。昭僖侯脸上露出忧愁之色。

子华子对昭僖侯说:"现在假如天下在君王面前写一段书铭,这样写道:'谁要是用左手攫取这段书铭,就去掉谁的右手;谁要是用右手攫取这段书铭,就去掉谁的左手;然而攫取的人一定会得到天下。'君王宁愿攫取它吗?"

昭僖侯说:"我不攫取它。"

子华子说:"很好。由此看来,两只胳膊要比天下贵重,身体又比两只胳膊贵重。韩国比天下要轻微得多。现在所争夺的土地,又比韩国轻微得多。君王难道要消损身体、伤害生命来忧愁着得不到那点儿土地吗?”

昭僖侯说:“好啊!教诲寡人的人太多了,可是我还不曾听到过这样的话啊。”

子华子可以称作是知道轻重的了。

鲁君闻颜阖[①]得道之人也,使人以币先焉[②]。

颜阖守陋闾,苴布[③]之衣,而自饭牛。鲁君之使者至,颜阖自对之。

使者曰:“此颜阖之家与?”

颜阖对曰:“此阖之家也。”

使者致币。

颜阖对曰:“恐听者[④]谬,而遗使者罪,不若审之[⑤]。”

使者还反,审之。

后来,求之,则不得已。

故[⑥]若颜阖者,真恶富贵者也。故曰:“道之真,以治其身;其绪余[⑦],以为国家;其土苴[⑧],以治天下。”由此观之,帝王之功,圣人之余事也,非所以完身养生也。今世俗之君子,多危身弃生以殉物。岂不悲哉?凡圣人之动作也,必察其所以之与其所以为[⑨]。

今且[⑩]有人于此,以随侯之珠,弹千仞之雀,世必笑之,是何也?则[⑪]其所用者重,而所要者轻也。夫生者,岂特随侯珠[⑫]之重哉?

【注释】

①鲁君,哀公也。颜阖,鲁人,隐者也。 ②币,帛也。先,当读为“诜”。诜,致言也。 ③苴,借为“粗”。 ④者,犹之也。 ⑤遗,照也。不欲受币,致此矫词,以欺使者。 ⑥故,犹夫也,提示之词也。 ⑦绪者,残也,谓残余也。 ⑧土苴,糟魄(粕)也。 ⑨所以之者,谓德所加之方也;所以为者,谓所以待物也。 ⑩且,犹若也。 ⑪则,犹以也。 ⑫“随侯”下本无“珠”字。

【译文】

鲁侯听说颜阖是位得道之人,便派使者带着财帛先去致意。

颜阖守着简陋的家门,穿着粗布的衣服,自己正在喂牛。鲁侯的使者来到门口,颜阖自己和使者答话。

使者问:“这是颜阖的家吗?”

颜阖回答:“这是颜阖的家。”

使者献上财帛。

颜阖对他们说:“恐怕我听错了,因而让你们使者获罪,你们不如仔细调查一下再说。”

使者回去了,作了调查。

使者又回来,再寻找他,就寻找不到了。

像颜阖这样的人,真算是讨厌富贵的了。所以古语说:“‘道’的本真,是用来治理身心;‘道’的残余,是用来治理国家;‘道’的糟粕,是用来治理天下。”由此看来,帝王的功绩,只不过是圣人的余事,并不是用它来保身养生。现在世俗的君子,大多数是危害着身体、抛弃着生命,去追逐外物。难道不是很可悲吗?大凡是圣人的一举一动,必定要明察自己所向往的和自己所做的是什么。

现在如果在这里有这么一个人,他用明月珠来弹打飞在千把丈高的麻雀,世人必定要嗤笑他。这是为什么呢?因为他所耗用的太名贵,而所要求的太轻微了。人的生命,岂止就像明月珠那样名贵吗?

子列子穷,容貌有饥色。客有言之于郑子阳[①]者,曰:“列御寇,盖[②]有道之士也;居君之国,而穷。君无乃[③]为不好士乎?”

郑子阳即令官[④]遗之粟。子列子见使者,再拜而辞。

使者去,子列子入。其妻望之,而拊心[⑤]曰:“妾闻:为有道者之妻子,皆有佚乐。今有饥色。君[⑥]过而遗先生食,先生不受。岂不命邪?”

子列子笑,谓之曰:“君非自知我也,以人之言,而遗我粟;至其罪我也,又且以人之言。此吾所以不受也。”

其卒,民果作难,而杀子阳。

【注释】

①子阳,郑相。 ②盖,犹乃也。 ③无乃,犹今言“莫非”之意。 ④官,主仓之官。 ⑤拊,犹抚也。 ⑥以下“君”字,皆泛指郑君而言。

【译文】

列子家境贫穷,面容外貌带着饥饿的颜色。有人告诉郑国宰相子阳说:“列御寇,乃是个有道之士;他住在您的国里,而遭受贫穷。您莫非是不爱护贤士吗?”

子阳立即命令仓官给列子送粮食去。列子见到使者,向他们拜了两拜,就谢绝了他们。

使者走后,列子回到屋里。他妻子望了望他,摸着心口,说:“我听说:作为有道之士的妻子,都享受到安乐。现在我们正挨着饿,国君派人来探望您,并且送给您吃的,可是您不接受。这岂不是命该如此吗?”

列子笑了笑,对妻子说:“国君并不是自己知道我,只不过是听了别人的话,因而送给我粮食;等到他治我罪的时候,又是因为听了别人的话。这便是我所以不接受的原因。”

后来,人民果然起来发难,把子阳杀掉了。

楚昭王失国,屠羊说走,而从于昭王[①]。

昭王反国,将赏从者,及屠羊说。屠羊说曰:“大王失国,说失屠羊;大王反国,说亦反屠羊;臣之爵禄已复矣,又何尝之有?”

王曰:“强之。”

屠羊说曰:“大王失国,非臣之罪,故不敢伏其诛[②];大王反国,非臣之功,故不敢当其赏。”

王曰:“见之。”

屠羊说曰:“楚国之法,必有重赏大功,而后得见。今臣之知不足以存国,而勇不足以死寇。吴军入郢,说畏难而避寇,非故随大王也。今大王欲废法毁约,而见说,此非臣之所以闻于天下也。”

王谓司马子綦曰:“屠羊说居处卑贱,而陈义甚高。子其[③]为我延之以三珪之位[④]。”

屠羊说曰:“夫三珪之位,吾知其贵于屠羊之肆也;万钟之禄,吾知其富于屠羊之利也;然岂可以贪爵禄而使吾君有妄施之名乎?说不敢当,愿复反吾屠羊之肆。”遂不受也。

【注释】

①楚昭王,名轸,平王子。屠羊,贱人,名说。　②伏,服也。诛,犹罚也。③“子其”,本作“子綦”。　④“三珪”,本作“三旌”。三珪,三公也。

【译文】

楚昭王丧失了国土,屠羊说出走,跟着昭王一起流亡。

昭王返回国土之后,将要赏赐跟他一起流亡的人,连屠羊说也包括在内。屠羊说〔对昭王的左右〕说:“大王丧失了国土,我丧失了宰羊的职业;大王返回国土,我也返回了宰羊的职业。我的官爵、俸禄都已经恢复了,又有什么可赏赐给我的呢?”

〔左右把这话报告给了昭王。〕昭王说:“强迫他接受。”

〔左右又把昭王的旨意传达给屠羊说。〕屠羊说说:“大王丧失了国土,并不是我的罪过,所以我不敢服从这种惩罚;大王返回国土,并不是我的功劳,所以我不敢接受这种赏赐。”

昭王〔听到左右所传达的屠羊说的话,就对左右〕说:“我想见见他。”

屠羊说〔对左右〕说:“楚国的法令,必定是受过重赏、立过大功的人,才能够觐见国王。现在,我的智谋不能够保存国土,勇气不能够杀死敌寇。吴国的大军进入郢都,我害怕受到灾难,就逃走躲避敌寇,并不是我故意追随大王。现在,大王情愿废毁了国家法令来召见我,这并不是我所要使天下知道的事情。”

昭王对大司马子綦说:“屠羊说地位卑贱,可是他陈述道义很高超。您要为我用三公的爵位把他聘请来。”

屠羊说〔又对大司马子綦〕说:“那三公的爵位,我知道它要比宰羊的门市高贵得多;万种的俸禄,我知道要比宰羊的利润丰厚得多;可是,哪能因为我贪求爵位和俸禄,而使我们国王有了滥加施舍的名声呢?我不敢承当这个恩赏,我只希望返还我那宰羊的门市就够了。”

屠羊说到底没有接受。

原宪①居鲁,环堵之室②,茨以生草③,蓬户④不完,桑以为枢,而瓮牖⑤;二室,褐以为塞⑥;上漏下湿。匡坐而弦歌⑦。

子贡乘大马,中绀而表素⑧,轩车不容巷,往见原宪。

原宪华冠⑨、縰履⑩、杖藜而应门⑪。

子贡曰:“嘻⑫!先生何病⑬?”

原宪应之曰:“宪闻之:‘无财,谓之贫;学而不能行,谓之病。’今宪,贫也,非病也。”

子贡逡巡而退⑭,有愧色。

原宪笑曰:“夫‘希世而行⑮,比周而友;学以为人,教以为己;仁义之慝⑯,舆马之饰⑰’,宪不忍为也。”

【注释】

①原宪,孔子弟子,姓原,名思,字宪也。　②周环各一堵,谓之环堵,犹方丈之室也。　③茨,以茅苇盖屋也。　④蓬户,织蓬为户。　⑤桑以为枢,

屈桑条以为户枢也。瓮牖,破瓮为牖。 ⑥二室,夫妻各一室。塞,犹蔽也。褐以为塞,谓以褐衣为窗帘也。 ⑦匡,正也。"弦"下本无"歌"字。弦,谓弦歌。⑧绀为中衣,加素为表。绀,此今之天青色。 ⑨华冠,以桦木皮为冠。 ⑩縰履,谓履无跟也。 ⑪杖藜,以藜为杖也。应门,自对门也。 ⑫嘻,笑声也。⑬病者,感衰气而不神也。 ⑭逡巡,却退貌也。"而"下本无"退"字。 ⑮希,望也。 ⑯慝,恶也。仁义之慝,谓依托仁义为奸恶。 ⑰饰马车以衒矜夸。

【译文】

原宪闲居在鲁国,一丈见方的房舍,屋顶盖着新鲜草,蓬蒿编的破门,桑木棍子作门轴,破瓮作窗户;夫妻二人各住一间屋子,都用破粗布衣作窗帘;顶上漏水,地下潮湿。原宪端端正正地坐在屋中间,在弹琴歌唱。

子贡骑着大马,穿着天青色的内衣,罩着素色的外套,车马在巷子里都容不下,来会见原宪。

原宪戴着桦木皮的帽子,穿着没有后跟的鞋子,拄着藜草茎的拐杖,自己在门口迎接宾客。

子贡对原宪说:"嘻!先生为什么这么颓唐呢?"

原宪回答说:"我听说过:'没有钱财,叫作贫穷;学习了不能够实行,叫作颓唐。'现在,我是贫穷,而不是颓唐啊。"

子贡倒退了几步,脸上呈现出羞愧的颜色。

原宪笑着说:"那所谓'照顾着世俗做事情,亲亲昵昵地交朋友;学习只是为了别人,教学只是为了自己;假借仁义去做坏事,出门就是文车大马'的,我是不忍心这样做的。"

曾子居卫,缊袍①无表,颜色肿哙②,手足胼胝;三日不举食,十年不制衣;正冠而缨绝,捉衿③而肘见,纳屦而踵决。曳縰而歌商颂④,声满天地,若出金石。天子不得臣,诸侯不得友。

故养志者忘形,养形者忘利,致道者忘心⑤矣。

【注释】

①缊,谓今纩及旧絮也。 ②种,即借为"肿"。种哙,盈虚不常之貌。瘣,病也。 ③衿,衣交领也。字亦作"襟"。 ④商颂;谓商代之颂歌也。⑤心,谓私欲。

【译文】

曾子闲居在卫国,旧棉絮的破袍子,没有衣面;面色虚肿,手脚上都有一层厚皮;三天烧不上一顿饭,十年做不上一件衣;正一正帽子,帽带儿就断;挈一挈领襟,胳膊肘就露出;提一提鞋子,鞋后跟就裂开。他拖着没有后跟的鞋子,唱着商代的乐曲,声音充满天地之间,好像从金石之中发出的一般。天子不能够把他作臣仆,诸侯不能和他交朋友。

所以,保养意志的人,就能够忘掉形体;保养形体的人,就能够忘掉利禄;得"道"的人,就能忘掉私心。

孔子谓颜回曰:"回,来!家贫,居卑,胡不仕乎?"

颜回对曰:"不愿仕。回有郭外之田五十亩,足以给飦粥[1];郭内之田十亩,足以为丝麻;鼓琴,足以自娱;所学夫子之道者,足以自乐也。回不愿仕。"

孔子欣然[2]变容曰:"善哉,回之意!丘闻之:'知足者,不以利自累也;审自得者,失之而不惧;行修于内者,无位而不怍[3]。'丘诵之久矣,今于回而后见之。丘之得也。"

【注释】

①飦,字或作"饘",糜也。 ②"欣",本作"愀"。 ③怍,惭也。

【译文】

孔子对颜回说:"颜回啊,过来!你家境贫寒,地位卑贱,为什么不做官呢?"

颜回说:"我不愿意做官。在外城之外,我有田地五十亩,足够用来供给喝粥;在外城之内,我有田地十亩,足够生产丝麻;弹弹琴,足以自己消遣;所学习的老师的道术,足以自我快乐。我不愿意做官。"

孔子改换了欣喜的面容,说:"你的愿望很好啊!我听说过:'知足的人,不因为利欲而困累自己;懂得自寻乐趣的人,失掉了什么也不会恐惧;德行修饬于内的人,没有官位也不感到惭愧。'这些话我念叨得许久了,现在在你身上我才真正见到。这是我的收获啊。"

中山公子牟[1]谓瞻子[2]曰:"身在江海之上,心居乎魏阙[3]之下,奈何?"

瞻子曰:"重生。重生,则轻利[4]。"

中山公子牟曰:"虽知之,未能自胜也。"

瞻子曰:"不能自胜,则从之。"

"从之[5],神无恶乎?"

“不能自胜，而强不从者，此之谓重伤[6]。重伤之人，无寿类矣[7]。”

魏牟，万乘之公子也，其隐居岩穴也，难为于布衣之士；虽未至乎道，可谓有其意矣。

【注释】

①公子牟，魏之公子，封中山，名牟。　②瞻子，贤人。瞻，或作“詹”。詹子，即詹何也。盖道家之流。　③魏阙，象卫观阙，人君门也。言心存荣贵。④“轻利”，本作“利轻”。　⑤“不能自胜，则从之。从之”，本作“不能自胜，则从”，无“之从之”三字。恶，犹患也。　⑥重伤，再伤也。　⑦类，犹象也。无寿类，即无寿象也。

【译文】

中山公子牟对瞻子说：“我身体隐遁在江海之上，可是心志却流连在宫门之下，这怎么办呢？”

瞻子曰：“你要重厚生命。重厚生命，就轻薄利禄了。”

公子牟说：“我虽然知道这个道理，可是自己不能克制。”

瞻子说：“自己不能克制，你就任其自然。”

公子牟说：“任其自然，精神不受损伤吗？”

瞻子说：“自己不能克制，而强制着不任其自然，这就叫作双重伤损。受到双重伤损的人，是不会长寿的。”

魏公子牟，是个大国的公子，他隐居在岩穴之中，要比布衣之士难以做到；纵然他没有达到“道”，也可以说有那么一点意思了。

孔子穷于陈、蔡之间，七日不火食，藜羹不糁[1]，颜色甚惫，而弦歌于室。

颜回择菜于外[2]。

子路、子贡相与言，曰：“夫子再逐于鲁，削迹于卫，伐树于宋，今复厄于此[3]，杀夫子者无罪，藉夫子者无禁；弦歌鼓琴，未尝绝音。君子之无耻也若此乎！”

颜回无以应，入告孔子。

孔子推琴，喟然而叹，曰：“由与赐，细人也；召而来，吾语之！”

子路、子贡入。

子路曰：“如此者，可谓穷矣。”

孔子曰:“是何言也?君子通于道之谓通,穷于道之谓穷。今丘抱仁义之道,以遭乱世之患,其何穷之为[④]?故内省而不穷于道,临难而不失其德。大寒既至[⑤],霜雪既降,吾是以知松柏之茂也!桓公得之莒,文公得之曹,越王得之会稽[⑥]。陈、蔡之隘,于丘其幸乎!”

孔子削然反琴[⑦]而弦歌。

子路扢然执干[⑧]而舞。

子贡曰:“吾不知天之高也,地之下也!古之得道者,穷亦乐,通亦乐,所乐非穷通也。道德[⑨]于此,则穷通为寒暑,风雨之序矣。故许由虞于颍阳[⑩],而共伯得乎共首[⑪]。”

【注释】

①藜菜之羹,不加米糁。糁,为“糂”之或体,或作“糣”。糂,以米和羹也。 ②“择菜”下本无“于外”二字。下文“入告孔”,当有“于外”二字。 ③“伐树于宋”下本有“穷于商周”句;“今复厄于此”,本作“围于陈蔡”。 ④为,犹有也。 ⑤“大寒”,本作“天寒”。 ⑥“吾是以知松柏之茂也”下本无“桓公得之莒,文公得之曹,越王得之会稽”三句。 ⑦削然反琴,谓徐徐而反其琴也。 ⑧扢然,奋舞貌。干,楯也。 ⑨德,当作“得”。 ⑩颍阳,地名,在襄阳。 ⑪共伯,名和,修其行,好贤人,诸侯皆以为贤。

【译文】

孔子周游列国,在陈、蔡两国之间被大军包围了,七天没有吃到熟的食物,藜菜羹里面连个米屑都没有;饿得面黄肌瘦,可是还在屋里弹琴歌唱。

颜回在外面采择野菜。

子路和子贡互相谈论,说:“咱们老师在鲁国两次被驱逐出境,在卫国隐匿行踪,在宋国受过惊,现在又在这里被围;杀掉他的不犯罪名,糟践他的不犯禁令;可是他弹琴歌唱的声音,从没有间断过。君子的无耻是像这样的吗!”

颜回〔在旁边听到〕,没法回答,就进屋去告诉了孔子。

孔子把琴推开,长叹了一声,就对颜回说:“仲由和端木赐,都是小人哪!叫他们进来,我和他们谈谈。”

子路和子贡都进来了。

子路对孔子说:“像咱们这种样子,可以说是够穷困的了。”

孔子说:“你这是什么话呢?君子通达于‘道’,叫作通达;穷困于‘道’,叫作穷困。现在,我们抱守着仁义之道,而遭到乱世的灾患,怎么能够算是穷困呢?所以,内心自省,并不穷困于道;面临患难,并没有失掉‘德’。大寒已经到来,霜雪已经降落,我因而知道松柏树的繁茂不凋啊!〔从前,〕齐桓公成事于出奔莒国,晋文公成事于出奔曹国,越王句践成事于困守会稽。这次被困在陈、蔡两国之间,对我来说,乃是一种幸运啊!”

孔子慢慢地把琴抱在面前,又弹唱起来。

子路奋勇地拿起盾牌也舞蹈起来。

子贡说:“我不知道天是高的、地是低的了!古来得‘道’的人,穷困也是快乐的,通达也是快乐的,所快乐的并不是由于穷困和通达。把‘道’得到身上,穷困和通达只不过像寒暑、风雨的时序罢了。所以,许由在颍阳觉得愉快,共伯在共首怡然自得。”

舜以天下让其友北人无择①。北人无择曰:“异哉,后②之为人也!居于畎亩③之中,而游于尧之门!不若是而已,又欲以其辱行漫④我!吾羞见之。”因投于清泠之渊⑤。

【注释】

①北人无择,古隐士也。 ②后,君也。 ③垄上曰亩,垄中曰畎。④漫,污漫。 ⑤清泠之渊,或即沧浪之水也。

【译文】

大舜要把天下让给他的朋友北人无择。北人无择说:“君王的做人,太离奇了!他本来是居住在农田之间,可是往来于帝尧之门!他这样还不算完,又要用他那种肮脏行为来污辱我!我认为见他是可耻的。”因而就投到清泠之水自尽了。

汤将伐桀,因卞随而谋。卞随曰:“非吾事也。”

汤曰:“孰可?”

曰:“吾不知也。”

汤又因瞀光①而谋。瞀光曰:“非吾事也。”

汤曰:“孰可?”

曰:“吾不知也。”

汤曰:“伊尹如何?”

曰:“强力、忍垢②,吾不知其他也。”

汤遂与伊尹谋伐桀。剋③之,以让卞随。

卞随辞曰:“后之伐桀也,谋乎我,必以我为贼也;胜桀,而让我,必以我为贪也。吾生乎乱世,而无道之人再来漫我以其辱行;吾不忍数闻也。”乃自投洞水而死。

汤又让瞀光,曰:“知者谋之,武者遂之,仁者居之,古之道也。吾子胡不立乎?”

瞀光辞曰:“废上,非义也;杀民,非仁也;人犯其难,我享其利,非廉也[④]。吾闻之:‘非其义者,不受其禄:无道之世,不践其土。’况尊我乎?吾不忍久见也。”乃负石而自沈于庐水。

【注释】

①瞀,本或作“务”。卞随、务光,并怀道之人,隐者也。 ②垢,辱也。忍垢,弑君须忍垢也。 ③剋、尅,乃“勊”之俗字。借为“克”。尅,胜也。 ④废上,谓放桀也。杀民,谓征战也。犯其难,谓遭诛戮也。我享其利,谓受禄也。

【译文】

汤王将要讨伐夏桀,跟卞随去谋划。卞随说:“这不是我的事情。”

汤王问:“我可以跟谁谋划呢?”

卞随说:“我不知道。”

汤王又跟瞀光去谋划。瞀光说:“这不是我的事情。”

汤王问:“我可以跟谁谋划呢?”

瞀光说:“我不知道。”

汤王又问:“伊尹怎么样?”

瞀光说:“伊尹是个坚强有力、含垢忍辱的人,别的我就不知道了。”

汤王去跟伊尹谋划讨伐夏桀。打败了夏桀,要把天下让给卞随。

卞随推辞说:“在讨伐夏桀之前,君王跟我来谋划,必然认为我是个叛贼;战胜夏桀之后,君王要把天下让给我,必然认我是个贪人。我生在乱世,可是无道之人两次用他的肮脏行为来侮辱我;我不能忍受经常听到这种话。”于是他投入洞水自杀了。

汤王又去让位给瞀光,说:“明智之人出谋献策,勇武之人完成任务,仁爱之人登居帝位,这是古来的规律。您何不立为天子呢?”

瞀光推辞说:“废掉君上,不能叫作正义;杀害人民,不能叫作仁慈;别人冒犯危险,自己享受权利,不能叫作廉洁。我听说过:‘不义之主,就不接受他的禄位;无道之世,就不踏在他的土地上。’何况是要尊奉我呢?我不能忍受经常看见这种人了。”于是背着石头跳入庐水自尽了。

昔,周之兴,有士二人,处于孤竹,曰伯夷、叔齐[①]。二人相谓曰:“吾闻西方有圣人,似有道者,试往观焉。”

至于岐阳。武王闻之,使叔旦[②]往见之。与盟曰:“加富二等,就官一列[③]。”血牲而埋之。

二人相视而笑。曰:“嘻!异哉!此非吾所谓道也。昔者,神农之有天下也,时祀尽敬,而不祈喜[④];其于人也,忠信尽治,而无求焉。乐与政为政,乐与治为治;不以人之坏自成也,不以人之卑自高也,不以遭时自利也。今周见殷之乱,而遽为政;上谋而行货,阻兵而保威[⑤],割牲而盟以为信,扬行以悦众,杀伐以要利,是推乱以易暴也。吾闻古之士,遭治世,不避其任;遇乱世,不为苟存。今天下暗,周德衰,其并乎周以涂[⑥]吾身也,不如避之,以洁吾行。”

二子北至于首阳之山,遂饿而死焉。

若伯夷、叔齐者,其于富贵也,苟可得已,则必不赖;高节戾行,独乐其志,不事于世。此二士之节也。

【注释】

①孤竹国,在辽东令支县界。伯夷、叔齐,其君之子也。　②周公名旦,是武王之弟,故曰叔旦也。　③加禄二级,授官一列。　④祈,求也。喜,福也。⑤“行货”上本有“下”字。　⑥并,犹依傍也。涂,污也。

【译文】

从前,周朝兴起时代,有两位贤士,居住在孤竹国,名字叫伯夷、叔齐。两人互相谈论说:“听说西方有位圣人(指文王),好像是个有‘道’之人。我们不妨到那里去看看。”

两人到了岐阳。武王(文王已死)听说他俩来了,就派弟弟周公去接见他们。和他俩订立了盟誓说:把他俩“禄加二等,官授一品”。然后用牲血涂在盟书上,把盟书埋在祭坛之下。

他俩互相看了看,就笑了。说:“哈哈!太稀奇了!这不是我们所说的‘道’啊!在古代,神农氏执掌天下的时候,按着时令遍祭天地鬼神,恭恭敬敬的,并不是为了祈求福禄;而对于人民,忠忠实实的,尽到治理责任,并不向人民求取什么。人民乐于纠正,就纠正他们;乐于治理,就治理他们;并不利用别人的失败来成全自己,并不利用别人的卑贱来抬高自己,并不适逢时机来自谋私利。现在,周朝看到殷朝大乱,就仓促地要取得政权;崇尚权谋,而施行收买;依靠兵力,而仗恃威权;杀牲盟誓,而昭示信用;显扬自己,而取悦人民;征伐别国,而要求利禄;这便是推行变乱,以暴易暴。我们听说过:古代的贤士,遇到太平之时,不推避责任;遇到大乱之世,不苟且偷生。现在,天下昏暗,周朝德业衰落了,与其依傍周朝而玷污我们的身体,不如躲避了它而纯洁我们的德行。”

两人于是往北逃到首阳山,终于在那里饿死了。

像伯夷、叔齐这样的人,他们对于富贵,确实是能够得到的,可是他们终于没有获取;他们高尚节操,修善德行,独自畅快自己的意志,不过问当世的事务。这便是这两位贤士的节操啊。

七、盗　跖(三章)

孔子与柳下季为友[①],柳下季之弟名曰盗跖[②]。

盗跖,从卒九千人,横行天下,侵暴诸侯;穴室,抠[③]户,驱人牛马,取人妇女;贪得忘亲;不顾父母兄弟,不祭先祖;所过之邑,大国守城,小国入保[④]。万民苦之。

孔子谓柳下季曰:"夫为人父者,必能诏[⑤]其子;为人兄者,必能教其弟;若父不能诏其子,兄不能教其弟,则无贵父子、兄弟之亲矣。今先生,世之才士也;弟为盗跖,为天下害,而弗能教也。丘窃为先生羞之。丘请为先生往说之。"

柳下季曰:"先生言'为人父者,必能诏其子;为人兄者,必能教其弟';若子不听父之诏,弟不受兄之教,虽今先生之辩,将奈之何哉？且跖之为人也,心如涌泉,意如飘风;强足以距敌,辩足以饰非,顺其心则喜,逆其心则怒;易辱人以言。先生必无往!"

孔子不听。颜回为驭,子贡为右,往见盗跖。

盗跖乃方休卒大山之阳,脍人肝而餔之[⑥]。

孔子下车而前,见谒者,曰:"鲁人孔丘闻将军高义,敬再拜谒者。"

谒者入通。盗跖闻之,大怒,目如明星,发上指冠[⑦]。曰:"此夫鲁国之巧伪人孔丘非邪？为我告之:'尔作言造语,妄称文武,冠枝木之冠,带死牛之胁[⑧],多辞缪说[⑨],不耕而食,不织而衣;摇唇鼓舌,擅生是非,以迷天下之主;使天下学士不反其本,妄作孝弟;而侥幸于封侯富贵者也。子之罪大极重[⑩],疾走归! 不然,我将以子之肝益昼餔之膳!'"

孔子复通。曰："丘得幸于季，愿望履幕下。"

谒者复通。盗跖曰："使来前！"

孔子趋而进，避席，反走[11]，再拜盗跖。

盗跖大怒，两展其足[12]，案剑[13]，瞋目，声如乳虎。曰："丘来前！若所言，顺吾意，则生；逆吾心，则死！"

孔子曰："丘闻之：凡天下人[14]有三德：生而长大，美妙无双，少长贵贱，见而皆悦之，此上德也；知维天地，能辩诸物，此中德也；勇悍、果敢，聚众率兵，此下德也。凡人有此一德者，足以南面称孤矣。今将军兼此三者，身长九尺[15]二寸，面目有光，唇如激丹[16]，齿如齐贝，音中黄钟，而名曰'盗跖'，丘窃为将军耻不取焉。将军有意听臣，臣请南使吴、越，北使齐、鲁，东使宋、卫，西使晋、楚，使为将军造大城数百里，立数十万户之邑，尊将军为诸侯，与天下更始；罢兵休卒，收养昆弟，共[17]祭先祖。此圣人、才士之行，而天下之愿也。"

盗跖大怒。曰："丘来前！夫可规以利、而可谏以言者，皆愚陋恒民之谓耳。今长大美好、人见而悦者，此吾父母之遗德也。丘虽不吾誉，吾独不自知邪？且吾闻之：好面誉人者，亦好背而毁之。今丘告我以大城众民，是欲规我以利，而恒民畜我也。安可久长也？城之大者，莫过乎天下矣。尧、舜有天下，子孙无置锥之地；汤、武立为天子，而后世绝灭。非以其利大故邪？

"且吾闻之：古者，禽兽多而人少，于是民皆巢居以避之；昼拾橡栗，暮栖其上，故命之曰有巢氏之民。古者，民不知衣服，夏多积薪，冬则炀之，故命之曰知生之民。神农之世，卧则居居，起则于于[18]；民知其母，不知其父；与麋鹿共处；耕而食，织而衣；无有相害之心。此至德之隆也。然而，黄帝不能致德，与蚩尤战于涿鹿之野，血流百里。尧、舜作，立群臣；汤放其主，武王伐纣。自是以后，以强凌弱，以众暴寡。汤、武以来，皆乱人之徒也。今子修文、武之道，掌天下之辩，以教后世；摓衣、浅带[19]，矫言、伪行，以迷惑天下之主，而欲求富贵焉。盗莫大于子！天下何故不谓子为'盗丘'，而乃谓我为'盗跖'？

"子以甘辞说子路，而使从之；使子路去其危冠[20]，解其长剑，而受教于子。天下皆曰'孔丘能止暴禁非'。其卒之也，子路欲杀卫君[21]，而事不成，身菹[22]于卫东门之上。子教子路菹此患，上无以为身，下无以为人[23]。是子教之不至也。

“子自谓才士、圣人邪，则再逐于鲁，削迹于卫，穷于齐，围于陈、蔡，不容身于天下。子之道，岂足贵邪？

“世之所高，莫若黄帝。黄帝尚不能全德，而战于涿鹿之野，血流百里。尧不慈，舜不孝，禹偏枯，汤放其主，武王伐纣，文王拘羑里[24]，此六子者，世之所高也；孰[25]论之，皆以利惑其真，而强反其情性，其行乃甚可羞也。

“世之所谓贤士，伯夷、叔齐。伯夷、叔齐辞孤竹之君，而饿死于首阳之山，骨肉不葬。鲍焦饰行，非世，抱木而死[26]。申徒狄谏而不听，负石自投于河，为鱼鳖所食。介子推，至忠也，自割其股，以食文公；文公后背之，子推怒而去，抱木而燔死[27]。尾生与女子期于梁下，女子不来，水至，不去，抱梁柱而死。此六子者，无异于磔犬、流豕、操瓢而乞者，皆离名[28]、轻死，不念本、养寿命者也。

“世之所谓忠臣者，莫若王子比干、伍子胥。子胥沈江，比干剖心。此二子者，世谓忠臣也，然卒为天下笑。

“自以上观之，至于子胥、比干，皆不足贵也。丘之所以说我者，若告我以鬼事，则我不能知也；若告我以人事者，不过此矣。皆吾所闻知也。

“今吾告子以人之情：目欲视色，耳欲听声，口欲察味，志气欲盈。人上寿百岁，中寿八十，下寿六十；除病瘦[29]、死丧、忧患，其中开口而笑者，一月之中，不过四五日而已矣。天与地无穷，人死者有时。操有时之具，而托于无穷之间，忽然无异骐骥之驰过隙也。不能说其志意、养其寿命者，皆非通道者也。

“丘之所言，皆吾之所弃也。亟[30]去！走归！无复言之！子之道，狂狂汲汲[31]，诈巧虚伪事也，非可以全真也。奚足论哉？”

孔子再拜，趋走，出门，上车，执辔三失，目芒然无见，色若死灰，据轼[32]低头，不能出气。归到鲁东门外，适遇柳下季。

柳下季曰：“今者阙然，数日不见，车马有行色，得微往见跖邪？”

孔子曰：“然。”

柳下季曰:“跖得无逆汝意若前乎?”

孔子曰:“然。丘所谓无病而自灸者也。疾走料虎头,编虎须,几不免虎口哉!”

【注释】

①柳下季,即柳下惠。姓展,名禽,字季,食邑柳下,谓之柳下季;亦言居柳树之下,故以为号。展禽是庄公时,孔子相去百余岁。而言友者,盖寓言也。 ②孔子与柳下惠不同时,柳下惠与盗跖亦不同时。读者勿以寓言为实也。 ③“抠”,本作“枢”。 ④保,即今之“堡”字。 ⑤诏,教也。 ⑥铺,食也。 ⑦指,借为“楮”。楮,柱也。发上指冠,与“怒发冲冠”同义。 ⑧枝木之冠,冠多华饰,如木之枝繁。胁,肋也。将牛皮用为革带,既润且坚,有如牛肋也。 ⑨缪,音“谬”。 ⑩极,当为“殛”。殛,诛也。言罪大而诛重也。 ⑪反走,小却行也。 ⑫展,申也。两展其足,伸两脚也。 ⑬案,当作“按”。 ⑭“天下”本无“人”字。 ⑮“九”,本作“八”。 ⑯激,明也。 ⑰共,为“龚”省。龚,给也。 ⑱居居,安静之容;于于,自得之貌。 ⑲陆德明:撻,本又作“缝”。缝衣,大衣也。 ⑳危,高也。子路好勇,冠如雄鸡形,背负豭牛,用表已强也。 ㉑卫君,蒯聩。 ㉒菹,菹醢。醢,肉酱也。 ㉓“子教子路菹此患,上无以为身,下无以为人”三句,本在下文“不容身于天下”句之下。 ㉔羑里,殷狱名。文王遭纣之难,戹于囹圄,凡经七年,方得免脱。 ㉕孰,古“熟”字。 ㉖姓鲍,名焦,周时隐者也。饰行非世,廉洁自 ㉗晋文公,重耳也。遭骊姬之难,出奔他国;在路困乏,推割股肉以饴之。公还,三日,封于从者,遂忘子推。子推作《龙蛇之歌》,书其营门,怒而逃。公后惭谢,追子推于介山。子推隐避。公因放火烧山,庶其走出。子推遂抱树而焚死焉。 ㉘杂名,重名。㉙“瘐”,本作“瘦”。 ㉚亟,急也。 ㉛狂狂汲汲,谓孔子急于济世也。㉜轼,车前横木,凭之而坐者也。

【译文】

孔子和柳下惠是朋友。柳下惠的弟弟名字叫盗跖。

盗跖,随从着他的徒众有九千人,在天下横行霸道,侵犯诸侯,钻墙挖窟,窥门探户,赶走人家的牛马,掳走人家的妇女;贪图财物,不要亲友;不眷顾父母兄弟,不祭祀先祖;他们所经过的地方,大国就关门守城,小国就逃进城堡。万民因为他们而感到痛苦。

孔子对柳下惠说:“做父亲的,必定能够训诲自己的儿子;做哥哥的,必定能够劝教自己的弟弟。如果父亲不能够训诲自己的儿子,哥哥不能够劝教自己的弟弟,那就不需要父子、兄弟这种亲属关系了。现在,先生是当代的有才之士,弟弟是盗跖，成为天下的祸害，而不能够劝教他。我私下替先生感到羞辱。我愿意替先生去劝说劝说他。”

柳下惠说：“先生说‘做父亲的，必定能够训诲自己的儿子，做哥哥的，必定能够劝教自己的弟弟’；如果儿子不听从父亲的训诲，弟弟不接受哥哥的劝教，即使像先生这样能说会道，又能拿他怎么样呢？况且，盗跖这个人，心胸如同涌泉，意向如同暴风；强力足以抵挡敌人，口才足以文饰过错；顺着他的心意，他就喜欢；背着他的心意，他就发怒；他容易用话来污辱人。先生是绝对不能去的啊。”

孔子不听柳下惠的劝告，让颜回驾着车，子贡做下手，前去会见盗跖去了。

盗跖正在泰山南面休养士卒，切着人肝就饭吃呢。

孔子下了车，走向前去，见到传禀的人，说：“鲁国人孔丘久仰你们将军的大名，请给我传禀一声。”

传禀的人进去传禀。盗跖一听，就大发雷霆，眼睛瞪得像明星，头发都竖起来顶起帽子。说：“这个人是不是鲁国那个巧诈虚伪的人孔子啊？你替我告诉他：‘你造作一些虚言谎话，假称说文王、武王的事迹，戴着枝枝杈杈的帽子，扎着死牛皮做的腰带，嘴里念念有辞，胡说八道；自己不种地，就吃饭；自己不织布，就穿衣；鼓动唇舌，搬弄是非，来迷惑天下的君主；使天下的学士，不能返还到本元，而狂妄地立出孝悌之道；利用这个来希图获得封侯、取得富贵啊。你这罪大恶极的东西，赶紧给我滚回去！不然的话，我要把你的肝添作今天的饭菜！’”

孔子仍就让传禀的人去传禀，说：“我得到柳下惠的引进，希望在将军的幕下见到一面。”

传禀的人又进去传禀。盗跖说：“让他到前面来！”

孔子赶紧走进来，不敢近前，倒退了几步，向盗跖拜了两拜。

盗跖怒火冲天，叉开两只脚，扶着剑，瞪着眼，声音好像小老虎一般。说：“孔丘！你到前面来！你所说的话，如果顺从我的心意，你还可以活；如果背反我的心意，我就要你一死！”

孔子说：“我听说过：天下人有三种才德：生下来又高又大，美妙无比，无论什么样的人，所有见到他的，全都喜欢他，这是上等的才德；智慧足以维系天地，能力足以分辨事物，这是中等的才德；勇猛果敢，能够集聚群众，统率大军，这是下等的才德。大凡人只要有这样一种才德的，就足以南面称王。现在，将军兼有这三种才德，身高九尺二寸，满面红光，两眼有神，嘴唇如同明亮的丹砂，牙齿如同整齐的贝壳，声音合乎黄钟之声；可是名字却叫‘盗跖’，我私下认为将军是以这个为可耻而不想求取这个名称的。将军如果有意听取臣仆的劝告，臣仆情愿为将军向南方出使吴国、越国，向北方出使齐国、鲁国，向东方出使宋国、卫国，向西方出使晋国、楚国,让他们为将军修造起一座方圆几百里的大城,建立起一个几十万户的大国,推崇将军为诸侯,和天下各国共同更换一个新的时代;让将军的士兵休息休息,把将军的兄弟们都收养起来,要回去祭祀自己的先祖。这便是圣人、才士的行为,同时也是天下人民的愿望。”

盗跖勃然震怒,说:“孔丘!你到前面来!那可以用利禄规劝,可以用言辞谏诤的人,都叫作愚陋的平常人。要知道,又高又大,美好无比,人们见了都喜欢,这是我父母留下的德泽。你纵然不这样夸奖我,我难道自己就不知道吗?我听说过:喜欢当面夸奖人的人,也喜欢背后毁谤人。现在,你告诉我要建设大城,收抚众民,这是想着用利禄来规劝我,把我当作一个平常人畜养起来。这怎么能够享受长久呢?最大的城市,没有比天下这座城市再大的了。唐尧、虞舜虽然享有天下,可是子孙们并没有一点点的地盘;汤王、武王虽然做过天子,可是后辈也都灭绝了。不正是因为他们利禄太大的缘故吗?

“并且,我听说过:在上古时代,天下禽兽很多,人民很少,因而人民都在树上居住,来躲避它们;白天在树林里拾橡子、栗子,夜间住在树上,所以把他们叫作有巢氏时代的人民。在上古时代,人民不知道穿衣服,夏天,他们多积蓄一些柴草,冬天,就用它来烤火,所以把他们叫作知道生存的人民。在神农氏时代,人们躺着是无思无虑的,起来是无识无知的;人们只知道谁是自己的母亲,并不知道谁是自己的父亲;他们和麋鹿一类的走兽共处;他们种了地来吃饭,织了布来穿衣;都没有互相残害的心意。这是道德最隆盛的时代。然而,到黄帝时代,他并不能以德服人,就和蚩尤在涿鹿的郊野打起仗来,杀伤惨重,人血流出一百里地远。唐尧、虞舜兴起后,就设置百官;汤王放逐了他的君主夏桀,武王讨伐了他的君主殷纣。从此以后,人民都是以强盛的欺凌弱小的,以多数的侵略少数的。汤王、武王之后,都是祸乱人民的一帮人了。现在,你修治文王、武王的道术,掌握天下的言论,来教诲后世;穿着长袍大袖的衣服,扎着宽宽的腰带,言辞矫辩,行为虚伪,来迷惑天下的君主,藉着这个来求取荣华富贵。贼盗没有比您再大的了。天下人为什么不把您叫作‘盗丘’,却把我叫作‘盗跖’呢?

“您用甜言蜜语劝说子路,让他听从您;让子路摘掉他的高冠,解下他的长剑,跟着您去学习。天下人都说孔丘能够阻止强暴,禁除过恶。可是结果呢,子路想着杀掉卫国的昏君(蒯聩),事情没有成功,身体却在卫国东门之上被剁成了肉酱。您教子路受到这种灾祸,在上说,不能保身,在下说,不能做人。这便是您的教诲所预料不到的。

“您自称是才士、圣人吧,可是您在鲁国两次被驱逐,在卫国不许居留,在齐国遭过穷困,在陈、蔡两国之间被包围,天下没有您容身之地。您的道术,哪里称得上可贵的呢？

“世俗所推崇的人，没有比得上黄帝的了。黄帝还不能够用纯全德性感化别人，却在涿鹿的郊野和蚩尤大战一场，杀伤惨重，人血流出一百里地远。帝尧不慈爱自己的儿子，大舜不孝顺自己的父母，大禹喜欢喝酒，汤王放逐了他的君主夏桀，武王讨伐了他的君主殷纣，文王被纣王囚禁在牢狱之中。这六个人，都是世俗所推崇的；详审地讨论一下，他们都是被利禄迷惑了自己的本真，而强烈地违反了自己的情性，他们的行为都是非常可耻的。

“世俗所谓贤士，都称说伯夷、叔齐。伯夷、叔齐推让孤竹国的君位，而饿死在首阳山上，没有人葬埋他们的骨肉。鲍焦整饬行为，看不惯俗世，抱着大树而死去。申徒狄谏诤国王，不被采纳，自己背着石头，投江，被鱼鳖吃掉。介子推是个最忠心的臣子，割下自己大腿肉给晋文公吃；晋文公后来把他忘掉，他便愤怒出走，抱着大树被大火烧死。尾生和一个女子在桥下相会，那个女子没有来，大水来了，他还不肯走，就抱着桥柱被大水淹死。这六个人，和陈列尸体的死狗，顺水漂流的死猪，端着破瓢讨饭的乞丐没有什么不同，都是贪图虚名、轻于死亡、不思念本元、不保养寿命的人啊。

“世俗所谓忠臣，没有比得上王子比干、伍子胥的。伍子胥被沉没在大江里，王子比干被挖了心。这两个人，世俗都把他们称作忠臣，然而结果还是被天下人所嗤笑。

“从以上这些人来看，一直到伍子胥、王子比干，都没有什么可贵的地方。你所用来劝说我的，如果告诉我一些鬼神的事情，我还不大知道；如果告诉我一些人间的事情，也不外乎这些东西了。这都是我所听到过的事情。

“现在，我告诉给您人的实情：眼睛喜欢看好看的颜色，耳朵喜欢听好听的声音，嘴喜欢品评五味，志气喜欢得到满足。人的上寿是一百岁，中寿是八十岁，下寿是六十岁；除去生病、死亡、发愁以外，在这中间能够张着嘴欢笑的时候，在一月之中，也只不过四五天罢了。天地是永远没有穷尽的，人的死亡总有一定的时限。掌握着有一定时限的躯壳，而寄托在永远没有穷尽的境域之中，忽地一下子就和骏马跑过墙缝没有什么区别。不能愉快自己意志、保养自己寿命的人，都不是明通大道的人啊。

“你所说的这些话，都是我所抛弃的。赶快滚开！回去！不要再往下说了！您的道术，汲汲惶惶地去救济世界，无非是诈巧虚伪的勾当，并不足以保全真性。还有什么可谈论的呢？”

孔子拜了两拜，赶紧走开，出了门，上了车，手牵着马的缰绳丢掉了三次，眼睛迷迷茫茫的，什么也看不见，脸色就如同死灰一般，扶着车前横木，低着头，连气都喘不上来。回到鲁国东门外,恰巧遇见了柳下惠。

柳下惠对孔子说:“今天闲暇无事,好多天没有见面,您的车马有外出过的样子,莫非是去见盗跖去了?”

孔子说:“是的。”

柳下惠说:“盗跖莫非触逆您的心意,就像我从前和您说的那样呢?”

孔子说:“是的。我简直就是所谓没有病而自己灸病的人。就如同紧赶着去摸老虎的头,捋老虎的胡须,几乎没有逃出虎口啊!”

子张问满苟得[1]曰:“盍为行[2]? 无行,则不信;不信,则不任;不任,则不利。故观之名,计之利,而义真是也;若弃名利,反[3]之于心。则夫士之为行,不可一日不为乎!”

满苟得曰:“无耻者富,多信者显。夫名利之大者,几在无耻而信。故观之名,计之利,而信真是也;若弃名利,反之于心。则夫士之为行,抱其天乎!”

子张曰:“昔者,桀、纣贵为天子,富有天下;今谓臧聚[4]曰:‘汝行如桀、纣’,则有怍色、有不服之心者,小人所贱也。仲尼、墨翟,穷为匹夫;今谓宰相曰:‘子行如仲尼、墨翟’,则变容易色、称不足者,士诚贵也。故势为天子,未必贵也;穷为匹夫,未必贱也。贵贱之分,在行之美恶。”

满苟得曰:“小盗者拘,大盗者为诸侯。诸侯之门,义士存焉。昔者,桓公小白杀兄、入嫂[5],而管仲为臣;田成子杀君盗国,而孔子受币[6]。论则贱之,行则下之,则是言行之情悖战于胸中也。不亦拂[7]乎? 故书曰:‘孰恶? 孰美? 成者为首,不成者为尾。’”

子张曰:“子不为行,即将疏戚无伦,贵贱无义,长幼无序;五纪、六位[8],将何以为别乎?”

满苟得曰:“尧杀长子,舜流母弟[9],疏戚有伦乎? 汤放桀,武王伐纣,贵贱有义乎? 王季为适[10],周公杀兄[11],长幼有序乎? 儒者伪辞,墨者兼爱,五纪、六位,将有别乎? 且子正为名,我正为利,名利之实,不顺于理,不监于道。吾曰与子讼于无约[12]。”

曰:“小人殉财,君子殉名;斯所以变其情,易其性,则异矣;乃至于弃其所为,而殉其所不为,则一也。故曰:‘无为小人,反殉而[13]天;

无为君子，从天之理。若枉若直，相而天极⑭，面观四方，与时消息⑮；若是若非，执而圆机，独行而意，与道徘徊⑯。无转而行⑰，无成而义，将失而所为；无赴而富，无殉而成，将弃而天性。’比干剖心，子胥抉眼⑱，忠之祸也；直躬证父，尾生溺死，信之患也；鲍子立干⑲，申子自埋⑳，廉之害也；仲子不见母㉑，匡子不见父㉒，义之失也。此上世之所传，下世之所语；以为士者正其言，必其行，故服其殃，离其患也。”

【注释】

①子张，孔子弟子也；姓颛孙，名师，字子张，行圣迹之人也，满苟得，假托为姓名，曰：苟且贪得，以满其心；求利之人也。　②盍，何不也。“盍为行”本作“盍不为行”。　③反，乖逆也。　④臧，谓臧获。臧、获，皆仆隶贱役，故并举之。　⑤入嫂，以嫂为家室。　⑥《淮南子·说山》篇作“田成子恒”。⑦拂，戾也。　⑧五纪，即五伦也。六位，即六纪也。六纪者，谓诸父、兄弟、族人、诸舅、师长、朋友也。　⑨流，放也。　⑩王季，周太王之庶子季历，即文王之父也。太伯、仲雍让位，不立，故以小儿季历为适。　⑪管、蔡，周公之兄，泣而诛之。　⑫曰，本作“日”，难通，当为“曰”之误字。无约，人名。　⑬而，尔也。　⑭成玄英：天极，自然之道。　⑮消息，犹变化也，推移也。　⑯徘徊，犹转变意也。圆机，犹环中也。执于环中之道，以应是非；周于独化之心，以成其意，故能冥其虚通之理，转变无穷也　⑰转，读为“专”。无专而行，犹言无一而行也。　⑱子胥忠谏夫差，夫差杀之。　⑲鲍焦廉贞，遭子贡讥之，抱树立，干而死。　⑳“申子自埋”，本作“胜子自理”。　㉑“仲子不见母”，本作“孔子不见母”。　㉒匡子，名章，齐人；为父所逐，终身不见父。

【译文】

子张问满苟得说：“你为什么不修德行呢？没有德行，就不能取信于人；不能取信于人，就不能受到任用；不能受到任用，就没有利禄。所以，注视到名，计算到利，便是符合真理；如果抛弃了名利，便是违反人心。由此可见，士儒对于德行，是不可以一天不修的啊！”

满苟得说：“没有羞耻的人容易致富，多受信任的人容易显达。那名利大的人，几乎都是由于没有羞耻和受到信任。所以，注视到名，计算到利，便是信从真理；如果抛弃了名利，便是违反人心。由此可见，士儒对于德行，是要抱守着自己的本性啊！”

子张又说：“从前，夏桀、殷纣尊贵而成为天子，豪富得有了天下，现在，有人对奴婢们说，‘你的行为如同夏桀、殷纣一样’，他们就表现出惭愧的面色，表现出不服的心意，这是因为小人都卑贱他们。孔子、墨子穷困得成为一个平民，现在，有人对宰相们说,‘您的行为如同孔子、墨子一样’,他们就改变了面色,说自己配不上,这是因为士儒实在是可贵的。所以,有威权而作为天子,未必就是高贵;受穷困而作为平民,未必就是卑贱。高贵和卑贱的分别,在于行为的善恶。”

满苟得又说:“小贼盗就被拘押起来,大贼盗就成为诸侯;诸侯的门里,是存在着正义的。从前,齐桓公杀了哥哥,娶了嫂嫂,可是管仲还做他的宰相;田成子杀了国君,盗取了国家,可是孔子还接受他的聘礼。在言论上往往鄙视他,在行为上往往屈从他,这便是言论和行为在内心不相融洽。不也违背事理吗?所以,古书上说:‘什么是恶?什么是善?成功了就成为首脑,不成功就成为尾巴。’”

子张又说:“您如果不修德行,就要在亲疏之间失去了理性,在贵贱之间失去了正义,在长幼之间失去了秩序;所谓五伦、六纪这些关系,要凭什么去区别呢?”

满苟得又说:“帝尧杀掉了长子,大舜放逐了胞弟,这能说亲疏之间有理性吗?汤王放逐了夏桀,武王讨伐了殷纣,这能说贵贱之间有正义吗?王季作了嫡子,周公杀了哥哥,这能说长幼之间有秩序吗?儒家巧立言辞,墨家兼爱众人,所谓五伦、六纪这些关系,还有什么区别吗?况且,您正在图名,我正在图利,名利的实情,不顺通理性,又不明见大道。我就和您一同到无约那里去争辩吧。”

〔他俩见到无约,〕无约对他俩说:“小人追求财富,君子追求声名;他们的所以改变自己的真实,移动自己的本性,是有所区别的;然而,至于抛弃了自己所应当做的,而追求自己所不应当做的,却是完全一致的。所以说:‘不要成为小人,要反身追求自己的本然;不要成为君子,要顺从本然的理性。无论是枉曲,无论是正直,要注意自己本然的准则,要照顾到四面八方,要随着不同时间而有所变化;无论是是,无论是非,要执守着自己圆通的机变,要主动执行自己的意志,要和大道共同进退。不要专主自己的行动,不要认为自己都正确,否则就会败坏了自己的事业;不要追求自己的财富,不要追求自己的成功,否则就会抛弃了自己的天性。’比干被挖了心,伍子胥被剜了眼,这都是由于忠心所造成的祸孽;直躬证明自己的父亲是贼盗,尾生淹死在桥梁之下,这都是由于诚实所造成的灾患;鲍焦抱着大树干死,申徒狄自己沈埋在河里,这都是由于清廉所造成的危害;陈仲子不见自己的母亲,匡章不见自己的父亲,这都是由于正义的过失。这些都是古代所流传的、后世所谈论的事实;因为士儒端正自己的言论,固执自己的行为,所以要受到这种灾殃,遭到这种祸患。”

无足问于知和[①]曰:“人卒未有不兴名就利者。彼富,则人归之;归,则下之;下,则贵之。夫见下贵者,所以长生、安体、乐意之道也。今子独无意焉。知不足邪?意知力不能行邪?故推正不忘邪?”

知和曰："今夫此人[2]，以为为己同时而生，同乡而处者，以为夫绝俗过世之士焉；是专无主正，所以览古今之时、是非之分也。与俗化世，去至重，弃至尊[3]，以为其所为也；此其所以论长生、安体、乐意之道，不亦远乎？惨怛之疾，恬愉之安[4]，不监于体；怵惕之恐，欣懽之喜，不监于心；知为为，而不知所以为。是以贵为天子，富有天下，而不免于患也。"

无足曰："夫富贵之人，无所不利；穷美，究势，至人之所不得逮，贤人之所不能及；侠人之勇力，而以为威强；秉人之知谋，以为明察；因人之德，以为贤良；非享国，而严若君父。且夫声色、滋味、权势之于人，心不待学而乐之，体不待象而安之。夫欲恶、避就，固不待师。此人之性也。天下虽非我，孰能辞之？"

知和曰："知者之为故，动以百姓，不违其度，是以足而不争。无以为，故不求。不足，故求之，争四处，而不自以为贪；有余，故辞之，弃天下，而不自以为廉。贪廉之实，非以迫外也，反监之度。势为天下，而不以贵骄人；富有天下，而不以财戏[5]人。计其患，虑其反，以为害于性，故辞而不受也，非以要名誉也。尧、舜为帝而推[6]，非仁天下也，不以美害生也；善卷、许由得帝而不受，非虚辞让也，不以事害己也[7]。此皆就其利，辞其害，而天下称贤焉；则可以有之，彼非以兴名誉也。"

无足曰："必持其名，苦体绝甘，约养以持生，则亦久病长阨而不死者也。"

知和曰："平为福，有余为害者，物莫不然，而财其甚者也。今富人，耳营钟鼓管籥之音，口嗛[8]刍豢醪醴之味，以感其意[9]，遗忘其业，可谓乱矣。侅溺于冯气[10]，若负重行而上也，可谓苦矣。贪财而取慰[11]，贪权而取竭，静居则溺，体泽则冯，可谓疾矣。为欲富就利，故满若堵耳[12]，而不知避，且冯而不舍，可谓辱矣。财积而无用，服膺[13]而不舍，满心戚醮，求益而不止，可谓忧矣。内则疑劫请之贼[14]，外则畏寇盗之害；内周楼疏[15]，外不敢独行，可谓畏矣。此六者，天下之至害也，皆遗忘而不知察；及其患至，求尽性竭财，单以反一日之无故，而不可得也。故观之名，则不见；求之利，则不得。缭意绝体[16]而争此,不亦惑乎?”

【注释】

①无足,谓贪婪之人,不止足者也。知和,谓体知中和之道,守分清廉之人也。②此人,谓富贵之人也。　③至重,生也;至尊,道也。　④惨怛,悲也。恬愉,乐也。　⑤戏,娱玩。　⑥“推”,本作“雍”。　⑦“害己”下本无“也”字。　⑧嗛,称适也。　⑨感,通“撼”,今作“撼”。　⑩冯气,盛气也。⑪慰,古训“怨”。贪财而取慰,犹言“放于利而行,多怨”。　⑫按:堵,通“杜”,均借为“敫”。　⑬膺,胸也。服膺,谓佩于胸前也。　⑭疑,恐也。请,求也。⑮疏,窗。　⑯“缭意绝体”,本作“缭意体”,无“绝”字。

【译文】

无足问知和说:“所有的人没有不尊尚声名、趋就利禄的。谁要富有,人们就归向他;归向他,就得对他表示谦下;对他表示谦下,就得尊贵他。这样被人谦下而尊贵,便是长寿、安身、快意的根由。可是您独独地对这个没有兴趣。是您的明智不足呢,还是您知道这种道理而能力达不到呢?难道您是推崇正义而不肯忘失吗?”

知和说:“现在有这么个〔富贵之〕人,有的人因为他和自己是生在同一个时辰,住在同一个村庄,就认为他是超绝世俗之士;这是他独自没有主见,就用这个去观察古今的时代和是非的分辨。和世俗相交接,被世俗所移动,放弃自己所最重要的(生命),抛弃自己所最尊贵的(道德),去做自己所要做的事情;用这个来谈论长寿、安身、快意的道术,不也距离太远了吗?悲痛的疾苦,愉快的安适,不明于外体;警惕的恐惧,欢欣的喜乐,不明于内心;知道去有所作为,而不知道为什么要去作为。所以,尊贵得做了天子,富有得有了天下,也是不免要遭到灾患的。”

无足说:“那富贵之人,无处不追求利禄:穷究美好,施展势力,圣人不能赶上他,贤人不能追上他;他挟持着别人的勇力,作为自己的威风强大;把握着别人的智慧谋略,作为自己的明察;依靠别人的德泽,作为自己的贤良;并非享有国家,可是尊严得如同君父一样。况且,声色、滋味、权势这些外物对于人来说,人们内心不等到学习,就都喜爱它;身体不等待仿效,就都安于它。这种喜爱和憎恶、避讳和趋就,本来都不等待老师教。这是人的天性。天下虽然非议我,可是谁能够辞让这些外物呢?”

知和说:“明智的人做事,动用百姓,并不违背法度,所以百姓富足,而不相争夺。不为什么而去作为,所以没有什么企求。不富足,所以就要求取,纵然四处争夺,可是自己并不以为这是贪婪;有了富余,所以就要推让,纵然放弃了天下,可是自己并不以为这是廉洁。贪婪和廉洁的实际,并不是由于外物的逼迫,而是要反身用法度来衡量自己。威风得做了天子,可是并不用尊贵来骄傲人;富有得有了天下,可是并不用财货来玩弄人。计算着其中的祸患,顾虑着其中的报应,以为这个对于本性有害,所以就推让不接受,并不是为的沽名钓誉。帝尧、大舜做皇帝,他们都要推让,他们并不是仁爱天下,而是不用美名来伤害本性。善卷、许由得到帝位但不接受,他们并不是虚伪推让,而是不用事物来扰害自己。这都是趋就有利,辞却有害,因而天下都称说他们贤明;所以,他们可以有这种名誉,而不是求取名誉。"

无足说:"必定要持守自己的名誉,艰苦自己的身体,弃绝甘美的滋味,简约自己的供养,来摄持自己的生命,这也是久病缠身而不致死亡的人。"

知和说:"平安就是福禄,有余就是祸害,所有的事物都是如此,而财货是其中最突出的一项。现在富有的人,耳朵营求钟鼓管籥的声音,嘴里饱尝鱼肉酒浆的滋味,因而动摇自己的意志,而遗忘自己的事业,这可以叫作是昏乱了。被自己的盛气所阻塞和压抑,就如同背着沉重的东西往高处走一样,这可以叫作是苦痛了。贪图财货,而取得怨怒;贪图威权,而得到失败;闲居无事,就沉溺了志气;身体光润,就助长了气势;这可以叫作是病患了。为了追求富有,趋就利禄,因而满盈得像杜塞了耳朵一样,也不知道避讳,而且凭依不舍,这可以叫作是耻辱了。积聚财货,而不去利用,揽在怀里,而不肯放弃;满心焦愁,还是增益不休,这可以叫作是愁苦了。在家里恐怕有抢劫或借贷的损失,在外边恐怕有强盗的患害;在家里房舍四周守备得非常严密,在外边不敢自己走路;这可以叫作是害怕了。这六项,都是天下最大的祸害,可是人们都把它们忘掉了,并不知道注意;等到祸患到来,再求着穷究本性,散尽财货,只求着返回到一天之间没有事故,也不可能了。因而,再想顾虑名誉,已经看不见了;再想着追求财货,已经做不到了。纠缠心神、灭绝身体地去争取这些外物,不也是一种迷惑吗?"

八、说　　剑(一章)

昔赵文王[1]喜剑,剑士夹门,而客三千余人;日夜相击于前,死伤者岁百余人,好之不厌。如是三年,国衰,诸侯谋之。

太子悝[2]患之,募左右,曰:“孰能说王之意,止剑士者,赐之千金。”

左右曰:“庄子当能。”

太子乃使人以千金奉庄子。庄子弗受,与使者俱往见太子。曰:“太子何以教周,赐周千金?”

太子曰:“闻夫子明圣,谨奉千金,以币从者[3];夫子不受,悝尚何敢言?”

庄子说:“闻太子所欲用周者,欲绝王之喜好也。使臣上说大王,而逆王意,下不当太子,则身刑而死,周尚安所事金乎?使臣上说大王,下当太子,赵国何求而不得也?”

太子曰:“然。吾王所见唯剑士也。”

庄子曰:“诺,周善为剑。”

太子曰:“然吾王所见剑士,皆蓬头,突鬓[4],垂冠,曼胡之缨[5],短后衣,瞋目而语难[6]。王乃说之。今夫子必儒服而见王,事必大逆。”

庄子曰:“请治剑服。”

治剑服。三日,乃见太子。

太子乃与见王。王脱白刃待之。

庄子入殿门,不趋;见王,不拜。

王曰:“子欲何以教寡人,使太子先?”

曰:“臣闻大王喜剑,故以剑见王。”

王曰："子之剑，何能禁制？"

曰："臣之剑，十步一人，千里不留行。"

王大悦之，曰："天下无敌矣。"

庄子曰："夫为剑者，示之以虚，开之以利，后之以发，先之以至。愿得试之。"

王曰："夫子休，就舍，待命，令设戏，请夫子。"

王乃校[7]剑士，七日，死伤者六十余人，得五六人，使奉剑于殿下。乃召庄子。

王曰："今日试使士敦剑。"

庄子曰："望之久矣。"

王曰："夫子所御杖[8]，长短何如？"

曰："臣之所奉，皆可。然臣有三剑，唯王所用，请先言而后试。"

王曰："愿闻三剑。"

曰："有天子剑，有诸侯剑，有庶人剑。"

王曰："天子之剑何如？"

曰："天子之剑，以燕谿、石城为锋[9]，齐岱为锷[10]，晋、卫[11]为脊，周、宋为镡[12]，韩、魏为夹[13]；包以四夷，裹以四时，绕以渤海，带以常山[14]，制以五行，论[15]以刑德，开以阴阳，持以春夏，行以秋冬；此剑直之无前，举之无上，案之无下，运之无旁；上决浮云，下绝地纪[16]；此剑一用，匡诸侯，天下服矣。此天子之剑也。"

文王芒然自失，曰："诸侯之剑何如？"

曰："诸侯之剑，以知勇士为锋，以清廉士为锷，以贤良士为脊，以忠圣士为镡，以豪桀士为夹，此剑直之亦无前，举之亦无上，案之亦无下，运之亦无旁；上法圆天，以顺三光；下法方地，以顺四时；中和民意，以安四乡[17]；此剑一用，如雷霆之震也，四封之内，无不宾服，而听从君命者矣。此诸侯之剑也。"

王曰："庶人之剑何如？"

曰："庶人之剑，蓬头，突鬓，垂冠，曼胡之缨，短后之衣，瞋目而难语；相击于前，上斩颈领，下决肝肺。此庶人之剑，无异于斗鸡，一旦命已绝矣。无所用于国事。——今大王有天子之位，而好庶人之剑。臣窃为大王薄之。”

王乃牵而上殿。宰人上食,王三环之⑱。

庄子曰:“大王安坐定气,剑事已毕矣。”

于是,文王不出宫,三月,剑士皆服毙其处也。

【注释】

①赵文王,惠文王也,名何,武灵王子。 ②悝,太子名。 ③币从者,犹言赠从者也。 ④蓬头,发乱如蓬。突鬓,鬓毛突出。 ⑤曼胡之缨,谓冠系盘结颈项之间。 ⑥瞋目,怒眼,勇者之容;愤然寘胸,故语声难涩。 ⑦校,考校,取其胜者也。 ⑧御,用也。 ⑨燕谿,地名,在燕国。石城,在塞外。⑩锷,剑刃也。 ⑪“晋卫”,本作“晋魏”。 ⑫镡,谓剑环也。 ⑬夹,把也。 ⑭常山,北岳也,谓恒山。 ⑮按:论,通“纶”。 ⑯马叙伦:纪,借为“基”。 ⑰四乡,犹四方也。 ⑱环,绕也。

【译文】

从前,赵文王喜好剑术,剑士站在大门两侧,养着剑客三千多人;他们昼夜在国王面前击剑,一年要死伤一百多人,但文王喜好剑术,不觉厌倦。这样三年,国势衰弱,各国诸侯都想来侵略它。

太子悝对这桩事情很担心,就征求身边左右的人,说:“谁能够劝说得国王回心转意,停止收养剑士的,我就赏赐他一千两金子。”

身边左右的人说:“庄子必定能够。”

太子于是派使者带着一千两金子奉送给庄子。庄子没有接受,就和使者一同来见太子。庄子对太子说:“太子有什么事情指教我,要送给我一千两金子?”

太子说:“我听说先生明达圣智,恭恭敬敬地奉送一千两金子,作为随从的费用;可是先生不肯接受,我还敢说什么呢?”

庄子说:“我听说太子所以要起用我,是为了要断绝赵王的喜好。假使,在上说,我劝说赵王,违反了赵王的意旨;在下说,也不合太子的心愿;我的身体将要受刑而死,我还用得着什么金子呢?假使,在上说,我说服了国王;在下说,也合乎太子的心愿;我想在赵国要求什么不行呢?”

太子说:“是的。我们赵王所接见的都是些剑士啊。”

庄子说:“好吧。我善于使剑。”

太子说:“可是,我们赵王所见到的剑士,都是蓬散着头发,倒梳着鬓毛,戴着瓶式的帽子,帽缨盘结在下巴下面,穿着后身短小的衣服,急瞪着眼睛,不爱和人说话。国王这才喜欢他。现在,先生穿着儒服去见国王,这必然会大大地违反了国王的意旨。”

庄子说:“请给我准备剑服。”

太子为庄子准备了剑服。三天之后,庄子就穿着剑服去见太子。

太子陪同庄子去见国王。国王把宝剑脱出剑鞘,露出白刃,正等待着庄子。

庄子进入宫门,并不放快脚步;见到国王,并不下拜。

赵文王问庄子说:“您想用什么见教寡人呢,使得太子做了您的向导?”

庄子说:“臣仆听说大王喜好剑术,所以就凭着我的剑术来觐见大王。”

赵文王说:“您的剑术,能够制止什么呢?”

庄子说:“臣仆的剑术,十步杀一个人,一行千里,砍杀不停。”

赵文王听了,非常高兴,说:“这就在天下没有对手了。”

庄子说:“那善于使剑的人,要用空虚无备暗示对方,要用有利可乘引诱对方;后于对方发出,先于对方到达。我愿意找得机会和大王试剑。”

赵文王说:“先生休息休息,暂且到馆舍里,等候命令;我命令他们作好对剑的准备工作,再请先生。”

赵文王于是考校剑士,考校了七天,剑士死伤了六十多人,选拔出来了五六个人,教他们捧着剑到殿下等候着。这才去召唤庄子。

赵文王对庄子说:“今天试使剑士们对剑。”

庄子说:“我盼望很久了。”

赵文王又问庄子说:“先生所拿的武器,长短怎么样?”

庄子说:“臣仆所使用的,长的短的都可以。可是,臣仆有三种剑,大王喜欢用哪种就用哪种。我请求先谈谈,然后再使用。”

赵文王说:“我愿意听听这三种剑。”

庄子说:“有天子剑,有诸侯剑,有平民剑。”

赵文王问:“天子剑是什么样的呢?”

庄子说:“天子之剑,是燕谿、石城作为剑锋,把齐国、代国作为剑刃,把晋国、卫国作为剑背,把周国、宋国作为剑环,把韩国、魏国作为剑把,用四夷包围着,用四时裹藏着,用渤海环绕着,用恒山缠束着,用五常制衡着,用刑罚和道德缠裹着,用阴阳开导着,用春夏持守着,用秋冬运行着;这种剑,竖起来,没有比它靠前的;举起来,没有比它高的;按下去,没有比它低的;运用起来,没有比它广阔的;在上说,它可以开散浮云;在下说,可以穿过地基;这种剑如果一使用,就可以匡正诸侯、威服天下。这便是天子之剑。”

赵文王迷迷茫茫地感到手足无措,就问:“那诸侯之剑是什么样的呢?”

庄子说:“那诸侯之剑,用智勇之士作为剑锋,用清廉之士作为剑刃,用贤良之士作为剑背,用忠圣之士作为剑环,用豪杰之士作为剑把;这口剑,竖起来,也是没有比它靠前的;举起来,也是没有比它高的;按下去,也是没有比它低的;运用起来,也是没有比它广阔的;在上说,它效法圆运的天道,顺从三光;在下说,它效法方静的地道,安抚四方;这种剑如果一使用,就如同雷霆的震动,四境之内,没有不宾服的,都听从君王的命令了。这便是诸侯之剑。"

赵文王又问:"那平民之剑是什么样的呢?"

庄子说:"那平民之剑,剑士都蓬散着头发,倒梳着鬓毛,戴着瓶式的帽子,帽缨盘结在下巴下面,穿着后身短小的衣服,急瞪着眼睛,不爱和别人说话;在人前互相砍杀,上面斩断了脖颈,下面流出了肝肺。这种平民之剑,和斗鸡没有什么不同,一旦用就断送了生命。这对于国家大事并没有什么用处。——现在,大王享有天子之位,可是喜好平民之剑。臣仆私自替大王感到微不足道了。"

赵文王于是拉着庄子的手一起登上殿去。厨师摆上筵席,赵王围着筵席转了三遭。

庄子对赵文王说:"大王请安然就座,静定气息,关于剑术的事情,臣仆已经陈奏完毕了。"

从此,赵文王不出宫殿,三个月之后,剑士们都横躺竖卧地死在对剑的地方了。

九、渔　　父(一章)

孔子游乎缁帷之林[1],休坐乎杏坛之上。弟子读书,孔子弦歌、鼓琴。

奏曲未半,有渔父者,下船而来;须眉交[2]白,披发、揄袂[3];行原以上,距[4]陆而止;左手据膝,右手持颐,以听。曲终,而招子贡、子路二人俱对。

客指孔子曰:“彼何为者也?”

子路对曰:“鲁之君子也。”

客问其族。

子路对曰:“族孔氏。”

客曰:“孔氏者,何治也?”

子路未应。

子贡对曰:“孔氏者,性服忠信,身行仁义,饰礼乐,选人伦;上以忠于世主,下以化于齐民[5],将以利天下。此孔氏之所治也。”

又问曰:“有土之君与?”

子贡曰:“非也。”

“侯王之佐与?”

子贡曰:“非也。”

客乃笑,而还行。言曰:“仁则仁矣,恐不免其身;苦心,劳形,以危其真。呜呼!远哉!其分[6]于道也!”

子贡还,报孔子。

孔子推琴而起。曰:“其圣人与!”

乃下求之。

至于泽畔,方将杖拏[7]而引其船;顾见孔子,还乡而立。孔子反走,再拜而进。

客曰:“子将何求?”

孔子曰:“曩者,先生有绪言[8]而去。丘不肖,不知何谓;窃待于下风,幸闻咳唾之音,以卒相丘也。”

客曰:“嘻!甚矣,子之好学也!”

孔子再拜而起。曰:“丘,少而修学,以至于今,六十九岁矣,无所得闻至教,敢不虚心?”

客曰:“同类相从,同声相应,固天之理也。吾请释吾之所有,而经子之所以。子之所以者,人事也。天子、诸侯、大夫、庶人,此四者自正,治之美也;四者离位,而乱莫大焉。官治其职,人忧其事,乃无所凌[9]。

“故,田荒,室露[10],衣食不足,征赋不属,妻妾不和,少长无序,庶人之忧也。能不胜任,官事不治,行不清白,群下荒殆,功美不有,爵禄不持,大夫之忧也。廷无忠臣,国家昏乱,工技不巧,贡赋不美,春秋后伦,不顺天子,诸侯之忧也。阴阳不和,寒暑不时,以伤庶物;诸侯暴乱,擅相攘伐,以残人民;礼乐不节,财物穷匮,人伦不饬,百姓淫乱;天子[11]之忧也。今子既上无君侯有司之势,下无大臣职事之官,而擅饰礼乐,选人伦,以化齐民,不泰多事乎?

“且,人有八疵,事有四患,不可不察也。非其事而事之,谓之摠[12];莫之顾而进之,谓之佞;希意道言,谓之谄;不择是非而言,谓之谀;好言人之恶,谓之谗;析交离亲,谓之贼;称誉诈伪,以败恶人,谓之慝;不择善否[13],两容颊适[14],偷拔其所欲,谓之险。此八疵者,外以乱人,内以伤身。君子不友,明君不臣。所谓四患者:好经大事,变更易常,以挂功名,谓之叨;专知擅事,侵人自用,谓之贪;见过不更,闻谏愈甚,谓之很;人同于己则可,不同于己,虽善不善,谓之矜。此四患也。——能去八疵,无行四患,而始可教也。”

孔子愀然[15]而叹,再拜而起。曰:“丘再逐于鲁,削迹于卫,伐树于宋,困于陈、蔡;丘不知所失,而离[16]此四谤者,何也?”

客凄然变容,曰:“甚矣,子之难悟也!人有畏影恶迹而去之走者，举足愈数，而迹愈多；去愈疾，而影不离身；自以为尚迟，疾走不休，绝力而死。不知处阴以休影，处静以息迹。愚亦甚矣！子审仁义之间，察异同之际，观动静之变，适受与之度，理好恶之情，和喜怒之节，而几于不免矣！谨修而身，慎守其真，还以物与人，则无所累矣。今不修之身，而求之人，不亦外乎？”

孔子愀然曰：“请问何谓真？”

客曰：“真者，精诚之至也。不精不诚，不能动人。故强哭者，虽悲不哀；强怒者，虽严不威；强亲者，虽笑不和。真悲，无声而哀；真怒，未发而威；真亲，未笑而和。真在内者，神动于外。是所以贵真也。

“其用于人理[17]也，事亲则慈孝，事君则忠贞，饮酒则欢乐，处丧则悲哀。忠贞以功为主，饮酒以乐为主，处丧以哀为主，事亲以适为主。成功之美，无一其迹矣。事亲以适，不论所以矣；饮酒以乐，不选其具矣；处丧以哀，无问其礼矣。礼者，世俗之所为也。真者，所以受于天也。自然不可易也。

“故圣人法天、贵真，不拘于俗。愚者反此。不能法天，而恤于人；不知贵真，禄禄[18]而受变于俗；故不足。惜哉！子之蚤湛于人伪，而晚闻大道也！”

孔子又再拜而起。曰：“今者，丘得遇也，若天幸然。先生不羞，而比之服役[19]，而身教之。敢问舍所在，请因受业，而卒学大道。”

客曰：“吾闻之：‘可与往者，与之至于妙道；不可与往者，不知其道，慎勿与之，身乃无咎。’子勉之！吾去子矣！吾去子矣！”

乃刺船[20]而去，延缘苇间。

颜渊还车，子路援绥，孔子不顾；待水波定，不闻拏音，而后敢乘。

子路傍车而问曰：“由得为役久矣，未见夫子遇人如此其威[21]也。万乘之主，千乘之君，见夫子，未尝不分庭伉礼[22]，夫子犹有倨敖之容。今渔父杖拏逆立[23]，而夫子曲要磬折[24]，言拜而应。得无太甚乎？门人皆怪夫子矣。渔父何以得此乎？”

孔子伏轼而叹，曰：“甚矣，由之难化也！湛于礼义有间[25]矣，而朴鄙之心，至今未去。进！吾语汝：夫遇长不敬，失礼也；见贤不尊，不仁也。彼非至人,不能下人;下人不精,不得其真,故长伤身。惜哉!不仁之于人也,祸莫大焉。而由独擅之!且道者,万物之所由也。庶物,失之者死,得之者生;为事,逆之则败,顺之则成。故道之所在,圣人尊之。今渔父之于道,可谓有矣。吾敢不敬乎?"

【注释】

①缁,黑也。其林郁茂,蔽日阴沉,布叶垂条,有如帷幕,故谓之缁帷之林也。 ②交,俱也。 ③袂,袖也。 ④距,至也。 ⑤齐民,犹平民。 ⑥分,离也。 ⑦挐,桡也。 ⑧绪言,犹先言也。 ⑨无所凌,不相凌乱。 ⑩露,漏露。 ⑪"天子"下本有"有司"二字。 ⑫揔,即"总"之别体。 ⑬否,恶也。 ⑭"颊",借为"兼"。 ⑮愀然,惭悚貌也。 ⑯离,遭罹。 ⑰人理,人伦。 ⑱奚侗:禄,借为"娽"。娽娽,随从之貌也。 ⑲服役,服勤驱役,庶为门人。 ⑳刺船,犹撑船也。 ㉑威,借为"畏"。 ㉒天子,万乘;诸侯,千乘。伉:对也。 ㉓逆立,迎面而立也。 ㉔要,"腰"本字。 ㉕有间,时间固久。

【译文】

孔子到黑帷帐似的树林中闲游,坐在杏花盛开的土坛上休息。学生们在读书,孔子在弹琴唱歌。

歌曲还没有弹到一半,河边有位渔夫下船,向孔子走来;胡须、眉毛都是白的,披散着头发,拖曳着长袖;踏着平原上走来,到高地上停住了;左手扳着膝盖,右手托着下巴,来听孔子弹唱。歌曲终了,他就招呼子贡、子路两人来一同答话。

渔夫指着孔子问:"那个人是做什么的?"

子路回答说:"他是鲁国的君子。"

渔夫又问他的宗族。

子路回答说:"他的宗族姓孔。"

渔夫又问:"姓孔的这个人是研习什么的?"

子路没有作声。

子贡回答说:"姓孔的这个人,天性执守忠信,本身实行仁义,修饰礼乐,整饬人伦;在上说,用来忠于君主,在下说,用来教化平民;他将要使天下都得到幸福。这便是姓孔的这个人所研习的。"

渔夫又问:"他是拥有土地的君主吗?"

子贡说:"不是。"

渔夫又问:"他是侯王的卿相吗?"

子贡说:"不是。"

渔夫笑了笑，就往回走。他说："仁爱倒是仁爱，恐怕身体免不了灾患；劳苦了心神，劳累了形体，因而危害了本真。哎呀！他和'道'距离太远了！"

子贡回去，把这事禀告给了孔子。

孔子推开琴，站了起来。说："他大概是位圣人啊！"

孔子于是走下土坛，去寻找那位渔夫。

孔子走到水边，渔夫正在撑篙向外拨船；回头看见孔子，便转过身来，面对孔子立着。孔子倒退了几步，拜了两拜，便走进前去。

渔夫问孔子说："您对我将有什么要求呢？"

孔子说："方才，先生留下了个话头，就走了；我没有才学，不晓得是什么意思；我在下风私自等候，愿意听取您教诲，借以最终对我有所帮助。"

渔夫说："哈哈！您太好学了！"

孔子拜了两拜，然后起身。说："我从小就研究学术，到现在，已经六十九岁了，还没有听到过高深的教诲，怎敢不虚心呢？"

渔夫说："物类相同的就互相追随，声音相同的就互相应和，这本是自然的现象。我愿意使出我所有的本领，来分析您所作的。您所作的，都是人间事物。天子、诸侯、大夫、平民，这四种人都各正己位，便是统治的完善；这四种人如果都离失了本位，天下就没有比这个再昏乱的了。官员执行自己的职权，人民谋虑自己的事务，天下就不至于凌乱。

"所以，田园荒芜，房屋破漏，衣食不足，赋税不能缴纳，妻妾不相和睦，长幼没有秩序，这都是平民所忧虑的事务。才力不能胜任，官事不能治理，行为不能清白，群众荒淫怠惰，功绩和名誉不能得到，爵位和俸禄不能保持，这都是大夫所忧虑的事务。朝廷没有忠臣，国家昏乱不治，技工不精巧，贡赋完不成，朝觐落在同僚后面，不能获得天子的欢心，这都是诸侯所忧虑的事务。阴阳不调和，冷热不遵循季节，因而伤害了万物；诸侯暴乱，擅自交相征伐，因而伤害了人民；礼乐没有节制，弄得财用不足；人伦不整饬，百姓耽于淫乱，这都是天子所忧虑的事务。现在，您既然在上没有君侯、公卿的权势，在下没有大臣职事的官位，可是擅自修饰礼乐，整饬人伦，来教化平民，这不是太多事吗？

"况且，人有八种过恶，事务有四种患害，不可以不加以注意。不是自己的事情，而要去作，就叫作包揽；并没有看清对方，而去规劝，就叫作多嘴；顺着别人的意志说话，就叫作谄媚；不辨是非，顺情说好话，就叫作曲从；好谈论别人的过失，就叫作谗毁；在亲朋之间施行挑拨离间，就叫作贼害；赞扬诈伪，来败坏好人，就叫作奸慝；不分善恶，两面三刀，左右讨好，苟且满足自己的欲望，就叫作阴险。这八种过恶，在外方足以惑乱群众，在内方足以伤害身心。君子不会和他作朋友，明君不会用他作臣仆。所谓四种患害：好作大事，不守正常，借这个来高挂功名，就叫作叨滥；垄断知识，独裁事务，侵犯别人，自己逞能，就叫作贪婪；见到自己的过失，并不悔改，听到别人的规劝，过错越加严重，就叫作狠戾；别人赞同自己，就感到满足，别人不赞同自己，纵然是好人，也认为是坏人，就叫作矜夸；这便是四种患害。——能够除去这八种过恶，免掉这四种患害，您就可以教诲了。”

孔子惭愧而惊悚地叹了口气，向渔夫拜了两拜，站起身来，说：“我在鲁国两次被驱逐，在卫国隐匿过行踪，在宋国受过惊，在陈、蔡两国之间被围困过；我也不知道犯了什么过失，而遭到这四次灾难，这究竟是怎么回事呢？”

渔夫凄怆地变了面色，说：“您也太难觉悟了！有人因为害怕自己的阴影，厌恶自己的脚印而要跑开的，脚抬得次数越多，脚印也就越多；跑得越快，阴影也不会离开身体；自己以为这样还慢，就紧跑个不停，结果筋疲力尽，落个累死。他不知道站在阴暗地方来停止阴影、安静下来灭绝脚印。这种人也太愚蠢了！您明审于仁义之间，洞察于异同之际，观察到了动静的变化，适合于接受和赐予的法度，理解到欢喜和恼怒的节制，您就几乎要不免于危害自身了！您应该谨敬地修治自己的身心，慎重地保全自己的本真，又要把财物施予别人，就没有什么累困了。现在，您不在自身来修治，而在别人身上去追求，不也距离太远了吗？”

孔子畏畏缩缩地说：“我请问什么叫作本真？”

渔夫说：“所谓本真，就是精淳、诚实的极点。不精淳，不诚实，就不能感动别人。所以，勉强啼哭的人，虽然表面悲伤，实际并不哀痛；勉强恼怒的人，虽然表面严厉，实际上并不可怕；勉强亲近的人，虽然表面喜笑，实际并不温和。真正悲伤的人，虽然没有哭声，实际却是哀痛的；真正恼怒的人，虽然没有发作，实际却是可怕的；真正亲近的人，虽然没有笑容，实际却是温和的。本真存在于内心，神色就行动于外表。这便是人所以要贵乎本真的道理。

“把它(本真)用到人伦上，事奉父母，就会孝顺；事奉君王，就会忠贞；同人饮酒，就会欢乐；遇到丧事，就会悲哀。忠贞要以功绩为主，饮酒要以欢乐为主，遇到丧事要以悲哀为主，事奉父母要以安适为主。完成事功的盛美，其中的形迹不可能是同一的。用安适事奉父母的，就不论他的具体行动了；用欢乐饮酒的，就不挑剔他的具体器物了；用悲哀处理丧事的，就不问他的具体礼节了。礼节，是世俗所通行的。所谓本真，是禀受于天的，是自然不可改变的。

“所以，圣人效法上天，贵重本真，并不被世俗所束缚。愚蠢的人就和这个相反。他们不能效法上天，而体恤别人；不知道贵重本真，而庸庸碌碌地被世俗所改变；所以他们总感到不满足。可惜呀！您早就沉没在人为之中，而且聆听大道太晚了！”

孔子拜了两拜，站起身来，说："今天，我能够遇到先生，就如同天神的引进一般。先生不以我为可耻，而把我比作您的弟子，亲自教诲我。我冒昧地请问先生的家乡住处，我愿意到先生门下受业，完成学习大道的任务。"

渔夫说："我听说过：'可以和他一同前进的人，就和他进修大道；不可以和他一同前进的人，他不懂得大道，千万不要同他在一起，身心才不至于遭到凶咎。'您自己努力为之吧！我要离开您了！我要离开您了！"

渔夫于是撑开船，顺着芦苇中漫长的水路离去了。

颜回把车回过来，子路把车扶手递给孔子，孔子连看都不看；等待水波静定，听不到撑篙的声音，然后才敢上车。

子路靠近车来问孔子说："我事奉老师很久了，不曾见过老师遇到人这样胆怯的。天子、诸侯，见到老师，未尝不是礼仪平衡，尊卑不分，可是老师还常有高傲的神色。现在，渔夫拄着船篙，对面而立，而老师对他总是弯腰鞠躬的，施礼之后才答话。是不是有些过分了呢？同学们都对老师感到异乎寻常了。渔夫凭什么得到老师这样的对待呢？"

孔子扶着车的横木，叹息地说："仲由！你太难教化了！你沉浸在礼义之中，日子也不算少了，可是你那粗野的心性，到现在还没有去掉。前面来！我告诉你！遇见老者，如果不表示恭敬，就是没有礼节；见到贤明，如果不表示尊重，就是不懂人道。他如果不是个圣人，就不可能使人表示谦下，对人谦下，如果不精淳，就得不到对方的真情，因而经常伤害了自身。可惜呀！对人不人道，灾祸是没有比这个再大的。可是你独独对于这个擅长！况且，所谓'道'，乃是万物所要遵循的。万物失掉它，就会死亡；万物得到它，就能生存；做事情违反了它，就要失败；做事情顺从着它，就能成功。所以，凡是'道'所存在的地方，圣人就尊重它。现在，渔夫对于'道'，可说是具备的了。我敢不表示尊敬吗？"

十、列　御　寇(二十一章)

列御寇之齐,中道而反,遇伯昏瞀人。

伯昏瞀人曰:“奚方而反?”

曰:“吾惊焉。”

曰:“恶乎惊?”

曰:“吾食于十饕[①],而五饕先馈。”

伯昏瞀人曰:“若是,则汝何为惊已?”

曰:“夫内诚不解[②],形谍成光[③],以外镇人心,使人轻乎贵老,而鳖[④]其所患。夫饕人特为食羹之货、多余之赢,其为利也薄,其为权也轻,而犹若是,而况于万乘之主乎?身劳于国,而知尽于事。彼将任我以事,而效我以功。吾是以惊焉。”

伯昏瞀人曰:“善哉,观乎!汝处已,人将保汝矣。”

无幾何[⑤],而往,则户外之屦满矣。伯昏瞀人北面而立,敦杖[⑥],蹙之乎颐;立有间,不言而出。

宾者[⑦]以告列子。

列子提屦,跣而走,暨乎门,曰:“先生既来,曾不发药乎?”

曰:“已矣!吾固告汝曰,‘人将保汝’,果保汝矣。非汝能使人保汝,而汝不能使人无保汝也。而焉用之感豫出异[⑧]也?必且有感,摇而本性,又无谓也。与汝游者,又莫汝告也。彼所小言,尽人毒[⑨]也。莫觉、莫悟,何相孰也?巧者劳,而知者忧;无能者无所求,饱食而遨游,泛若不系之舟。虚而遨游者也。”

【注释】

①饕,读曰“浆”。十家并卖浆也。　②解,司马音“懈”。　③谍,借为

“僷”。僷,容也;凡美容或谓之僷。成,借为“緟”。今通作“重”。形谍成光,谓容色重重发光也。 ④贵,当读为“颓”。贵老,犹衰老也。螫,又作“齑”。齑,济也。 ⑤无幾何,谓无多时也。 ⑥敦,当借为“蹲”。 ⑦宾,本亦作“擯”。宾者,谓通客之人。 ⑧感豫,谓感到愉快。出异,谓表示惊奇。 ⑨细巧入人,为小言。

【译文】

列子往齐国去,走到半路就回来了,在路上遇见了老师伯昏瞀人。

伯昏瞀人问列子说:“你为什么回来了呢?”

列子说:“我受到惊骇了。”

伯昏瞀人又问:“你为什么受到惊骇了呢?”

列子说:“我在十家卖浆的地方喝浆,就有五家先给我送浆来了。”

伯昏瞀人又问:“像这样,你为什么惊骇呢?”

列子说:“他们内心忠诚不懈,容色重重发光,从外表上安抚人心,使人轻鄙衰老,而调剂了积存的忧虑。那卖浆的人,只不过为了卖点浆食,赚几个钱,他们营求的利润很薄,施行的计划很小,可是他们还要这样,何况大国之君呢?国君在身体是要勤劳国家的,智谋是要穷究政务的。他们将要让我担任事务,要教我做出功绩。我所以感到惊骇。”

伯昏瞀人说:“你的观察太好了!你休息休息吧,人们都将要归附你了。”

过了不久,伯昏瞀人到了列子家里,门外脱的鞋都堆满了。伯昏瞀人面朝北立着,拄着拐杖,拐杖几乎抵到了下巴;立了一会儿,没有说什么,就走出门了。

传达的人告诉了列子。

列子提着鞋,光着脚,就往外跑,到了门口,问伯昏瞀人说:“老师既然来了,为什么不给我放下药石之言呢?”

伯昏瞀人说:“算了吧!我本来就告诉你说:‘人们将要归附你’,果然人们都归附你了。并不是你能够使人归附你,而是你不能够使人们不归附你。你为什么对于别人对你的态度感到愉快表示奇怪呢?如果因为有所感触,就动摇了你的本性,这也是没有任何意义的。跟着你学习的人,他们是不会劝告你的。他们那些小话,都是给人的毒药。你自己觉察不到,会悟不到,怎么能够和人们共成大事呢?工巧的人要吃苦,聪明的人要担忧;没有才能的人没有什么追求,吃得饱饱的到处遨游,飘飘荡荡的好像是没有维系的船舟。这便是心里空空而任情遨游的人。”

郑人缓也[1],呻吟裘氏之地,[2]祇三年[3],而缓为儒。河润九里,泽及三族[4]。

使其弟墨。儒、墨相与辩,其父助墨[5]。十年,而缓自杀。

其父梦之。曰:“使而子为墨者,予也。阖胡[6]尝视其良,既为秋柏之实矣[7]!”

夫造物者之报人也,不报其人,而报其人之天。彼故使彼。夫人以己为有异于人,以贱其亲,齐人之井饮者相捽也。君子之人,若儒、墨者师,故以是非相鳖也,而况今之人乎[8]?故曰:今之世,皆缓也。自是有德者,以不知也。而况有道者乎?古者谓之遁天之刑。

【注释】

①缓,名也。　②裘氏,地名。　③祇,适也。言适三年而成也。　④三族,谓父、母、妻族也。　⑤“墨”,本作“翟”。　⑥阖,何不也。阖,通“曷”,何不也。⑦良,缓对弟自谓也。　⑧“君子之人,若儒、墨者师,故以是非相鳖也,而况今之人乎”四句,原在《知北游》篇“颜渊问乎仲尼”章,马叙伦以为本章错简,甚是,今移于此。

【译文】

郑国有个名字叫作缓的人,在裘氏读书,三年的工夫,缓就成为儒者。黄河浸润出去了九里,德泽普及到三族。

他让他弟弟学习墨家。儒家和墨家互相争辩,他父亲帮着墨家说话,三年之后,缓就气得自杀了。

他父亲梦见了他。他对父亲说:“使你儿子(弟弟)学习墨家的,是我。你何不试看他哥哥(我),已经结成秋柏的果实了!”

这造物者报应一个人,不是报应他那个人,而是报应那个人的天性。他有什么天性,就使他学习什么。如果有人以为自己比别人特殊,因而鄙视自己的父母,那就好比同人们在一个井里喝水而互相揪打一样。君子之人,像儒家和墨家的大师,向来就是用是非互相排挤的,何况是现在的人呢?所以说:现在世界上,都是缓这样的人。虽然是有德之人,也不愿意这样做,何况是有道之人呢?古来把这个叫作逃脱自然的法则。

圣人安其所安,不安其所不安;众人安其所不安,不安其所安[1]。

【注释】

①所安者,天也;所不安者,人也。

【译文】

圣人安于自己所安的(天道),不安于自己所不安的(人为);众人安于自己所不安的(人为),不安于自己所安的(天道)。

庄子曰:知道[①],易;勿言,难。知而不言,所以之天也;知而言之,所以之人也。古之人,天而不人。

【注释】

①知道,复词,道,亦知也。"知道"连用,此为最古。

【译文】

庄子说:知道,容易;不说,困难。知道而不说,便是合于天道;知道了就说,便是合于人道。古代的(圣)人,取法天道,而不取法人道。

朱泙漫学屠龙于支离益[①],单[②]千金之家,三年,技成,而无所用其巧。

【注释】

①朱,姓也;泙漫,名也。益,名也。　②单,尽也。

【译文】

朱泙漫跟着支离益学习宰龙,耗尽了千金家财,三年,技术学习成了,可是没有地方施展他的技巧。

圣人以必不必,故无兵;众人以不必必之,故多兵。慎[①]于兵,故行有求[②]。兵恃之,则亡。

【注释】

①慎,或作"顺"。　②求,为"救"省。

【译文】

圣人不把必然看作必然,所以用不着兵戈;众人把不必然看作必然,所以经常动用兵戈。慎重地使用兵戈,行动就有救;仗恃兵戈,就趋于灭亡。

小夫[①]之知,不离苞苴、竿牍[②],敝精神乎蹇浅[③];而欲兼济道、物,太一形虚;若是者,迷惑于宇宙[④],不知太初。

彼至人者,归精神乎无始,而甘瞑乎无何有之乡[⑤]。

水流乎无形,发泄乎太清。悲哉乎!汝为知在毫毛,而不知太宁[⑥]。

【注释】

①小夫,犹小人也。 ②苞苴,有(犹)苞裹也;竿牍,谓竹简为书;以相问遗,修意气也。 ③蹇浅,谓浅鄙之事,与"小夫之知"义合。 ④"宇宙"下本有"形累"二字。 ⑤"瞑",本作"冥"。 ⑥太宁,至寂之道。

【译文】

小人的知识,离不开礼品馈送、书牍往来,被一些浅陋的事务耗尽精神;可是他却想着兼济大道和万物,混同有形和无形;像这样的人,他是被宇宙事物所迷惑,而不知道太初妙境。

那圣人,把精神返还到没有元始的境界,甜蜜地睡眠在一无所有的乡庄。

水从杳无形迹的地方流出,发泄到清澄明澈的地域。可怜哪!你(小人)的知识放在琐细的事务上,而不知道无上宁静的境界。

宋人有曹商者,为宋王[①]使秦。其往也,得车数乘[②];王说之,益车百乘。

反于宋,见庄子。曰:"夫处穷闾、厄巷,困窘织屦,枯项黄馘[③]者,商之所短也;一悟万乘之主,而从车百乘者,商之所长也。"

庄子曰:"秦王[④]有病,召医,破痈溃痤[⑤]者,得车一乘;舐痔者,得车五乘。所治愈下,得车愈多。子岂治其痔邪?何得车之多也?子行矣!"

【注释】

①宋王,偃王也。 ②乘,驷马也。 ③"馘",本作"馘"。黄馘,谓面黄熟也。 ④秦王,惠王也。 ⑤痈、痤,热毒肿也,小肿也。

【译文】

宋国有个名叫曹商的人,他为宋王出使到秦国。他去的时候,宋王给了他几辆军车;秦王喜欢他,给他增加到一百辆军车。

曹商回到宋国,去见庄子。他对庄子说:"那居住穷闾陋巷之中,困窘得去编草鞋卖,弄得形容枯槁,面黄肌瘦的,是我曹商所浅短的;一见到大国之君,出门就有一百辆军车跟随着,是我曹商所擅长的。"

庄子说:"秦王有病,召唤医生;那给他开刀挤脓疮的,可以得到一辆军车;那给他舔痔疮的,可以得到五辆军车。所医治的病越卑下,所得到的军车数就越多。您莫非是给他医治痔疮了吧?怎么得到的军车这么多呢?您走开吧!"

鲁哀公问乎颜阖曰："吾以仲尼为贞幹[①]，国其有瘳乎？"

曰："殆哉！圾[②]乎！仲尼方且饰羽而画，从事华辞，以支为旨[③]，忍性以视民，而不知、不信。受乎心，宰乎神，夫何足以上民？彼宜女与予、颐与误[④]而可矣。今使民离实学伪，非所以视民也。为后世虑，不若休之。难治也！"

【注释】

①贞、"桢"通。桢幹，犹言栋梁也。　②圾，危也。　③旨，意旨。④彼，百姓也。颐，养也。误，疑借为"娱"。

【译文】

鲁哀公问颜阖说："我想起用孔子作为国家的栋梁，国家就会有救了吧？"

颜阖说："那可非常危险啊！孔子正在致力于繁文缛节，干着华言巧语的事，只注意到一些枝枝节节的事务，他用违矫本性的办法来教示人民，而不认识人民，不相信人民。他是禀受于心，制宰于神，这怎么能够居于人民之上呢？对于人民，应该仁爱和赈济他们，安养和娱乐他们，然后才行。现在，使人民离弃真实，学习虚伪，这不是教示人民的办法。为了后世打算，还是不如不用他好。他是不可能把国家治理好的！"

施于人而不忘，非天布也，商贾不齿[①]；虽以事齿之，神者弗齿。

【注释】

①夫能施求报，商客尚不齿理。

【译文】

布施于人，而忘却不掉，这是不合乎上天布施之意的，商人都不理这种人；虽然因为在事务上不得不理他，但是在理智上却是不愿理他的。

为外刑者，金与木也[①]；为内刑者，动与过也。宵人[②]之离外刑者，金木讯之；离内刑者，阴阳食[③]之。夫免乎外、内之刑者，唯真人能之。

【注释】

①金，谓刀、锯、斧、钺；木，谓捶、楚、桎、梏。　②宵人，犹小人也。　③食，如"日月食"之"食"，谓消蚀也。

【译文】

作为外体刑法的，是金属和木质的刑具；作为内心的刑法的，是行动和过失的束缚。小人遭到外体刑法的,金属和木质的刑具就讯问他们;遭到内心刑法的,天地阴阳之气就侵蚀他们。那免掉外体和内体的刑法的,只有真人才能做到。

孔子曰:凡人心,险于山川,难于知天。天犹有春、夏、秋、冬、旦、暮之期,人者厚貌、深情。故有貌愿而益,有长若不肖[①],有顺而慣[②],有坚而缦,有缓而釬[③],故其就义若渴,其去义若热。

故君子:远使之,而观其忠;近使之,而观其敬;烦使之,而观其能;卒然问焉,而观其知;急与之期,而观其信;委之以财,而观其仁;告之以危,而观其节;醉之以酒,而观其侧[④];杂之以处,而观其色。九征至,不肖人得矣。

【注释】

①若,犹而也。 ②"有顺而慣",本作"有顺慣而达"。 ③缦者,"慢"之假字;釬者,"悍"之假字。坚强而又惰慢,舒缓而又桀悍,故为情貌相反也。 ④侧,或作"则"。则者,法则也。

【译文】

孔子说:一般人的内心,比山川还凶险,比天时还难推测。天时还有春、夏、秋、冬、昼、夜的定期,可是人却看不透他的外貌,测不透他的内心。所以,有的外貌恭谨,而内心骄溢;有的外貌善良,而内心恶劣;有的外貌慎重,而内心急躁;有的外貌坚强,而内心怠慢;有的外貌迟缓,而内心凶悍。所以,他趋向正义,就像渴了想水;抛弃正义,就像热了避火。

所以,君子对于人:长久使用他,就观察他的忠心;短期使用他,就观察他的敬意;烦劳使用他,就观察他的才能;贸然使用他,就观察他的机智;急促和他约会,就观察他的信用;交付给他钱财,就观察他的仁心;把急难告诉给他,就观察他的节操;让他醉酒,就观察他的法度;让他男女杂居,就观察他的容色。这九项征验具备,坏人就判断出来了。

正考父[①]一命而伛,再命而偻,三命而俯[②];循墙而走,孰敢不轨?

如而夫[③]者,一命而吕钜[④],再命而于车上儛[⑤],三命而名诸父[⑥];孰协唐、许[⑦]?

【注释】

①正考父,宋湣公之玄孙,弗父何之曾孙。 ②三命,公士一命,大夫再命,卿三命。伛,背曲也;偻,腰曲也;俯,身俯于地也。言爵愈高而身愈下也。 ③而

夫,彼人。 ④吕钜,矫貌。 ⑤儛,"舞"之俗字。 ⑥成玄英:诸父,伯叔也。 ⑦唐,谓尧也;许,谓许由也。协,同也。

【译文】

正考父第一次受到爵命,就曲下了背;第二次受到爵命,就弯下了腰;第三次受到爵命,就低下了头;顺着墙根走路,谁敢对他不礼貌呢?

像那种人,第一次受到爵命,就骄矜起来;第二次受到爵命,就在车上舞蹈起来;第三次受到爵命,就呼唤叔叔伯伯的名字了;谁和唐尧、许由相同呢?

贼莫大乎德有心、而心有眼①。及其有眼也,而内视;内视,而②败矣。

【注释】

①"眼",本作"睫"。 ②而,犹则也。

【译文】

奸恶没有比布施出于有心、而且心中有眼睛再大的。如果心有眼睛,就要在内心看人;在内心看人,是要做坏事的。

凶德有五,中德为首①。何谓中德?中德也者,有以自好②也,而吡其所不为者也。

【注释】

①五,谓心、耳、眼、鼻、舌也。德,谓本能也。中德,心之本能也。 ②好,爱也。

【译文】

人的凶恶本能有五种,而以中心的本能为首领。什么叫作中心的本能呢?中心的本能,自己总是喜爱自己,而指责其他有所不为的人。

穷有八极,达有三必,形有六府。

美①、髯、长、大、壮、丽、勇、敢,八者俱过人也,因是以穷。

缘循②、偃佒③、困畏不若人,三者俱通,达。

【注释】

①美,善也。 ②循,顺也。 ③偃佒,即"偃仰"。犹言俯仰从人也。

【译文】

人的穷困有八个极端,显达有三个必然,就如同形体有六腑一样。

善良、须髯、高大、魁伟、健壮、秀丽、勇猛、果敢，这八项都超过别人，因而要受到穷困。

事事依从别人，事事看人脸色，畏畏缩缩地感到不如别人，这三项都做到，就能够显达。

知慧，外通；勇动，多怨；仁义，多责。

达生之情者，傀[1]；达于知者，肖[2]。达大命者，随；达小命者，遭[3]。

【注释】

①傀，伟也。　②肖，小也。　③大命，谓天命之精微；达之，则委随于自然而已。小命，谓人各有命；达之，则安于所遭，亦无怨怼。

【译文】

聪明颖悟，就能够通达外物；勇于行动，就受到多数人的抱怨；施行仁义，就受到多数人的责谴。

通达性命之理的人，伟大；通达机智之变的人，渺小；通达大命(天命)的人，表现为顺从；通达小命(人命)的人，表现为忍受。

人有见宋王者，锡车十乘。以其十乘骄稚[1]庄子。

庄子曰："河上有家贫恃纬萧[2]而食者，其子没于渊，得千金之珠。其父谓其子曰：'取石来，锻之[3]！夫千金之珠，必在九重之渊而骊龙颔下[4]。子能得其珠者，必遭其睡也。使骊龙而寤，子尚奚微[5]之有哉？'今宋国之深，非九重之渊也；宋王之猛，非直骊龙也。子能得车者，必遭其睡也；使宋王而寤，子为齑粉[6]夫！"

【注释】

①稚，亦骄也。　②萧，蒿也。纬，织也。织蒿为箔。　③锻之，谓槌破之。　④骊龙，黑龙也。而，犹之也。　⑤"微"，本作"微"。微，借为"儌"。儌，幸也。　⑥淹韭曰齑。凡醢酱所加，细切曰齑。

【译文】

有一个谒见宋王的人，宋王赠给了他十辆军车。他带着这十辆军车去傲慢庄子。

庄子说："在河边有一人家，他们很穷，依靠编蒿帘子为生。他儿子在河里游泳，得到了一颗价值千金的宝珠。他父亲对他儿子说：'拿石头来，把它砸破！那价值千金的宝珠,必定在地下九层深水之中的黑龙的下巴底下。你能够得到这颗宝珠,必然是遇到它正在睡觉。假如黑龙醒着,你还有什么侥幸的呢?'现在,宋国的深度,不只像地下九层的深水;宋王的凶猛,不只像条黑龙。你能够得到他的车马,必然是遇到他正在睡觉。假如宋王醒着,你早就被碾得碎粉了!"

或聘于庄子。庄子应其使曰:"子见夫牺牛[①]乎?衣以文绣,食以刍叔[②];及其牵而入于太庙,虽欲为孤犊,其可得乎?"

【注释】

①牺,宗庙之牲也。 ②刍,草也。叔,大豆也。

【译文】

有人来聘请庄子。庄子回答他的使者说:"您没有见过那祭祀宗庙的牛吗?给他穿上华美的外衣,给它新鲜草和大豆吃;等到它被牵进宗庙的时候,它虽然想做个无依无靠的牛犊,还做得到吗?"

庄子将死,弟子欲厚葬之。

庄子曰:"吾以天地为棺椁,以日月为连璧[①],星辰为珠玑[②],万物为赍送[③]。吾葬具岂不备邪?何以加此?"

弟子曰:"吾恐乌鸢之食夫子也!"

庄子曰:"在上为乌鸢[④]食,在下为蝼蚁食;夺彼与此,何其偏也?"

【注释】

①璧,瑞玉环也。连璧,谓两环相连。 ② 玑,珠不圆也。 ③赍,送也。 ④鸢,即今之鹞鹰。

【译文】

庄子将要死的时候,学生们打算厚葬他。

庄子对学生们说:"我把天地作为棺椁,把日月作为双璧,把星辰作为宝珠,把万物作为资送。我的葬具还不够完备吗?哪个还能比得上这个呢?"

学生们说:"我们恐怕老师被乌鸦和鹞鹰吃掉!"

庄子说:"在地上面被乌鸦和鹞鹰吃,在地下面被蝼蛄和蚂蚁吃;夺了这个的给那个,你们怎么这么偏心眼呢?"

以不平平,其平也不平;以不徵徵[①],其徵也不徵。明者唯为之使,神者徵之。夫明之不胜神也,久矣;而愚者恃其所见,入于人;其功[2]外也,不亦悲乎?

【注释】

①徵,应也。 ②功,事也。

【译文】

用不平均来平均,它的平均是不平均的;用不感应来感应,它的感应是不感应的。聪明人只有被万物所驱使,神通人才能够感应万物。那聪明胜不过神通,古来就是如此;可是愚蠢人总仗恃着自己所见到的,在别人的面前表现自己;他这样追求外物,不也太可怜了吗?

十一、天　下(七章)

天下之治方[1]术者,多矣,皆以其有为不可加矣。

古之所谓道术者,果恶乎在?

曰:无乎不在。

曰:神何由降?明何由生[2]?

圣有所生,王有所成,皆原于一[3]。

不离于宗,谓之天人;不离于精,谓之神人;不离于真,谓之至人;以天为宗,以德为本,以道为门,兆[4]于变化,谓之圣人。以仁为恩,以义为理,以礼为行,以乐为和,薰然[5]慈仁,谓之君子。以法为分,以名为表,以参为验[6],以稽为决,其[7]数一、二、三、四是也,百官以此相齿[8]。以事为常,以衣食为主,蕃息、蓄藏,老弱孤寡为意,皆有以养,民之理[9]也。

古之人[10]其备矣乎!配神明[11],醇天地[12],育万物,和天下,泽及百姓;明于本数,系于末度[13];六通,四辟[14],小大,精粗,其运无所不在。其明而在数度者,旧法世传之;史尚[15]多有之;其在于《诗》、《书》、《礼》、《乐》者,邹鲁之士、搢绅先生[16]多能明之;——《诗》以道[17]志,《书》以道事,《礼》以道行,《乐》以道和,《易》以道阴阳,《春秋》以道名分。——其数散于天下而设于中国者,百家之学时或称而道之。

天下大乱,贤圣不明[18],道德不一[19],天下多得一察焉以自好[20];譬如耳、目、鼻、口,皆有所明,不能相通;犹百家众技也,皆有所长,时有所用;虽然,不该不遍,一曲之士[21]也;判天地之美,析万物之理,察古人之全,寡能备于天地之美,称神明之容[22]。是故内圣外王之道[23],暗而不明,郁而不发[24],天下之人,各为其所欲焉,以自为方。悲夫!百家往而不反,必不合矣。后世之学者,不幸不见天地之纯,古人之大体㉕,道术将为天下裂㉖。

【注释】

①方,道也。 ②神者,明之藏;明者,神之发;言道术之极也。 ③一者,道之本。 ④兆,借为"昭"。昭,见也。 ⑤薰然,温和貌。 ⑥参,谓参校。 ⑦其,犹若也。 ⑧相齿,更相齿次。以此相齿,以此为序也。 ⑨理,正也。 ⑩古之人,即向之四名也。谓天人、神人、至人、圣人。 ⑪上文之神明,指道术而言;此之神明,指自然而言。 ⑫醇,借为"準"。準,同也。 ⑬末度,名法也。"数,道术也。"下文"其数散于天下"之"数",义同。 ⑭辟,本又作"闢"。 ⑮尚者,掌也。 ⑯邹,邑名也。鲁,国号也。搢,笏也,亦插也;绅,大带也。先生,儒士也。言仁义、名法,布在六经者,邹、鲁之地,儒服之人,能明之也。 ⑰道,达也,通也。 ⑱不明,韬光晦迹。 ⑲不一,百家穿凿。 ⑳一察谓察其一端,而不知其全。 ㉑曲,犹僻也。 ㉒容,状也。 ㉓内圣,内存之本身,则为圣人;外王,外发之事业,则为帝王。 ㉔郁,滞不通也。 ㉕天地之纯,无为也。古人大体,朴素也。 ㉖裂,分离也。

【译文】

天下研究道术的人太多了,都认为没有比自己所掌握的道术再高明的。

古来的所谓道术,究竟存在于什么地方呢?

回答是:没有哪个地方不存在。

有的就问:道术的神蕴从什么地方降临,道术的明征在什么地方生出呢?

圣人对于道术都有所创造,帝王对于道术都有所成就,都本原于"一"。

不离失本元,叫作天人;不离失精淳,叫作神人;不离失全真,叫作至人;把天作为主宰,把"德"作为根本,把"道"作为门户,明通变化之理,叫作圣人。用仁爱来表示恩泽,用正义来处理事务,用礼节来作为行动,用音乐来协调性情,温温和和地爱护群众,叫作君子。用法制作为定分,用声名作为外表,用参校作为征验,用稽考作为决断,就如同数一、二、三、四一样,百官们就用这些道术作为处理事务的顺序。把事务作为经常,把衣食作为主体,生产物资,蓄积财富,着意到老弱孤寡,使他们都得到抚养,这便是人民的正常现象。

古人的道术可以说是非常完备了!它能够配比神明(阴阳),等同天地,发育万物,协和天下,百姓都要沾到恩泽;又明察于根本的理数,联系到末节的制度;天地之间,四通八达,物象的大小,事理的精粗,它的运行是无所不在的。那明明白白地存在为数理和制度的,旧有的法规还一代一代地流传着,史官所掌管的业绩还大量存在着;那记载在《诗》、《书》、《礼》、《乐》之中的,鲁国穿着宽衣大袖的儒士们都能够说明它;——《诗》是用来表达意志的,《书》是用来表达世事的,《礼》是用来表达行动的,《乐》是用来表达和谐的,《易》是用来表达阴阳的,《春秋》是用来表达名分的。——那数术散布在天下、而施设在中国的,诸子百家之学时常称道它。

天下大乱之后,圣贤们都隐遁起来了,道术也就不统一了,天下人大多数是得到一孔之见便沾沾自喜;譬如耳、目、鼻、口,都各有所明审的一个方面,不能够互相贯通;就像诸子百家或各种技术,都各有所长,都经常有用;虽然如此,却不能够兼该众理,不能够周遍万物,只不过是些一偏之士而已;他们剖判天地的善美,分析万物的妙理,观察古今的全貌,很少能够具备天下的善美,称合神明的情状。所以,藏之内心可以为圣人、发之外体可以为帝王的大道,幽暗不明,郁滞不通;天下的人都各各为了自己的爱好,来修治自己的道术。可叹啊!诸子百家都一往直前,不肯回头,必然不能够合于古代的道术。后世的学者,不幸不能够见到天地的纯真、古人的大体,因而这种纯全的道术就被天下人所割裂了。

不侈[①]于后世,不靡[②]于万物,不浑[③]于数度,以绳墨[④]自矫,而备世之急。古之道术有在于是者。墨翟、禽滑釐[⑤]闻其风而说[⑥]之。为之大过,已之大顺[⑦];作为《非乐》,命之曰《节用》[⑧];生不歌,死无服。墨子泛爱、兼利而非斗;其道不怒;又好学而博;不异;不与先王同[⑨];毁古之礼乐。黄帝有《咸池》,尧有《大章》,舜有《大韶》,禹有《大夏》,汤有《大濩》,文王有《辟雍》之乐,武王、周公作《武》[⑩];古之丧礼,贵贱有仪,上下有等,天子棺椁七重,诸侯五重,大夫三重,士再重。今墨子独生不歌,死不服,桐棺三寸而无椁,以为法式。以此教人,恐不爱人;以此自行,固不爱己;未败墨子道[⑪]。

虽然,歌而非歌,哭而非哭,乐而非乐,是果类乎?其生也勤,其死也薄。其道大觳[⑫],使人忧,使人悲;其行难为也,恐其不可以为圣人之道。反天下之心,天下不堪。墨子虽独能任,奈天下何?离于天下,其去王[⑬]也远矣。

墨子称道曰:“昔者,禹之湮[⑭]洪水,决江河,而通四夷九州也,名川[⑮]三百,支川三千,小者无数。禹亲自操槁耜[⑯],而九杂[⑰]天下之川,腓无胈[⑱],胫无毛,沐甚雨[⑲],栉疾风,置万国。禹,大圣也,而劳天下也如此。”使后世之墨者,多以裘褐[⑳]为衣,以跂跻[㉑]为服,日夜不休,以自苦为极[22]。曰:“不能如此,非禹之道也,不足谓墨。”

相里勤之弟子,五侯之徒,南方之墨者,苦获、已齿、邓陵子之属[23],俱诵《墨经》,而倍谲[24]不同,相谓“别墨”;以“坚白”、“同异”之辩相訾[25],以觭偶不仵之辞相应[26]。以“巨子”[27]为圣人,皆愿为之尸[28],冀得为[29]其后世,至今不决。

墨翟、禽滑釐之意则是,其行则非也;将使后世之墨者,必自苦以“腓无胈,胫无毛”,相进[30]而已矣。乱之上也,治之下也。虽然,墨子,真天下之好也,将求之不得也[31],虽枯槁不舍也。才士也夫!

【注释】

①侈,借为“多”。多,犹重之。 ②靡,累也。 ③“浑”,本作“晖”。④绳墨,犹规矩也。 ⑤墨翟,宋大夫;尚俭素。禽滑釐,墨翟弟子也;不顺五帝、三王之乐,嫌其奢。 ⑥说,音“悦”。 ⑦大,音“太”。顺,读为“舛”。舛,偝也。为之大过,谓沐雨栉风、日夜不休者也;已之大踣,谓节葬、非乐,反天地之心也。 ⑧《非乐》、《节用》,《墨子》二篇名。 ⑨异,谓别贵贱也。 ⑩以上是五帝、三王乐名也。 ⑪未,无也。败,伤也。言皆无伤于墨子之道也。⑫觳,薄也。大,音“太”。 ⑬王,谓王道、王业。 ⑭湮,塞也。 ⑮“名川”,本作“名山”。名川、支川,犹言大水、小水。 ⑯槁,当作“橐”。橐,盛土器也。耜,臿也。臿,插地起土也。 ⑰九,借为“勼”。勼,聚也。杂,合也。九杂,犹言会合也。 ⑱腓,脚胫后腹也。俗称腿肚。胈,义见《在宥》篇“崔瞿问于老聃”章。 ⑲陆德明:甚,崔本作“湛”。湛,即“淫”也。 ⑳裘褐,粗衣也。 ㉑麻曰屩,木曰屐。 ㉒极,至也,高也。 ㉓相里勤,墨师也;姓相里,名勤。苦获、已齿,二人姓字也。 ㉔倍,本作“背”。谲,异也。 ㉕訾,毁也。 ㉖觭,借为“奇”。仵,借为“伍”。不伍,犹不伦也。 ㉗巨,向、崔本作“钜”。 ㉘尸者,主也。 ㉙为,助也。 ㉚进,胜也。 ㉛之好,犹是好也。将,欲也。求,为“救”省。

【译文】

不被后世所推重,不被万物所系累,不被数术、法度所落陷,用规矩克制自己,来防备世间的急难。古来的道术有着意在这一方面的。墨翟、禽滑厘听说这种风气,就感到喜欢。他们所兴作的法制太过分,所废止的制度太反常;他们发表出《非乐》的言论,命名为《节用》的篇章;人活着不必唱歌,死后不用孝服。墨子主张要遍爱众人,利益要均等,而不赞同斗争;他们对人对事不知道烦恼;他们又喜好学习,而且学得非常广博;他们主张人与人之间没有差别;他们不和先王的主张相同;他们要毁除古代的礼制和音乐。黄帝有《咸池》之乐,帝尧有《大章》之乐,大舜有《大韶》之乐,大禹有《大夏》之乐,汤王有《大濩》之乐,文王有《辟雍》之乐,武王、周公有《大武》之乐;古代的丧礼,贵贱有一定的仪式,上下有一定的等级,天子的棺椁是七层,诸侯的棺椁是五层,大夫的棺椁是三层,士民的棺椁是两层。现在,墨子独独主张人活着用不着唱歌,死后用不着孝服,三寸的桐木棺材,而不用椁,作为一定的制度。他们用这个来教育别人,恐怕不是慈爱别人;用这个施行在自己身上,当然也不会慈爱自己;但是这对墨子之道并没有什么损害。

虽然如此,他们唱歌而不像唱歌,哭泣而不像哭泣,欢乐而不像欢乐,这究竟合乎人情吗?他们活着非常勤苦,死后非常微薄。他们这种道术,对人太冷酷,使人们感到忧愁,使人们感到悲伤;他们的行为使人难以做到,恐怕他们不可能成为圣人之道。他们违反天下的人心,使世人不能够接受。墨子虽然自己能受得住,可是天下人都怎么办呢?他同天下人心有距离,这对成功王业来说,距离是遥远的。

墨子这样说过:"古代,大禹制止洪水,开掘江河,来沟通四夷和九州,大河有三百条,支流有三千条,小河沟就不计其数了;大禹亲自拿着土筐、镢头,来汇通天下的河流,腿肚上磨得没有小毛,小腿上磨得没有汗毛,淋着大雨,冒着大风,来安置天下各国。大禹是个大圣人,可是他为天下还这样。"他使后世信从他的墨者,都要穿粗布衣,穿木鞋、草鞋,昼夜不停地工作,把自己吃苦耐劳作为至高无上。他们说:"不能这样做,就不是大禹之道,就不配称为墨家。"

相里勤的弟子,五侯的徒众,南方的墨者,苦获、已齿、邓陵子这一班人,都诵读《墨经》,可是他们的见解乖异不同,互相称作"别墨";他们用"坚白"、"同异"之辩互相非难,用奇偶不同之辞互相应和。他们把"巨子"奉为圣人,都愿意把他作为墨家的领袖,希望对他们的后世有所帮助,直到现在也没有决定。

墨翟、禽滑厘的用意是正确的,但是他们的行为是错误的;他们将要使后世的墨者,必定要"腿肚上磨得没有小毛,小腿上磨得没有汗毛"来刻苦自己,这只不过是互相争胜罢了。他们是祸乱天下的上材,平治天下的下材。虽然如此,墨子也真是个爱好天下人的了;他想着挽救天下,只是还没有如愿以偿;纵然是粉身碎骨,他也不肯放弃他的主张。他也是个才学之士啊!

不累①于俗,不饰于物,不苛②于人,不忮③于众;愿天下之安宁,以活民命;人我之养,毕足而止;以此白心④。古之道术有在于是者。宋钘、尹文⑤闻其风而说之。作为华山之冠以自表⑥;接万物以别宥为始⑦;语心之容⑧,命之曰心之行。以聏⑨合欢,以调海内,请欲置之以为主。见侮不辱,救民之斗;禁攻、寝⑩兵,救世之战。以此周行天下,上说下教，虽天下不取，强聒[11]而不舍者也。故曰：上下见厌，而强见也。

虽然，其为人太多，其自为太少。曰：“请欲固[12]置五升之饭，足矣。”先生恐不得饱，弟子虽饥，不忘天下，日夜不休。曰：“我必得活哉？”乔傲乎救世之士哉[13]！曰：“君子不为苛察，不以身假物[14]。”以为无益于天下者，明之，不如已也。以禁攻寝兵为外，以情欲寡浅为内。其小大、精粗，其行适至是而止。

【注释】

①累，犹负也。　②“苛”，本作“苟”。苛，相苛责也。　③忮，逆也。④白，明也。　⑤宋钘、尹文，并齐宣王时人，同游稷下。　⑥华山，上下均平，作冠象之，表己心均平也。　⑦别，犹识也。宥，区域也。始，本也。　⑧容，用也。　⑨聏，和也。　⑩寝，息也。　⑪聒，喧聒。　⑫固，借为“姑”。姑，且也。　⑬“乔傲”，本作“图傲”。　⑭察，苛也。

【译文】

不负累俗世，不修饰事物，不苛求别人，不违逆群众；希望天下太平，藉以救活人民之命；人民和自己的供养，以得到满足为止；以这些主张来表明自己的心志。古来的道术有着意这一方面的。宋钘、尹文听说这种风气，就感到喜欢。他们创制了华山冠，来作自己的标志；他们应接事物，以识别万物界限为根本；他们把心的作用，叫作心的行动。他们用和颜悦色同别人合欢，藉以调和天下，他们愿意树立这样的人作为领袖。他们受到欺侮，不感到耻辱，藉以救止人民的私斗；他们主张休止兵戈，藉以救止世界战争。用这些主张周行于天下，在上方游说诸侯，在下方教化人民，虽然天下不采取他们的政论，他们还是喋喋不休地劝化而不放弃。所以说：在上位和在下位的见到他们都感到厌烦，可是他们还是顽强地表现自己。

虽然如此，他们为别人打算得太多，为自己打算得太少。他们说：“请暂且为我们准备五升米的饭，就足够了。”〔这五升米的饭，〕先生们恐怕都不够吃，学生们虽然忍饥挨饿，还不忘记天下的疾苦，日夜工作着。他们说：“我们必定要活着吗？”他们真是矫矫不群的救世之士啊！他们还说：“君子对人不作苛求，不假借外物来成全自己。”他们以为对天下没益处的事物，与其说明它，还不如不说明它。他们以休止兵戈作为外部行动，以减少私欲作为内部行动。他们对事物的大小、精粗，他们的行为如此而已。

公而不党，易而无私[1]，决然[2]无主，趣物而不两[3]；不顾于虑，不谋于知，于物无择，与之俱往。古之道术有在于是者。彭蒙、田骈、慎到[4]闻其风而悦之。齐万物以为首。曰："天能覆之，而不能载之；地能载之，而不能覆之；大道能包之，而不能辩之。知万物皆有所可，有所不可。故曰：选则不遍，教则不至，道则无遗者矣。"

是故慎到弃知、去己，而缘不得已。泠汰万物[5]，以为道理[6]。曰："知不知，将薄知，而后邻伤之者[7]也。謑髁无任[8]，而笑天下之尚贤也！纵脱[9]无行，而非天下之大圣！椎拍輐断[10]，与物宛转[11]；舍是与非，可以苟免。不师知虑，不知前后，魏然[12]而已矣。推而后行，曳而后往，若飘风之还，若羽之旋，若磨石之隧[13]；全而无非，动静无过，未尝有罪。是何故？夫无知之物，无建己之患，无用知之累，动静不离于理，是以终身无誉。故曰：至于若无知之物而已。无用贤圣，夫块不失道[14]。"豪桀[15]相与笑之曰："慎到之道，非生人之行，而至死人之理。"适得怪焉。

田骈亦然，学于彭蒙，得不教焉。彭蒙之言[16]曰："古之道人，至于莫之是、莫之非而已矣。其风窢然[17]，恶可而[18]言？"常反人，不见观[19]，而不免于魭[20]。其所谓道，非道；而所言之韪[21]，不免于非。

彭蒙、田骈、慎到不知道。虽然，概乎皆尝有闻者也。

【注释】

①"党"，本作"当"。 ②然，犹而也。 ③随物而趋，不生两意。 ④田骈，齐人也，游稷下，著书十五篇。 ⑤泠，通"矜"。泠汰，犹矜汰也，谓夸大也。⑥道理，犹《老子》所谓道纪也。 ⑦将，犹如也，若也。邻，近也。 ⑧謑髁，讹倪不正貌。任，能也。 ⑨纵脱，放纵脱略。 ⑩輐，借为"刓"。刓，刳也。椎，击也。拍，拊也。椎拍，就音乐而言；輐断，就雕刻而言；皆以喻处理事务，随机应变，故下文曰"与物宛转"也。 ⑪宛转，变化也。 ⑫魏，当读为"委"或"倭"。委，委随也。倭，顺貌。委顺于物，即"与物宛转"之意。 ⑬回风为飘。还，音"旋"。隧，转也。 ⑭块，有纯朴之义。 ⑮桀，"傑"省。 ⑯"之言"，本作"之师"，今以意改。 ⑰窢，借为"侐"。侐，静也。 ⑱ 而，犹以也。 ⑲见观，谓被重视也。⑳"魭"，本作"魭断"，当借为"顽"。 ㉑韪，是也。

【译文】

大公无私，平正无偏；决断事物，没有主见；对待事物，没有分歧；不怀任何顾虑，不出任何智谋；对万物没有选择，和万物共同前进。古来的道术有着意在这一方面的。彭蒙、田骈、慎到听到这种风气,就感到喜欢。他们把齐同万物作为首要论点。他们说:“天能够笼罩万物,而不能够负载万物;地能够负载万物,而不能够笼罩万物;大道能够包容万物,而不能够辩别万物。可见万物都有它们所适宜的,也有它们所不适宜的。所以说:选择就不能遍及,教化就不能周全,只有掌握住‘道’,才可能把万物兼包无遗。”

所以,慎到抛弃智慧,忘却自己,是由于不得已而如此。他们夸大万物的不同情状,作为“道”的纲纪。他说:“要知道自己所不知道的事物,如果知道得肤浅,最后就要近于伤害这种事物。邪曲不正,没有才能,可是讥笑天下的大贤人!放荡疏忽,没有德行,可是非难天下的大圣人!〔对于一切事物,〕无论是敲打和雕琢,都要随从着事物而有所变化;抛弃一切是非,才能够苟且免除世俗的累患。不效法智虑,不知道前后,只有顺随万物之自然而已。推动而后前进,拖曳而后运转;如同旋风的盘还,如同羽毛的回旋,如同磨石的运转;本性淳全,没有是非;一动一静,不犯过失;就不会取得罪名。这是什么缘故呢?因为无识无知的器物,没有树立自己的思虑,没有利用智慧的系累,一动一静,都不离开理性,所以一辈子也没有什么荣誉。所以说:只要做到像无识无知的器物就行了。用不着圣贤,就纯纯朴朴地不失掉‘道’。”豪杰之士就讥笑他说:“慎到的道术,并不是活人的行为,而是死人的道理。”他恰恰就得到别人对他这样的怪异。

田骈也是如此,他在彭蒙门下学习,得到了不用教化的政论。彭蒙的话是这样说的:“古来有道之人,做到没有人说他是是、没有人说他是非,就算成功了。他们的风度是那样的寂静,人们怎么能够用言语形容他呢?”他们经常违反人情,不被重视,而且不免于顽固不化。他们的所谓“道”,不足以叫作“道”;他们的所谓“是”,也不免于“非”。

彭蒙、田骈、慎到都不认识“道”。虽然如此,他们学说的梗概,都是被人们所称道过的。

以本为精,以物为粗[①],以有积为不足,澹然独与神明居。古之道术有在于是者。关尹[②]、老聃闻其风而说之。建之以常无有,主之以太一[③];以濡弱[④]谦下为表,以空虚不毁万物为实。

关尹曰:“在己无居,形物自著;其动若水,其静若镜,其应若响[⑤]。芴乎若亡[⑥],寂乎若清[⑦]。同焉者和,得焉者失。未尝先人,而常随人。”老聃曰:“知其雄,守其雌,为天下谿;知其白,守其辱[⑧],为天下谷。人皆取先,己独取后,曰受天下之垢。人皆取实,己独取虚。

无藏也，故有馀，岿然[9]而有余。其行身[10]也，徐而不费[11]。无为也，而笑巧[12]。人皆求福，己独曲全，曰苟免于咎。以深为根，以约为纪[13]，曰，坚则毁矣，锐则挫矣。常宽容于物，不削于人。可谓至极。”

关尹、老聃乎，古之博大真人哉！

【注释】

①本，无也；物，有也。用无为妙道为精，用有为事物为粗。 ②关尹，关令尹喜也。或云，尹喜，字公度。 ③常无、有，即《老子》所谓“故常无，欲以观其妙；常有，欲以观其徼”之“常无”与“常有”也。太一，即《老子》所谓“大象无形”之“大象”，亦即所谓“道生一，一生二，二生三，三生万物”之“一”，亦即所谓“两者同出而异名，同谓之玄”之“玄”也。 ④濡弱，柔弱。 ⑤响，应声也。⑥芴，忽也。亡，无也。 ⑦清，静也。 ⑧辱，污也。借为“黩”。 ⑨岿，本或作“魏”。岿然，独立自足之谓。 ⑩行身，犹修身也。 ⑪费，损也。⑫笑，借为“媄”（妖）。媄，巧也。 ⑬纪，借为“基”。

【译文】

把本元（道）看作是精妙的，把万物看作是粗疏的，把有积蓄看作是不充足的，安安静静的独自和神明（天道）相处。古来的道术有着意在这一方面的。关尹、老聃听到这种风尚，就感到喜欢。他们〔在自然界〕建立了“常无”、“常有”两个对立概念，用“太一”来统辖着它们；〔在身心方面〕以柔弱、谦下为外表，以空虚而不毁灭万物为实际。

关尹说：“自己不占有地位，万物形象就自然显著；他的运动如同流水，他的宁静如同明镜，他同万物交感如同回响应和本声。恍恍惚惚的如同一无所有，寂寂寞寞的如同虚静无声。与万物相同的就和万物合一，取得的就是失掉。从不站在众人前面，而经常追随在众人后面。”老聃说：“知道自己雄性的，却以雌性自居，情愿作天下的沟壑；知道自己是洁白的，却以污浊自居，情愿作天下的川谷。众人都求取领先，自己独独求取落后，这就叫作忍受天下的垢辱。众人求取实在，自己独独求取空虚。自己没有积蓄，所以总感到有余，而且是独立自主的有余。修治自己的身心，徐徐缓缓的并不费损精神；无所作为，可是非常工巧。众人都求取福禄，自己独独求取委曲保全，说是苟且求取免除凶咎而已。以深厚作为根元，以俭约作为基础；认为坚强就要遭到毁灭，锋利就要遭到挫折。经常宽容万物，而不削损众人。这便是至高无上的道术。”

关尹、老聃这样的人，真是古代渊博伟大的真人啊！

寂寞无形①，变化无常。死与？生与？天地并与？神明往与？

芒乎，何之？忽乎，何适[②]？万物毕罗，莫足以归。古之道术有在于是者。庄周闻其风而说之。以谬悠之说、荒唐之言[③]、无端崖之辞，时[④]恣纵而不傥[⑤]，不以觭见之[⑥]也。以天下为沈浊，不可与庄语[⑦]，以卮言为曼衍，以重言为真，以寓言为广。独与天地精神往来，而不敖倪[⑧]于万物，不谴是非，以与世俗处。

其书虽瑰玮，而连犿无伤[⑨]也；其辞虽参差，而諔诡可观[⑩]。彼其充实，不可以已[⑪]。上与造物者游，而下与外死生、无终始者为友。其于[⑫]本也，弘大而辟，深闳而肆；其于宗也，可谓调适而上遂者矣[⑬]。

虽然，其应于化而解于物也，其理不竭，其来不蜕[⑭]，芒乎昧乎，未之尽者[⑮]。

【注释】

①寂，本作"芴"。 ②芒乎、忽乎，同"恍惚"也。 ③谬悠，谓若忘于实情也。谓广大无域畔也。 ④时，犹乃也。 ⑤傥，通"谠"。谠，直言也。⑥觭，不偶也。不以觭见，不以一端自见。 ⑦庄，端正也。庄语，犹正论。⑧敖倪，犹骄矜也。 ⑨瑰玮，奇特也。连犿，宛转貌。 ⑩参差，或虚或实，不一其言也。諔诡，奇异也。 ⑪已，止也。不可以已，即无止境也。 ⑫于，犹之也。 ⑬辟，开也。弘，大也。闳，亦大也。肆，申也。遂，达也。"调"，本作"稠"。 ⑭来，亦理也。蜕，解也。 ⑮芒昧，犹窈冥也

【译文】

〔天地之初，〕空虚寂静，没有形象；〔万物既生，〕千变万化，没有固定。是死亡的吗？是生存的呢？天地是不是并立的呢？神明（阴阳）是不是运动的呢？芒芒昧昧的，究竟是怎样生出的呢？恍恍惚惚的，究竟要往哪里去呢？万物无所不包，总也找不到个归宿。古来的道术有着意这一方面的。庄周听到这种风尚，就感到喜欢。他用虚诞悠远的学说、广大空廓的言论，没头没脑、没边没缘的辞句来说教，乃是高谈阔论，而不直言了当，不用一端表达。他以为天下都是沉溺混浊的，不可以和他们谈正面的话；所以用支离荒唐的话来衍尽事理，用重复前人的话来证实事理，用别有寄托的话来推广事理。独自和天地、精神相往来，而不傲视万物，不责谴是非，和世俗一同居处。

他的著作虽然与众不同，而其中的道理却是宛转无穷，并不伤害事物；他的辞句虽然参差不齐，其中的道理却是千变万化，并且大有可观。它的内容充实，令人捉摸不透。在上说，他和造物者一同遨游；在下说，他和排除生死、混同始终的人做朋友。他的本元，是宽大而开拓的，是深广而豪放的；他的归宿，可以说是协调

适当、而上通天道的。

虽然如此，他对于适应变化和了解万物，他的道理没有穷竭，他的道理不易理解；芒芒昧昧的，也没有人能够穷尽其中的奥妙。

惠施多方，其书五车，其道舛驳，其言也不中[①]。厤物[②]之意，曰："至大无外，谓之大一；至小无内，谓之小一。无厚，不可积也，其大千里[③]。天与地卑，山与泽平[④]。日，方中方睨；物，方生方死[⑤]。大同而与小同异，谓之小同异；万物毕同毕异，谓之大同异。南方无穷而有穷。今日适越而昔来。连环可解也。我知天下之中央，燕之北、越之南是也。泛爱万物，天地一体也。"惠施以此为大观于天下，而晓辩者，天下之辩者相与乐之："卵有毛。鸡三足。郢有天下[⑥]。犬可以为羊。马有卵。丁子有尾[⑦]。火不热。山出口。轮不蹍地。目不见。指不至。物不绝。龟长于蛇。矩不方，规不可以为圆。凿不围枘[⑧]。飞鸟之景，未尝动也[⑨]。镞矢之疾，而有不行不止之时[⑩]。狗非犬。黄马、骊牛，三。白狗黑。孤驹未尝有母。一尺之捶，日取其半，万世不竭[⑪]。"辩者以此与惠施相应，终身无穷。

桓团、公孙龙[⑫]，辩者之徒，饰[⑬]人之心，易人之意；能胜人之口，不能服人之心。辩之囿也。

惠施日以其知与人之[⑭]辩，特[⑮]与天下之辩者为怪。此其柢[⑯]也。然惠施之口谈，自以为最贤。曰："天地其壮乎！施存，雄而无术。"

南方有倚[⑰]人焉，曰黄缭[⑱]，问天地所以不坠不陷，风雨雷霆之故，惠施不辞而应，不虑而对，遍为万物说；说而不休，多而无已；犹以为寡，益之以怪；以反人为实，而欲以胜人为名。是以与众不适也。

弱于德，强于物，其涂隩[⑲]矣。由天地之道，观惠施之能，其犹一蚊一虻之劳者也。其于物也何庸？

夫充一尚可，曰愈贵道，幾矣！惠施不能以此自宁，散于万物而不厌，卒以善辩为名。惜乎！惠施之才，骀荡而不得[⑳]，逐万物而不反，是穷响以声，形与影竞走也。悲夫！

【注释】

①舛，差殊也。驳，杂糅也。不中，无当。 ②厤，古"歷"字。本亦作

“歷”。厤,治也,即研究之意。 ③其大千里,形容其无尽之意。 ④卑,与“比”通。比,谓等齐也。 ⑤睨,侧视也。 ⑥郢,楚都也,在江陵北又十里。⑦丁,当借为“成”。丁子,犹言成人也。 ⑧凿者,孔也;枘者,内孔中之木也。⑨景,音“影”。 ⑩“镞”,本作“镞”。 ⑪捶,杖也。 ⑫桓团、公孙龙,并赵人,皆辩士也,客游平原君之家。 ⑬饰,当借为“蝕”。蝕,败创也。⑭之,犹为也。 ⑮特,独也。 ⑯柢,与“氏”通。氏,犹略也。 ⑰倚,本或作“畸”。倚,异也。 ⑱黄缭,贤人也。 ⑲隩,隐也。 ⑳骀者,放也。放荡不得也。

【译文】

惠施方术纷繁,他著的书有五车,其中的道理离奇驳杂,其中的言论不符实际。他探索物理的大意,说:“最大的没有外缘,叫作‘大一’;最小的没有内涵,叫作‘小一’。没有厚度的东西,是累积不起来的,但是它的广度能够推到千里之外。天和地一样低下,山和池泽一样齐平。太阳正在当中,同时也正在偏斜;万物正在生长,同时也正在死亡。万物的‘大同’和‘小同’不相同,这叫作‘小同异’;万物完全相同和完全不同,这叫作‘大同异’。南方是无穷尽的,同时也是有穷尽的。今天往越国去,而昨天就会到达。连环是可以解开的。我知道天下的中央,就在燕国的北方、越国的南方。要博爱万物,因为天地是一体的。”惠施把这些命题作为天下的大观,来晓示天下的辩者,天下的辩者也和他一同爱好这些命题:“鸡卵里有毛。鸡有三只脚。郢邑占有整个天下。犬可以叫做羊。马有卵。成人有尾巴。火不热。山有嘴。车轮蹍不着地。眼睛看不见。手指不到预期的所在。万物不会灭绝。龟比蛇长。曲尺并不方正,圆规不能画圆。凿孔包围不着插进去的木榫。飞鸟的阴影,不曾移动。飞箭的速度,有不前进和不停止的时候。狗不是犬。黄马、黑牛是三种东西。白狗是黑色的。孤独的马驹没有母亲。一尺长的木棍,一天取去它的一半,一辈子也取不完。”辩者就用这些命题和惠施相应和,一辈子也谈不完。

桓团、公孙龙,这些辩者们,侵蚀人的心灵,变更人的意志;他们能够战胜人的嘴,不能够说服人的心。这便是辩者的限囿。

惠施天天用他所知道的同别人互相争辩,独自同天下的辩者施展怪论。这便是他方术的梗概。然而,惠施的口头谈论,自以为是天下最贤明的人。他说:“天地之间,太壮观了!我惠施的存在,称雄天下,没有哪种方术可比的。”

南方有一位异人,名叫黄缭,他质问天地所以不塌不陷,刮风、下雨、打雷、闪电的道理。惠施不加推辞、不用思索地作回答,广泛地举出万物的根由来谈说,谈得滔滔不绝,多得没有个完;他以为还说得不够,又加添上一些奇谈怪论;他以违反人情为实际，而想胜过别人来出名。所以他总和众人说不到一起。

惠施对于道德薄弱，对于物理擅长，他的道术是隐暗不明的。从天地之道的角度，来观察惠施的才能，就如同一个蚊虫、一个虻虫的劳动一样。他对于天地间的事物有什么用处呢？

〔他这些言论，〕如果把它来充作一种道术，还算可以；如果说这样就是加深尊重道术的表现，那就危险了！惠施不能利用这种道术来稳静自己的身心，却把这些东西布散在万物之中，而不觉厌倦，终于以善于论辩闻名于世。可惜啊！以惠施这样的才学，言辞放荡，而毫无所得；追逐万物，而不肯回头；他简直是如同用本声来穷究应声、用形体和阴影并走一样。可怜啊！